HELMUT JÄGER

EINFÜHRUNG IN DIE UMWELTGESCHICHTE

DIE GEOGRAPHIE

Einführungen in Gegenstand, Methoden und Ergebnisse
ihrer Teilgebiete und Nachbarwissenschaften

WISSENSCHAFTLICHE BUCHGESELLSCHAFT
DARMSTADT

HELMUT JÄGER

EINFÜHRUNG IN DIE UMWELTGESCHICHTE

Mit 2 Figuren

WISSENSCHAFTLICHE BUCHGESELLSCHAFT
DARMSTADT

Einbandgestaltung: Neil McBeath, Stuttgart.

Die Deutsche Bibliothek – CIP-Einheitsaufnahme

Jäger, Helmut:
Einführung in die Umweltgeschichte /
Helmut Jäger. – Darmstadt: Wiss. Buchges., 1994
(Die Geographie)
ISBN 3-534-11366-7

Bestellnummer 11366-7

Gedruckt auf säurefreiem und alterungsbeständigem Offsetpapier
Gesamtherstellung: Wissenschaftliche Buchgesellschaft, Darmstadt
Printed in Germany
Schrift: Garamond, 9.5/11

ISSN 0174-0865
ISBN 3-534-11366-7

INHALT

1. GRUNDFRAGEN, FORSCHUNGSZIELE UND DARSTELLUNGSPROBLEME

In den letzten 1000 Jahren hat der Mensch weltweit seine Umwelt nachhaltiger und irreversibler verändert als in den vorangegangenen ca. 1,8 Millionen Jahren seit Beginn seiner Existenz als Homo erectus. Die gegenwärtige Bedrohung der Umwelt ist zugleich eine Bedrohung der Menschheit. Inwieweit diese Gefahren abzuwenden sind, hängt nicht nur vom entsprechenden Willen ab, sondern auch von Einsichten in die Zusammenhänge. Eins von mehreren Wissensgebieten, die das notwendige Verständnis vermitteln, ist die Umweltgeschichte.

Von Umwelt, Umweltschutz, Umwelterziehung, Umweltpflege und weiteren Begriffen, die sich auf die Umwelt beziehen, spricht heute ein jeder, doch bleibt der Wortverstand oft vage, zumal der Ausdruck *Umwelt* eine emotionale Komponente erhalten hat. Das Wort, das auf den Dänen Baggesen zurückgeht, gehört schon seit 1800 zur deutschen Sprache, ist u.a. von Goethe gebraucht worden, hat aber erst seit 1909 durch den Zoologen von Uexküll eine wissenschaftliche Definition erfahren, mit der sich noch heute arbeiten läßt. Er trifft in seinen 21 Grundsätzen zur Biologie und zoologischen Umweltforschung u.a. folgende, auf alle Lebewesen und damit auch auf den Menschen übertragbare Feststellungen (1921, S.218f.): *Ein jedes Tier bildet den Mittelpunkt seiner Umwelt, der es als selbständiges Subjekt gegenübertritt. Die Umwelt ist erst dann wirklich erschlossen, wenn alle Funktionskreise umschritten sind. Jede Umwelt eines Tieres bildet einen sowohl räumlichen als auch zeitlich wie inhaltlich abgegrenzten Teil aus der Erscheinungswelt des Beobachters. Jedes Tier trägt seine Umwelt wie ein undurchdringliches Gehäuse sein Lebtag mit sich herum.* Demnach hätte jedes Lebewesen seine nur ihm eigene Umwelt, so wie sie sich nach der Entwicklung und Leistung seiner Sinne von ihm erfassen läßt. Daß von Uexküll den Menschen nicht nur als Beobachter von Umwelten der Tiere, sondern auch als ein Wesen mit subjektiver Wahrnehmung ansieht, läßt sich aus seiner Feststellung ableiten: *In der Erscheinungswelt des Beobachters befindet sich sein Raum und seine Zeit mit eingeschlossen. In ihr befindet sich der Himmel, der den Horizont begrenzt mit Sonne, Mond und Sternen als sein ausschließliches Eigentum, ferner der Erdboden mit Menschen, Tieren und Pflanzen, soweit seine Sinne reichen.* Mit dieser Aussage hat von Uexküll bereits eine wesentliche Konzeption der geographischen Perzeptionsforschung vorweggenommen, die sich in der Historischen Geographie Amerikas ab den 1940er Jahren, in der deutschen Sozialgeographie vor allem ab den 1970er Jahren entwickelt hat (vgl. 4.2). Folgte ich von Uexküll als dem Klassiker der Umweltforschung oder einer von mehreren neueren Definitionen, nach denen die Umwelt ebenfalls die Umgebung eines Lebewesens ist, hätte ich die Umweltgeschichte von Individuen oder Kleingruppen darzustellen und würde damit im topographisch-standörtlichen Bereich verhaftet bleiben.

Eine neuere Definition von *Umwelt* mit Allgemeingültigkeit gibt es nicht. Im Gegenteil: Seit der klaren Begriffsbestimmung durch von Uexküll, die lange Zeit nur wenigen Wissenschaftlern vertraut war, hat das Wort Umwelt gegenwärtig durch seinen ständigen, oft formelhaften Gebrauch in Medien, Lehranstalten, Gesetzgebung, in Parteien, Kirchen und sonstwo einen konturlosen Inhalt bekommen. Aus solcher Sicht wäre die Aufnahme eines Staatsziels *Schutz der Umwelt* in eine künftige deutsche Verfassung problematisch, jedenfalls ohne genauere Inhaltsklärung, zumal auch in den Ländern der EG, erst recht weltweit, ein eindeutiger Wortverstand von *Umwelt* fehlt. Wenn von der Umwelt Deutschlands oder gar Europas gesprochen wird, handelt es sich gewöhnlich um eine diffuse Abstraktion. Auf dem Mangel an definitorischer Schärfe beruhen in Verbindung mit unreflektierten, subjektiven Vorstellungen über das, was Umwelt sei, viele Probleme nationaler wie internationaler Bemühungen um die Umwelt. Ohne genauere Inhaltsbestimmungen werden daher viele Konferenzbeschlüsse über Probleme der Umwelt zu deklamatorischen Leerformeln, weil jeder Teilnehmer seine eigene Begriffsbestimmung treffen kann. Wer macht sich schon klar, daß zur Umwelt eine Nachtigall ebenso gehören kann wie ein Eichenwald, ein Fußballstadion, ein Kraftwerk, ein Gesangverein und staatliche Organisationen, wenn sie auch den unterschiedlichen Kategorien der natürlichen, der gebauten und der gesellschaftlichen Umwelt angehören? Daß selbst die Anwendung des scheinbar so selbstverständlichen Begriffs *natürliche Umwelt* in concreto Schwierigkeiten machen kann, sei an einem aktuellen Beispiel aufgezeigt. Gehören die berüchtigten Hausstaubmilben, die sich durch Abschottung der intramuralen Umwelt vom Außenklima und dank üppiger Ausstattung der Innenräume mit Heimtextilien explosionsartig vermehren können, zur natürlichen Umwelt? Gewiß erfüllen sie unsere gebaute Umwelt und werden oft durch deren Eigenart und damit durch den Menschen in ihrer Vermehrung erheblich gefördert. Zugleich sind sie jedoch als Spinnentiere

Teil unserer Fauna und unterliegen damit biologischen Gesetzen. Wie bei den Hausstaubmilben sind fast alle Bereiche der natürlichen und der vom Menschen gestalteten Umwelt in einem komplizierten Wirkungsgefüge miteinander verflochten.

Angesichts der Komplexität der begrifflichen, mehr noch der realen Umwelt muß ich mich in dieser Einführung mit einer anthropozentrischen Sicht begnügen, so daß ich in diesem Sinne unter *Umwelt* verstehe: die natürliche, naturnahe, gesellschaftliche, mentale und gebaute Umgebung von Einzelpersonen oder einer in einer bestimmten Örtlichkeit vereinigten Anzahl von Menschen. Ich werde im folgenden das Wort Umwelt auch verallgemeinernd gebrauchen: als Abstraktum im Wortverstand der Summe aller realen Umwelten eines Großraums, z. B. der Umwelt von Mitteleuropa. Der jeweilige Begriffsinhalt wird sich aus dem Zusammenhang ergeben.

Das Wort *Umweltgeschichte* erhält einen konkreten Wortverstand nur dann, wenn es auf die Umwelt einer Anzahl von Lebewesen bezogen wird, die längere Zeit in einem bestimmten Raume leben und von seinen Veränderungen berührt werden, z. B. Umweltgeschichte des Sollings. Als Abstraktum aufgefaßt, wie es häufig geschieht, bezeichnet Umweltgeschichte die Zustände und Veränderungen einer Summe von Umwelten eines Großraumes, etwa von Mitteleuropa. Da Umweltforschung und mit ihr die Umweltgeschichte ein multidisziplinärer Wissenschaftskomplex sind, der vor allem Natur-, Ingenieur-, Geistes- und Rechtswissenschaften und Medizin umfaßt, können selbstverständlich alle genannten Bereiche aus ihrer Sicht Umweltgeschichte erforschen. Unter allen einschlägigen Fächern nimmt die Geographie eine zentrale Stellung ein, weil sie nach ihrer Konzeption natur- wie geisteswissenschaftliche Bereiche besitzt und sie miteinander verknüpft. Deshalb sieht Bätzing (1991) in der *Geographie als integraler Umweltwissenschaft* eine wichtige Zukunftsaufgabe des Faches. *Umwelt* ist ein vom Menschen wahrgenommener und durch ihn definierter, nicht jedoch a priori verhandener Ausschnitt aus der Erdoberfläche. Mit diesem Begriffsinhalt deckt sich derjenige von *Landschaft.* Ich werde daher die Wörter Umwelt und Landschaft von Fall zu Fall synonym gebrauchen.

Die Geographie befaßt sich mit der Naturlandschaft oder der natürlichen Umwelt, mit der Kulturlandschaft oder der gebauten Umwelt und mit dem Menschen als deren Gestalter und damit ebenfalls mit der gesellschaftlichen Umwelt. Im folgenden soll aus diesen unterschiedlichen, wiewohl in vielfältigen Wechselbeziehungen zueinander stehenden Themenkreisen die natürliche Umwelt oder Naturlandschaft im Vordergrund stehen. Da sie genaugenommen wegen der Einwirkungen des Menschen nicht mehr besteht, ist ihre anthropogene Veränderung zur naturnahen und seminatürlichen Umwelt, die es außerhalb der Verdichtungsräume von Bevölkerung und Wirtschaft noch gibt, ein wichtiges Thema, mit anderen Worten: die naturbezogene, aber vom Menschen gestaltete Umweltgeschichte soll im Mittelpunkt stehen. Dabei ist der Mensch in seiner Rolle als Hauptakteur besonders zu beachten. Trotz dieser Einschränkung bleibt der Gegenstandsbereich noch immer so umfangreich, daß es hier nur um ein systematisierendes und exemplifizierendes Heranführen an die vielfältigen Fragenkreise gehen kann. Eine Konzentration auf natürliche und naturnahe Umwelten ist außerdem dadurch gerechtfertigt, daß sie in der täglichen Diskussion ohnehin mit der Umwelt schlechthin gleichgesetzt werden. Da meine Umweltgeschichte die erste Darstellung ihrer Art ist, kann es sich nur um ein propädeutisches Werk handeln, das als solches am zweckmäßigsten eine klassifikatorische Konzeption und Gliederung erhält. Dennoch werde ich bestrebt sein, nicht allein diesen und jenen Einzelbereich darzustellen, sondern mich bemühen, die Zusammenhänge zwischen den einzelnen Objekten und Prozessen in ihrer gegenseitigen Beeinflussung aufzuzeigen. Die letzten Jahrzehnte der Umweltgeschichte werden durch eine enorm gesteigerte Intensität und Vielschichtigkeit anthropogener Maßnahmen, vor allem durch eine breite Einwirkung von Naturwissenschaften und Techniken, die sich mit der Umwandlung von Stoffen befassen, so sehr von den vorangegangenen Jahrhunderten unterschieden, daß ich sie nur randlich berücksichtigen werde.

Umweltgeschichte ist als wissenschaftliche Teildisziplin grundlegend zum Verständnis heutiger Umwelten, deren Probleme sich größtenteils nur unter dem Aspekt ihres Gewordenseins werden lösen lassen. Daher besitzen manche Studiengänge aus dem Umweltbereich, die sich ohne Berücksichtigung von Umweltgeschichte ganz vordergründig nur mit der Gegenwart befassen, eine fundamentale Lücke. Sicherlich trägt zur Vernachlässigung der Umweltgeschichte in Forschung und Lehre bei, daß sie sich als interdisziplinärer Forschungsbereich noch im Stadium der methodischen Ausgestaltung befindet. In der Geographie können vor allem die physische und historische Geographie wesentliche Beiträge liefern. Die Umweltgeschichte kann in der Geographie bereits auf eine lange Tradition zurückblicken, ging es doch der sogenannten *Urlandschaftsforschung*, zu deren Vertretern u.a. Robert Gradmann gehörte, darum, eine allerdings problematisch bleibende Vorstellung vom Aussehen der Landschaft vor dem ersten Einwirken des Menschen zu gewinnen. Zu den klassischen Arbeiten dieser in die Landschafts- und Umweltgeschichte einmündenden Richtung zählt „Das mitteleuropäische Landschaftsbild nach seiner geschichtlichen Entwicklung" (Gradmann 1901). Ebenfalls die sogenannte *Altlandschaftsforschung* mit ihrem führenden Vertreter Otto Schlüter (1952–58) befaßte sich mit früheren Naturlandschaften und ihrer anthropogenen Umgestaltung. Wenn sich neuerdings eine historische Umweltforschung als rasch wachsender Zweig der Geschichtswissenschaft ansieht, so wird nur eine umfassende Berücksichtigung von weiteren einschlägigen Wissenschaften über Teilaspekte hinausführen können. Brüggemeier/Rommelspacher (1989) haben das offenbar erkannt.

Die Forschungen des letzten halben Jahrhunderts, namentlich auch von Nachbarfächern wie Ur- und Frühgeschichte und Pflanzengeschichte mit Paläoethnobotanik, der geographischen und der meteorologischen Klimageschichte, der Quartärforschung sowie der Sedimentologie haben ergeben, daß die ersten nachhaltigen Eingriffe des Menschen in die ursprüngliche Landesnatur bereits derartig früh und unter so völlig anderen Klimabedingungen erfolgt sind, daß eine Rekonstruktion einer hypothetischen Urlandschaft nur in gröbster Annäherung an die wirklich einmal vorhanden gewesenen Verhältnisse möglich ist.

Im über 100000 Jahre währenden Zeitalter mit alt- und mittelsteinzeitlichen Jäger- und Sammlergruppen des Homo sapiens waren ihre Einwirkungen auf unsere mitteleuropäische Umwelt durch aneignende Wirtschaftsweise und niedrige Vermehrungsrate der Bevölkerung gering geblieben. Erst mit Einführung von Ackerbau und Viehhaltung hat eine folgenreiche, sich zur Gegenwart hin fast stetig steigernde Umweltwirksamkeit des Menschen begonnen. Diese Wirtschaftsweise war reproduzierend und aneignend zugleich. Sie hatte dem Menschen im Verhältnis zu seiner Umwelt durch Einführung der pfleglichen Behandlung von Tieren und Pflanzen eine schöpferische, durch Intensität und quasiirreversible Prozesse seiner Einwirkungen gleichzeitig auch destruktive Kraft verliehen. Die neue Wirtschaftsweise führte daher zu flächenhaften Eingriffen in die Landesnatur. Um die Größe jenes Prozesses zu beschreiben, ist dafür der Begriff *neolithische Revolution* geprägt worden. In diesem Ausdruck ist die Zeitmarke für diesen Umbruch bereits angegeben: die Jungsteinzeit. Sie hat in Mitteleuropa in den siedlungsgünstigen Räumen südlich der Lößgrenze etwa um 5000 v. Chr. begonnen, im nördlichen Tiefland rund 1000 Jahre später. Agrarische Ungunsträume, wozu die meisten Gebirge zählen, sind, bis auf ihre großen Täler und Becken mit günstigeren Bedingungen, überwiegend um Jahrtausende später durch Dauersiedlungen mit entsprechenden Umwelteinwirkungen erschlossen worden. Während in Teilen einzelner Gebirge, namentlich der Alpen, schon in der Bronze- (ab ca. 2000

v. Chr.) und in der Eisenzeit (ab ca. 800 v. Chr.) durch Bergbau und Bauernwirtschaft (Pittioni 1973/76), insbesondere Weidebetrieb, die anthropogene Umweltveränderung einsetzte, liegt ihr Beginn in anderen Bergländern erheblich später. Denn in den Landschaften, die aus dem Blickwinkel bäuerlicher Wirtschaft als von Natur aus benachteiligt gelten, wozu die meisten unserer Mittelgebirge gehören, begann weithin erst im Mittelalter eine stärkere Veränderung der natürlichen Umwelt und in manchen noch später. In den höheren Mittelgebirgen, wie Harz und Thüringer Wald, waren es weniger die Landwirtschaft als Bergbau und typische Waldgewerbe, wie Köhlerei, Eisen- und Glashütten und in Verbindung damit neue Siedlungen, die zu erheblichen Landschaftsveränderungen führten (Siedlungsforschung 1992).

Mit Einwirkungen jungsteinzeitlicher Menschengruppen auf ihre natürliche Umwelt soll meine Darstellung beginnen und mit allmählichem Fortschreiten zur Gegenwart hin an Detailstärke gewinnen. Da in einer knappen Darstellung landschaftliche Querschnitte durch alle wesentlichen Epochen der Umweltgeschichte unmöglich sind, wird nach Sachgruppen gegliedert. Vorangestellt sind in den Kapiteln 3–5 übergeordnete Faktoren der Umweltgeschichte, um größere Zusammenhänge deutlich werden zu lassen und spätere Wiederholungen zu vermeiden. Mein Buch vereinigt erstmals unter dem Umweltthema ein breites Spektrum von Gegenstandsbereichen und Prozessen, die im jeweils konkreten Raume großenteils mit- und gegeneinanderwirken und dadurch ein interdependentes Gefüge bilden. Als geographische Bezugsfläche dient Mitteleuropa mit Schwerpunkt auf Deutschland. Grundlagen für die Darstellung sind neben Schrifttum und zahlreichen Kartenwerken publizierte Quellen aus verschiedensten Landesteilen. Darüber hinaus wurden, größtenteils erstmals für ein Umweltthema, unveröffentlichte Urkunden, Akten und Landkarten der Staatsarchive Bamberg, Marburg, Meiningen, Wolfenbüttel und Würzburg ausgewertet. Wegen Knappheit des Umfangs können die Einzelstandorte der Quellen nicht genannt werden. Viele sind jedoch in meinen Spezialarbeiten angeführt (s. S. 237f.). Es wird nicht allein der Funktionszusammenhang der Umweltverhältnisse und der Prozeß ihrer Veränderung dargestellt, auch methodische Hinweise auf bewährte Arbeitsverfahren werden eingefügt, um den Leser zu eigenen Arbeiten anzuregen.

Bei Veränderungen der Umwelt sind unterscheidbar:

1. *Naturprozesse*: Auch ohne alles Zutun des Menschen wären in den letzten Jahrtausenden erhebliche Veränderungen in der Landesnatur eingetreten. Das wird von denen nicht bedacht, die sich die natürliche

Umwelt als etwas in sich Verharrendes, das nur durch den Menschen gestört und verändert werde, vorstellen. Denn Gewässer, Böden, Klima, Witterung und die Oberflächenformen sind mit den auf sie einwirkenden natürlichen Prozessen dynamische, in der Zeit veränderliche Systeme mit einer Vielzahl von Komponenten. Sie stehen in wechselseitiger Abhängigkeit voneinander und besitzen, je nach geoökologischem Umfeld, eine unterschiedlich hohe Variabilität. Ändert sich nur eine Komponente, so wirkt sich das auf die übrigen aus.

2. *Direkte Eingriffe* des Menschen, wie z. B. die Rodung von Wald zu Ackerland, die Einführung neuer Tier- und Pflanzenarten oder gar die Ausrottung von einst in Deutschland heimisch gewesenen Wildtieren – Wolf, Bär, Luchs, vieler Raubvögel u. a. (vgl. 6.7) – haben die Umwelt nachhaltig verändert. Andere Wildtierarten sind durch den Menschen eingeführt worden und bilden heute einen festen Bestandteil unserer Fauna. Vom Menschen geschaffene Kulturflächen, wie das Ackerland, unterliegen jedoch nicht allein den Einwirkungen der Agrarwirtschaft, vor allem durch Pflügen, Aussaat, Ernte, Brachweide, Düngung, Unkraut- und Schädlingsbekämpfung, sondern ebensosehr den Einwirkungen mannigfacher natürlicher Kräfte, wie der Verwitterung, der flächigen Abtragung, Bodendegradation und Bodenerosion. Anthropogene und natürliche Faktoren beeinflussen sich gegenseitig. Sie können sich durch ihr Zusammenwirken verstärken, neutralisieren oder abschwächen; jedenfalls ergeben sich oft komplizierte Zusammenhänge, wozu auch Rückkoppelungseffekte gehören, die sich am besten durch Modelle von Systemen erfassen lassen.

3. Durch *indirekte Einwirkungen* auf die frühere Landesnatur, seien es beabsichtigte oder unbeabsichtigte, sind erhebliche Veränderungen herbeigeführt worden. Am Ende von ungewollt ausgelösten, in säkularen Dimensionen chronisch verlaufenden Prozessen können große Umwandlungen der Umwelt stehen. Da sie in der Regel nur in längeren Zeiträumen aufzuheben oder gar ohne Umkehr sind, nehmen sie bisweilen das Ausmaß von lokalen, regionalen oder darüber hinausgehenden Katastrophen an (vgl. 6.2.1). Andere Entwicklungen, an denen der Mensch beteiligt war, sind sehr förderlich für die Qualität der Kulturlandschaft gewesen.

Nur an zwei Beispielen sei das Zusammenwirken von direkter und indirekter Umweltveränderung aufgezeigt: Durch die früher allgemein verbreitet gewesene und noch gegenwärtig in den Alpen oder in Skandinavien in geringem Umfang beobachtbare *Waldweide* von Rindern, Schafen und anderen Haustieren entwickelte sich, sofern sie über längere Zeit ausgeübt wurde, aus einem dichten Naturwald ein lichter

Wald (vgl. 6.6), daraus dann bei fortgesetzter Beweidung eine mit Waldbäumen bestandene, größtenteils jedoch offene Weide, nach Mähen eine Baumwiese, die schließlich in reine Weide oder Wiese übergehen konnte (Ellenberg 1954; 1982 passim). Auf den sandigen Böden des nordmitteleuropäischen Tieflandes, namentlich im nordseenahen Bereich, war es durch solche, über viele Jahrhunderte andauernde Beweidung zu einer Ausdehnung der Zwergstrauchheiden auf Flächen ursprünglichen Waldes gekommen. Verbreitet war ebenfalls die allein durch zu starkes Beweiden herbeigeführte Degradation einer nährstoffarmen Weide (Triftweide, Rauhweide; rough pasture) zu Ödland. Auf sandigen Böden haben sich durch übermäßige Beweidung in Verbindung mit Raubbau an Holz als letzter Stufe der rücksichtslosen Nutzung Wehsände – und daraus Dünenfelder – entwickeln können. In Mittelalter und früher Neuzeit haben sich manche *Hohlwege*, die ja zunächst durch die erosive Wirkung des linienhaften Verkehrs in die Bodenoberfläche eingetieft wurden, zu Leitbahnen für abfließendes Schneeschmelz- und Regenwasser entwickelt (s. 6.2). Solche periodisch und episodisch abfließenden Niederschläge haben bald eine ähnliche Formungskraft erreicht wie das Wasser in einem jahreszeitlich durchflossenen Bachbett. Durch den Abfluß konnten sich allmählich Formen herausbilden, die denen eines natürlichen Wasserlaufs fast entsprochen haben (Denecke 1979, 1). Formungsvorgänge und ihre Ergebnisse, die durch den Menschen zunächst herbeigeführt worden sind, aber dann mehr oder weniger eigenständig nach natürlichen Gesetzen ablaufen, werden treffend als „quasinatürliche Oberflächenformung" und „quasi-natürliche Oberflächenformen" bezeichnet (Mortensen, 1954/55; s. 6.5.2.2).

Da alle drei Faktoren- und Formenbereiche – der natürliche, der seminatürliche und der anthropogene – eng, vielfältig, direkt und indirekt sowie mit manchen Rückkoppelungseffekten miteinander verflochten und in der Zeit variabel sind, ergeben sich komplizierte Zusammenhänge. Bei ihnen können z. B. geosphärische, biologische, wirtschaftliche, technische und administrative Faktoren, mitunter verstärkt durch religiöse, ideologische und politische Einflüsse, ein Wirkungsgefüge bilden. Zu den vielen multifaktoriell bedingten Erscheinungen zählen auch aktuelle Kalamitäten, wie Waldschäden, Bodenbelastung, Luft- und Gewässerverschmutzung, die jedoch nicht mehr zu meinem Themenbereich gehören. Als besonderes Problem ergibt sich aus der Komplexität umweltgeschichtlicher Prozesse, daß ihre negativen Folgen oft erst dann voll sichtbar werden, wenn sie bereits ein weit fortgeschrittenes und damit schwer zu behebendes, oft irreversibles Stadium erreicht haben.

2. METHODEN, FORSCHUNGSANSÄTZE UND ARBEITSWEISEN

Auch bei einer Darstellung nach Sachgebieten ist Vollständigkeit unerreichbar, weder in räumlichem oder zeitlichem Erfassen der Gegenstände, noch in der Lückenlosigkeit. Daher werden die Einzelbeispiele so ausgewertet, daß sie Allgemeines durchschaubar machen. Untersuchungen der letzten Jahre aus verschiedenen Fächern haben gezeigt, daß sich die Landesnatur im Verlaufe sehr langer, rund 7000 Jahre umfassender Einwirkung des Menschen viel stärker verändert hat als bisher angenommen wurde. Darum sind unreflektierte Schlüsse von gegenwärtigen Zuständen und Prozessen auf frühneuzeitliche oder gar mittelalterliche oder noch ältere Verhältnisse kaum möglich. Denn jede Epoche der Vergangenheit hat ihre eigenen, nur für sie geltenden Umwelten gehabt. Dennoch kann auf regressive Methoden (Jäger 1987, 2, S. 15) nicht verzichtet werden. Sie sind jedoch mit anderen Verfahren, darunter der Analyse und Interpretation von Überresten, die aus ehemaligen Umwelten der Vergangenheit stammen, zu verknüpfen. Solche Überreste sind z. B. gehobene Strandlinien, durch subrezente Bodensedimente bedeckte Oberflächen älterer Erdböden, durch Bodeneintragung zugeschüttete Täler, mit Sedimenten aufgefüllte ehemalige Wasserläufe, Pollen oder pflanzliche Großreste. Letztere erhalten sich in verkohlter Form und bestimmten Milieus, wie in Mooren, oft über Jahrtausende; namentlich archäologische, archäobotanische und -zoologische Befunde aus früheren Siedlungen liefern Indizien für deren Umweltbedingungen (Schlichtherle 1993).

Für meine Darstellung wurden nicht allein das Fachschrifttum aus Geographie und Nachbarfächern und historische Quellen ausgewertet (9), sondern neben den gegenwärtigen Landesaufnahmen die topographischen Werke aus früheren Jahrhunderten, an deren Nachdrucken fast jedes größere Landesvermessungsamt der alten Bundesländer für sein Arbeitsgebiet beteiligt ist. Wesentliche Kenntnisse über frühere Umweltverhältnisse lassen sich auch aus thematischen Karten der Geographie und ihrer Nachbarwissenschaften gewinnen. Dazu gehören vor allem die geologischen, bodenkundlichen und pflanzensoziologischen Karten sowie die große Anzahl von Geschichtskarten. Wenn in thematischen Karten naturwissenschaftlicher Fächer gegenwärtige oder subrezente Verhältnisse dargestellt sind, dürfen sie freilich aus den schon genannten Gründen nur bedingt in die fernere Vergangenheit zurückprojiziert werden.

3. NATÜRLICHE PROZESSE ALS URHEBER UND TRÄGER DER UMWELTGESCHICHTE

Zwar würde sich ohne alle Einwirkung des Menschen die natürliche Umwelt, weil sie ein dynamisches System ist, verändern (S. 6 f.), doch interferieren in unserer realen Welt die anthropogenen Faktoren seit wenigen Jahren, teils seit Jahrzehnten, andere seit Jahrhunderten oder schon seit Jahrtausenden eng mit den natürlichen. Dadurch ist ein interdependentes Wirkungsgefüge mit vielfältigen Rückkoppelungseffekten entstanden, das es in vielen Einzelfällen schwermacht, natürliche von seminatürlichen und diese von anthropogenen Faktoren zu trennen. Je früher eine umweltgeschichtliche Epoche liegt, desto geringer sind naturgeographische oder – anders ausgedrückt – geoökologische Faktoren durch den Menschen beeinflußt worden. Besonders gilt das für das Klima (6.1.), obwohl die Klärung seiner Geschichte besondere Probleme aufwirft. Auch alle von ihm direkt beeinflußten Erscheinungen, namentlich die Bodenbildung und -abtragung und die von allen drei abhängige Vegetation und die von dieser und dem Klima abhängige Tierwelt sind vom Menschen um so weniger beeinflußt worden, je weiter die zu untersuchende Zeitstufe in die Vergangenheit rückt. Von allen genannten Umweltbereichen konnte bis vor etwa 20 Jahren nur das Makro- und Regionalklima bis zurück in fernste Zeiten als rein natürlich angesehen werden. Schon aus der Jungsteinzeit (ca. 5000–2000 v. Chr.) sind Einwirkungen des Menschen auf Böden, Vegetation und Tierwelt bekannt, und eine Beeinflussung des Mikroklimas muß nach den naturwissenschaftlichen Gesetzen im Bereich einer jeden Siedlung vorhanden gewesen sein. Je weiter die Umweltgeschichte als dynamisches Geschehen zur Gegenwart fortschreitet, desto stärker sind die natürlichen Prozesse mit den anthropogenen in einem komplizierten System gegenseitiger, nicht oder nur schwer trennbarer Einwirkungen verflochten.

4. DER MENSCH ALS TREIBENDE KRAFT DER UMWELTGESCHICHTE

Alle Prozesse der Umweltgeschichte, die nicht rein naturbedingt sind, gehen auf den Menschen zurück, der damit zu einem übergeordneten Faktor wird. Die in Raum und Zeit und nach ihrer Struktur sehr variable Bevölkerung ist ein Schlüssel zum Verständnis des Zustandes der Umwelt und seiner Veränderungen. Fast jeder Themenbereich aus der Umweltgeschichte hätte deshalb mit einer Analyse der demographischen Verhältnisse zu beginnen. Ein solcher Ansatz würde jedoch den Umfang meines Buches sprengen, so daß ich statt dessen zunächst ein Rahmenkapitel bringe, um in der weiteren Darstellung nur noch gelegentlich auf die Bevölkerung eingehen zu müssen.

4.1 Bewegung, Verteilung, Dichte und Struktur der Bevölkerung als Urheber und Träger der Umweltgeschichte

Im Verlaufe der Umweltgeschichte haben sich mit ihrem Fortschreiten zum Mittelalter, zur Neuzeit und Gegenwart die Einwirkungen des Menschen zunehmend verstärkt. Dafür waren vor allem verantwortlich die Zunahme der Bevölkerungszahl, die nur durch einige säkulare Krisen und Störungen von wenigen Dezennien unterbrochen wurde, sowie der wachsende Lebensstandard mit seinen sich nahezu konstant vermehrenden Ansprüchen an die Umwelt. Jede Forderung nach mehr und besserer Nahrung, nach Genußmitteln, Wohnung, Versorgung mit Handwerks- und Industriegütern sowie der sich durch die Jahrtausende verstärkende Verkehr führten zu neuen Einwirkungen auf die Natur. Die Qualität, Quantität, Dauer und Lokalität von Ansprüchen und die sich aus ihnen ergebenden Einwirkungen auf die Umwelt sind abhängig von der Geburten- und Sterberate, Wanderungen der Bevölkerung, von ihrer Verteilung und Dichte im Raum und ihrer Struktur. Dazu zählen aus umweltgeschichtlicher Sicht vor allem Familiengröße, Geschlechterverhältnis und Altersstruktur sowie die soziale und berufliche Gliederung der Bevölkerung. Diese Merkmale sind mit mehr oder weniger Genauigkeit erst seit dem 16. Jh. zu erfassen, wobei bis weit ins 18. Jh. nicht aus allen damaligen Territorien flächendeckende

Daten vorliegen. Denn genauere Volkszählungen mit Erfassen der gesamten Bevölkerung sind in Deutschland erst im Anschluß an die Beschlüsse des Internationalen Statistischen Kongresses von 1853 vorgenommen worden. Daher sind zur Ermittlung der Bevölkerungszahlen für die Jahrhunderte vorher nur Hochrechnungen möglich. Material bieten die seit 1725 in einzelnen Territorien veranstalteten Volkszählungen, für das 16. bis frühe 18. Jh. oft Zählungen von Haushalten oder ähnlichen Bezugsgrößen, wie etwa wehrfähige Mannschaft oder Feuerstätten. Für Hochrechnungen mit derartigen Daten ist das Endresultat abhängig von der Kopfzahl der Familie, für die aufgrund von regionalen Erfahrungen zumeist 4,5 oder 5 Personen angesetzt werden (Jäger 1987, 2, S. 129–136). Welche Kontroversen über ältere Bevölkerungszahlen noch immer möglich sind, hat gerade Vasold (1993) aufgezeigt. Nach meinen Einsichten in Archivquellen des 16. und 17. Jhs. findet seine gegen Wehler (1987) in Anlehung an Franz (1979) und Abel (1967, S. 261 ff.) getroffene Feststellung von Bevölkerungsverlusten durch den 30jährigen Krieg in einer Größenordnung von ca. 40 % meine Zustimmung.

Für die frühgeschichtliche Zeit wird jedoch wegen der damals anderen Natur- und Kulturverhältnisse mit einem höheren Multiplikator für die selbständige Wirtschaftseinheit, die im Familiengehöft lebte und wirkte, gerechnet. Der erfahrene Prähistoriker Jankuhn brachte sieben bis acht Köpfe für einen Hof mit Einschluß der Kinder und Alten als praktikable Größenordnung in Anschlag (1976, S. 291 ff.), so daß er für eine einzelne der gründlicher erforschten Siedlungskammern, der um 100 n. Chr. stärker besiedelten Wurster Marsch, auf 62 Einwohner je km^2 gekommen ist (a. a. O., S. 292). Eine derartig hohe Dichte war freilich nur unter besonders günstigen Rahmenbedingungen möglich und läßt sich keinesfalls auf größere Räume übertragen. In diesen war die Bevölkerung nur in den Siedlungskammern relativ dicht, während die heute großenteils verschwundenen Wälder um jene inselartigen Siedlungskomplexe ohne Niederlassungen, wenn auch nicht ohne Einwirkungen des Menschen waren. Gleiches gilt für die meisten Mittelgebirge und große Teile der Hochgebirge, wo sich damals noch erheblich größere Wälder als heute erhalten hatten. Nach einer Karte Jankuhns über Südwest-Angeln zur römischen Kaiserzeit läßt sich die damalige Bevölkerungsdichte in einem 247 km^2 großen Gebiet mit Wäldern um die einzelnen Siedlungskammern, aber ohne großflächige Randwälder, auf etwa 4 Einwohner je km^2 beziffern, wenn für jede der etwa 35 Siedlungskammern, die sich nach dem Fundbild ergeben, 30 Einwohner als Durchschnittswert angenommen werden. Die größeren Siedlungskammern haben wohl mehr, die kleineren bis herab von teilweise nur 25 ha Fläche weniger Bewohner besessen. Eine derartige Berechnung, die auf mehreren, wenn auch archäologisch indizierten Annahmen beruht, kann freilich nicht mehr als die Größenordnung der damaligen Bevölkerungsdichte eines im ganzen relativ dicht besiedelten Raumes abstecken. Wenn es um eine Ermittlung der Bevölkerungszahl von größeren Raumeinheiten geht, muß die Dichte weiter sinken, weil dann die damals noch vorhandenen großen unbesiedelten Moore und die ebenfalls siedlungsleeren Waldgebiete in Rechnung zu stellen sind. Eine entsprechende Kalkulation, die durchaus zu den obigen Werten paßt, hat Wilhelm Müller-Wille schon 1956 in einer noch immer gültigen Arbeit vorgelegt (vgl. Fig. 1). Er kommt auf der Basis der bekannten, ebenfalls noch nicht überholten Karte Schlüters für das Gebiet der Bundesrepublik für die Zeit um 500 n. Chr. auf eine mittlere Dichte von rd. 2,2 Einwohnern (1956, S. 20ff.) und eine Einwohnerzahl von 540000 (1956, S. 20ff.). Abel rechnet für das gleiche Gebiet auf der Grundlage einer kalkulierten Ackerfläche und von späteren Erfahrungsdaten für Nahrungsbedarf und Ackerertragszahlen mit einer Bevölkerung von 700000, sieht diese Menge aber als Obergrenze, den Wert von Müller-Wille als Untergrenze an (1967, S. 13). Ich halte den Wert von Müller-Wille für wahrscheinlicher, da die von Abel geschätzte Erntemenge von 7 Doppelzentnern je ha nach den genauer bestimmbaren Werten des 16. Jhs. als zu hoch für die Zeit um 500 n. Chr. erscheint. Ich bringe daher 6 dz als wahrscheinlicher in Anschlag und käme damit, kalkuliert nach der Abelschen Methode, mit 550000 Personen fast auf die gleiche Volksmenge wie Müller-Wille, dessen Ansatz von 2,2 Einwohnern je km^2 ich jedoch, um die diskutierten Zahlen nicht noch weiter zu vermehren, beibehalten möchte. Bei einem Versuch, auf der Grundlage jenes Dichtewertes auch die Bevölkerung des Gebiets der neuen Bundesländer (ehemalige DDR) für die Zeit um 500 n. Chr. zu bestimmen, kann nach der Diskussion früher Bevölkerungszahlen durch Gringmuth-Dallmer (1983, S. 36ff.) für den größten Teil des Gebietes mit einer durchschnittlichen Bevölkerungsdichte von 2 Einwohnern je km^2 gerechnet werden; denn die Verteilung von großen, geschlossenen Waldgebieten und von durchsiedelten, aber keineswegs waldfreien Gefilden ist dort ähnlich gewesen. In der Schlüterschen Karte erweckt die Darstellung der Altsiedelgebiete die Vorstellung von weithin waldfreien Kulturlandschaften. In Wirklichkeit bestanden die Altsiedelräume vom Börden-, Gefilde- und Gäutypus jedoch, wie mehrfach neuere Regionalstudien ergeben haben, aus Siedlungskammern unterschiedlicher Größe, die jeweils von Waldgürteln umgeben waren. Ein solches Land-

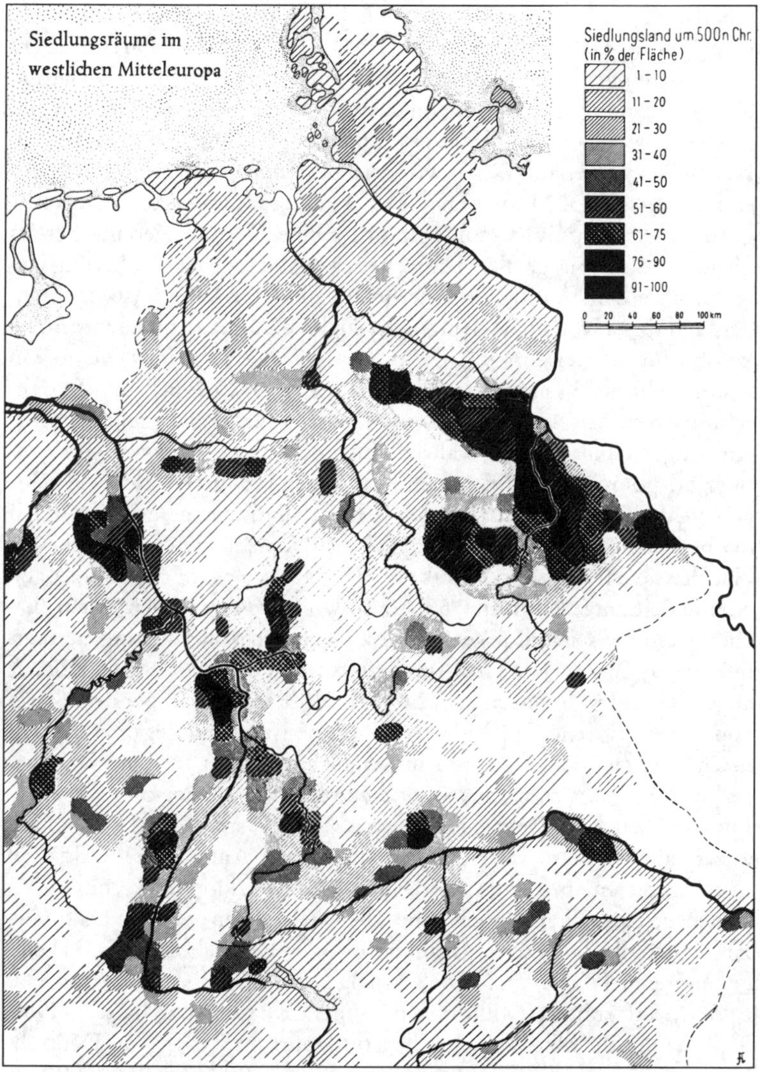

Fig. 1: Siedlungsland (Siedlungen, Äcker, Wiesen, Weiden, hofnahe Nutzwälder) um 500 n. Chr. im westlichen Mitteleuropa (nach Müller-Wille 1956 u. Ellenberg 1990, Abb. 14). Die früh dichter besiedelten Räume zeichnen sich durch Klima- und Bodengunst aus (vgl. Fig. 2).

schaftsgefüge hatte sich in Altpreußen bis ins hohe Mittelalter erhalten, so daß es dort noch deutlicher greifbar wird (Wenskus 1964). Neuere Untersuchungen von Gräberfeldern in unterschiedlichen Landschaften haben gezeigt, daß die Bevölkerungszahlen einzelner Siedlungen größer gewesen sind, als ältere Schätzungen angenommen hatten. Neben Siedlungen mit 20 Einwohnern bestanden viele mit 50–100 und einige hatten bis 300 Einwohner. Daher kann für die dichter besiedelten geoökologischen Gunsträume und ihre bewaldete Umgebung bereits für jene Zeit mit großer Umweltwirksamkeit der Bevölkerung gerechnet werden. Auf die erforderliche kalkulatorische Einschränkung der Gefilde hat vor allem Gringmuth-Dallmer (a. a. O.) hingewiesen. Er kommt für die Zeit um 500 n. Chr. für Thüringen zu einer Dichte von kaum mehr als 2 Einwohnern je km² als wahrscheinlichstem Durchschnittswert. Mit dieser Zahl kann ebenfalls für Sachsen und Sachsen-Anhalt gerechnet werden, während die Dichte im Gebiet von Mecklenburg-Vorpommern und Brandenburg wegen größerer Wälder, Feuchtgebiete und Seen darunter gelegen hat, so daß für den gesamten Bereich der neuen Bundesländer mit dem Faktor 1,9 zu rechnen wäre. Fürs Gebiet der neuen Bundesrepublik mit 356 945 km² wäre daher, bezogen auf die Zeit um 500, mit rd. 750 000 Einwohnern zu rechnen. Nach gleicher Methode seien, um Vergleiche zu späteren Volkszählungen zu ermöglichen, Zirka-Daten früherer Gebietsstände des Deutschen Reiches abgeschätzt. Für das nach dem Zweiten Weltkrieg gegenüber dem Stand von 1933 verlorene Areal von 113 600 km² ist wegen des dort für 500 n. Chr. hohen Waldanteils nur mit einer Dichte von 1,8 Einw./km² zu rechnen, so daß sich daraus zusätzlich rund 205 000 Personen ergeben. Für das Gebiet des Deutschen Reiches von 1914 sind 70 588 km² hinzuzuzählen; für diese wären wegen des hohen Anteils von Wald und Feuchtgebieten im Osten wiederum 1,8 Einw./km² in Rechnung zu stellen, so daß sich nochmals rund 127 000 Personen ergäben. Damit beziffert sich die Bevölkerungszahl für die vom Deutschen Reich 1914 eingenommene Fläche (= 540 858 km²), bezogen auf die Zeit um 500 n. Chr., auf rund 1 Million Einwohner. Kirsten u. a. hatten (1966, S. 247 f.) die Bevölkerung um Christi Geburt im Gebiet von Deutschland (1937) nach diversen Schätzungen auf 600 000 bis 2 000 000 Personen veranschlagt. Um die anthropogenen Umweltansprüche und -wirkungen besser abschätzen zu können, wäre ein Überblick über die Entwicklung der Bevölkerung seit jener Frühzeit mit kritischen Bemerkungen über die methodischen Ansätze erforderlich. Da er den Rahmen meiner Darlegungen sprengen würde, muß ich mich auf Hinweise in den Kapiteln beschränken. Eine neuere Bevölkerungsgeschichte Deutschlands gibt es nicht, obwohl sie für viele Fächer ein Desideratum ist. Dennoch läßt sich bereits die Größenordnung der Umweltkalamität durch Bevölkerungswachstum und Anspruchsteigerung abschätzen: Lebten um 500 n. Chr. im Gebiet der gegenwärtigen Bundesrepublik Deutschland rd. 750000 Einwohner (2/km²) mit weitgehend rezyklierender Ökonomie, so sind es heute (1992) rund 80 Millionen (224/km²) mit überwiegend exhaustierender Wirtschaft. Will man die Bedeutung dieser Vergleichszahlen bewerten, dann ist zusätzlich der gegenwärtig gegenüber 500 n. Chr. um ein Vielfaches gestiegene Lebensstandard mit entsprechender Umweltbeanspruchung und -belastung in Rechnung zu stellen (s. S. 192 ff.).

4.2 Die geistige Haltung von Einzelpersonen und von Gruppen als bewegende und gestaltende Kräfte – frühere Umweltwahrnehmung und -bewertung

Ob bereits in urgeschichtlicher Zeit durch führende Individuen oder durch Gemeinschaften Maßnahmen zum Schutze der Umwelt getroffen worden sind, entzieht sich unserer Kenntnis. Erstmals treten in den sogenannten germanischen Volks- oder Stammesrechten, deren älteste um 500 und jüngste um 800 n. Chr. aufgezeichnet worden sind, Bestimmungen entgegen, die einen Schutz von Elementen der natürlichen oder naturnahen Umwelt beinhalten. In den Rechten sind spätantikes, römisches und christliches ebenso wie eigenständig germanisches Gedankengut enthalten. Da ihre Abfassung und Aufzeichnung auf Stammeskönige oder Herzöge zurückgeht, können sie nicht im Sinne der älteren Forschung als nahezu alleinige Rechtsschöpfungen des Volkes verstanden werden. Im Recht der Alamannen wie in anderen Stammesrechten tauchen Strafen für unberechtigtes Töten von großen Wildtieren auf: u. a. von Wisent, Hirsch, Rehbock, Schwarzwild, Kranich, Turmfalke, Ente und weiteren Vögeln. Die Bestimmung „Wenn ein fremder Bär getötet oder entwendet wird, zahlt man 6 Schillinge“ (Eckhardt 1961, Recens. Chlot. 25,1) könnte überraschen, da der Bär lange als ein für den Menschen schädliches Raubtier galt, für dessen Erlegung Schußgeld gezahlt wurde (6.7.1). Eine Erklärung ist am ehesten in früheren Rechtsverhältnissen zu suchen. Die Bärenjagd war hoheitliches Recht, so daß unbefugtes Töten oder Fangen einen Eingriff in ein fremdes Gebiet bedeutete. Ebenfalls die Strafen für die Erlegung der anderen, in den Rechten aufgeführten Wildtiere sind aus dem Rechtsschutz, nicht jedoch aus Gründen des Umweltschutzes in heutigem Sinne zu erklären. Dieser ist um seiner selbst willen erst eine späte Einrichtung unseres Jahrhunderts. Von den Germanenrechten bis zu den Jagdrechten der Gegenwart ziehen sich wie ein roter Faden ähnliche, im Laufe der Jahrhunderte immer weiter verfeinerte Schutzbestimmungen, die alle zunächst aus hoheitlicher Perspektive erlassen worden sind und erst in den letzten Jahrzehnten zusätzlich eine umweltschützerische Komponente erhalten haben.

Einen frühen Schutz für den Wald gewährten obrigkeitliche *Wald- und Forstordnungen*, für die es unterschiedliche zeitgenössische Bezeichnungen gibt, wie etwa „der furster uffzeichnung unde ir bevelh" in einer hessischen Akte über den Burgwald von 1500/1509 (Lachmann 1967, S. 210f.). Anlaß für solche Satzungen waren hoheitsrechtliche Ansprüche und das Bestreben, den Wald mit seinem lebenswichtigen Brenn- und Nutzholz und seinen unentbehrlichen Mast- und Weidedistrikten in hinreichender Flächenausdehnung zu erhalten. Bereits das berühmte Capitulare de villis von 814/40 nennt Forstbeamte, ordnet eine sorgsame Beaufsichtigung der königlichen Wälder und Forsten an, verbietet übermäßiges Ausholzen, bringt erste Regelungen über Mastnutzung und befiehlt, den Wildstand in den Forsten gut zu hegen (Franz 1967, Nr. 22, Art. 10, 25, 26, 36). Von diesem karolingerzeitlichen Ansatz führt eine durch laufende Vervollkommnung gekennzeichnete Entwicklungslinie bis zur Forstgesetzgebung der Gegenwart. Wichtige Abschnitte auf diesem langen Wege, der zu einem sich ständig steigernden Wald- und damit auch Umweltschutz geführt hat, waren u. a. die noch lückenhafte Waldordnung des Klosters Maursmünster im Elsaß von 1144, die etwas jüngere und umfassendere Waldordnung des oberbayerischen Klosters Ebersberg (Lk. Ebersberg) und die zahlreichen Forstordnungen des 16. Jhs. (Hasel 1985, S. 110), die im Zusammenhang mit dem damaligen Verwaltungsauf- und Ausbau in den einzelnen Territorien erlassen wurden. Sie regeln bis in viele Einzelheiten die Organisation, den Betrieb und die Nutzung der landesherrlichen Forsten und regional der Gemeindewälder, die bereits damals in manchen Territorien, wie im Hochstift Würzburg, zu ihrem Nutzen staatlicher Aufsicht unterworfen wurden. Jene Forstordnungen, die bereits mit einem Rechnungswesen und mit wirksamen Strafen gegen Übertretungen verbunden waren, haben ganz wesentlich zur Erhaltung des hohen Waldanteils an der Bodenfläche Deutschlands, ja regional zur Stabilität der Waldgrenzen in den letzten 550 Jahren, beigetragen (s. 6.6.1).

Außerhalb der höfisch-herrschaftlichen Welt mit ihren erheblichen Einflüssen auf die Umwelt, mit anderen Worten: in der Agrar- wie der Stadtgesellschaft, beeinflußte der Mensch als Individuum oder Angehöriger einer Gemeinschaft die Umwelt durch seine Ansprüche. Dabei handelte es sich noch nicht nach modernem Wortverstand um das Erheben oder gar Einfordern von Ansprüchen, sondern nur um eine Inanspruchnahme, wenn auch eine sehr intensive, die bald zu erheblichen Schäden führte. Sie erstreckte sich auf alle Bereiche, die erforderlich waren, um das Leben fristen zu können. An erster Stelle der Ansprüche an die Umwelt stand, wie bereits in ur- und frühgeschichtlicher Zeit, die flächenhaft wirksame Erzeugung landwirtschaftlicher Produkte sowie die Versorgung mit Wasser; lebensnotwendig war ebenfalls das Beschaffen von Rohstoffen zum Bauen, zum Verfeuern und fürs Handwerk. Eine erhebliche Umweltwirksamkeit ist auch von den Städten ausgegangen. Die meisten der um 1500 in Deutschland vorhanden gewesenen rund 3000 Städte haben eine Gemarkung besessen, die mit ihren landwirtschaftlichen Nutzflächen und ihrem Wald ein Mehrfaches einer Dorfgemarkung betragen hat. So umfaßte z. B. in Göttingen die spätmittelalterliche Stadtgemarkung 1625 ha (Köppke 1967, S. 151) und die Braunschweiger um 1750 sogar 2310 ha (Meier 1926, S. 19 ff.). Die Zahlen der Mitte des 18. Jhs. sind großenteils, so auch in Braunschweig, bis ins 15./16. Jh. rückdatierbar. Viele Städte haben sich im späten Mittelalter als Folge des Wüstungsprozesses mehrere Dorfgemarkungen einverleiben können.

Jede Art von Nutzung der Umwelt setzt deren *Bewertung* voraus. Eine urgeschichtliche Umweltbewertung läßt sich nur indirekt erschließen, etwa durch Bevorzugung bestimmter Böden und Klimate für die Anlage von Siedlungen. Aus dem Mittelalter wird die sinnliche Wahrnehmung der Natur durch den Menschen in vielen Zeugnissen greifbar. Die Probleme, welche das ältere Material aufwirft, dürften in Verbindung mit methodischen Schwierigkeiten verhindert haben, daß sich, bis auf Ausnahmen, Geographen oder Vertreter anderer Disziplinen mit der Wahrnehmung mittelalterlich-frühneuzeitlicher Umwelten befaßt haben. Ansätze dazu finden sich am ehesten in der germanistischen Namenforschung (z. B. Scheuermann 1980). Das ist verständlich, da die Namengebung in einem Raum, namentlich wenn es sich um Siedlungs-, Gewässer-, Flur-, Wald- und sonstige Geländenamen handelt, im präkartographischen Zeitalter wichtigste Technik mentaler Raumerschließung auf perzeptioneller Grundlage gewesen ist. Geländenamen bilden deshalb die wichtigsten Fixpunkte in ältesten Grenzbeschreibungen, die in größerer Zahl aus der Karolingerzeit überliefert sind. Ursprünglich sind es zu einem erheblichen Teil Appellative gewesen, die einen sinnlichen Eindruck des Namengebers beinhalten. Bei Übernahme des Appellativums durch eine Sprachgemeinschaft, sei es eine Dorfgemeinde oder eine darüber hinausgehende Gemeinschaft, konnte es sich ohne lautliche Veränderung zu einem Eigennamen fortentwickeln. Dieser ist in der Regel beibehalten worden, wenn sich die ursprünglich durch den Namen beschriebene Örtlichkeit veränderte, wie es oft der Fall ist. Die Diskrepanz zwischen Namenbedeutung und gegenwärtigen Verhältnissen kann so groß geworden sein, daß selbst von Germanisten der Realitätsgehalt älterer Namengruppen angezweifelt wird. Ein Beispiel sind die „Biberbäche". „Der Name ist so zahlreich, daß die Frage aufgeworfen wurde, ob es in alter Zeit wirklich so viele Biber in Deutschland gegeben habe", stellt Bach ohne Kommentar in seinem namenkundlichen Standardwerk fest (II, 1953, § 327). In der Tat hat es so viele Biber in Deutschland gegeben wie die Biberbachnamen anzeigen. Die Zahl ihrer Vorkommen ist sogar noch größer gewesen als die Namen erkennnen lassen. Ähnliches gilt für die vielen Krebsbäche. Die Ausrottung beider Tierarten setzte bereits im Mittelalter ein.

Ein besonderer Fall von *Umweltwahrnehmung* und *-beurteilung* ist die sogenannte Bonitierung. Das ist die Bewertung der Ertragsfähigkeit land- und forstwirtschaftlicher Flächen. Sie werden unter dem Gesichtspunkt ihres tatsächlichen oder möglichen Ertrags beurteilt. In Zahlenwerten ausgedrückte Flächenbewertungen treten erstmals in Zeugnissen des Mittelalters entgegen. Vor allem sind Flächenwerte in den damaligen Kauf- und Verkaufsurkunden enthalten, die so zahlreich überliefert sind, daß ich nur wenige Beispiele geben kann. Außerhalb der Naturräume, in denen aus ökologischen Gründen vorwiegend Grünland verbreitet war, wie z.B. in der norddeutschen Moorgeest, sind im Mittelalter Wiesen besonders wertvoll gewesen und haben durchweg bei gleicher Flächengröße den Wert des Ackerlandes erheblich übertroffen. Vor allem gilt das für die ertragreichen grundwassernahen Talwiesen. Solche konnten um 1335 im Meininger Werragebiet bis zum 100fachen von mittelmäßigem Ackerland kosten (Jäger 1992, 2, S. 175 ff.). Bei dieser außergewöhnlich großen Diskrepanz, die durchaus zeittypisch war, ist zu bedenken, daß jene Preisrelation der spätmittelalterlichen Wüstungsperiode angehört, die zu einem besonders hohen Wertverlust des Ackerlandes geführt hatte. Insofern ist die Bewertung von Elementen der Umwelt zeitlich variablen demographischen und ökonomischen Rahmenbedingungen unterworfen. Jener damals sehr hohen Bewertung der besten Grünlandflächen entspricht, daß auch von den spätmittelalterlichen Wüstungen, deren Ackerland sich mit Wald bedeckt hatte, die Wiesen großenteils durch benachbarte, überdauernde Siedlungen weiter benutzt worden sind, wie mehrere regionale Wüstungsstudien gezeigt haben.

5. FUNKTIONSELITEN UND DER FRÜHNEUZEITLICHE TERRITORIALSTAAT ALS FÖRDERER DER UMWELTWAHRNEHMUNG UND -BEWERTUNG

Ertrags- und Bodenbewertungen gewinnen im 16. Jh. im Zusammenhang mit der sich damals voll entfaltenden Verwaltung des konsolidierten Territorialstaates und verfeinerter Bildung der Leistungseliten an Präzision, wie eine Vielzahl unveröffentlichter Archivalien, aber auch damals aufkommende Lehr- und Handbücher mit ökonomischen Themen zeigen. Die 4 Bücher über Landwirtschaft von Heresbach (1570), in die eigene Erkenntnisse des erfahrenen Gutsherrn eingegangen waren, zeigen eine leistungsstarke Landwirtschaft als Ergebnis sorgfältiger Umweltbeobachtung und -bewertung. Sie enthält u. a. eine Bodenschätzung durch ein Dutzend Qualitätsstufen mit Schlußfolgerungen für die Art des Bodennutzungs-, Futterbau- und Viehhaltungssystems mit besömmerter Brache, Gründüngung und gepflegten Wiesen. Die niederrheinische Intensivlandwirtschaft, die Heresbach aus der Gegend von Wesel vorführt, war mit einer viel stärkeren Veränderung der Umwelt verbunden als der vergleichsweise extensive Betrieb mit Dreizelgenwirtschaft mittelalterlicher Entstehung, wie sie sich in anderen Teilen Deutschlands bis ins 19. Jh. behauptet hat. Insofern bestehen im Zeitpunkt der Einführung von Innovationen innerhalb der umweltrelevanten Landeskultur derart große regionale Diskrepanzen, daß ein Herausarbeiten von Entwicklungsepochen kaum die Wirklichkeit erfassen kann, sondern nur als heuristisches Hilfsmittel dient, um die andernfalls unübersichtlich bleibende Stoffmenge gedanklich bewältigen zu können. Die Intensivlandwirtschaft im niederrheinischen und benachbarten niederländisch-belgischen Raum hatte neben der Fähigkeit seiner Landwirte als Voraussetzung den Standort in einem Dichtegebiet von Bevölkerung und Städten mit hohem Bedarf an Agrarprodukten und hervorragenden Transportmöglichkeiten, wie sie vor allem durch den Rhein und andere Flüsse geboten wurden. Die hier bereits früh sichtbaren Zusammenhänge zwischen Bevölkerungsdichte, Wirtschaftsstruktur und Umweltbeanspruchung lassen sich im Prinzip verallgemeinern.

Wenn sich im 16. Jh. eine ähnliche Situation in Sachsen ergeben hatte, bestanden für die dortige Intensivlandwirtschaft mit ihren hohen Umweltansprüchen die Voraussetzungen ebenfalls in starker Nachfrage und den Fähigkeiten der Funktionseliten. Die dort damals aufblühenden und bald dicht bevölkerten Bergbaureviere der Mittelgebirge waren, weil sie überwiegend in für Landwirtschaft ungünstigen Produktionsräumen lagen, auf agrarische Einfuhren angewiesen. Vor diesem Hintergrund entwickelte sich in Sachsen, gefördert durch seinen Kurfürsten August (1526–86) und fähige Agronomen, ebenfalls eine Hochleistungslandwirtschaft mit hohen Ansprüchen an die Umwelt und entsprechender Belastung. Noch stärker als bei Heresbach wurden, um den Ertrag zu maximieren, die natürlichen Qualitäten der einheimischen Landschaft beachtet, wie zeitgenössische Lehrschriften zeigen. Nach Umfang und reichem Inhalt steht an ihrer Spitze die um 1570 verfaßte und nur in Handschriften verbreitet gewesene „Haushaltung in Vorwerken", die alle Zweige der Landwirtschaft mit Fischerei, Jagd und Forstwirtschaft umschließt (Ermisch/Wuttke 1910). In der unter sächsischer Samtherrschaft (= Kondominat) als Bestandsaufnahme eines neu gewonnenen Herrschaftsgebietes zustande gekommenen Hennebergischen Amtsbeschreibung von 1584 werden die ehemaligen Klostergüter von Rohr und Kühndorf hinsichtlich ihres Ertrags miteinander verglichen: *„Der Ackerbau, so zum Closter gehöret, wirdet etwas austreglicher als der zu Kundorf geachtet, weiln es umb Rohr wermer undt nicht so winderisch* [winterlich] *als zu Kundorf sein soll*" (Jäger 1992, 2, S. 176 ff.). Diese sich auf das Lokalklima erstreckende Beobachtung ist treffend, da Kühndorf gut 100 m höher als Rohr liegt und dieser Geländeunterschied im westlichen Vorland des Thüringer Waldes von erheblichem Einfluß auf das Klima ist.

Von den frühen Landwirtschaftsschriften, in denen bereits eine auf sorgfältiger Umweltwahrnehmung beruhende Bonitierung empfohlen wird (Schröder-Lembke 1965), kommt eine wichtige wiederum aus Kursachsen, wo ein hoher Hofbeamter mit Aufsicht über 72 Staatsgüter und selbst Gutsbetreiber, von Thumbshirn, in seiner *Oeconomia* eine Anleitung zur Bewirtschaftung von Gütern verfaßt hat. Das den Erkenntnisstand von 1570 wiedergebende Büchlein war so erfolgreich und weit verbreitet, daß es vier Auflagen erlebte und bis in die Hausväterliteratur des 18. Jhs. mit ihren Ratschlägen für den Landwirt nachwirkte. Das *Oeconomia*-Kapitel über die Besichtigung und Bewertung eines Gutes hat die Qualität einer Bonitierungsanleitung. Die „Anleitung zu der Landwirtschaft" von Martin Grosser (Görlitz 1590) gibt den Landwirtschaftsbetrieb mit Beurteilung seiner naturgeographischen Voraussetzungen wieder, wie er um die Wohn- und Wirkungsstätte des Verfassers, 12 km nördlich von Breslau, üblich war. Als Grundlage für einen erfolgreichen Ackerbau sah er die Kenntnis des Bodens und der, modern gesprochen, geoökologischen Verhältnisse an.

Daß die in jenen Schriften hervortretenden Bewertungsgrundsätze von geoökologischen Verhältnissen im herrschaftlichen Bereich Sachsens allgemeiner verbreitet waren, ergibt sich aus weiteren Zeugnissen, z. B. aus der Bereitung und Aufnahme der Henneberger Waldungen im Jahre 1587 (Jäger 1992, 2, S. 176 ff.). Sie besteht aus einer Forsttaxation einer Expertenkommission von acht Verwaltungs- und höheren Forstbeamten, die in den einzelnen Revieren von den dort tätigen Förstern unterstützt wurden. Da jene Schätzung des Wertes der Henneberger Forsten eine Flächenermittlung mit einer Beurteilung der Wüchsigkeit des Bodens, der darauf stockenden Bestände und ihrer möglichen Nutzung verbunden hat, dürfte sie eine der ersten Taxationen eines sehr großen Waldgebietes im deutschen Sprachraum und weit darüber hinaus sein. Die sächsische Taxation der Wälder im späteren Meininger Oberland vom Jahre 1555 (Freysoldt 1904) gehört zwar ebenfalls zu den frühen Wertschätzungen, ermangelt jedoch einer Flächenermittlung.

Im 16. Jh. häufen sich die Quellen mit einer auf Wahrnehmung beruhenden Evaluierung der Umwelt als Grundlage für eine Entscheidung. Es sind nicht „Gruppen“ von Personen, die in dieser Weise tätig werden, sondern einzelne höhere Beamte, die zur damaligen Dienstelite zählten. Sie handeln überwiegend in staatlichem, das heißt fürstlichem Auftrag, tragen aber durch ihre Erfahrungen Wesentliches zur Ausgestaltung der Erhebungen bei. Hervorragende Zeugnisse eines auf Umweltwahrnehmung beruhenden betriebswirtschaftlichen Rentabilitätsdenkens bietet das 1585 auf Betreiben des in Kassel residierenden Landgrafen Wilhelm IV. verfaßte Staatshandbuch, das als „Ökonomischer Staat“ ediert und kommentiert worden ist (Ö. St.). Darin enthalten ist u. a. eine Übersicht über die Nutzflächen und durchschnittlichen Jahreserträge von 55 staatlichen Gutsbetrieben, großenteils Domänen. Vergleicht man die geographische Lage der Betriebe mit den Hauptnutzflächen und den Ernten, dann zeigt sich eine sehr zweckmäßige Anpassung an die naturräumlichen Gegebenheiten, die eine gründliche Kenntnis dieser Verhältnisse aufgrund von Beobachtungen voraussetzt und als Ziel eine bestmögliche Nutzung erkennen läßt. Das betriebswirtschaftliche Rentabilitätsdenken, das zunächst auf staatliche Domänen und die Güter führender, großenteils adeliger Landwirte beschränkt war, führte zu einer intensiveren Nutzung landwirtschaftlicher Flächen mit Reinertrag und zu einer Extensivierung oder Umwidmung von Kulturen ohne Gewinn (s. S. 126).

6. VERÄNDERUNG DER NATÜRLICHEN UND NATURNAHEN UMWELTEN

6.1 Klima

Unter Klima wird der allgemeine Charakter des täglichen, monatlichen und jährlichen Ablaufs der meteorologischen Erscheinungen eines Gebietes verstanden, wie er sich als Durchschnitt für einen längeren Zeitraum ergibt. So gesehen hat es in der gegen 10000 v. Chr. begonnenen und bis zur Gegenwart andauernden Nacheiszeit (= Postpleistozän, Holozän) ohne Einwirkung des Menschen erhebliche, sich stark auf die Vegetation auswirkende Klimaveränderungen gegeben. Die einzelnen, je rd. 1000–3000 Jahre umfassenden Klimaperioden wurden durch minder große Schwankungen und noch schwächere Pendelungen des Klimas gegliedert. Aber selbst solche relativ geringen Änderungen der Klimadaten konnten, als die bäuerliche Wirtschaft eingeführt war, den Anbau von Kulturpflanzen beeinflussen, namentlich in Landstrichen an ihrer Wachstumsgrenze.

Bei allen landeskundlich orientierten Untersuchungen über frühere Klimate ist die geoökologische Differenzierung von Mitteleuropa zu beachten (vgl. Renners 1991). Wie sie in der Gegenwart zu einer erheblichen regionalen und, im Bereich der höheren Gebirge, auch vertikalen Gliederung des Klimas führt, so war sie mit gleichem Gewicht in der Vergangenheit wirksam. Das regionale Klima von Mitteleuropa ist durch eine nach Osten sich verstärkende Abnahme des atlantischen Einflusses geprägt, außerdem bestehen oft im Witterungsverlauf der Jahreszeiten zwischen nördlichen und südlichen Landschaften merkliche Unterschiede. Die wirklichen Temperaturen der Monate und Jahre weichen in der Regel von den mehrjährigen, gewöhnlich auf 30 Jahre bezogenen Mittelwerten ab, und da sich die Daten der einzelnen Perioden ebenfalls voneinander unterscheiden, kann das Klima genauer nur für bestimmte Zeitpunkte und Landschaften bestimmt werden. Dabei sind neben den regionalen Werten die topographischen Verhältnisse (Tal-, Gipfel-, Luv-, Leelagen) in Rechnung zu stellen, da sie zu erheblichen Abweichungen des lokalen Klimas führen können. Da lückenlose Klimareihen auf instrumenteller Grundlage aus vielen Stationen erst für die letzten ca. 100 Jahre vorliegen, stützen sich alle Aussagen über frühneuzeitliche und mittelalterliche Verhältnisse auf schriftliche Zeugnisse (z.B. Chroniken, zerstreute Mitteilungen in Urkunden und Akten) und indirekte Indikatoren aus Naturwissenschaften. Wichtige sind frühere Standmarken von See- und Meeresspiegel sowie Gletschern, ferner Kare, Moränen, dendrochronologische Befunde, Änderungen von Fauna und Flora, von Böden und der Gewässerregime. Es sind oft für ur- und frühgeschichtliche und noch ältere Perioden die einzigen Quellen. Gewisse Rückschlüsse lassen in Verbindung mit den genannten Indikatoren auch außereuropäische Befunde zu, wie die Analyse von Bohrkernen aus der Arktis. Von den Elementen der mittelalterlichen und älteren Klimate ist die Temperatur am besten erforscht, dahinter stehen die Kenntnisse über Niederschlag, Verdunstung, Wind, Luftfeuchtigkeit, -druck und Strahlung teilweise erheblich zurück.

Die einschneidenste Veränderung der Klimaumwelt, die der Mensch je erlebt hat, war eine rein natürliche, nämlich Beginn, Verlauf und Ende des quartären Eiszeitalters mit seinen globalen und kontinentalen Verschiebungen der Klimagürtel und der kleineren Klimagebiete. Insgesamt war das Pleistozän durch mindestens sieben längere Kaltzeiten von jeweils zigtausenden bis zu mehreren 100000 Jahren gekennzeichnet.

Als im südlichen Deutschland die Jungsteinzeit Ende des 6. Jahrtausends v. Chr. einsetzte, befand sich das Klima erst seit wenigen Jahrhunderten in der Phase der Mittleren Wärmezeit (= Atlantikum). Sie erstreckte sich von ca. 5500–2500 v. Chr. und umfaßte das Klimaoptimum der Nacheiszeit. Der ozeanische Einfluß hatte sich verstärkt und war mit höheren Niederschlägen und größerer Wärme durch milde Winter und warme Sommer verbunden. Dadurch waren die Vorbedingungen zum ersten großflächigen Wachstum der nordwestdeutschen Hochmoore gegeben, ebenso erreichte der wärmeliebende Eichenmischwald seine größte Ausdehung in der Nacheiszeit, und die ebenfalls klimaabhängige Baumgrenze lag im Gebirge etwa 200 m höher als heute. In der anschließenden Späten Wärmezeit (= Subboreal), von ca. 2500–800 v. Chr., führte ein geringerer ozeanischer Einfluß, verbunden mit mäßiger Abkühlung, zum Rückgang des Eichenmischwaldes und gleichzeitig zum Vordringen von Rotbuche, Hainbuche und Tanne. Während der trockenen Phasen des Subboreals stagnierte das Wachstum der Moore, und manche überzogen sich mit Wollgras und Heidekraut (Ellenberg 1982, S. 434 ff.). Die sich anschließende Nachwärmezeit (= Subatlantikum) hat um 800 v. Chr. begonnen und dauert heute noch an, wenn es auch innerhalb des fast 3000 Jahre erreichenden Zeitabschnitts mehrere säkulare Schwankungen und manche Pendelungen des Klimas gegeben hat. Sie liegen in der Größenordnung der in den letzten Jahrzehnten konstatierten Änderungen, so daß sich vor jenem klimageschichtlichen Hintergrund noch nicht mit Gewißheit entscheiden läßt, ob wir gegenwärtig in eine neue Klimaepoche eingetreten sind. Rechnerische Ableitungen aus physikalischen und chemischen Daten und Vorgängen in der Atmosphäre, die der Mensch durch Industrie, Landwirtschaft und Verkehr hervorgerufen hat, sprechen jedoch dafür (Flohn 1985). Die subatlantische Zunahme der Ozeanität des Klimas brachte vermehrte Niederschläge mit kräftigem Wachstum der Hochmoore im Nordwesten, im Alpenvorland und vereinzelt in den Gebirgen; während sich die Rotbuche weiter ausbreitete, gingen wärmeliebende Arten, darunter Hasel und Linde, weiter zurück. Erst die sich im 17. und 18. Jh. verstärkende Entwässerung und Abtorfung der Hochmoore hat bis auf geringe Relikte deren natürliches Wachstum beendet.

Alle Klimaschwankungen seit etwa Christi Geburt bewegten sich in Unterschieden der Temperaturen gegenüber den Phasen vor Beginn und nach Beendigung der Schwankung in der Größenordnung von etwa 1–2 °C. Nach dem derzeitigen Forschungsstand kann für die Zeit um Christi Geburt mit ähnlichen Bedingungen gerechnet werden, wie sie um die Mitte unseres Jahrhunderts bestanden haben; von etwa 250 bis um 750 n. Chr. soll es nach naturwissenschaftlichen Indizien, vor allem durch kältere Winter, etwas kühler und feuchter als vorher und nachher gewesen sein (Gerlach 1990, S. 180). Da die besser erforschten mittelalterlichen und frühneuzeitlichen Schwankungen des Klimas nur mit einer Erhöhung (Optimum ca. 950/1000–1300) oder einer Erniedrigung (Pessimum ab ca. 1500/1550) der Temperatur von jeweils ca. 1°–1,5 °C verbunden waren, können in Mitteleuropa mit seinen im ganzen gemäßigten Verhältnissen die Auswirkungen auf Bevölkerung, Besiedlung und Wirtschaft nur auf jenen Standorten bedeutend gewesen sein, deren Qualitäten sich unter den jeweils veränderten Bedingungen merklich verschlechtert oder verbessert hatten. Von einer Verschlechterung des Klimas, vor allem im höheren Gebirge, waren Vegetation (Sinken der Baumgrenze um ca. 200 m), Tierwelt und Menschen betroffen, besonders durch ungünstiger gewordene Bedingungen für seine Landwirtschaft und damit verbundene Mißernten. Die Anfälligkeit der Bevölkerung gegenüber Krankheiten nahm zu; vor allem Säuglinge, Kleinkinder und Alte verzeichneten höhere Sterberaten. Das mittelalterliche Optimum hingegen mit seinen relativ warmen und trockenen Sommern hatte die ökologischen Verhältnisse im höheren Gebirge für Flora, Fauna und den wirtschaftenden Menschen verbessert, aber gleichzeitig die landwirtschaftlichen Bedingungen auf den bis dahin bereits relativ warmen und trockenen Sandböden der Tiefländer des Binnenlandes verschlechtert. Die Begriffe Klimaverschlechterung und -verbesserung werden zwar im Schrifttum oft auf große Teile von Europa bezogen, gelten aber nicht gleichzeitig für jeden Naturraum. Zu den wenigen Kulturpflanzen, die in ihren Verbreitungsarealen und Höhenstandorten bereits durch Klimaschwankungen von 1 °C betroffen werden, gehört der Wein. Da er als anbauintensives Genußmittel auch dem Marktgeschehen unterworfen ist, können Schwankungen in der Verbreitung seines Anbaus auch allein durch anthropogene Faktoren bedingt sein. Wenn vom Hochgebirge mit seinen extremen Klimaten und von anderen Naturräumen mit unterdurchschnittlichen Bedingungen, und daher ebenfalls mit Grenzertragsstandorten, abgesehen wird, kann für Frühgeschichte, Mittelalter und Neuzeit bei durchgreifenden Veränderungen in Wirtschaft und Gesellschaft das mitteleuropäische Klima wegen seiner relativ bescheidenen Schwankungsgröße nur als mitwirkender Faktor in Betracht kommen. Wie groß sein Anteil gewesen ist, kann schwerlich genauer bestimmt werden, da geoökologische, politische, demographische, technische, mentale Faktoren und Prozesse interferieren (vgl. S. 17f.). In landbaulich ungünstigeren Regionen von Europa, wie z. B. in Skandinavien nördlich von 60° n. Br. oder in Island, konnte bereits eine Erniedrigung der Durchschnittstemperatur der Wachtumsperiode von 1–2 °C zu katastrophalen Folgen für die Landwirtschaft führen und sich damit als dominanter Faktor erweisen. Deshalb weist Salvesen (1992) dem skandinavischen Klima für die historische Zeit die Funktion einer bestimmenden Variablen zu, räumt aber den kulturell bedingten Erscheinungen und Prozessen die Freiheit der Entscheidung innerhalb des naturbedingten Rahmens ein.

6.2 Gewässer

Das Gefüge früherer Umwelten mit den in ihnen lebenden Pflanzen, Tieren und den darin ausgeübten Aktivitäten der Menschen läßt sich nur verstehen, wenn es ebenfalls gelingt, die jeweils zu einem bestimmten Zeitpunkt in der Landschaftsentwicklung vorhanden gewesene Verteilung von trockenem und feuchtem Gelände und der Gewässer zu erfassen. Durch natürliche Prozesse, seit dem Mittelalter zusätzlich durch Eingriffe des Menschen, die sich in der Neuzeit laufend gesteigert haben, sind die Quellen, die Wasserläufe und die Anzahl sowie der Zustand der größeren und kleineren Seen, auch ihre Anzahl so stark verändert worden, daß sich der gegenwärtige Wasserhaushalt von allen früheren grundlegend unterscheidet. Im ganzen zieht sich durch alle Jahrhunderte seit der um 900 beginnenden hochmittelalterlichen Ausbauzeit eine weitgehend anthropogen gesteuerte Austrocknung des Landes, die freilich erst in den letzten 300 Jahren für viele Bereiche der belebten Natur dramatische Formen angenommen hat, da sie am starken Rückgang, wenn nicht Verschwinden vieler Pflanzen und Tierarten wesentlich beteiligt ist (vgl. 6.7.1).

6.2.1 Küsten und Meeresspiegel

Der mit dem Abschmelzen des Eises um ca. 10000 vor heute begonnene und sich in Zyklen mit eingeschalteten Regressions- und Stillstandsphasen bis zur Gegenwart fortsetzende glazialeustatische Anstieg des Meeresspiegels erreicht in der Nordsee seit 500 v. Chr. rund 1 m, wovon allein ca. 25 cm auf die letzten 100 Jahre entfallen.

Durch die in die römische Kaiserzeit und in die Völkerwanderungszeit fallende Dünkirchen-II-Transgression (= D II) des Meeres waren – mit regionalen, durch Lage und Küstengestalt bedingten Zeitunterschieden – vom 1.–3. Jh. n. Chr. Flachsiedlungen der Marsch aufzugeben und statt ihrer Wurten aufzuwerfen (Kossack/Behre/Schmid 1984). Mit dem damals einsetzenden und sich durch die nächsten ca. 1000 Jahre hinziehenden Bau der Wurten hatte der Mensch in den Gezeiten- und Sturmflutbereichen der Watten- und Marschenküsten entlang der Nordsee erstmals die natürlichen Oberflächenformen zu seinen Gunsten, nämlich als schützende Voraussetzung fürs Siedeln, verändert. Die Wurten als anthropogene Formen der Erdoberfläche, kleinen Hügeln vergleichbar, hatten freilich durch ihre jeweils lokale Ausdehung (ca. 20–100 m Durchmesser) keine tiefergreifenden Auswirkungen auf die ökologischen Verhältnisse der Marsch, auch wenn sie öfter in größerer Zahl entlang von Prielen und Küsten angeordnet waren und dort noch sichtbar sind. Bekannt ist der anschauliche Bericht von Plinius dem Älteren (23/24–79 n. Chr.) über die Wurtensiedlungen im Gebiet der Chauken, die damals teilweise im Nordseeküstenbereich der Elbmündung und der Weser siedelten. Vorbildliche Ausgrabungen (Haarnagel/Schmid 1984), wie der berühmten Wurtensiedlung Feddersen Wierde, Land Wursten, dem Gebiet der Wurt-Sassen, haben ergeben, daß wohl die Masse jener heute zumeist verlassenen Wohnhügel erst im Verlaufe von Jahrhunderten zu ihrer gegenwärtigen Höhe und

Breite aufgeschüttet worden ist, und zwar in Abhängigkeit vom Steigen des Meeresspiegels und der Bevölkerungszunahme.

Der Küstenverlauf der Ost- und der Nordsee um Christi Geburt ist nur in großen Zügen mit dem heutigen gleichzusetzen. Es fehlten an den Marschenküsten die zahlreichen großen und kleinen Buchten in heutiger Dimension; an der Ostseeküste sind durch Strandversetzung an Flachküsten und Kliffabbrüchen an Steilküsten so erhebliche Veränderungen eingetreten, daß sie sich auf den siedelnden und wirtschaftenden Menschen auswirken konnten; zudem hat sich engräumig die Ostseeküste durch Verlandungen und Schaukelbewegungen der Festlandoberfläche verändert. Eine epochale Neuerung brachte für die *Nordseeküste* der um 1000 n. Chr. beginnende Bau von Landesdeichen, weil sie trotz fortbestehender Bedrohung durch Sturmfluten das Siedeln auf ebenem Marschenboden zuließen, auch wenn die Deiche wegen ihrer noch lange unzureichenden Konstruktion oft von den Sturmfluten durchbrochen wurden. Denn die damaligen Deiche hatten erheblich steilere, kaum geschützte Böschungen und erreichten nur etwa ein Drittel heutiger Höhen.

Schon die mitttelalterlichen Einwirkungen des Menschen zur Sicherung seiner Existenzbedingungen in der Marsch durch den Bau von Deichen brachten neben mehr Sicherheit ungewollte und unvorhergesehene Folgen. Das um 1300 vollendete Schließen der Deichlinien war zunächst ein größerer Schutz vor den Fluten, denen nun ein freier und tiefer Auslauf ins Binnenland versperrt blieb. Daher stauten sich gefährliche Orkanfluten vor den Deichen, so daß besonders gefährdete brachen. Zur verheerenden Wirkung dieser Überflutungen hatte die Senkung der Marschenoberflächen durch Entwässerung, Ausbildung von Verdichtungshorizonten im Ackerland und Austrocknung der im Watt verbreitet gewesenen Torfmoore beigetragen. Diese Wirkung war noch dadurch verstärkt worden, daß durch den Deichbau die normalen Fluten die dahintergelegene Fläche nicht mehr erreichen konnten und die natürliche Aufhöhung durch deren Sedimentation unterblieben war. Da die Menschen, weil sie sich im Schutz der Deiche sicher wähnten, nun verbreitet auf der flachen Marsch siedelten, mußte jede Orkanflut mit Deichbrüchen zu hohen Verlusten an Mensch und Vieh führen. Am verheerendsten waren an der Nordsee die tiefen Meereseinbrüche des 14. und 15. Jhs., die aus kleineren Anfängen die großen Buchten von Zuidersee, Dollart und Jade geschaffen haben. Sie gingen gegen Ende jener Katastrophen erheblich über die heutige Ausdehnung hinaus (vgl. Behre 1989). Denn sie sind seit den Landgewinnungsarbeiten, die bereits im 16. Jh. größere Ausmaße angenommen hatten, gegenüber ihrer spätmittelalterlichen Flächenausdehnung merklich kleiner geworden. Durch Eindeichen und Trockenlegen sind eine Reihe von weiteren, überwiegend kleineren Nordseebuchten seit dem Höhepunkt der Meereseinbrüche um 1500 verschwunden oder eingeengt worden, darunter die Bucht von Sielmönken (Krumme Hörn), die Leybucht und die Harlebucht (Harlinger Land).

Ebenfalls an der Nordseeküste hat sich in den letzten 2000 Jahren die vorgelagerte Kette der West- und Ostfriesischen Inseln erheblich verändert. Denn sie sind erst seit etwa Christi Geburt durch das Zusammenwirken von Strömungen, Brandung, Sandtrift, Wind und Vegetation entstanden und würden auch in der Gegenwart, wären sie nicht durch Küstenschutzmaßnahmen stabilisiert worden, laufend ihre Gestalt verändern, insbesondere durch die unter dem Einfluß vorherrschender Westwinde stehende Küstenversetzung in östlicher Richtung. Anschaulich werden ältere Insel- und Küstenzustände und ihre Veränderung von der Insel Spiekeroog bis zur Mellum und im Marschenhinterland in einem Blatt der historisch-landeskundlichen Exkursionskarte von Niedersachsen dargestellt (Salomon 1986).

Erheblich sind seit ur- und frühgeschichtlicher Zeit auch die Veränderungen an und vor der Küste von Dithmarschen und Nordfriesland, wo ebenfalls um 1000 n. Chr. ein Deichring im Bau war (Stoob 1951, S. 37 ff.). Zum Sichverstärken der Flut durch Deichbau und zu ihrer verheerenden Ausbreitung in die Fläche bei Deichbrüchen hatte hier, wie in den Niederlanden, eine weitere Art von anthropogener Landsenkung beigetragen: die Ausräumung von Wattengebieten durch den Abbau von Salztorflagern, der dort bis heute Spuren hinterlassen hat (Bantelmann 1967). Die in ihrer Summierung zu Katastrophen führenden Maßnahmen des Menschen sind durchs natürliche Ansteigen des Meeresspiegels im Verlaufe der Dünkirchen-Transgressionen III und IV verstärkt worden.

Transgressionsphasen sind als wissenschaftliche Konstrukte eine Vereinfachung des wirklichen Geschehens und sehen von kleinräumigen Meeresbewegungen ab. Bereits Gottschalk (1971–77) hatte in ihrem monumentalen Werk über historische Sturmfluten festgestellt, daß nicht die gesamte niederländische Küste zur gleichen Zeit von Orkanfluten mit Landverlusten heimgesucht wurde, sondern einer erheblichen Transgression in einem Küstenbereich entsprach etwa zur gleichen Zeit die Gewinnung von Land in einer anderen Landschaft. Daneben kommen überregionale, ins Transgressionsschema gehörende Orkanfluten mit verheerenden Deichbrüchen vor, wie bei der Allerheiligenflut vom 1. 11. 1570, als von Flandern bis Schleswig-Holstein viele

Deichbrüche zu katastrophalen Überflutungen mit angeblich 100000 Toten führten. Erkenntnisse von Gottschalk und Borger (1984), daß Bodensackungen in der eingedeichten Marsch und dortiger Torfabbau zu großen Ausraumflächen, regional auch zur Instabilität von Deichen geführt hatten, ist regional durchs Heverprojekt der DFG bestätigt worden (M. Müller-Wille u. a. 1989). Solche vorwiegend anthropogen bedingten Prozesse führten z. B. in einem Areal zwischen Pellworm und Nordstrand, das für Setzungen des Bodens empfindlich ist, im 14. Jh. durch Orkanfluten zur Vernichtung von Siedlungs- und Kulturland, und in der ersten Hälfte des 17. Jhs. gingen an der Westküste Schleswig-Holsteins erneut in den Jahrhunderten vorher mühsam kultivierte Marsch- und Moorgebiete mit Verlust von 6000 Marschenbewohnern verloren. Erst diese Katastrophe hatte einen wesentlichen Anteil an der Formung der heutigen Landschaft der Halligen. Denn die vor der Westküste von Schleswig gelegenen 10 kleinen Marschinseln sind in ihrem Kern die Reste des in jenen Sturmfluten zerstörten Festlandes.

Auch die Felseninsel Helgoland zeigt gegenwärtig ein völlig anderes Gesicht als im Mittelalter. Noch damals befand sich an der Stelle des gegenwärtigen Dünengeländes im Osten eine zweite Felseninsel aus Muschelkalk (Witteklippe), die etwa gleiche Ausdehnung und Höhe wie die heute 58 m ü. M. erreichende Buntsandsteininsel besaß und durch Steinbruchbetrieb verkleinert wurde. Letzte Reste der Insel sind in der Sturmflut von 1711 untergegangen, und die bekannte Düne ist an ihre Stelle getreten. Ließe man der natürlichen Entwicklung, d. h. hier der Brandungserosion, freien Lauf und schützte man Helgoland nicht durch starke Bollwerke, würde auch der jetzige Felsen mit seiner bekannten Fremdenverkehrssiedlung allmählich verschwinden.

An der *Ostseeküste*, wo Marschen fehlen, Sturmfluten weniger dramatisch verlaufen und abschnittsweise steile Kliffs aufragen, wirkt sich der Meeresspiegelanstieg viel geringer aus als an der Nordseeküste. Stärkere Anstiegsbeträge des Meeresspiegels hängen in der Lübecker und in der Eckernförder Bucht mit regionalen, schaukelartigen Krustenbewegungen zusammen: neben Abschnitten mit Landsenkung liegen andere, in denen das Land aus dem Meeresspiegel auftaucht. Gewiß, die Ostseeküste hat in der Nacheiszeit nicht jene dramatischen Meereseinbrüche und die anschließende Rückgewinnnung weiter Marschflächen erlebt, wie sie für die Nordseeküste kennzeichnend sind. Doch gibt es kaum einen längeren Küstenabschnitt der Ostsee ohne Veränderung seiner Formen seit ur- und frühgeschichtlicher Zeit. Fast alle Kliffküsten, die an der Ostsee überwiegend aus weichen Geschiebemergeln der eiszeitlichen Moränen, selten, wie auf der Insel

Rügen, aus älteren Gesteinen aufgebaut sind, verzeichnen ein Zurückweichen des Festlandes. Zwischen Kiel und Eckernförde, am Ostrand des Dänischen Wohlds, wo die Kliffs eine durchschnittliche Höhe von 20 m erreichen, weichen sie gegenwärtig zwischen 0,2 und 1,5 m im Jahr zurück. Allein die Ostseeküste von Schleswig-Holstein besitzt 53,5 km Abbruchufer mit jährlich um 1,3 ha Landverlust (Degn/Muuß 1966, S. 40). Besonders die winterliche Frostsprengung und Durchfeuchtung der Mergelmasse führen zu Kliffrutschungen, dazu kommt eine starke Brandungserosion bei winterlichen Stürmen aus östlichen Richtungen. Da alle größeren Veränderungen des Klimas in der Nacheiszeit mit Änderungen der Frost- und Niederschlagsdaten und der Sturmfrequenzen und -stärken verbunden waren, lassen sich die rezenten Beträge des Zurückweichens der Kliffs nur annäherungsweise in die fernere Vergangenheit zurückprojizieren. Es muß seit Christi Geburt mit etwa 0,5–2,5 km Zurückweichen für die labileren Kliffabschnitte gerechnet werden. Dieser Betrag entspricht in der Größenordnung jenen Angaben, wie sie von der Geschiebelehmküste aus Ostengland bekannt sind. Den Landverlusten an Steilküsten steht ein Anwachsen von Land an Flachküsten gegenüber. Denn dort werden Sande und Gerölle abgelagert, die aus zerstörten Steilküsten stammen und nach Aufarbeitung durch die Brandung mit der Strömung in Richtung der vorherrschenden Winde als sogenannte Strandversetzung transportiert werden. Wo dieses verdriftete Material auf den meerwärtigen Rand einer Bucht trifft, können sich Haken und Strandwälle bilden, die bisweilen zu Nehrungen anwachsen und dann die Buchten teilweise oder ganz abschnüren. Sofern die hinter den schmalen Landzungen der Nehrungen liegenden Strandseen flach sind, bilden sich dort, ausgehend von den Ufern, Schilfsümpfe, die nach den verschiedensten Zwischenstadien des Verlandens schließlich zu Niedermooren werden, und diese sind oft durch den Menschen zu Weiden und Wiesen gemacht worden. Durch die Kliffrückgänge an vorspringenden Küstenabschnitten und das Abschnüren und Trockenfallen von Buchten bildet sich im Verlaufe von Jahrhunderten allmählich eine Ausgleichsküste. In Mitteleuropa wird sie am besten in einer sich über 250 km gleichmäßig fortsetzenden Strecke in Hinterpommern dargestellt. In der Bundesrepublik, wo sich eine Ausgleichsküste zwar an vielen Örtlichkeiten, doch stets nur auf kürzere Strecken ausgebildet hat, lassen sich deshalb noch nebeneinander die verschiedensten Entwicklungs-, Reife- und Endstadien von Flachküsten in Mecklenburg-Vorpommern und in Schleswig-Holstein beobachten. Werden schmalere Meeresarme durch den Anwachs von Landzungen abgeschnürt, können, wie in Rügen, Inseln zusammenwachsen.

Noch im Mittelalter vorhanden gewesene Buchten und Meeresarme haben bei der Gründung der Städte eine erhebliche Rolle gespielt, sei es zu ihrem Schutz, als Hafen und für den Fischfang. Beispiele dafür sind Schleswig, Eckernförde und Oldenburg in Holstein.

6.2.2 Fließgewässer

Alle größeren Flüsse und die meisten Bäche haben seit prähistorischer Zeit die Lage und den Querschnitt ihrer Laufstrecken und damit ihre Ufer und Wasserführung verändert, auch wenn sie weiterhin ihre schon in den Frühphasen der Nacheiszeit eingenommenen Täler durchfließen. Da fast alle Grundkarten unserer großen historischen Landesatlanten die Fließgewässer nach ihrem heutigen Zustand wiedergeben, werden den meisten Benutzern falsche Vorstellungen über die hydrogeographischen Verhältnisse der Vergangenheit suggeriert, die zu Fehlschlüssen führen können. Wenige Atlanten, wie der vorzügliche Historische Atlas von Baden-Württemberg geben wenigstens in einzelnen Blättern eine Vorstellung von den erheblichen Veränderungen von Flußläufen (K.I, 3; IV, 18, 19).

Bis in die Römerzeit beschränkten sich direkte Veränderungen der Fließgewässer auf vereinzelte Eingriffe des Menschen; bei Bächen kam es örtlich in und um Siedlungen zu Veränderungen, namentlich in Form von Ableitungen. Ökologisch folgereicher waren die in den dichter besiedelten Räumen einsetzenden Ablagerungen von Auelehmen durch Ausbreitung des Ackerlandes und der in ihm verlaufenden Bodenabtragung (6.5.2.2), weil der in den Auen sedimentierte Boden im Verlaufe von Jahrhunderten zu einer Erhöhung von Hochwässern führte.

Besonders reich an Mäandern, an Neben- und Altarmen unterschiedlichen Abschnürungs- und Verlandungsgrades, waren vor den tiefgreifenden Strombaumaßnahmen des 19. Jhs. unsere Tieflandflüsse: so die Elbe ab Riesa, wo sie ins sächsische Tiefland eintritt, die Weser ab Minden, die Donau in ihren Becken, der Rhein von Basel bis Mainz und wiederum unterhalb von Köln. In solchen Tiefland- und Beckenstrecken verlegte der Fluß bei fast jedem größeren Hochwasser abschnittsweise durch Ausbrüche und Abschnürungen sein Bett, so daß sich dadurch bei den größeren Flüssen, darunter Rhein, Donau, Elbe und Oder, ein vielfach verflochtenes Netz von Haupt-, Neben- und Altarmen herausgebildet hatte. Ein solches ist gegenwärtig trotz aller Strombaumaßnahmen noch in einzelnen Abschnitten weniger Flüsse erkennbar, wenn es auch dort in seinem anthropogen gebändigten Zustand nicht mehr voll dem ursprünglichen Flußadergewirr entspricht. So folgen z. B. von der Altstadt von Magdeburg nach Osten aufeinander die heutige Stromelbe, die Alte Elbe und weitere ehemalige Elbläufe, die noch einiges Wasser enthalten, als Umflutkanäle dienen oder durch ihre Geländeformen als schmale Mulden ihren Ursprung verraten, bis erst nach 8 km, bei Königsborn, die pleistozäne Sandplatte als östlicher Rand der Elbtalung erreicht wird. Frühere Wasserlauf-Geflechte unserer Ströme sind mehrfach in Karten abgebildet worden (Reischel 1930, Kte.; Strasser 1989).

Wo in altlandschaftlicher Zeit ausgeprägte Flußspaltungen vorhanden waren, bestanden anstelle des heutigen, durch den Menschen in ein Bett gezwungenen Stromes mehrere kleinere Arme, von denen jeder leichter zu überschreiten war. Ein großer Strom, wie der Rhein, konnte daher im Tiefland gleichsam aus einem ganzen Bündel kleiner Flüsse bestehen, von denen jeder auch einfacher zu überbrücken war als ein großer Strom in einem einzigen Bett. Allerdings war eine Voraussetzung die Zwischenlagerung von Sand- und Kiesbänken und das Fehlen größerer Sumpfstrecken im Verlaufe der Flußdurchquerung. Noch im Mittelalter, als es viele Flußspaltungen gegeben hat, waren diese oft Stellen für eine Furt und im Zusammenhang damit die Anlage einer Stadt, wie unter anderem Magdeburg, Schweinfurt und Haßfurt zeigen. Letztere bringen bereits durch das Grundwort ihres Namens die Bedeutung der Furt für die Stadtwerdung zum Ausdruck. Freilich reichen nicht alle Seitenarme und Flußmäander weit in die Vergangenheit zurück. Manche Flußschlingen sind erst im späteren Mittelalter und in der Neuzeit gebildet worden, namentlich unter dem Einfluß von Flußwehren, durch welche die Abflußgeschwindigkeit des oberstrom gelegenen Bereiches vermindert und gleichzeitig das Ausmaß der dortigen Sedimentation erhöht wurde. Beides zusammen hat das Mäandrieren begünstigt. Vorbildlich ist die Dynamik eines Flusses im Wechselspiel von Natur und Mensch am Beispiel der Entwicklung des Mains seit dem Mittelalter untersucht worden (Gerlach 1990).

Wenn der Niederrhein oberhalb von Düsseldorf schon in Römerzeit und Mittelalter in je einem Bett geflossen ist, das für beide Zeitalter jedoch nicht deckungsgleich war (Strasser 1989), dann ist für die relative Konstanz seines Strombettes über längere Zeit zunächst die Begrenzung der zumeist nur 2 bis 6 km breiten Aue durch Terrassen verantwortlich. Eine weitere Einengung seines Pendelbereichs mußte sich durch die höheren Talstufen der sogenannten Inselterrassen ergeben, die besonders die Stromaue in ihren breiteren Abschnitten ausfüllen, teilweise den älteren Phasen des Holozäns entstammen und damit bereits in urgeschichtlicher Zeit, jedenfalls lange vor der Römerzeit, vorhanden waren. Daher sind die Ergebnisse von Strasser nicht auf solche Strom- und Flußabschnitte zu übertragen, wo die Ränder eiszeitlicher Terrassen und ähnlicher Hochgestade weiter als in der oben beschriebenen Flußstrecke des Niederrheins auseinander liegen. Das ist z. B. durchweg entlang der Mittelelbe von Riesa bis Geesthacht der Fall, wo das natürliche Überschwemmungsgebiet vor den ersten Deichbauten um 1100 weithin eine Breite von 10–20 km, ja im Mündungsgebiet der Havel sogar von 44 km erreichte (Jäger 1989).

Bis zum Beginn des mittelalterlichen Deichbaus hatten die Ströme der Niederungen Spaltungen ausgebildet. Wo sie nur in einem Bett in gewöhnlich wechselner Breite geflossen sind, waren die Ufer unregelmäßig geformt, bis die Strombaumaßnahmen des 19. Jhs., die durch Verengung des Stromes eine größere Fahrwassertiefe bezwecken sollten, grundlegende Umgestaltungen herbeiführten. Bis dahin veränderte die nur teilweise durch Deiche gebändigte Flußtätigkeit häufig nach Hochwässern die Gestalt der Ufer. Im Jahre 1724 z. B. wurde in einem amtlichen Bericht über die mittlere Elbe bei Magdeburg eine Räumung des Flußbettes als zwecklos bezeichnet, verlege doch der Strom fast alle Monate seinen Lauf (Brüning 1962, S. 351). Noch im frühen 19. Jh. schwankte innerhalb ihrer Deiche die Breite der Oder oberhalb von Frankfurt zwischen 110 und 600 m (Jäger 1963, S. 23 ff.). Aus den zu jener Zeit noch vorhanden gewesenen Altarmen und den Flußseen (ehemaligen Altarmen) läßt sich erschließen, daß hier die Oder vor den Deichbauten zwischen 2 und 7 km Breite hin- und herpendelte. Weitere Kennzeichen der, nach der Ausdrucksweise der Wasserbauingenieure, Verwilderung von größeren Fließgewässern waren viele Untiefen, Sand- und Kiesbänke sowie Inseln. Die größeren unter ihnen trugen Wald oder Grasland. Noch um 1820 gab es trotz seit langem vorhandener Deiche allein auf der 50 km langen Oderstrecke in der Höhe von Fürstenberg-Crossen 53 Flußinseln und Sandbänke verschiedenster Größe, wie noch die älteste Preußische Generalstabskarte von 1816–38 zeigt (Bl. 121/122). Im Mittelalter, als die Oder in diesem wie in anderen Abschnitten mehrfach gespalten war, ist die Zahl der Hindernisse im Fluß noch größer gewesen. Wo durch Hochwässer Flußschlingen durchbrochen wurden, blieben die älteren Flußläufe als sichelförmige Altwässer zurück, die in mittelalterlichen und späteren Zeugnissen in manchen deutschen Landschaften als „See" bezeichnet werden. Eine Vorstellung vom früheren Zustand vieler Flußtäler Mitteleuropas geben noch abschnittsweise der Lauf des Lechs oberhalb von Füssen und in Frankreich der mittlere Bereich der Loire.

Ein seltenes mittelalterliches Zeugnis über die Breite eines Flußüberganges findet sich im Bericht eines unbekannten Russen über eine Reise des Metropoliten Isidor im Jahre 1437/38 von Moskau durch Deutschland nach Italien (Stökl 1954, S. 158). Die Reisegesellschaft kam von Mölln (Ostholstein) an den im Text nicht näher lokalisierten Elbübergang in Richtung Lüneburg. Er muß bei Lauenburg oder dem benachbarten Artlenburg gelegen haben, weil dort die weit und breit wichtigste Stelle zum Überqueren des Stromes war und deshalb auf jenen Flußabschnitt von Norden wie Süden wichtige Heer- und Handelsstraßen zugelaufen sind. Der in vielen Maßangaben des Reiseweges sehr präzise Russe schildert die Elbe als ein ganzes Laufsystem und gibt seine Breite mit 3 Werst, d. h. 3,2 km an. Wie sich aus der Lage dortiger Altwässer in älteren topographischen Karten ergibt, muß die Breite des damals sehr verzweigten Stromnetzes sowohl bei Lauenburg wie bei Artlenburg etwa 3,3 km betragen haben. Damit wird die russische Angabe nach Flußmorphologie und Strombreite ohne Einschränkung bestätigt. Die heute regulierte und ausgebaute Elbe besitzt bei beiden Orten nur noch ein Flußbett von rund 300 m Breite, jedoch einer viel größeren Tiefe als im Mittelalter, so daß Binnenschiffe ganzjährig ohne Schwierigkeiten fahren können. Das war bis zu den neuzeitlichen Wasserbaumaßnahmen ganz anders.

Sogar im vollhumiden Klima Mitteleuropas waren bis dahin die Schwankungen der Wassertiefe beträchtlich, so daß sich Feldzüge wie Handelsverkehr danach zu richten hatten. Die hochgradige Verwilderung der Flußläufe hatte einen wesentlichen Anteil an der stark schwankenden Wasserführung. Keineswegs sind die heutigen Flußregime auf vorindustrielle Zeiten übertragbar, weil die erheblichen Umgestaltungen der Landesnatur in den Einzugsgebieten der Fließgewässer deren Wasserführung nach Qualität, Quantität und Jahreszeit erheblich verändert hat. Dazu haben bereits die ur- und frühgeschichtlichen, noch stärker die mittelalterlichen Rodungen beigetragen. Denn im Offenland wirken andere Verdunstungs- und Abflußverhältnisse als im Wald. Aber auch dieser hat nicht ohne Einfluß auf jene mehrfach seine Eigenschaften durch Einwirkungen des Menschen verändert. Dazu zählt die Umwandlung der Urwälder in stark durchweideten und dadurch erheblich gelichteten Wald (6.6.1) ebenso wie dessen neuzeitliche Veränderung zu Forsten, die kein Unterholz mehr besitzen und durch Wege mit Wasserabzugsgräben erschlossen sind, so daß die Niederschläge rasch abfließen. Die Ausbreitung offener Nutzflächen auf Kosten des Waldes verkürzt die Tauperioden von Schnee erheblich, so daß rasch eintretende Hochwässer zunehmen und diese selbst höhere

Stände erreichen. Die Vernichtung des Waldes in gebirgigen Einzugsgebieten unserer großen Ströme hat durch Verstärkung von Erosion und Abtragung ihre Schotter- und Sandführung erheblich verstärkt. Das gilt selbst für Gebirgsbäche. Auch die Ausbreitung des Ackerlandes im Verlaufe eines etwa 7000 Jahre umfassenden Prozesses hat vor allem die flächenhafte Bodenabtragung mit Zuführung feiner Stoffe, darunter vor allem Lehm und Sand, in die Flüsse erhöht. Dadurch haben sich nicht allein die Sand- und Kiesauen der Gewässer allmählich mit Auelehm bedeckt, der in manchen Flußtälern, wie etwa an Rhein und Weser, zu Decken von mehreren Metern Mächtigkeit anwachsen konnte. Wenn Einzugsgebiete von Bächen groß genug sind und diese in abtragungsgefährdeten Lößlehmgebieten liegen, dann konnte es selbst dort seit dem hohen Mittelalter zu Auelehmdecken bis etwa 4 m Mächtigkeit kommen (u.a. Hahn 1992). Es ist klar, daß sich durch eine derartige Erhöhung der Talsohle die Hochwasserführung grundlegend ändern mußte, so daß z.B. der Kreuzgang des mittelalterlichen Klosters Holzkirchen (Lk. Würzburg) in den letzten Jahrhunderten häufig durch Frühjahrshochwässer überschwemmt wurde (s.S. 68f.).

Wo im Siedlungsland größere Flüsse ihre Betten nach starken Hochwässern verlegt haben, konnten Städte und Dörfer auf die entgegengesetzte Seite des Hauptflußbettes gelangen, andere gerieten weiter ab vom fahrbaren Strom, so daß dadurch manche ihre bedeutenden Flußhäfen verloren haben, wie das in Stade durch Verlagerung der Niederelbe der Fall war. In anderen Fällen ging durch Flußverlagerung die Funktion einer Siedlung als wichtige Übergangs- und Zollstätte verloren. Das wird u.a. für Wolmirstadt/Elbeu nördlich von Magdeburg belegt, wo sich ab ca. 1300 der Hauptarm der Elbe um 7 km nach Osten verlagert hatte. Die Entstehung von Wüstungen im Bereich der breiten Stromauen im Elbabschnitt von Magdeburg hängt ebenfalls mit den großen Stromverlagerungen des Mittelalters zusammen. Dort sind auf einer 50 km langen Flußstrecke ein Dutzend Siedlungen durch Stromverlagerungen vernichtet worden (Reischel 1930, Kte.). Für das Verhältnis von Fluß und Grenze, für das sich in den mittelalterlichen Grenzbeschreibungen seit der Karolingerzeit zahlreiche Belege finden, ist die thüringisch-anhaltische Saale aufschlußreich. Während sie um das Jahr 1000 Grenze zwischen Sachsen und wendischen Marken war und bis ins 12./13. Jh. auf der Strecke zwischen Naumburg im Süden und ihrer Mündung in die Elbe zwei Kirchenprovinzen gegeneinander abgrenzte, setzte sich der Fluß im Übergang zum späten Mittelalter durch Verlagerung von jenen älteren Grenzen ab (Schlüter/August 1959/61, Kte. 7, II).

Abschnittsweise hatten sich im Mittelalter auch die Wasserstände durch Mühlenstau gehoben. Namentlich wirkte sich ein Mühlenwehr auf einen längeren Oberstromabschnitt in allen Tiefländern mit ohnehin hohem Grundwasserstand aus. So beruhte z. B. das im Spree-Havel-Winkel und im nordöstlichen Brandenburg nachgewiesene (Driescher 1974) Ansteigen des Spiegels vieler Gewässer auf dem Bau von Stauwerken für Wassermühlen. Stellt man in Rechnung, daß im Flachland schon ein mäßiger Stau von 1m zu einem merklichen Anstieg des Wasserspiegels auf weiten Flächen führte, dann wird verständlich, daß jene Bauwerke sogar zur Versumpfung und Vernässung in den Randgebieten der Fließgewässer beigetragen haben. Ebenfalls in den Fließgewässern des Hügel- und Berglandes hatten Wehre die Wasserstände verändert. Regional setzte diese Entwicklung bereits früh ein. Die ältesten Schriftbelege für Wassermühlen kommen aus dem Mosel-land. Für Temmels an der Mosel, oberhalb Trier, wird im Jahre 634 eine Wassermühle bezeugt. Auf noch ältere Mühlen weist das um 565/66 entstandene Gedicht des Venantius Fortunatus. In der Lex Alamannorum von etwa 712/25 ist die Rede vom Aufstau des Wassers durch ein darin angelegtes Wehr und von Wehr und Mühle, die im Wasser angelegt werden. Im Lorscher Codex wird für das Jahr 766 in Horchheim, sw. Worms, eine Mühle bezeugt. Da sie sich am Eisbach befunden hat, muß es sich um eine Wassermühle gehandelt haben. In weiteren Urkunden dieser Zeit, wie etwa in den bekannten Freisinger und den Weißenburger Traditionen, werden Mühlen genannt (Jäger 1978, S. 17).

Vor den großen Wasserbaumaßnahmen des 19. Jhs., die in den meisten Flüssen erst in dessen zweiter Hälfte wirksam wurden, hatte die Schifffahrt in trockenen Sommern mit erheblichen Schwierigkeiten zu kämpfen, obwohl die zum Transport dienenden Wasserfahrzeuge vor der Technisierung des Verkehrs erheblich kleiner als heute gewesen sind. Dazu paßt, daß aus vielen Stromabschnitten, die heute der Großschifffahrt dienen, noch im 19. Jh., als genaue Messungen einsetzten, erstaunlich geringe Wasserhöhen registriert worden sind. So war im trockenen Sommer 1863 die Elbe bei Artlenburg, nur 45 km oberhalb von Hamburg, auf die durchschreitbare Wassertiefe von 68 cm abgesunken, die Donau verzeichnete in ihren bayerischen Schiffahrtsabschnitten bei frühherbstlichem Niedrigwasser nur Fahrwassertiefen von 0,4–1,20 m. Auf einer Furt zu durchschreiten war die Donau bei niedrigem Wasserstand ebenfalls unterhalb von Linz, in extrem heißen Spätsommern ließ sich die Donau im Linzer Becken sogar an mehreren Stellen durchwaten, und selbst zwischen Wien und der Raab-Mündung im Kleinen Ungarischen Becken befanden sich infolge der dortigen Stromspaltungen noch mehrere Furten, die bei Niedrigwasser zu benutzen waren. Die vor 100–150 Jahren mit dem hochtechnischen Ausbau der Flüsse einsetzende Tiefenerosion hat je nach regionalen Bedingungen zu unterschiedlichen Beträgen der Eintiefung geführt. Wenn am Oberrhein 7 m erreicht wurden (Bremer 1991), war das eher eine Ausnahme.

6.2.3 Quellen und Bäche

Viele Bäche entstehen aus Quellen, so daß sich deren Veränderung auf die Wasserführung jener auswirkt. Daher ist es sachgerecht, beide zusammen zu betrachten. Durch Waldrodungen, die in den am frühesten von Bauern besiedelten Räumen bereits vor rund 7000 Jahren begonnen haben (vgl. S. 5 f.), ferner durch Veränderungen vieler Kleinformen der Erdoberfläche im Verlaufe der Jahrtausende, durch Meliorationsmaßnahmen, die mit Austrocknung verbunden waren, und vor allem durch die Einführung der zentralen Wasserversorgung mittels Reservoiren und Leitungen hat der Mensch die Verhältnisse bei den kleinen Fließgewässern und den Quellen so grundstürzend geändert, daß auch dort von der natürlichen Umwelt nur noch wenig erhalten geblieben ist.

Bis weit ins Mittelalter hinein ist die Ortslage der meisten Siedlungen nach dem naturbedingten Vorkommen von Oberflächenwasser ausgesucht worden: in Nähe einer Quelle, eines Baches, Flusses oder Sees. Bereits Tacitus hebt in seiner Germania (Kap. XVI) die Orientierung der Siedlungen nach Quellen hervor. Wenn auch sein Bericht manche Topoi enthält, so findet diese Feststellung eine vielfache archäologische und geographische Bestätigung (Jäger 1992, 3). Dennoch waren schon lange vor Tacitus manche Siedlungen durch Tiefbrunnen unabhängig von oberflächigen Wasserangeboten geworden. Bereits im Frühneolithikum ist im bandkeramischen Siedlungsbereich der fruchtbaren Lößbörde der Niederrheinischen Bucht ein bis zum Grundwasser in 15 m Tiefe reichender Schachtbrunnen gegraben worden, der einen Kasten aus Eichenbohlen als Auskleidung erhalten hatte. Wenn sich auch mit dieser innovativen Technik schon das älteste Bauerntum seine Siedlungsstandorte unabhängig von oberflächigen Wasservorkommen aussuchen konnte, waren dennoch bis weit in die Neuzeit oberflächige Wasservorkommen standortlenkend geblieben, da sie mindestens als Brauchwasser, örtlich bis ins frühe 20. Jh. auch fürs Trinkwasser, genutzt wurden. Einen Hinweis auf die Orientierung vieler Siedlungen des Mittelalters nach natürlichen Gewässern geben die zahlreichen von ihnen abgeleiteten Ortsnamen. Darunter sind vor allem Siedlungen mit dem alten, aus dem ersten Jahrtausend stammenden Namenelement -apa, -afa (abgeschliffen etwa zu -epe, -phe), das ebenfalls relativ alte -aha, -a, später durch -bach (niederdt. -beck, -beke‹n›, -bke, -ke) verdrängt. -bach-Orte sind typisch für manche Siedlungsgebiete, die in der mittelalterlichen Ausbauzeit (ca. 8.–13. Jh.) erschlossen worden sind. Allein Hessen zählt aus jener Periode mit Wüstungen 350 Orte des Namengrundworts -bach. Wo bei Orten, deren Name von einem Bach abgeleitet wird, ein solcher fehlt, kann das als Hinweis auf eine in der Regel anthropogen bedingte Umweltveränderung dienen. Jedoch tritt das völlige Verschwinden von Bächen selten auf, es sei denn sie sind im Bereich von breiten Talauen einsedimentiert und zusätzlich von Auelehmen bedeckt worden oder es handelt sich um ehemalige Bachtäler im inneren Gebiet von zumeist größeren Städten, die durch den Menschen, um ebenes Gelände zu erhalten, verfüllt worden sind. In beiden Fällen unterscheiden sich häufig die heutigen Oberflächen von den mittelalterlichen oder gar noch älteren. Außerhalb solcher Bezirke sind an der Stelle früherer Bäche noch oft schmale, begradigte Wassergräben vorhanden. Im Falle von Ortsverlagerungen unter Beibehaltung des Namens läßt sich der ursprünglich namengebende Bach in der Nachbarschaft der heutigen Siedlung nachweisen.

Quellen als natürliche, örtlich begrenzte Austritte von Grundwasser hatten ebenfalls eine große Bedeutung für die Anlage und Versorgung von Siedlungen. Ihre Wasserführung hängt ohne anthropogene Eingriffe allein von den geologischen, morphologischen und den Niederschlagsverhältnissen ihres Einzugsgebietes ab. Der enge Zusammenhang zwischen Niederschlägen und den Quellen, die nicht durch Wasser aus der Tiefe gespeist werden, zeigt sich im Austrocknen bei starker Nutzung, namentlich in regenarmen Monaten und erneutem Sprudeln nach ergiebigen Niederschlägen. Typisch für Quellen, die von oberflächennahem Wasserangebot versorgt werden, sind Verunreinigungen und erhebliche Temperaturschwankungen des Wassers. Sie finden sich eher unter den häufigen Schichtquellen; neben ergiebigen gibt es viele mit geringen Schüttungen, während die selteneren, oft aus größeren Tiefen kommenden Karstquellen überwiegend sehr wasserreich sind; das gilt auch für die häufig an geologischen Verwerfungen auftretenden Spaltquellen. Von den Mineralquellen sind diejenigen mit Kochsalz besonders früh genutzt worden. Die vitale Bedeutung naturgegebener Quellen für den Menschen spiegelt sich in zahlreichen Ortsnamen. Solche mit dem Sprachelement „hal" können sowohl von der Salzquelle selbst wie bereits von den Anlagen zu ihrer Aufbereitung abgeleitet sein. Ortsnamen auf -brunn und -born können, entsprechend der ursprünglichen Bedeutung der Grundworte, auf natürliche Quellen zurückgehen. Sicherlich trifft es für Paderborn mit seinen fünf ergiebigen Karstquellen der Pader zu. Heute wird unter einem Brunnen in der Regel eine bestimmte Anlage zur Gewinnung von Wasser verstanden. In jedem Falle sind Siedlungen mit dem Namenelement „spring" von Naturquellen, oft von sehr ergiebigen, abgeleitet. Das gilt z.B. für das westfälische Lippspringe ebenso wie für Rhumspringe (nö. Duderstadt), dessen Name von einer der stärksten Karstquellen Deutschlands mit einer durchschnittlichen Schüttung von 2500 l/Sek. hergeleitet ist. Quellen mit solch starkem Angebot waren in der vorindustriellen Zeit unerschöpflich. Fassung von Quellen für die Nutzung durch den Menschen brachte, namentlich in der einfachen, bis weit in die Neuzeit verbreiteten Form des Schöpfbrunnens, kaum Eingriffe in die Landesnatur, wenn man nicht mehr Wasser ausschöpfte, als die nachschaffenden Niederschläge lieferten. Wurde jedoch darüber hinaus Wasser entnommen, konnte es bald zu einer örtlichen Grundwassersenkung kommen. Quellen mit hohen Schüttmengen sind jedoch in Frühgeschichte und Mittelalter, teilweise bis weit in die Neuzeit ohne Beeinträchtigung ihrer Leistungskraft und ohne Senkung des Grundwasserspiegels nutzbar gewesen. Allerdings mußte sich jede stärkere Nutzung einer Quelle auf das von ihr als Gerinne oder Bach ausfließende Wasser auswirken. Es konnte zum völligen oder teilweisen Versiegen kommen, wenn Quellen als Wasserleitungen gefaßt wurden. Die ältesten solcher Anlagen waren nach heutigem Wissen schon in der Römerzeit entstanden. In ihrer einfachsten Form bestand eine solche Einrichtung im Anzapfen einer Quelle oder eines Baches, die im Gelände höher als die Siedlung lagen, und in der Weiterleitung zum Verbrauch. Zu den längsten Wasserleitungen der Römerzeit gehörte die 100 km lange Anlage aus der Eifel ins römische Köln, deren ergiebige Quellen alle im Bereich der geologischen und hydrologischen Karten 1:25000, Mechernich, liegen (Suchan 1985, S. 88) und die eine Schüttmenge von ca. 200 Liter/Sek. erreichen. Von den Quellen, welche die Römer gefaßt hatten, wird sogar noch eine, die Hauser Benden, in die heutige Trinkwasserversorgung eingespeist. Erst die Bohrung neuer Brunnen bis zu Tiefen von 150 m hat andere römerzeitliche Quellen für die moderne Trinkwasserversorgung ausgeschaltet.

Wasserleitungen zu zentralen Brunnen und in bedeutende Bauwerke, die zunächst noch relativ bescheidene Eingriffe in die natürlichen Wasserverhältnisse zur Folge hatten, waren im Mittelalter auch außerhalb des ehemals römischen Kulturraumes in größeren Städten vorhanden. Da die Leitungen bis ins 19. Jh. vorwiegend aus Holz, seltener aus wertvollem Blei, oder sogar offene Gräben gewesen sind und damit weniger leistungsfähig waren, verboten sich Anlagen über große Entfernungen außerhalb der Städte. Zum Speisen solcher Systeme, die größtenteils als Durchlauf von einer erhöhten Einlaufposition aus versorgt wurden, genügte zunächst die einfache Schwerkraft. Allerdings waren solche naturnahen Wasserleitungen oft mit Ableitungen von Bächen und Anlage von Stauhaltungen verbunden. Systeme solcher Art legten sich im Mittelalter vor allem reichere Städte zu. Nürnberg hatte 1368 eine Wasserleitung zum Spital und 1388 die erste öffentliche Wasserleitung in Betrieb genommen. Die zunächst durch Wind- oder Wasserkraft, Tiere oder Menschen betriebenen Pump- und Schöpfwerke brachten noch keine Eingriffe ins Grundwasser, da sie die Leitungen aus Flußwasser speisten, wie es z.B. im 15. Jh. zur Versorgung der Festung Marienberg ob Würzburg und noch 1862 bei Anlage der ersten Schweinfurter Wasserleitung der Fall gewesen ist (u.a. Friedmann 1993).

Eine Etappe in der Absenkung des Grundwasserspiegels im Bereich zahlreicher Siedlungen waren die Verbesserungen der Gemeinde- und der Hausbrunnen seit Mitte des 19. Jhs. Sie waren eine Folge des erheblich gestiegenen Wasserbedarfs, der ein ganzes Bündel von Ursachen hatte. Da war zunächst die starke Zunahme der Bevölkerung, dann die Intensivierung der Viehhaltung, ferner zahlreiche Neubauten und Ausbauten im Zusammenhang mit der Intensivierung der Landwirtschaft, eine Zunahme der Gewerbe, erste Industrialisierung und gewachsene Komfortansprüche. Direkter Anlaß waren in vielen Teilen Deutschlands, wie z.B. in Franken, die sehr trockenen Jahre 1857 und 1858, die in Landstrichen mit natürlicher Wasserarmut zum Versiegen vieler Brunnen und zu anderen Schwierigkeiten in der Wasserversorgung geführt hatten, so daß die Bayerische Staatsregierung von den Bezirken einen Bericht über die Situation in allen Ämtern anfordern ließ. In den nächsten Jahren wurden zahlreiche Gemeinde- und Privatbrunnen vertieft und die Mechanik, etwa durch Pumpen, verbessert. Die Einführung gußeiserner Pumpen anstelle der hölzernen Anlagen war ein weiterer Schritt zur Ausbeutung des Grundwassers.

Stärker noch wirkten sich auf die natürlichen Wasserverhältnisse die Anlage von Wasserleitungen mit zentralen, zunächst durch Dampfmaschinen getriebenen Pumpwerken mit Reservoiren und Anschlüssen mittels Rohren an die einzelnen Haushaltungen aus. Diese technische Innovation fällt in den Städten überwiegend erst in die letzten Jahrzehnte des 19. Jhs., oft erst in die 1890er Jahre, während viele Landgemeinden ihre Wasserleitung mit Hausanschlüssen erst vor und nach dem Ersten Weltkrieg, manche erst nach 1945/50 erhalten haben. Wenn noch im Jahre 1951 70% der Gemeinden im Landkreis Springe ohne zentrale Wasserversorgung waren, sich überwiegend durch Brunnen versorgten, manche Haushalte sogar noch ihr Trink- und Brauchwasser aus offenen Fließgewässern holten, war das typisch für einen großen Teil des ländlichen Raumes. Werden ergiebige Quellen, die den Ursprung von Bächen bilden, zur Anlage einer Wasserleitung gefaßt und dieser über ein Brunnenhaus mit Reservoir zugeführt, dann ist in den Oberläufen der Bäche eine Verringerung der Wassermenge, wenn nicht ein Austrocknen die Folge. Vielfach ist das bei Einführung der zentralen Wasserversorgung in Mitteleuropa der Fall gewesen, wie die zahllosen, in Archiven einzusehenden Ortsakten über den Ersatz der Dorf- und Hausbrunnen durch Wasserleitungen bezeugen. So wurden z. B. in Estenfeld (Lk. Würzburg) zur Anlage der ältesten Wasserleitung 1909–12 zwei ergiebige Quellen angekauft. Die im Gelände vielfach beobachtbare Trockenheit der Oberläufe von Bächen geht häufig auf solche anthropogenen Eingriffe in den natürlichen Wasserhaushalt zurück. Daß eine Zunahme des Wasserverbrauchs, sei es durch Zuwanderung, Bevölkerungswachstum, steigende Ansprüche der Bevölkerung oder andere Gründe den Grundwasserspiegel sinken läßt, ist vielfach dokumentiert. So führte z. B. das starke Einströmen der aus dem seinerzeitigen deutschen Osten vertriebenen Bevölkerung in den ersten Nachkriegsjahren in den aufnehmenden Gemeinden des Westens zu einer Überbeanspruchung der damaligen Wasserversorgungssysteme und ihrem weiteren, mit stärkeren Eingriffen in die Umwelt verbundenen Ausbau.

Gewiß, es werden viele Behälter der zentralen Wasserversorgung durch Quellen gespeist, doch sind heute die Anlagen zur Ausbeute des Wassers möglichst weit in den Gesteinsuntergrund hineingebaut und gehen damit erheblich über den Ort der ursprünglichen Quelle hinaus. Nur dadurch läßt sich mehr Ergiebigkeit mit größerer Reinheit des Wassers verbinden. Im Umkreis solcher Anlagen sind viele der früher vorhanden gewesenen oberflächigen Quellen versiegt, zumal die unterirdische Wasserausbeute für die Erd- und Hochbehälter oft inmitten mehrerer Oberflächenquellen erfolgt.

Das geringe Vorkommen von Wasser in Bächen und ihr periodisches Trockenfallen geht jedoch nicht in allen Fällen auf Eingriffe des Menschen zurück, da bereits in frühen Grenzbeschreibungen des Mittelalters öfter Trockenbäche erwähnt werden, wie z. B. die „arida Gisilaha“ in der Abgrenzung eines der Abtei Fulda von König Heinrich IV. (MGH D H IV Nr. 112) in der Rhön verliehenen Wildbannbezirks. Manche Gewässernamen, wie Dürre Holzminde, weisen gleichfalls durch ihr hohes Alter auf eine naturbedingte Wasserarmut eines Baches hin. Weitestgehend naturbedingt ist z. B. das Austrocknen von Bächen und Quellen in klüftigen Kalkgesteinen. Es konnte für den Beobachter so auffällig sein, daß es bereits in älteren Landesbeschreibungen erwähnt wird (u. a. Brückner 1851/53).

6.2.4 Binnenseen

Binnenseen sind naturgeographische Individualitäten und gehören zu den vergänglichsten Gebilden unter den Gewässern, zumal die meisten von ihnen in Mitteleuropa ihre Entstehung dem Eiszeitalter verdanken und dessen Ende vor ca. 12 000 Jahren (s. S. 52) immer weiter in die Vergangenheit rückt, so daß fast alle unsere Seen einem natürlichen Alterungsprozeß unterliegen und dadurch verlanden. In ur- und frühgeschichtlicher Zeit war die Zahl der Seen, namentlich in den ehemals vergletschert gewesenen Landschaften des Alpenvorlandes und des nördlichen Jungmoränengürtels, der sich vom Osten der Jütischen Halbinsel durch Mecklenburg, Pommern, das frühere Ostpreußen bis in die Baltischen Staaten und weiter erstreckt, erheblich größer als in der Gegenwart. Genauere Zahlen über die seitdem landfest gewordenen Seen liegen nicht einmal für einzelne Landschaften vor, so daß nur grobe Schätzungen möglich sind. Werden auch die Wasseransammlungen in kleineren, natürlichen, geschlossenen Hohlformen, wie sie in den Jungmoränengebieten verbreitet waren und sind, berücksichtigt, dann dürften allein in Mitteleuropa seit Seßhaftwerdung des Menschen mehrere 10 000 Seen aller Größen verschwunden sein. Die meisten von ihnen sind Moore, kultivierte Moore, Viehweiden oder Wiesen geworden. Fast alle unsere heutigen Seen, die ringsum oder in Teilbereichen durch flaches Moorgelände, Wiesengelände oder beides begrenzt werden, haben in den letzten Jahrzehnten, wenn nicht Jahrhunderten durch natürliches Verlanden oder zusätzliche Maßnahmen des Menschen an Umfang verloren, so daß sich frühere Siedlungen, Befestigungen und Verkehrsanlagen in ihrer ehemaligen Zwecksetzung und Eigenart nur unter Berücksichtigung der ehemaligen natürlichen Umwelt verstehen lassen. Nur wenige Seen haben in den letzten 2000 Jahren, etwa durch Stauanlagen, ihren Spiegel erhöht und damit ihre Oberfläche vergrößert. Bei kleinräumigen Untersuchungen läßt sich mit Einsatz von geologischen, bodenkundlichen, morphologischen und topographischen Karten, ergänzt durch großmaßstäbliche Luftbilder, durch Flur- und Geländenamen die Lage und Ausdehnung ehemaliger Seen ermitteln. Eine Datierung des naturbedingten Verlandungsvorgangs kann nur fallweise unter kombiniertem Einsatz biologischer und geowissenschaftlicher Arbeitsweisen erfolgen. Dabei kommt es auf die Verknüpfung einer Vielzahl von Befunden an, z.B. Kartierung ehemaliger Strandwälle und Kliffs bei großen Seen, wie dem Bodensee, und von Fluß- sowie Bachterrassen einmündender Gewässer. Während sich Veränderungen an Binnenseen in prähistorischer Zeit nur durch naturwissenschaftliche Verfahren, oft auch durch eine zusätzliche Verbindung mit archäologischen Befunden nachweisen lassen, kommt für die Entwicklung seit dem Mittelalter der große Bestand an schriftlichen und seit dem 16. Jh. zusätzlich an kartographischen Zeugnissen hinzu. Wenn z.B. in der heutigen topographischen Karte 1 : 100 000 in einem Moor südlich von Kiel der Name „Alter Moorsee" steht und die daran gelegene Siedlung Moorsee heißt, daneben das Dorf Boksee mit kleinem Moor liegt, ist das ein Indiz für zwei ehemalige Seen. Da beide Dörfer unter jenen Namen bereits im Mittelalter erwähnt werden, müssen die Seen damals vorhanden gewesen sein. Aus der Topographie von Schröder/Biernatzki von 1855 erfahren wir, daß sie erst um die Mitte des 19. Jhs. trockengelegt worden sind. Bei der Arbeit mit Namen und schriftlichen Zeugnissen ist zu bedenken, daß ähnlich wie bei Flüssen verschiedene Teile eines größeren Sees in der Vergangenheit unterschiedliche Namen besessen haben können. Mitunter führen Seen im Mittelalter einen andern Namen als in der Neuzeit. Namenschwund muß also nicht Objektschwund bedeuten.

Während seit dem Hochmittelalter, mehr noch seit dem 18. Jh., die Entwicklung vieler Seen eher durch den Menschen als durch natürliche Wirkkräfte beeinflußt worden ist, haben vor dieser Zeit überwiegend, wenn nicht allein natürliche Faktoren das Anwachsen oder Schrumpfen von Seen gesteuert. Im Spätglazial und in den älteren Phasen des Postglazials hat es in Verbindung mit Veränderungen des Klimas mehrfache Anstiegs- wie Senkungsphasen von Seen gegeben. Die Auswirkungen von Seespiegelschwankungen auf die Größe der Wasserfläche wird nicht allein durch die Menge des Wasserangebots, sondern ebenfalls durch morphologische Verhältnisse und die Wassertiefe bestimmt. So führten schon geringe Spiegelschwankungen im flachen Becken des Federsees (Alpenvorland), dessen Bereich in den letzten Jahren durch ein Schwerpunktprogramm der DFG untersucht worden ist (Planck u.a. 1990), zu einer erheblichen Verschiebung des Ufersaums. Gewiß sind bereits durch prähistorische Rodungen und den sich anschließenden Ackerbau mit begleitender Bodenabtragung vermehrt Sinkstoffe in Seen gelangt. Ein einschneidendes Ereignis für die Sedimentationsbedingungen waren die großen mittelalterlichen Rodungen, die vor allem eine stärkere Zufuhr von Feinmaterial in die Gewässer als Folge des sich ausbreitenden Ackerbaus zur Folge hatten. Besonders betroffen waren Ackerbaugebiete mit hohem Anteil an geböschten Flächen. Im Tiefland veränderten sich die Sedimentationsprozesse vor allem mit der hochmittelalterlichen Ausdehnung des Mühlenstaus. Auf einem solchen beruhte z.B. der kräftige Anstieg des Plöner Sees ab 1221 um 2,70 m (Kiefmann 1975). Dieser zunächst allein durch den Menschen herbeigeführte Vorgang war auch für die natürliche Umwelt folgenreich. Denn nun kam es zu Änderungen in der Sedimentation und an den Kliffs. Durch die mit dem Anstieg zusammenhängende Ausdehnung des Sees wurden ältere Siedlungsstellen und Grünland überflutet, die Torfbildung verändert und bestehende Siedlungen litten unter zunehmender Feuchtigkeit. Eine ähnliche, anthropogen bedingte Vernässung, die bis zur Bildung von Flachmooren fortschreiten konnte, läßt sich für viele Landschaften des Norddeutschen Tieflandes in Mittelalter und früher Neuzeit nachweisen (Driescher 1974). Seltener waren im Mittelalter Absenkungen des Seespiegels. Im Gebiet des Deutschen Ordens, der früh durch besondere Landeskulturarbeiten hervorgetreten ist, finden sich beide Arten von Eingriffen nebeneinder. Im Jahre 1285 wird in einer Urkunde des Deutschordenslandmeisters für den Sorgensee bei Riesenburg (späteres Westpreußen) an eine Ableitung des Wassers durch Kanäle und Gräben gedacht und gleichzeitig für den Ausfluß des benachbarten Baalauer Sees ein Mühlendamm genehmigt (Jäger 1978, S. 20).

In den Alpen und im Alpenvorland hatten durch Waldvernichtung, Ackerbau, mitunter auch durch zu starke Beweidung, Bodenerosion und flächenhafte Abtragung seit dem Hochmittelalter so erheblich zugenommen, daß die Schutt-, Geröll- und Sandzufuhr in die Gewässer, darunter in die Seen, erheblich verstärkt wurde. Als Folge verkleinerten die Seen, namentlich solche mit Flachwasserbereichen, ihre Oberflächen durch Vorschieben von Schutt- und Schwemmfächern. Wo zu solchen Prozessen noch ein zusätzliches Absenken durch den Menschen hinzukam, ergaben sich besonders große Schrumpfungsbeträge. Zu den besten Beispielen gehört die Geschichte des Federsees im schwäbischen Alpenvorland. Er wird seit Jahren im Rahmen eines archäologisch-naturwissenschaftlichen Schwerpunktprogramms der Deutschen Forschungsgemeinschaft in seiner mit der Besiedlung durch den Menschen verknüpften Genese untersucht (Planck u.a. 1990). Die ersten, durch natürliche Verlandung bedingten Verkleinerungen der Fläche des Federsees gehen bereits weit in die vorgeschichtliche Zeit zurück; am Beginn dieses Prozesses nahm die Wasserfläche noch rund 3200 ha ein. Erst die

Spiegelsenkungen der Jahre 1789 und 1808/09 mit einer Niveauverringerung um 2 m führten bei dem relativ flachen See zu einer dramatischen Verkleinerung auf nur noch 250 ha. Dadurch wurde der Verlandungsprozeß zusätzlich beschleunigt, so daß gegenwärtig eine Wasserfläche von rund 150 ha übriggeblieben ist. Der Bodensee zeigt als größter Voralpensee besonders anschaulich viele Probleme, die mit den anthropogenen Eingiffen der letzten 150 Jahre zusammenhängen. Da sich diese mit natürlichen Prozessen verflechten und die sich daraus ergebenden limnologischen Vorgänge noch weitgehend unerforscht sind, untersuchen gegenwärtig mehrere Forschungsinstitute die Seedynamik (Schlichtherle 1993). Gesichert ist schon jetzt, daß die um die Mitte des 19. Jhs. begonnene Anlage von Ufermauern, Hafenmolen und Aufschüttungen, ferner die Deltabildungen und Verlegung von Flußmündungen, die beide durch Mitwirkung des Menschen erfolgt sind, die energetische Situation des Sees, insbesondere die Strömungsverhältnisse, erheblich verändert haben. Dadurch sind die Überreste der erst in den letzten Jahren durchs Landesdenkmalamt Baden-Württemberg untersuchten Feuchtbodensiedlungen (Pfahlbauten) von der Vernichtung bedroht. Inwieweit und wie lange die eingeleiteten Schutzmaßnahmen greifen werden, ist noch offen.

Im Tief-, Hügel- und Schichtstufenland, wo die Abtragung geringer ist, beruht das Verschwinden zahlreicher Seen zumeist auf Trockenlegungen durch den Menschen in den letzten 500 Jahren. Diese regional erheblichen Veränderungen der Umwelt haben zur Austrocknung vieler Naturräume mit großen Nachteilen, zunächst für Tiere, in den letzten Jahrzehnten mehr und mehr auch für den Menschen, beigetragen. Nur wenige regionale Beispiele, die sich leicht vermehren ließen, sollen Umfang und Art von Verkleinerungen oder Austrocknung von Naturseen veranschaulichen, insbesondere auch zeigen, daß sich die Gründung und älteren Entwicklungsabschnitte von Siedlungen in ihrem räumlichen Zusammenhang vielfach nur verstehen lassen, wenn die ehemaligen Gewässer und ihre Veränderung erfaßt werden. Alle Beispiele habe ich aus den sogenannten mitteldeutschen Trockengebieten ausgewählt, da aus den bodenfeuchten Landschaften, namentlich des Norddeutschen Tieflandes und des Alpenvorlandes, das Verschwinden oder die Verkleinerung von Seen durch Menschenwerk allgemeiner bekannt ist.

In der niederschlagsarmen, trocken-warmen und fruchtbaren Magdeburger Börde und dem sich südlich anschließenden Halberstadter Harzvorland mit ähnlichen Naturbedingungen, wo heute großflächiger Ackerbau dominiert und sommerlicher Wassermangel besteht, lagen noch im Mittelalter rund ein Dutzend Seen, darunter der Ascherslebische und der Erxlebener See. Sie gingen auf natürliche Auslaugung im Untergrund zurück und hatten zusammen rund 3500 ha Wasserfläche eingenommen. Diese ehemaligen Seen sind bis auf geringe Reste schon lange trockengelegt, so daß dadurch in jener niederschlagsarmen Region wertvollste Großbiotope vernichtet worden sind. Da die ehemaligen Seebecken, wenn auch heute in Form von Acker- und Wiesenland, noch vorhanden sind, wäre eine Renaturierung leicht möglich.

Auch in den warmtrockenen Landschaften zwischen Harz und Thüringer Wald gab es seit prähistorischer Zeit, bedingt durch Salzauslaugung im Trias- und Zechsteinuntergrund, teilweise in Verbindung mit Flußerosion, bis in die frühe Neuzeit eine große Zahl kleinerer und größerer Naturseen, von denen fast keiner ohne Veränderungen durch den Menschen geblieben ist; die meisten sind seit dem frühen 18. Jh. zu Grünland, Äckern oder Wald umgewandelt worden. Östlich von Göttingen befand sich in der *Goldenen Mark* des Untereichsfeldes ein halbes Dutzend von kleineren und größeren Naturseen in Auslaugbecken des Zechsteins, die fast alle, wie der *Seeanger* und der *Lutteranger*, im Verlaufe der Jahrhunderte trockengelegt worden sind. Geblieben ist allein der rd. 100 ha große *Seeburger See*, der freilich durch naturbedingtes Verlanden und anthropogene Einwirkungen schon längst nicht mehr die im Mittelalter oder gar zur frühgeschichtlichen Zeit eingenommene Größe besitzt. Die Verteilung und Lage der prähistorischen Besiedlung in der Goldenen Mark wie der mittelalterlichen Besiedlung, namentlich die Anlagen des mittelalterlichen Zentralortes Benshausen an diesem See mit Fluchtburg, Niederungsburg und Ortsbefestigung, die in ihrer ehemaligen Topographie nur noch archäologisch und historisch-geographisch konstatierbar sind, waren nach der mittelalterlichen Ausdehnung des Wasserstandes orientiert (Grote 1988).

Das südthüringische Zisterzienserinnenkloster Frauensee, das in mittelalterlichen Ortsbezeichnungen den treffenden Namen *in lacu*, also im See, getragen hat, war ursprünglich, wie es der Name andeutet, in Schutzlage auf trockenem Geländerücken zwischen zwei Seen errichtet worden. Bereits ab 1652, besonders 1776, ist durch Abzugsstollen und Seespiegelsenkung um 8,40 m der kleinere See ganz ausgetrocknet und der größere auf rd. 5 ha verkleinert worden. Im Urkundenbuch des Klosters Frauensee (Küther 1961) wird seit 1239 unweit Frauensee der *Elfense* mit einem gleichnamigen Dörfchen genannt, der im 19. Jh. *Albertsee* heißt und seitdem durch Wasserableitung und zusätzliche Verlandung trockengefallen ist. Im trockenwarmen, seit langem bildlich als

Kultursteppe bezeichneten Thüringer Becken ist 25 km nö. Erfurt um 1200 an bedeutender Heer- und Handelsstraße in hervorragender Schutzlage auf trockener Höhe zwischen zwei Seen eine stark befestigte Stadt mit dem zur früheren Umwelt passenden Namen *Weißensee* angelegt worden. Die beiden Seen haben bis zu ihrer Trockenlegung ab 1704 rd. 400 ha eingenommen. Am nördlichen Rand des früheren Obersees, der rd. 300 ha umfaßte, befand sich ein größeres Dorf, das ab 1234 mit dem bezeichnenden Namen *Fischstete* (Dobenecker II 1264) faßbar ist. Damals hatte bereits der Ackerbau den vorherrschenden Nahrungszweig der Siedlung gebildet, die nach ihrem Namen bei ihrer Gründung stärker auf Fischerei ausgerichtet war. Nur 14 km sö. Weißensee liegt ein bereits 1306 als *Schwansee* bezeichnetes Dorf, das ebenfalls seinen Namen von einem gleichnamigen früheren See ableitet. Seine 504 ha groß und bis 3,50 m tief gewesene Wasserfläche ist seit 1795 durch einen Ringgraben und 30 Transversalgräben abgelassen und teils aufgeforstet worden. Die Gründe für diese und zahlreiche weitere Seefällungen, die größtenteils ins 18. und frühe 19. Jh. fallen, sind leicht aus den mentalen und materiellen Rahmenbedingungen ihrer Zeit zu erklären. Es ging ganz einfach darum, den Wert der Nutzflächen zu erhöhen. Die Einnahmen, welche die Seen aus Fischerei, Angeln und Wasservögeljagd erbrachten, waren unter dem Einfluß jahrhundertelanger Ausbeute gering geworden, so daß sich durch Austrocknung und Umlegung in Grünland, Wald, seltener in Ackerland, erheblich höhere Erträge erzielen ließen. Tourismus, Freizeitsport, Erholungswesen waren damals in den ländlichen Gebieten, wo sich die Seen zumeist befanden, unbekannt. Sie sind in größerem Umfang ja erst eine späte Begleiterscheinung der Urbanisierung und Industrialisierung. Einsichten in die Zusammenhänge zwischen Trockenlegung von Binnenseen und Verschlechterung der ökologischen Verhältnisse waren damals noch nicht vorhanden. Erst in den letzten Jahrzehnten sind die Gefahren der Austrocknung in unseren regenarmen Landschaften deutlich geworden, und gleichzeitig haben Landesplanung und Fremdenverkehr den großen Erholungswert von Wasserflächen im relativ trockenen Binnenland entdeckt, hinzu kommen wasserwirtschaftliche Gesichtspunkte, wie die Verhinderung plötzlicher Überschwemmungen nach Starkregen. Daher sind unfern der einstigen Naturseen in den letzten Jahren mit erheblichem Aufwand Wasserrückhaltebecken, die auch der Freizeit dienen, angelegt worden. Im Thüringer Becken mit seinen Randbereichen sind es vor allem das Rückhaltebecken Straußfurt a. d. Unstrut (14 km n. Erfurt) und in der Goldenen Aue die rund 300 ha große Talsperre westl. Kelbra.

Zu den weitestgehend natürlichen Vorgängen der *Neubildung von Seen* zählt die Entstehung der sogenannten Strandseen als Folge der Abschnürung von Meeresbuchten mittels der Strand- oder Küstenversetzung (6.2.1). Durch anthropogene Bodenabtragung kann das Angebot an Feinmaterial, das der Küstenströmung zugeführt wird, erhöht werden, so daß sich dadurch die Bildung von Nehrungen beschleunigt.

In der Neuzeit sind im Mittel- und Hochgebirge in großer Zahl Stauseen zu den verschiedensten Zwecken angelegt worden. Ihre kleineren Abarten sind die ebenfalls im Tiefland verbreiteten Teiche. Beide sollten in einer Umweltgeschichte, die sich mit natürlichen wie naturnahen Erscheinungen und ihren Veränderungen befaßt, beachtet werden. Sie gehören nicht nur zu den naturnahen Landschaftselementen, sondern haben auch in mehrfacher Hinsicht die umgebende Natur verändert. Die ältere Sprache hat zwischen See und Teich nicht scharf getrennt, jedoch mit regionalen Unterschieden. In Franken z. B. wurden ständige Wasseransammlungen in natürlichen Hohlformen ab etwa 200 m^2 Fläche als Seen bezeichnet, aber ebenfalls die meisten der künstlich gestauten, stehenden Gewässer, d. h. die Teiche. Gebietsweise findet sich dafür auch schon früh der vom lat. vivarium abgeleitete Name „Weiher". Teiche sind zu verschiedenen Zwecken aufgestaut worden: als Fisch-, Mühl-, Hammer-, Eis- und Floßteiche sowie zu sonstigen, oft gewerblichen Zwecken. Je nach der Art, wie Teiche gefüllt wurden, nach ihrer Größe und ihrem Verwendungszweck übten sie andere Einflüsse auf die Umwelt aus. Die bedeutendsten Teichgebiete lassen sich durchaus mit kleineren Seenplatten vergleichen. Durch Dammbrüche, Überflutungen, Auflassen aus wirtschaftlichen Gründen und ein- oder mehrjähriges Trockenlegen im Rahmen eines Wirtschaftssystems hatte sich die Zahl der gefüllten Teiche fast jährlich verändert. Am besten eignen sich für die Anlage von Teichen Naturräume mit undurchlässigen Böden und zahlreichen Gewässern. Zum Füllen der Teiche dienen Grund- oder Quellwasser, Bäche oder Zuleitungsgräben, die von Fließgewässern ausgehen.

Gesamtdeutsche Teichstatistiken fehlen für die ältere Zeit. Selten sind sie aus einzelne Territorien überliefert und auch dann gewöhnlich nur für Teiche von Landes- oder anderen Grundherren. Das Steigerwaldkloster Ebrach besaß noch um 1800 333 Morgen Teiche (Schenk 1988, S. 241 ff.). Das berühmte Staatshandbuch des hessischen Landgrafen Wilhelm IV. (s. Ö. St., 2, S. 115 ff.) enthält z. B. ein Verzeichnis der staatlichen Fischteiche und Forellenwasser des Niederfürstentums Hessen. Die größten Hauptteiche umfaßten 60–96,5 „Große Acker" (je ca. 22–37 ha), die kleineren deren 4–10 (ca. 1,5–4 ha). Erheblich größer sind viele Teiche in Mittel- und Oberfranken und der Oberpfalz, in Böhmen und dem nördlichen Beskidenvorland gewesen, wo sich im späten Mittelalter die Teichwirtschaft, besonders mit Karpfen, ausgedehnt hatte. Dafür war neben geoökologischer Eignung mit feuchten, breiten und flachen Talböden die günstige Absatzlage maßgebend. Dazu gehörte neben Städten mit kaufkräftiger Bevölkerung das wiederholte Ausbleiben der Heringszüge in der damals noch für diese Fischart maßgebenden Ostsee. Größere Herrschaftsteiche haben im Beskidenvorland und in Böhmen 100 bis 200 und mehr Hektar eingenommen. Es gab Teichgruppen bis zu 500 und mehr Hektar Gesamtfläche. Erheblich kleiner sind die bäuerlichen Teiche gewesen, von denen im 16. Jh. die Gemarkungen der großen Dörfer im Beskidenvorland geradezu übersät waren, da in manchen Orten jeder Bauernbetrieb im Durchschnitt über zwei Fischteiche verfügte (Jäger 1979, 2, S. 102 ff.). In Böhmen, in Mittel- und in Oberfranken hat sich bis heute eine intensive Binnenfischerei mit zahlreichen Teichen erhalten. In vielen Landstrichen von Mitteleuropa begann die erste Phase der Umwandlung von Fischteichen in Wiesen, seltener in Ackerland, mit der Auflösung von Klöstern durch die Reformation oder durch Reformen in geistlichen Territorien. Eine zweite Welle des Verfalls von Fischteichen folgte während des 30jährigen Krieges (u. a. Schenk 1988, S. 241 ff.). Die Auswirkungen auf die natürliche Umwelt waren mannigfaltig, da jeder Teich ein besonderes Biotop für zahlreiche Insekten, Lurche, Wasserpflanzen und Vogelarten war. Erwähnt seien Teichlilie, Teichlinse, Teichrose, Teichschildkröte, Teichhuhn und Teichmuschel.

Zu gewerblichen Zwecken angelegte Teiche stammen in geringerem Umfang aus dem Mittelalter, überwiegend jedoch aus dem 17. bis 19. Jh. Dazu gehört eine Teichgruppe auf der Hochfläche von Clausthal-Zellerfeld im Oberharz. Sie umfaßt rd. 50 bis zu je 20 ha große Teiche, die Aufbereitungs- und Antriebswasser für den in der ersten Hälfte unseres Jhs. erloschenen Oberharzer Bergbau bereitgestellt hatten. Nach Verlust ihrer früheren Aufgabe ist ihnen durch den Fremden- und Naherholungsverkehr eine neue Funktion zugewachsen. Weiterhin sind Teichbiotope wichtige Refugien für Wasserpflanzen und -tiere sowie Raststätten für durchziehende Wasservögel.

6.3 Böden

Der Boden ist ein dynamisches, von vielen Faktoren beeinflußbares System, das sich auch ohne Zutun des Menschen mit der Zeit verändern würde, so daß geradezu von reifen Böden gesprochen wird. Mit Beginn der ersten Rodungen für Ackerbau und dem Austreiben des Viehs vor etwa 7000 Jahren ist der Boden durch den Menschen beeinflußt worden. Je weiter sich die Umweltgeschichte der Gegenwart nähert, desto stärker wird die anthropogene, überwiegend negative Einwirkung auf den Boden. Mit der zweiten agrarischen und technischen Revolution seit den 50er Jahren dieses Jhs. hat sich die vom Menschen herbeigeführte Degradierung, Abtragung und Vergiftung der Böden in nahezu exponentiellem Maßstab verstärkt. Hier sollen entsprechend der Zielsetzung meiner Umweltgeschichte nur die älteren Zeitabschnitte berücksichtigt werden, zumal es über die jüngste Entwicklung eine Fülle von Untersuchungen aus mehreren naturwissenschaftlichen Disziplinen gibt, unter denen naturgemäß die Bodenkunde oder Pedologie an erster Stelle steht. Da Bildung und Veränderung des Bodens eng mit anderen natürlichen und anthropogenen Prozessen verbunden sind, ist in den Abschnitten über Feuchtböden (6.4) und Erosion (6.5.2) auf solche Zusammenhänge hinzuweisen. Nach Ende der Eiszeit vor ca. 10000–12000 Jahren waren zunächst stärkste Faktoren für die Bildung und Veränderung von Böden der mehrfache Wandel des Klimas und im Zusammenhang damit die Veränderung der Vegetation. Die sich durch rund 10000 Jahre über das außermediterrane Europa erstreckenden, klimabedingten Abfolgen unterschiedlicher Waldgesellschaften, die nach ihren vorherrschenden Baumarten benannt werden, hatten durch das für sie spezifische Zusammenwirken von Klima und Vegetation zu besonderen Bedingungen für die Bodenbildung geführt. Bei diesem Prozeß gab es regionale Unterschiede im Beginn und Ende der einzelnen Abschnitte und in der Zusammensetzung der Waldgesellschaften, so daß die folgenden Angaben nur die vorherrschende Vegetation und ungefähre Zeitangaben wiedergeben. In Waldbeständen, die zunächst in dem um einige Celsiusgrade kälter als heute gewesenen Klima der früheren Nacheiszeit angepaßt waren, herrschten Birken und Kiefer, nach Erwärmung mit Haseln, zuletzt mit Eichen; ab etwa 8000 bp (= vor heute) stellten sich unter einem schließlich 2–3 °C wärmer als heute gewordenen Klima, dem nacheiszeitlichen Optimum, Eichenmischwald mit Erle und fortdauernder Haselbestockung ein. Bereits um 4000 bp beginnen Tanne und Buche mit ihrer Ausbreitung. Doch erst nach dem Feuchterwerden und einer Abkühlung um 2–3 °C zieht sich der Eichenmischwald (seit etwa 2800 bp) durch starke Expansion der Rotbuche und des tannen- und fichtenreichen Nadelwaldes (in Höhen ab ca. 900/1000 m) allmählich auf die wärmsten Lagen in klimabegünstigten Talungen und Becken zurück.

In der Klima- und damit Bodenentwicklungsphase des Eichenmischwaldes hatte der Mensch, zunächst nur geringfügig, ab etwa 5000 bp in größerem Umfang, durch seine bäuerliche Wirtschaft und seßhafte Siedlungsweise auf die Vegetation und Böden eingewirkt. Jede Ernte zur Versorgung der noch lange kleinen Volksmenge (4.1) und die Futterentnahme fürs Vieh haben dem Boden Nährstoffe entzogen. Von der Qualität und Quantität der Düngung und den Ruhejahren des Ackerlandes hing ab, inwieweit sich der Boden im Bereich der Felder regenerieren konnte. Mit wachsender Bevölkerung erhöhten sich die Ansprüche an den Boden, so daß sich schon früh exhaustierende Formen der Bodennutzung entwickelten, die mit einem treffenden, wenn auch nicht mehr gebräuchlichen Ausdruck der Geographie als Raubwirtschaft bezeichnet werden kann. Wann sich jene Nutzungssysteme, die zur Erschöpfung des Bodens führten, ausbreiteten, ist unbekannt. Immerhin bietet einige Erkenntnis die Einführung und Anwendung der Düngung, da diese eine Einsicht in die Zusammenhänge zwischen der Inanspruchnahme des Bodens durch Ernten, seiner damit verbundenen Verarmung und deren Vermeidung durch Zuführen von organischen und anorganischen Stoffen voraussetzt.

Das älteste zeitgenössische Zeugnis über Düngung im mitteleuropäischen Raum sind Beobachtungen des römischen Agrarschriftstellers Varro, der um 70 v. Chr. nahe dem Rhein das Düngen von Ackerland mit Kalkstein oder -mergel beobachtet hatte. Die in der Kölner Bucht siedelnden germanischen Ubier holten nach Plinius (ca. 70 n. Chr.) unverwitterten und kalkhaltigen Unterboden herauf und mischten ihn dem von Natur aus fruchtbaren Oberboden bei, um diesen jeweils für 10 Jahre mit zusätzlichen Nährstoffen anzureichern (Jäger 1986, 2). Diese Nachrichten passen gut zu archäochemischen Befunden über Düngung zur römischen Kaiserzeit im Weser-Elbe-Gebiet (Zimmermann 1979) und auf Sylt (Kroll 1980). Auf dieser nordfriesischen Insel sind über 2000 Jahre lang Heidestücke (Plaggen) und Kleisoden auf die von Natur aus kärglichen Sandäcker gebracht worden, so daß sich dadurch ein anthropogener Auftragsboden gebildet hat, der fruchtbarer als der natürliche ist. Zahlreicher werden die schriftlichen Zeugnisse über Düngung in der Karolingerzeit. Wahrscheinlich war damals bereits in einigen Klöstern und am königlichen Hof das antike Landwirtschaftsschrifttum, das eingehend über Düngung berichtet, wenigstens in Teilen bekannt.

Beschreibungen königlicher und klösterlicher Güter, die schon aus dem 9. und 10. Jh. vorliegen, weisen der Düngung eine große Bedeutung zu.

Auftragsböden, die ackerwürdiger als die natürlichen Sandböden sind, kommen in großer Verbreitung im niederländisch-westfälisch-niedersächsischen Tiefland vor, soweit es sich nördlich vom Lößgürtel über die sandreiche Moor-Geest erstreckt. Am bekanntesten sind sie unter dem Namen *Esch*, womit gewöhnlich ein ursprünglich siedlungsnah gelegener Altackerbereich von ca. 20–200 ha verstanden wird. Er hat in seinem Kern durch jahrhundertelanges Auftragen von Plaggen aus Heide, Gras-, Wald-, Feucht- oder Moorboden, vermengt mit Schafmist, eine Erhöhung von 0,80–1 m und darüber erfahren. Das Plaggeneinbringen wurde im 9./10. Jh. eingeführt, als der Bauer begann, über viele Jahre hinweg auf den gleichen Feldern Roggen zu bauen („ewiger Roggenbau"), und beendet, als diese aufwendige Düngung seit der Mitte des 19. Jhs. durch die Einführung von Kunstdünger nicht mehr erforderlich war (Beck/Behre/Jäger 1989). Die Plaggenböden benötigten ein mehrfach so großes Areal als sie selbst bedeckten zur Entnahme der Plaggen, so daß sich durch den sogenannten Plaggenhieb, der im Laufe vieler Jahre oft wiederholt wurde, die bereits von Natur aus ärmlichen Böden noch weiter verschlechterten. Mit der Esch-Wirtschaft hatte der Mensch zwar während eines langen Zeitraums die Böden in kleineren Arealen erheblich verbessert, jedoch ringsum auf wesentlich größeren Flächen erheblich verschlechtert. Diese anthropogene Degradierung führte zu einer starken Zunahme der Podsolierung (Bleicherdebildung) und förderte die waldfeindliche Entwicklung des für Wasser und Pflanzenwurzeln kaum durchdringbaren Eisen-Humus-Horizontes im Unterboden. Wo nach Entnahme von Plaggen oder durch zu starkes Beweiden der Sandboden längere Zeit entblößt wurde, konnten sich Dünen oder sogenannte Wehsande als ihre Vorstufe entwickeln.

In der Lößzone, im südlich anschließenden Mittelgebirge mit seinen Becken und Talungen, im süddeutschen Stufenland, im voralpinen Hügelland und den Alpen ist die Qualität der Böden in den letzten Jahrtausenden vor allem durch die Bodenabtragung verschlechtert worden.

6.4 Feuchtböden (Hochmoor, Niedermoor, Anmoor)

Die sich über rd. 800 Jahre erstreckende, seit dem 19. Jh. technisch stark intensivierte Austrocknung des Bodens durch Maßnahmen des Menschen lassen ohne umweltgeschichtliche Studien keine Vorstellung mehr vom ehemals hohen Anteil der Feuchtböden zu. Das natürliche Wachstum der Hochmoore, die allein von Niederschlägen ernährt werden und im boden- und luftfeuchten Tiefland des nordwestlichen Mitteleuropa westlich der Elbe ihre weiteste Verbreitung gehabt haben, ist in den Niederlanden (Borger 1984), wo ihre Kultivierung am frühesten einsetzte, weithin schon seit dem hohen Mittelalter beendet worden. Im benachbarten Nordwestdeutschland, wo ebenfalls schon im Mittelalter im Bereich von Mooren entwässert und gesiedelt worden ist, erfolgte jedoch die großflächige Kultivierung der großen Hochmoore erst seit dem 17. Jh., erreichte durch Verbesserung der Technik einen Höhepunkt im 18. Jh. und ist erst mit dem großen Entwässerungs- und Kultivierungsvorgang des in die 1950er und 60er Jahre fallenden Emslandplanes unter Einsatz hoher öffentlicher Mittel zu Ende gegangen. Noch damals wurde diese Vernichtung der letzten großen Moorgebiete zum Zwecke der Umwandlung in landwirtschaftliches Kulturland und Besiedlung uneingeschränkt als großer Fortschritt bezeichnet. Die letzten der großen naturnahen Hochmoore Niedersachsens, wie der restliche natürliche Bereich des Ahlenmoors im Elb-Weser-Winkel, sind jedoch erst jüngst zur Torfgewinnung abgebaut worden. Ohne Eingriffe des Menschen würden, da die natürlichen Voraussetzungen fortbestehen, im nordwestlichen Deutschland und in den Niederlanden die Moore weiterwachsen. Indessen sind sie bis auf wenige Ausnahmen tot. Während die Hochmoore des niederländischen und niedersächsischen Tieflandtyps in ihren zentralen Bereichen waldfrei waren, gab und gibt es weiter im Osten und Süden Waldhochmoore, die sich teilweise aus verlandeten Seen entwickelt haben und infolge des kontinentaleren Klimas auch in ihren zentraleren Teilen mit lichten Birken- und Kiefernbeständen bedeckt sind.

Sobald der Wasserspiegel von Hochmooren durch Eingriffe des Menschen gesenkt wird, sterben typische Hochmoorpflanzen unwiederbringlich aus, und solange die Moorflächen nicht in intensive Kultur genommen werden, verbreiten sich Zwergstrauchheide, Rasengesellschaften und schließlich Waldbäume, namentlich Birken, Weiden und Pappeln, wie sich in Nordwestdeutschland öfter beobachten läßt. Manche ehemals extensiv als Weide und zu nichtindustriellem Torfabbau genutzte, heute öfter unter Naturschutz stehende Reste der früher dort verbreitet gewesenen Moore zeigen diesen scheinbar natürlichen Zustand. Da ein Moor nur weiterleben kann, wenn es eine Mindestgröße von ca. 100 bis 200 ha bedeckt, ist wegen der Besitzverhältnisse und der konkurrierenden Flächenansprüche unterschiedlicher Institutionen und Personenverbände der Erhalt ohne erhebliche Finanzmittel zum Ankauf der Flächen selten möglich. Selbstverständlich sind mit dem Absterben der Moore zahlreiche Pflanzen- und Tierarten, die nur dort das ihnen zusagende Milieu gefunden hatten, verschwunden.

Bereits in prähistorischer Zeit hat der Mensch, wenn auch zunächst noch relativ bescheiden, auf Moore eingewirkt. Zu erwähnen ist die oft untersuchte Anlage von Knüppeldämmen, die sogenannten Moorbrücken, die in Nordwestdeutschland seit dem Neolithikum angelegt wurden (Hayen 1978) und nachgewiesene Längen bis zu 12 km erreicht haben. Diese hölzernen Moorwege machten kleinere und größere Hochmoore begeh- und befahrbar und haben auch als Viehtriften gedient. Denn im Sommer weidete in den trockneren Teilen der Moore vor allem das Hornvieh und hat durch selektives Fressen die natürliche Vegetation verändert. Punktuell und kleingebietlich ist es zusätzlich durch Anlage von Siedlungen zu anthropogenen Veränderungen von Moorteilen gekommen, wie vor allem das Schwerpunktprogramm der DFG über „Siedlungsarchäologische Untersuchungen im Alpenvorland“ nachgewiesen hat (Planck u.a. 1990). Lokale Sondernutzungen der Moore in ur- und frühgeschichtlicher Zeit erfolgten vor allem durch Versenken von Leichen und Gegenständen in Kultplätzen. Im großen und ganzen waren jedoch, etwa um Christi Geburt, die Moore noch weitgehend in ihrem natürlichen Zustand. Daher kann für das germanische Altertum, die Zeit, aus der uns durch römische Schriftsteller die ersten Berichte über Moore nördlich der Alpen vorliegen, mit Verhältnissen gerechnet werden, wie sie noch aus den zuverlässigen und flächendeckenden topographischen Karten des 18. und 19. Jhs., aus weiteren älteren Landesaufnahmen sowie aus jüngeren geologischen und bodenkundlichen Karten, aus Geländenamen und schriftlichen Zeugnissen der Archive rekonstruierbar sind (u.a. Pischke 1989, Kte. 3). Zum Verständnis der bekannten Taciteischen Stelle „terra ... paludibus foeda“ – „das Land ist durch Sümpfe scheußlich“ (dazu Jankuhn 1976) – hat man nicht allein in Rechnung zu stellen, daß es in Italien, wo der berühmte Römer lebte, aus klimatischen Gründen, mit Ausnahme einzelner Teile der Alpen, keine Hochmoore gab, sondern auch die sehr starke Verbreitung von Hoch- und Niedermooren in Gebieten, welche die Römer schon zu Taciteischer Zeit kannten: die Niederlande, Nordwestdeutschland und das Alpenvorland der Schweiz, Deutschlands und Österreichs (Jäger 1992, 3).

Allein in Niedersachsen bedeckt der aus Mooren hervorgegangene Boden 13 % der Landesfläche, hinzu kommen noch einige Prozente von anmoorigen Böden, so daß dort für die Zeit um Christi Geburt mit über 15 % Feuchtböden zu rechnen ist. In den Niederlanden erreichen ehemalige Hoch- und Niedermoorgebiete eine ähnliche Größenordnung. Etwas geringer ist der Anteil der Moorböden an der Gesamtfläche von Schleswig-Holstein, doch nehmen sie in manchen Landesteilen 10–20 % ein, ähnliche Zahlen gelten für manche Landschaften Dänemarks sowie des Alpenvorlandes Deutschlands und der Schweiz. Von den ehemals ausgedehnten Mooren im früheren Ostpreußen, den Baltenländern und Weißrußlands haben sich noch manche als Hochmoore erhalten, viele haben sich zu *Niederungsmoor oder Bruch* entwickelt oder gehörten bereits ursprünglich dazu. Im Schrifttum wird dieser, dem englischen *fen* entsprechende Moortyp auch als Flachmoor, Wiesenmoor und Grünlandmoor bezeichnet. Ein Niederungsmoor entsteht beim Verlanden eines Sees oder eines abgeschnürten Flußarmes. Seine Pflanzen ernähren sich aus nährstoffreichem Grundwasser, so daß die vegetabilische Substanz unter dem Einfluß meist eutrophen Wassers reich an Kalzium und Stickstoff ist und als Weide besseres Futter als die nährstoffarme Vegetation eines Hochmoors bietet. Daher sind besonders flachere Niederungsmoore früh zu Grünland gemacht worden. Unterhalb der lebenden Vegetation der Oberfläche der Flachmoore befinden sich mehr oder weniger gut zersetzte Horizonte bis hin zu Torf. Allein durch natürliche Sukzessionsabläufe kann sich ein Niedermoor im Verlaufe weiterer Verlandung zu einem Bruch- oder einem Auenwald entwickeln. Ganz allgemein hatte im mittelalterlichen Küstentiefland um die Nordsee, gebietsweise bis etwa 150 km ins Hinterland, im Verlaufe des Mittelalters infolge des Meeresspiegelanstiegs um mehrere Dezimeter und des dadurch ausgelösten Rückstaus die Versumpfung und damit die Bildung von Niedermooren zugenommen. Ebenfalls schon im Mittelalter ist dieser Prozeß regional durch Moorkolonisation, allgemein in der Neuzeit durch Landeskulturarbeiten unterbrochen worden (Nitz 1989).

6.5 Landformen und ihre Veränderung

6.5.1 Großformen

Die Großformen der Erdoberfläche haben sich seit Ende der letzten Eiszeit, also seit rund 10–12 000 Jahren, kaum verändert. Besonders stabil sind die Höhenverhältnisse des Reliefs und seine strukturellen Grundformen, während es bei den Skulpturformen, auf welche die exogenen Kräfte, namentlich Klimafaktoren und Schwerkraft, einwirken, eher zu örtlichen Veränderungen gekommen ist, sieht man von den erheblichen Umgestaltungen an den Küsten ab (Kap. 6.2.1).

Im Hochgebirge der Alpen hat sich das Relief durch Massenbewegungen an Steilhängen verändert. Am bekanntesten sind wegen ihres allgemeinen Aufsehens die großen Bergstürze, bei denen an Steilwänden umfangreiche Felsmassen plötzlich abstürzen. Prähistorische Bergstürze werden eher zufällig durch archäologische und geologische Untersuchungen bekannt; der berühmteste aus vorgeschichtlicher Zeit hatte um Flims am Vorderrheintal (w. Chur) 12000 Mio. m^3 Gesteinsmassen bewegt und den Rhein 90 m hoch aufgestaut. Besonders dann sind derartige Massenbewegungen aus historischer Zeit bekannt geworden, wenn der Mensch durch sie betroffen worden ist. Frühe Nachweise über Bergstürze finden sich bereits in frühmittelalterlichen Quellen. Die Annales Fuldenses bringen z. B. für das Jahr 883 einen anschaulichen Bericht über einen Bergsturz im Etschtal. In deutscher Übersetzung lautet die Stelle:

„*Ein Berg in Italien, der sich von der Stelle bewegte, fiel in die Etsch und versperrte ihren Lauf. Die Einwohner von Verona und in Orten in der Nähe dieses Flusses mußten so lange seinen Nutzen entbehren, bis sich dieser Fluß durch denselben Berg gleichsam Höhlen gemacht hatte und in sein Bett zurückkehrte.*“

Die mit Bergstürzen einhergehenden Verluste an Menschen und Siedlungen erreichten häufig erst das Ausmaß von Katastrophen, wenn zu der Abwärtsbewegung großer Materialmassen ein Flußstau mit Überschwemmungen und Brände traten. Diese sind, solange in den Alpen die Holzbauweise herrschte und offene oder halboffene Feuer üblich waren, öfter durch heftige Windstöße angefacht worden, welche von abgehenden Gesteinsmassen hervorgerufen wurden und in den beschädigten Häusern verheerend wirkten. Durch wechselseitige Verstärkung mehrerer mit einem Bergsturz verbundener Wirkkräfte wurden z. B. a. 1348 in der Villacher Alpe 17 Siedlungen, darunter Kirchdörfer, zerstört (Jäger 1988, S. 13). Zu den rezenten Bergstürzen und -rutschen gehört die Bewegung von 10–11 Mio. m^3 Gestein bei Elm (Kt. Glarus) a. 1881 und der erst vor Jahren erfolgte Aufstau des Flusses Adda durch einen verlustreichen Bergrutsch im Veltlin.

Im außeralpinen Bereich erfolgen Massenbewegungen vor allem im Schichtstufenland. Anfällig dafür sind Steilhänge, wo über quellfähigen Tonen härtere Gesteine lagern, so daß diese abbrechen, sobald der Ton nach Durchfeuchtung plastisch wird und hangabwärts gleitet. Auf solche Weise ist etwa seit Christi Geburt der östliche Steilhang des Göttinger Waldes um viele Meter zurückgewandert, so daß dort auch prähistorische Befestigungsanlagen beeinträchtigt worden sind. Der aus harten Kalkschichten gebildete, von weichen Rötmergeln unterlagerte Steilhang ist noch heute in Bewegung. Ähnliche, mit dem Abgleiten von Gesteins- und Bodenmaterial verbundene Bergrutsche finden sich in süddeutschen Schichtstufenlandschaften, namentlich in der Schwäbischen und Fränkischen Alb. Wo dort in manchen Tälern steile Hänge mit überhängenden Felsen auftreten, kann es zu kleineren Felsenstürzen kommen. Durch einen solchen wurden a. 1843 bei Gößweinstein im Wiesenttal im stufenbildenden Kalkstein des Weißen Jura (Malm) starke Quellen, welche die Stempfer Mühle trieben, verschüttet und teilweise abgelenkt, die Kapelle der Mühle beschädigt und der vorbeiführende Fahrweg mit Gestein und Erde bedeckt. Diesen Felssturz hatten starke Niederschläge gefördert. Ebenfalls in der Frankenalb besteht sö. Ebing/Main, im Bamberger Holz, ein noch in Bewegung befindliches, jedoch weit zurück in der Vergangenheit angelegtes Bergrutschgelände von 900 m Länge und bis zu 300 m Breite. Weitere größere Massenbewegungen an Hängen hat die Fränkische Alb bei Weismain, wo der Kaspauer Bergrutsch 1400 m Länge erreicht. Im Schwarzwald und anderen paläozoischen Mittelgebirgen kann es bei körnigen Gesteinen, wie dem Granit, durch verwitterungsbedingte Abgrusung zu Rutschungen kommen. Projiziert man z. B. die Rutschungsbeträge der letzten 350 Jahre an der Burgruine Ortenberg (Vogesen, nw. Schlettstadt) in die Vergangenheit zurück, so ergäbe sich für die letzten 2000 Jahre ein Zurückweichen des Hanges um ca. 20–30 m. Rutschungen in dieser Größenordnung können zur Vernichtung von ur- und frühgeschichtlichen Burganlagen geführt haben, zumal diese bevorzugt herausragende Geländelagen aufgesucht haben. Bei den Bergschlipfen der Alpen, die zu den Bergrutschen zählen, wird die Gleitbahn oft durch mergelig-tonige und durchfeuchtete Gesteine gebildet. An der Kleb-Alp (n. Linderhof) sind durch eine solche Erdbewegung auf ca. 600 m Länge und bis 250 m Breite Almwiesen und Wald verschüttet worden.

6.5.2 Kleinformen der festen Erdoberfläche

Weit stärker als das Großrelief der Erdoberfläche sind ihre Kleinformen umgestaltet worden, so daß dadurch in allen Naturräumen ausgedehnte Flächen verändert worden sind. Der Wandel des Kleinreliefs erfolgt, sieht man von neuzeitlichen Erdbewegungen mit Maschinen ab, in der Regel schleichend und ist in seinen Formen weniger spektakulär, aber in seinen Folgen für den wirtschaftenden Menschen, für Siedlungen und Verkehr und agrarische Nutzflächen viel bedeutender als die Veränderungen der Großformen. Denn das Kleinrelief ist in fast allen Naturräumen wie in den daraus entwickelten Kulturlandschaften seit Einführung von Ackerbau und Viehhaltung bis zur Gegenwart, also durch Jahrtausende, verändert worden und mit ihm als oberster Horizont die Böden. Während für die Umgestaltung des Großreliefs allein oder ganz überwiegend natürliche Wirkkräfte verantwortlich sind, handelt es sich bei den Veränderungen des Kleinreliefs oft um ein kompliziertes Ineinandergreifen von natürlichen, seminatürlichen und rein anthropogenen Faktoren. Sie können sich in ihrer Wirkung gegenseitig steigern oder in selteneren Fällen schwächen. Wie sich daraus ergibt, hat jede landschaftliche Epoche ein spezifisches Kleinrelief und die ihren Rahmenbedingungen entsprechenden Böden gehabt. Beim Versuch, z. B. die Kleinformen Mitteleuropas für die Zeit um Christi Geburt zu rekonstruieren, hat man alle späteren, d. h. mittelalterlichen und vor allem neuzeitlichen, Veränderungen auszuschließen. Diesem Ziel wird sich die Forschungspraxis nur bei kleinräumigen Untersuchungen annähern können, weil sich selten weiträumig und lückenlos alle Veränderungen nach Qualität und Quantität erfassen lassen.

Auf zwei miteinander zu verknüpfenden Wegen wäre z. B. bei Arbeiten über das Kleinrelief um Christi Geburt zu verfahren. Der erste bestünde in einer Auswertung zahlreicher, in regionalen und lokalen Fund- und Grabungsberichten der Archäologie zerstreuter Befunde über römerzeitliche Begehungshorizonte, Bodenprofile, Bodenabtragung, Zunahme der Feuchtigkeit u. ä.; der zweite Weg sollte in einer von der Gegenwart ausgehenden retrospektiven Untersuchung der Entwicklung von Kleinformen bis zurück zur römischen Kaiserzeit bestehen.

6.5.2.1 Natürliche Kleinformen (z. B. Dünen, Täler)

Da die Küsten und ihre Veränderung bereits dargestellt worden sind (6.2.1), kann nun das Binnenland betrachtet werden. Auch dort würde die Natur bereits ohne den Menschen in ständiger, wenn auch langsamer Veränderung sein. Da die linienhafte Erosion in der mitteleuropäischen Klimaregion die wichtigste der treibenden Kräfte ist, werden vor allem die von Wasserläufen durchflossenen Täler umgestaltet, sei es durch Vertiefen des Flußbettes, durch Seitenerosion oder durch Ablagerungen von Geröll, Kies und von Sand. Dieser ist in der ausgehenden Eiszeit aus den Urstromtälern und breiten Flußtälern, etwa der Ems, des Rheins oder Mains, durch vorherrschende Westwinde ausgeweht und überwiegend östlich der Flüsse als Binnendünen abgelagert worden und heute zumeist von Wald bedeckt (s. S. 65 f.).

Ein Fließgewässer kann durch natürliche Tieferlegung oberflächig verschwinden, falls es z. B. bei seiner Erosion einen tonig-undurchlässigen Untergrund verläßt und sich in klüftige und dadurch durchlässige Kalkbänke vorarbeitet. Ein Trockental bleibt zurück.

Seit der nacheiszeitlichen Einwanderung des Waldes wären Winderosion und flächenhafte Bodenabtragung ohne anthropogene Eingriffe fast überall belanglos. Denn das gesamte Binnenland außerhalb der Moore und unterhalb der alpinen Baumgrenze wäre ohne Einwirkung des Menschen von Wald bedeckt, in dem die Bodenabtragung allenfalls einen schleichenden Verlauf besäße. An Steilhängen kann es auch unter Wald zu flächenhafter Bodenabtragung und -rutschungen kommen (s. S. 59). Viel häufiger und in größeren Dimensionen findet eine seminatürliche Veränderung von Kleinformen durch Prozesse statt, zu denen der Mensch einen Anstoß gegeben hat oder deren ganzer Verlauf anthropogen bestimmt wird.

6.5.2.2 Quasinatürliche Kleinformen (Erosionsrinnen, Tilken, Kolluvium, Auelehm u. ä.)

Quasinatürliche Formen, die sich nur schwer von den noch stärker anthropogen gestalteten seminatürlichen Gebilden abheben, entstehen durch Anstöße des Menschen und werden, sobald sie erst in Gang gebracht worden sind, allein durch natürliche Formungsprozesse fortgebildet. Solche Kleinformen besitzt vor allem der ländliche Raum. Schon während des hochmittelalterlichen Landesausbaus ist es z. B. im Leine-Bergland, wo damals abschüssige Hänge von 8–15° beackert worden sind, wie waldbedeckte Wölbäcker beweisen, zu flächen- und linienhafter Bodenerosion im damaligen Ackerland gekommen. So bildeten damalige Starkregen im Ackerbaugebiet des Eichsfeldes bis zu 100 m lange und 10 m tiefe Kerbtäler, während der flächenhafte Bodenabtrag mehrere dm erreichte (s. S. 37), so daß die dadurch herbeigeführte Ertragsminderung als mitwirkender Faktor des spätmittelalterlichen Wüstungsprozesses in Rechnung zu stellen ist (Bork 1988, 2; Stephan 1988). *Tilken, Sieke* und andere quasinatürliche Landschaftselemente, die den anthropogen beeinflußten Erosionstälern verwandt sind, besitzen eine weite Verbreitung. Denn kaum ein heutiges Tälchen im Offenland Mitteleuropas außerhalb des Hochgebirges ist allein das Ergebnis natürlicher Formungsprozesse. Manche Tälchen sind als seminatürliche in erheblichem Umfang anthropogener Entstehung, aber unter Mitwirkung natürlicher Formungsprozesse gebildet worden, andere weitgehend natürlich, aber unter Einfluß des Menschen entstanden. Durch die erosive Tätigkeit des fließenden Wassers entstehen mitunter auf einer geneigten und großen Ackerfläche nach Stark- oder Landregen schmale Spülrinnen, von denen sich bei intensiven Niederschlägen und nackter Ackerkrume einige bis zu Erosionsgräben fortentwickeln können. Gegenwärtig werden daraus nur selten nach weiteren Starkregen durch zunehmende Tiefen- und Breitenerosion Tälchen gebildet, da der Landwirt die Spülrinnen und Gräben meistens einebnet. Doch in Zeiten von Bevölkerungs- und Agrarkrisen, wie sie durch den 30jährigen Krieg hervorgerufen wurden, oder während Wüstungsprozessen konnten durch Verwilderung von Fluren die Erosions- und Abtragungsschäden zunehmen.

In Gesteinen und Böden, die der Erosion besonders ausgesetzt sind, wozu u. a. Lößlehme gehören, finden sich im heute oder früher intensiv durch Ackerbau genutzten Land verbreitet Tälchen, die durch ein Zusammmenwirken natürlicher und anthropogener Kräfte entstanden sind. Sie werden nach einem sächsischen Mundartausdruck, der Tälchen bedeutet, *Tilke* genannt. Ursprung aller Tilken sind Erosionskerben, die im oberen Teil ihres Querschnitts mehrere Meter breit und ähnlich tief sind. Diese Ausgangsformen waren natürliche Tälchen, Erosionsrisse und -gräben auf Ackerland, und seltener mit dem Gefälle verlaufende Hohlwege, aus denen sich ebenfalls Kerbtälchen bilden können. In diese gelangte durch Niederschläge abgetragener Boden von benachbarten Äckern und wurde darin abgelagert. Da die Böden der meisten dieser Hohlformen von Gras bedeckt wurden, hat dieses als Auffänger der Bodenpartikel gewirkt. Bei mehrfacher Wiederholung der Bodeneintragung wurde die am Grunde des Tälchens befindliche Kerbe nicht allein aufgefüllt, sondern es entstand ein breiterer Boden, so daß sich die Form zu einem ausgeprägten Sohlental veränderte: eine ausgereifte Tilke war damit gebildet worden. Durch ähnliche Prozesse sind manche *Sieke* entstanden. Mit diesem, vom Sickern abgeleiteten Namen werden im nordwestlichen Deutschland langgestreckte und schmale, oft von Grasland bedeckte Hohlformen benannt (Hempel 1954).

Erheblich umgestaltet durch anthropogenes Einwirken auf ihre Grundfläche ist der Boden unserer Städte. Denn der natürlichen, meist jedoch seminatürlichen Akkumulation von Boden in Hohlformen, zumeist in Dellen, Mulden und Bachtälern, kann in der einebnenden Wirkung die Ablagerung von Schuttmassen aus zerstörter Bausubstanz, namentlich in großen Ruinenstädten, gleichkommen. Solche hat es von der Römerzeit bis zum Jahre 1945 wiederholt in der deutschen Geschichte gegeben. Deshalb liegen in heutigen Städten viele antike Bauten mit ihren römerzeitlichen Böden erheblich unter den gegenwärtigen Bodenniveaus, so daß davon öfter Stufen zu jenen Gebäuden hinabführen, wie z. B. zu der aus dem frühen 4. Jh. stammenden Basilika in Trier. Sie zeigt auch, daß sich bereits während der Römerzeit die Bodenoberflächen damaliger Städte erheblich verändern konnten. Unterhalb des heutigen Bodens der Trierer Basilika wurden nämlich vorkonstantinische Anlagen aus drei Bauperioden gefunden, darunter in 2 m Tiefe unter dem antiken Hallenboden eine 11,5 m breite Ost-West-Straße. Sie war noch im Verlaufe des 1. Jhs. n. Chr., wohl im Zusammenhang mit der anthropogenen Niveauerhöhung der städtischen Grundfläche, höhergelegt worden.

Anders als heute waren in den Kernen unserer größeren Siedlungen, darunter in den ehemaligen Städten der Römer und des Mittelalters, zu ihrer Gründungszeit gegliederte Bodenoberflächen mit Bachläufen in eingetieften Tälern und oft stärker gebuchtete Flußufer vorhanden. Erst durch Abtragung markanter, aber für den Menschen störender Erhebungen, mehr noch durch planmäßige Auffüllungen und durch den Brand- und Bauschutt von ein bis zwei Jahrtausenden haben sich jene gleichförmigen Bodenflächen herausgebildet, die für gegenwärtige Städte kennzeichnend sind. Da sich die ursprünglichen Oberflächen nur durch archäologische Ausgrabungen und Bohrungen in Verbindung mit der Auswertung von Namen und anderen Schriftzeugnissen nachweisen lassen und solche Untersuchungen nur selten systematisch durchgeführt worden sind, werden in der Regel römerzeitliche und mittelalterliche Grundrisse von Städten ohne Darstellung früherer Geländeformen und Bachläufe kartiert. Schon eine Wiedergabe von Höhenlinien nach rezenten Unterlagen, wie sie im Deutschen und im Westfälischen Städteatlas erreicht worden ist (Stoob 1973 ff.; 1975 ff.), bedeutet einen erheblichen Fortschritt, wenn sich auch der Herausgeber der Städteatlanten der bedingten Aussagekraft rezenter Isohypsen für die Gründungszeit der Städte bewußt ist. Von den vier Bachtälern des antiken Trier z. B. sind gegenwärtig im Bezirk der Innenstadt oberflächig alle verschwunden. Schon im 1. Jh. war das Stadtgebiet durch Anschüttungen im Uferbereich der Mosel nach Westen erweitert worden. Die 550 m lange Westfront von Castra Regina, Regensburg, wurde von einem Bachlauf begrenzt, der die römische Befestigungslinie verstärkte. Er wird durch die heutige Regensburger Innenstadtstraße mit den bezeichnenden Namen Obere und Untere Bachgasse dokumentiert. Jener Wasserlauf, der in nachrömischer Zeit den Namen Vitus-Bach führte, war noch im Mittelalter so bedeutend, daß daran ein Mühlenort, Kumpfmühl, und das Dorf Prüll entstanden waren, die längst ins Stadtgebiet einbezogen sind. Köln gehört zu den Städten mit Parallelen zu Trier und Regensburg in der Veränderung seiner Bodenfläche. Hier waren die Befestigungsmauern der ab 50 n. Chr. ausgebauten Römerstadt im Süden durch den Lauf des später als Feldbach bezeichneten Gewässers begrenzt, dessen ehemalige Existenz sich noch in den Namen der heutigen breiten Durchgangsstraßen Rothgerberbach, Blaubach und Mühlenbach widerspiegelt; auch die Straße An der Malzmühle weist auf diesen ehemaligen, noch im Mittelalter als Gewerbestandort wichtig gewesenen Bach hin. Noch 1752 war ein kürzerer Abschnitt des Feldbaches oberflächig vorhanden. Wie in Trier ist seit der Antike die Ufergestalt des Stromes verändert worden. Der römerzeitliche Rheinarm, der als Hafen diente und die dortige Stadtmauer auf 850 m Länge begrenzte, ist wohl schon seit dem Frühmittelalter durch Zuschütten allmählich verlandet und dann als mittelalterliche Rheinvorstadt bebaut worden. Eine von weiteren Städten, deren natürliche Topographie der Mensch erheblich verändert hat, ist Wien. Das dortige Castrum Vindobona der Römer war auf 3 1/2 Seiten durch natürliche Wasserläufe begrenzt, im Osten durch den damaligen Hauptarm der Donau, aus dem der ca. 100 m weiter abgelegene Donaukanal der Gegenwart gebildet worden ist. Auf den drei anderen Seiten wurde die befestigte Römerkaserne durch tiefe Gräben begrenzt, die von zwei natürlichen Gewässern, namentlich dem späteren Ottakringer Bach, gebildet wurden. Ebenfalls in Wien erinnern heutige, oberflächig völlig eingeebnete Straßen durch ihren Namen an die römerzeitliche Topographie, darunter die bekannte, marktartig erweiterte Flanierstraße „Graben“ nahe dem Stephansdom.

Wie erheblich in nichtrömischen Städten die Bodengestalt seit dem Mittelalter verändert worden ist, zeigt beispielhaft Kassel. In seiner Innenstadt hatte nach flächenhafter Zerstörung von 1943 der umfangreiche Neubau der Nachkriegszeit so viele Geländebeobachtungen durch Baugruben, Schürfungen und Tiefbohrungen ermöglicht, daß sich das vor Einsetzen der ersten Bebauung um ca. 500 n. Chr. vorhanden gewesene Relief recht zuverlässig ermitteln ließ. Es war ganz anders als in der Gegenwart. Es sind im Verlaufe der Jahrhunderte bis 200 m breit gewesene weite Muldentäler und bis 20 m eingetiefte schmale Kerbtäler mit ihren Nebentälchen gänzlich aufgefüllt worden. Erst dadurch sind die uns heute entgegentretenden ebenen Bodenoberflächen, wie die des zentral gelegenen Friedrichsplatzes, entstanden. Der Planierung diente außerdem das Abtragen von Kuppen und Hügeln im heutigen Innenstadtbereich. So war z. B. das bekannte Kloster Ahnaberg (Berg am Ahnabach) auf einem auf drei Seiten von Tälern begrenzten Bergsporn, nach dem es benannt war, angelegt worden. Seit längerem ist das Gelände durch Einebnung des früheren Reliefs so flach geworden, daß der im Mittelalter entstandene Name Ahnaberg nicht mehr der heutigen Realität entspricht. Auch die älteste Kasseler Befestigung, die für die spätere Stadtwerdung entscheidend gewesen ist, lag auf einem gegenwärtig nicht mehr als Geländeerhebung sichtbaren Hügel, von dem aus sich Flußübergang und Siedlung beherrschen und schützen ließen. Erst durch die aufgezeigte Rekonstruktion des früher gänzlich anderen Reliefs konnten einige Fehlurteile über die älteste Geschichte von Kassel berichtigt werden; außerdem lassen sich dadurch die topographische und strategische Position der befestigten Siedlung Kassel in ihren Anfängen überzeugender erklären. Auch das Bodenrelief vieler Kleinstädte und mancher Dörfer ist im Verlaufe der Jahrhunderte verändert worden, und dabei ist es ebenfalls dort vielfach zum Ausgleich von Höhenunterschieden im Relief gekommen. Dennoch ist zumeist die Umgestaltung nicht derartig tiefgreifend wie in den großen Städten, so daß Rückschlüsse aus Karten des 18.–20. Jhs. in Verbindung mit Beobachtungen im Gelände eher möglich sind. *Abtragung* (Deflation) und Umlagerung *durch Wind* mit Akkumulation, die besonders in vegetationsarmem Flachland mit trockenen, schluffigen und feinsandigen Böden auftreten, hatten schon während der Römerzeit, mehr noch im Mittelalter, durch direkte anthropogene Eingriffe in die natürliche Umwelt (z. B. durch Rodung und Ackerbau) und durch indirekte Einwirkungen des Menschen (z. B. Vegetationsvernichtung durch Viehweide) regional und lokal einen erheblichen Umfang erreicht. Für die Staader Geest sind z. B. vom Menschen ausgelöste Flugsandbewegungen für die Zeit um 800 n. Chr. und für das 15. Jh. durch Bodenprofile nachgewiesen und mit Besiedelungsphasen in Zusammenhang gebracht worden (Pertsch 1970, S. 163). Eine Vorstellung von Ausmaß und Verbreitung anthropogen ausgelöster Windabtragung und -ablagerung des Mittelalters und der früheren Neuzeit und die damit verbunden gewesene Bildung von Dünen läßt sich durch die zahlreichen Siedlungsplätze gewinnen, die von Sandmassen verschüttet worden sind (Jäger/Jankuhn (1986). Spektakuläre Beispiele ehemaliger, von treibenden Sandmassen überwältigter und daher verlassener Siedlungen sind Lindholmshöge am Limfjord in Dänemark und weiter nördlich die noch teilweise in einer Düne steckende ehemalige Kirche von Altskagen oder die ehemaligen Wanderdünen der Kurischen Nehrung. Diese hatten sich nach frühneuzeitlicher Waldverwüstung in Bewegung gesetzt und mehrere Dörfer überwältigt, so daß sie geräumt werden mußten (Mager 1938). Vorgänge ähnlicher Art, allerdings mit stärkerer Beteiligung des Klimas, laufen derzeit in den ariden Gebieten Afrikas ab und sind als Desertifikation bekannt. Auswehungen und Ablagerungen von Sand mit Überdeckung von Kulturflächen haben Fruchtbarkeit und Feuchtigkeitsgehalt des Bodens und die Art der darauf wachsenden naturnahen Vegetation erheblich beeinflußt. Stärkere Abtragung und Umlagerung durch Wind ereignet sich vor allem in Landschaften mit leichteren Böden. Dazu gehören Teile der Niederlande, wo Dünen und die ihnen verwandten, jedoch flach hingelagerten Decksande 50 % der Landesfläche einnehmen, das Niedersächsische Tiefland, wo sie 12 % der Fläche bedecken; aber auch in Landstrichen weiter im Binnenland, etwa im Gebiet der großen Urstromtäler Ostelbiens, im Steigerwaldvorland, in der Regnitz/Rednitz-Furche sowie im Rhein-Main-Gebiet von Bingen bis Miltenberg und im Oberrheintiefland nehmen Dünen und Flugsand- oder Decksandebenen jeweils viele tausend Hektar ein. Gewiß gehen sie teilweise auf rein natürliche Prozesse gegen Ende des Eiszeitalters zurück, doch sind sie andernteils unter Mitwirkung des Menschen seit urgeschichtlicher Zeit verändert worden. *Bodendegradierung, -abtragung und -akkumulation unter dem Einfluß des Menschen* haben ebenfalls unseren Kleinformenschatz gestaltet. Die zeitlichem Wandel unterworfenen Eigenschaften der Böden waren entscheidend für die Entwicklung von Besiedlung und Landnutzung, andererseits haben diese beiden die Böden verändert, wenig in der prähistorischen Zeit, stärker in Mittelalter und früher Neuzeit und dramatisch seit den 1950er Jahren. Die Entwicklung des Bodens als Grundlage der Landeskultur ist polygenetisch und wird durch eine Mehrzahl von interdependenten Naturbereichen und -prozessen mit und ohne Einwirkung des Menschen beeinflußt. Wichtigste Bodenbildner sind Ausgangsgestein, Klima, Vegetation, Mikroorganismen und der Mensch, dessen Einfluß sich mit wachsender Nähe zur Gegenwart immer mehr gesteigert hat. Modifizierend wirken in regionaler Differenzierung das Relief und die Intensität anthropogener Beeinflussung. Der Boden ist als dynamisches System veränderlich. Eine große Rolle spielt bei seinen Veränderungen, sei es durch Reife-, Degradations-, Erosions- oder Akkumulationsprozesse, die Zeit, mit anderen Worten: die umweltgeschichtliche Stellung eines Bodens.

Die Zeit hat, allein mittels natürlicher Prozesse, in den Landschaften mit eiszeitlichen Geschiebelehmen und mit Lößbedeckung durch Entkalkung, in den Sandgebieten durch Auswaschung toniger und schluffiger Beimischungen, zu einer Verschlechterung des Bodens und damit der ökologischen Standortqualität geführt. Stärker noch ist die Bodenqualität durch die verbreitete, vom Menschen ausgelöste Bodenabtragung vermindert worden. Sie hat bald nach Einführung des Ackerbaus begonnen, so daß wir in den altbesiedelten Räumen Mitteleuropas mit Einsetzen der Bodenabtragung vor etwa 6000 bis 7000 Jahren zu rechnen haben, wenn auch ihre Ausmaße erst mit höherer Siedlungsdichte und Ausbreitung des schollenwendenden Beetpfluges seit ca. 100/200 v. Chr. erheblich zugenommen haben. Je stärker eine Ackerfläche geneigt ist, desto höhere Beträge erreicht die Bodenabtragung. Ihre Intensität wird außerdem durch Bodenart, Niederschlagshöhe, Kulturpflanzen des Ackerlandes und die Art der Pflugführung bestimmt. Wo seit dem Mittelalter Wölbäcker mit Trennfurchen in Richtung des Gefälles angelegt worden sind, wie z. B. im niedersächsisch-thüringischen Eichsfeld, konnte es bereits damals zu einer sehr starken Abtragung kommen. Bork (z. B. 1988, 2) hat dort und im südwestlichen Harzvorland das Ausmaß mittelalterlich-frühneuzeitlicher Abtragung untersucht und auf den Hängen flächenhaft im Mittel einen Verlust der obersten 232 cm durch Erosion ermittelt. Dies entspräche einem mittleren jährlichen Abtrag von 48 t je Hektar und Jahr. Über 80 % des erodierten Materials sind auf den konkaven Unterhängen und in den Talauen wieder akkumuliert worden. Daß schon in der Römerzeit mit erheblichen Bodenveränderungen durch Aktivitäten des Menschen zu rechnen ist, haben neuere Untersuchungen gezeigt, weil durch diese, anders als in älteren Arbeiten, die Indizien für solche Prozesse besonders beachtet worden sind. Auf der Lechplatte z. B. haben sich in Flußtälern bereits während der Römerzeit erhebliche Veränderungen ergeben, die durch römische Relikte im Bereich von 2 m mächtigen Schotterkörpern des Lechs belegt werden. Gewiß, solche Aufschotterung wäre allein aus Veränderungen des Klimas erklärbar, doch mußte auch dort die anthropogen verstärkte Abtragung mit zunehmendem Vorschieben von Schwemmkegeln zu einer Veränderung der Flußtätigkeit führen. Schreiber und Schramedei (1990) weisen denn auch auf die zeitliche Übereinstimmung zwischen Phasen starker Aktivitäten des Lechs mit siedlungsgeschichtlichem Geschehen hin. Im Zusammenhang damit ist ebenfalls die mehrfache Verlegung der erosionsgefährdeten Römerstraße entlang des Lechs zu sehen. Die zur Aufschotterung oder zur Sedimentation von Auelehm in den Tälern führende anthropogene Bodenabtragung konnte vor allem durch das Vorschieben von Schutt- und Schwemmkegeln aus den Neben- in die Haupttäler eine Vernässung der oberhalb gelegenen Talabschnitte herbeiführen. Unter diesem Gesichtspunkt wird die zunächst merkwürdig erscheinende Anlage von Grabhügelfeldern oder manchen ur- und frühgeschichtlichen Siedlungen in heutigen Hochwasserbereichen verständlich. Durchweg ist davon auszugehen, daß sich jene Siedlungs- und Gräberanlagen ursprünglich in hochwasserfreiem Gelände befunden haben. So wurden z. B. im heutigen Hochwasserbereich der Flurlage „Seewiesen“ zwischen Heidenheim und Schnaitheim bei Entwässerungsarbeiten vorrömische, römische und alemannische Siedlungen entdeckt, deren Gelände erst später unter zeitweiligen Hochwassereinfluß gekommen sein muß. Da bereits in den ökologischen Gunsträumen des römisch besetzten Germanien eine für damalige Zeiten hohe Siedlungsdichte mit intensivem Ackerbau verbreitet war (u. a. von Petrikovits 1978; Planck 1979), hatte sich als dessen Begleiterscheinung die flächenhafte Bodenabtragung ausgeweitet. Ihre Ergebnisse zeichnen sich in Sedimenten der damaligen Zeit ab. Eine Folge war die zunehmende Bedrohung von bebauten Bach- und Flußtälern durch Hochwasser. So versuchten die Römer ihren durch Hochwässer und darin mitgeführte Bodenteilchen bedrohten Weihebezirk von Osterburken zu retten, wie archäologische Befunde erwiesen haben (Schallmeyer 1987). Die Sedimentation der abgetragenen Böden ließ sich auf Dauer nicht verhindern, so daß in spät- und nachrömischer Zeit der gesamte Weihebezirk mit seinen bedeutenden Steindenkmälern allmählich von Bachablagerungen eingehüllt wurde. Sie fungierten gleichsam als Schutzmantel, so daß es in den 1980er Jahren möglich wurde, die Weihesteine auszugraben.

Daß manche Talauen mit ehemaligen oder heutigen Siedlungen erst seit dem Mittelalter oder später durch Ablagerung von *Auelehm*, der nichts anderes als abgetragener Ackerboden ist, in den Hochwasserbereich geraten sind, wird durch weitere morphologische und archäologische Befunde bezeugt. Eine Siedlung, deren Beginn spätestens im 7. Jh. liegt, wurde auf einer ursprünglich hochwasserfreien Niederterrasse der Tauber südwestlich von Gamburg angelegt, während heute diese Stelle des im Mittelalter wüst gewordenen Ortes von Hochwässern überflutet wird. Die um 1593 erbaute Eulschirben-Mühle im Taubergrund unweit jener Wüstung war bei ihrer Restaurierung (1956) fast mit halbem Untergeschoß vom Auelehmkörper zugesetzt. Der Boden der um 1200 errichteten Achatius-Kapelle von Grünsfeldhausen im Gewässereinzugebiet der Tauber lag im Jahre 1903, als das historisch bedeutende Bauwerk aus dem Auelehm des Grünsfeldbaches ausgegraben wurde, 3,90 m unter seiner heutigen Oberfläche. Wo im Einzugsgebiet dieses Baches in Mittelalter und Neuzeit fruchtbarer Boden im Gefolge des Pflügens abgetragen worden ist, wie im Gäuland westl. von Würzburg, sind markante, bis um 1 m hohe *Waldrandstufen* als Indizien für solche Abtragung gebildet worden (s. S. 72). Überall in unseren mitteleuropäischen Tälern, wo der verbreitete Auelehm als Folge der mit dem Ackerbau verbundenen flächenhaften Bodenabtragung abgelagert wurde, haben sich die Hochwässer etwa um die Mächtigkeit des Sediments erhöht. Daher sind dort viele Talsiedlungen, die in hochwasserfreiem Gelände gegründet worden waren, im Verlaufe der Jahrhunderte schon von durchschnittlichen Jahreshochwässern erreicht worden. Die anthropogene Auelehmsedimentation in prähistorischer und geschichtlicher Zeit ist für viele weitere Flüsse nachgewiesen worden; eine neuere Arbeit gilt dem Main (Gerlach 1990). Die nur in wenigen Blättern vorliegende Geomorphologische Karte der Bundesrepublik Deutschland 1:25000 weist holozäne Auensedimente nach, ebenso geologische und bodenkundliche Karten großer und mittlerer Maßstäbe. In den letzten Jahren hat die flächenhafte Abtragung, stark gefördert durch Flurbereinigung, Technisierung der Landwirtschaft, Monokulturen, Rückgang der Stallmistdüngung und Ausbreitung von Kulturpflanzen, die wie der Mais die Abtragung verstärken, solche Ausmaße erreicht, daß bei allen Untersuchungen über frühneuzeitliche oder noch ältere agrarische Besiedlung nur noch sehr eingeschränkt Erkenntnisse aus modernen Bodenkarten zu gewinnen sind. Allein seit der Bodenbonitierung durch die bewährte Reichsbodenschätzung der 1930er Jahre sind besonders auf Hanglagen Ackerböden in einer Mächtigkeit von 60–65 cm abgetragen worden. Diese Befunde entsprechen in der Größenordnung den Daten von Bork, die jedoch einen längeren Zeitraum umfassen. Da die weitgehend erhalten gebliebenen Karten der Reichsbodenschätzung und ihres Umfeldes aus den 1930er Jahren die erste umfassende Bodenklassifizierung nebst -bewertung darstellen (vgl. Fig. 2), sind sie eine unverzichtbare Grundlage für umweltgeschichtliche Studien, zumal jene Taxierung vor dem Intensivierungsschub der letzten 50 Jahre und der damit verbundenen Steigerung der Abtragung erfolgt ist. Ein erheblicher Teil des abgetragenen Bodens ist nicht in die Gewässer gelangt, sondern bereits an den unteren Säumen der Hänge als sogenanntes *Kolluvium* abgelagert worden. Dieses Bodensediment, das je nach den örtlichen Verhältnissen von wenigen Zentimetern oder Dezimetern bis zu mehreren Metern Mächtigkeit erreichen kann, deckt, namentlich im Hügel- und Bergland, durch seine weite Verbreitung manche der an den Talrändern gelegenen Siedlungswüstungen zu: prähistorische, römische, frühgeschichtliche und mittelalterliche.

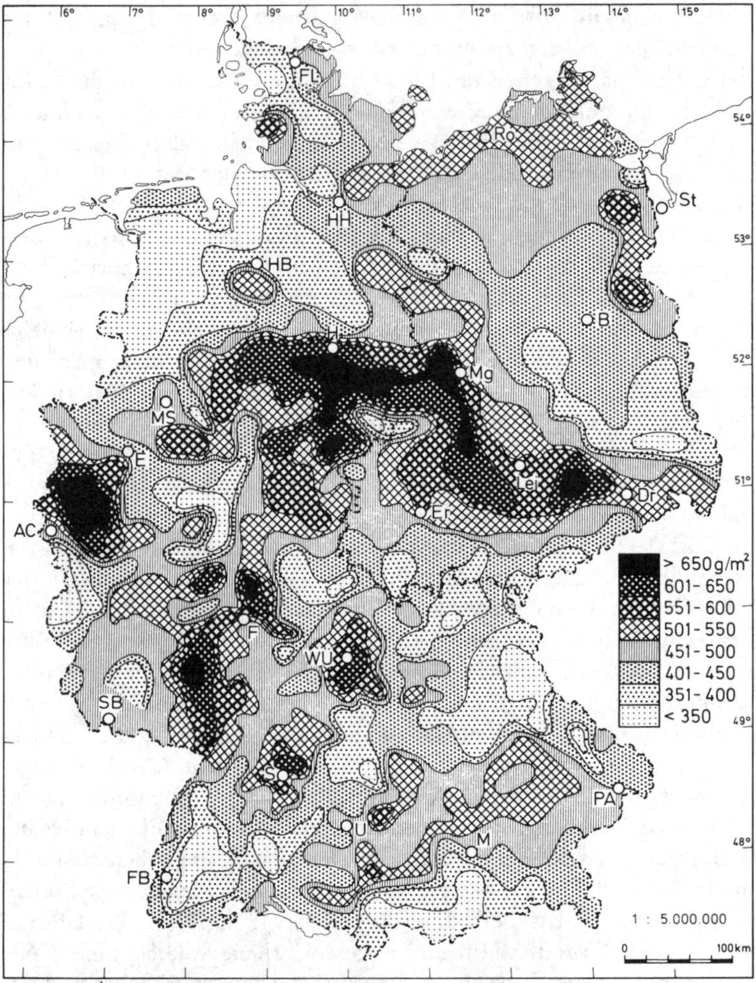

Fig. 2: Quasinatürliche Produktivität landwirtschaftlich genutzter Böden (Erhebungen 1934–37) in Gramm pflanzlicher Trockensubstanz je m² Boden/Jahr (nach Ellenberg 1990, Abb. 15). Deutlich heben sich die klimabegünstigten Börden und Senken mit Lößböden heraus (vgl. Fig. 1).

6.5.2.3 Anthropogene Kleinformen (z. B. Stufenraine, Wölbäcker, Relikte von Bergbau, Gewerbe und Verkehr)

Zusätzlich zur linienhaften und flächenhaften Abtragung und Akkumulation ist die Bodenoberfläche durch die Tätigkeit des Menschen im Verlaufe der Jahrtausende so weitflächig verändert worden, daß vom natürlichen Kleinrelief weithin nichts mehr vorhanden ist. Eine Ausnahme machen Teile der Alpen oberhalb der früheren Anbaugrenze. Allerdings ist es auch dort auf den Almen punktuell zu Planierungen und anderen Veränderungen der Bodenoberfläche gekommen; noch stärker ist diese lokal durch ehemaligen *Bergbau* umgestaltet worden, der trichterförmige Hohlformen nach Einsturz von Gruben, sogenannte Pingen, Schürfstellen, Abraumhalden, ferner Stauteiche und Hanggräben als oberflächige Überreste hinterlassen hat.

Der ehemalige Bergbau des Mittelgebirges ist mit Standorten, Verhüttungsbetrieben und Geländerelikten besonders gründlich für den Harz untersucht worden (Denecke 1978; auch Steuer/Zimmermann 1993). Großflächiger ist jedoch in den Mittelgebirgen die Bodenoberfläche durch frühere Landwirtschaft umgestaltet worden. Vor allem sind dort viele Wälder und periphere, unter Grünland liegende Flurteile von Relikten früheren Ackerbaus überzogen, welche die natürliche Bodenoberfläche erheblich verändert haben. Vor allem sind es drei Typen von Kleinformen, die der frühere Ackerbau hinterlassen hat. Die einfachste Form, die für sich allein oder in Gesellschaft mit Terrassen- und Wölbäckern (früher: Hochraine und Hochäcker) vorkommen kann, sind Ansammlungen von *Lesesteinen* unterschiedlicher Größe, die bald längliche, bald rundliche Haufen von zumeist einigen Metern Breite und bis etwa 2 m Höhe bilden. Wo die Lesesteine beiderseits ehemaliger Acker- oder Rebstreifen angehäuft worden sind, haben sich lange Steinwälle gebildet, für die es unterschiedliche Mundartausdrücke gibt, wie Steinriegel in Franken. Anzahl und Größe der Steinhaufen auf einer Flächeneinheit sind vom natürlichen Steinreichtum des Bodens abhängig. Besonders manche Lesesteinhaufen in den Wäldern sind schon Jahrhunderte alt und dann häufig von einem dünnen Bodenschleier und etwas Vegetation überzogen. Durch das Einsammeln der Lesesteine beim früheren Ackerbau konnten größere Areale mit Steinblöcken, die während der Kaltzeiten des Eiszeitalters durch Solifluktion verteilt worden waren, ihre Blockstreu bis auf die Ansammlungen in Haufen und Wällen verlieren, wie sich vielerorts in der Rhön, im Odenwald und anderen Mittelgebirgen unter heutigem Wald beobachten läßt.

Stufenraine als markanteste Elemente von Terrassenäckern bestehen aus einer mehrere Dezimeter, öfter bis 1,50 m, seltener bis 2 m hohen Versteilung im Gelände, die oberhalb einer markanten, oft mit Lesesteinen angereicherten Kante in eine hangabwärts fast ebene bis sehr schwach geneigte Fläche übergeht. Dabei handelt es sich um das ehemalige, seltener um noch heute genutztes Ackerland in einer Breite zwischen einigen Metern und mehreren Dekametern. Die unterhalb der Verebnung befindliche Stufe ist wie so viele Kleinformen durch ein Zusammenwirken natürlicher und anthropogener Kräfte entstanden. Bei der ersten Rodung war der Hang noch nicht durch Stufen gegliedert. Entweder hatte man dann an der unteren, parallel zu den Isohypsen verlaufenden Grenze des neu angelegten Ackers Lesesteine aufgehäuft, oder auf dem zunächst noch flachen, schmalen und unbebauten Streifen Landes, der als Grenze zum Nachbaracker diente, hatten sich Gräser und Sträucher angesiedelt. Diese waren für den Boden, der im Verlaufe des Pflugbaus auf der Fläche abgetragen wurde, ein Hindernis, so daß er dort sedimentierte. Im Verlaufe der Jahrhunderte konnte er sich, begünstigt durch weitere Steinablagen, durch Gras- und Strauchwuchs, bis auf die oben genannten Beträge erhöhen. Je steiler und steinreicher der natürliche Hang war, desto höher sind die Rainstufen, wie sich u. a. im Rothaar-Gebirge, Vogelsberg, Westerwald und Odenwald beobachten läßt. In der Rhön, wo auf steileren Hängen vor Beginn von Kultivierungsarbeiten viel mehr Basaltblockschutt als gegenwärtig verbreitet war, wie auf dem Anstieg zur Hochrhön, zwischen Bischofsheim und Fladungen, liegen unter Wald zahlreiche Gruppen ehemaliger Terrassenäcker mit Stufenrainen, die sich einem Dutzend mittelalterlicher Wüstungen zuordnen lassen (Lob 1971, Kte. 2 u. S. 128 ff.). Die Stufen erreichen an den steileren Hängen bis zu 2 m Höhe und umschließen die vom ehemaligen Ackerland abgelesenen Blöcke. Ein ähnliches Entsteinen von noch weit größeren Rhönflächen hat sich unter ganz anderen Rahmenbedingungen an vielen Stellen der Rhön seit den 1930er Jahren wiederholt (s. S. 124). Die unter starker Mitwirkung des Menschen erfolgte Bildung von Rainstufen mit anschließender Ackerverebnung ist in den noch heute genutzten Fluren der Rhön erst im 19./20. Jh. im Zusammenhang mit der verbreiteten Umlegung von Ackerland zu Grünland beendet worden. Natürliche Bodenoberflächen ohne Umgestaltung durch den Menschen umfassen im Naturpark und Biosphärenreservat Rhön nur noch einen Bruchteil der anthropogen veränderten Areale.

Als weitere Kleinformen früherer Beackerung sind *Wölbäcker* weit verbreitet. Ihre schmale, u. a. in Oberbayern vorkommende Variante von nur ca. 0,80 m Breite und wenigen Dezimetern Scheitelhöhe wird als Bifang bezeichnet. Wölbäcker treten gewöhnlich zu mehreren nebeneinander auf, manchmal sind es bis zu 100 und mehr. Sie sind das Ergebnis einer bestimmten Pflugart und -technik. Zumeist sind sie durch Zusammenpflügen der Erde durch den Beetpflug mit festem Streichbrett zur Mitte einer Betriebsparzelle geschaffen worden. Außerhalb der Areale mit den schmalen Bifängen liegt die Breite eines einzelnen, von jeweils zwei Furchen eingefaßten Wölbackers zwischen 6–24 m, die Scheitelhöhe erreicht mehrere Dezimeter, selten bis 0,8 m oder darüber. Die Länge liegt etwa zwischen 100 und 1000 m, in der Regel irgendwo dazwischen. In der Verbreitung und Höhengrenze der Kleinformen früherer Beackerung lassen sich keine allgemeingültigen Zahlen angeben, da sie von regionalen geoökologischen, wirtschaftlichen und demographischen Rahmenbedingungen abhängen, die von Landschaft zu Landschaft in unterschiedlicher Kombination vorhanden gewesen sind. Da Ackerbau auf eine Mindestqualität an naturräumlichen Eigenschaften angewiesen ist, hat die obere ehemalige Ackerbaugrenze in heutigen Wäldern um so niedriger gelegen, je ozeanischer, bodensaurer und bodenkarger, aber auch steiler, der Standort ist. Dazu werden einige regionale Beispiele gegeben, die sich mit den nötigen Änderungen übertragen lassen. Sie beruhen auf kleinräumigen Untersuchungen, darunter eigenen Beobachtungen. Soweit ein regionales Nebeneinander von Relikten durch frühere Land- und Forstwirtschaft, Gewerbe oder ehemaligen Bergbau die natürlichen Oberflächen gegenwärtiger Wälder verändert hat, sollen sie in Abkehr vom Prinzip der Typensystematik zusammen genannt werden, um dadurch die dortige Fülle anthropogener Kleinformen zu veranschaulichen. Außer den beschriebenen Stufenrainen (S. 71 f.) lassen sich fast alle anderen Typen anthropogener Kleinformen in Wäldern und extensivem Dauergrünland des Naturparks und großen deutschen Biosphärenreservats *Rhön* nachweisen. Sie bezeugen, daß diese scheinbar so urtümliche Landschaft längst ihren Naturzustand verloren hat. Im Naturpark Solling-Vogler des Weserberglandes liegen Verbände von Wölbäckern mittelalterlicher Wüstungen bis in Höhen von 400 m, bei Gipfelhöhe des Naturparks von 528 m. Im südlich benachbarten, ebenfalls aus Buntsandstein aufgebauten und durch kleinere Lößlehminseln durchsetzten Naturpark des Reinhardswaldes sind solche Wölbackersysteme dort besonders eindrucksvoll, wo im Naturschutzgebiet (n. Gottbüren) etwa 700jährige Eichen darauf wachsen und damit eine relative Altersbestimmung erlauben. Durch Urkunden läßt sich der ehemalige Ackerbau für a. 1220 belegen. Hier und in vielen andern Wäldern von Hessen und Niedersachsen mit Systemen gut erhaltener Wölbäcker ist die Bodenfläche sehr markant gegliedert, da sie gewöhnlich aus ca. 8–24 m breiten, 0,3–1 m hohen und bis zu 750 m Länge erreichenden Rücken bestehen, deren zwei durch jeweils eine Furche voneinander geschieden werden. Viele Wölbackersysteme werden in den Blättern der Historisch-landeskundlichen Exkursionskarte von Niedersachsen nachgewiesen (Kühlhorn u.a. 1970ff.). Noch viel weiter und häufiger sind in Wäldern runde Podeste ehemaliger Kohlenmeiler verbreitet, die zumeist mit einer bergwärtigen Stufe in den ursprünglich gleichförmigen Hang eingeschnitten sind. Sie versorgten u.a. die ehemaligen Waldglashütten, von denen niedrige Wälle als Relikte eingestürzter Produktionsstätten erhalten sind, außerdem die Schmiede in Städten und Dörfern (s. S. 90); in Berbaugebieten belieferten die Meiler die Hütten mit Holzkohle (Hillebrecht 1982). Oberflächige Relikte ehemaligen Bergbaus sind auch außerhalb der früher bedeutenden Reviere vor allem regional und lokal in Wäldern verbreitet und treten oft unweit von Überresten ehemaliger Land- und Forstwirtschaft auf. Verstreut im Wald gelegene niedrige Wälle, die linienförmig, häufig als Rechteck, den Waldboden gliedern, stammen von der früheren Forstwirtschaft.

Im Naturpark Meißner-Kaufungerwald – Gipfelhöhe 754 m – finden sich z.B. markante Stufenraine als Relikte früheren Ackerbaus bis in Höhen um 600 m. Die umfangreichsten Veränderungen hat dort jedoch der Tagebau auf Braunkohle verursacht, vor allem mit tiefen Gruben und hohen, steilen Halden in einer Gesamtfläche von rund 25 ha. Dieser Bergbau hat überdies zu Hangrutschungen beigetragen; auch wo aufgelassene Bergbauareale nach Verkippungen und Abdeckungen wieder dem Wald zurückgegeben wurden, ist die natürliche Oberfläche verschwunden. Im Naturpark Rothaar-Gebirge haben ebenfalls Relikte mittelalterlicher und frühneuzeitlicher Landwirtschaft die natürliche Oberfläche großflächig verändert. So gibt es z.B. in den Wäldern zwischen Bad Berleburg und Bad Lasphe ehemalige Terrassenäcker bis in Höhen um 600 m. Im Naturpark Spessart ist in dessen nordöstlichem Bereich, dessen Buntsandsteinhöhen um 500 m erreichen, bis in Lagen von 460 m auf Flächen von wahrscheinlich mehreren 100 ha die Oberfläche des Waldbodens durch zahlreiche anthropogene Kleinformen umgestaltet worden. Es liegen dort bis über 1 m hohe Lesesteinhaufen mit Grundflächen von 10–15 m^2, Stufenraine bis über 1 m Höhe mit zahlreichen Buntsandsteinblöcken in den Rainen. Alle diese Steine haben ursprünglich entweder als lose Blockstreu den Waldboden bedeckt oder sie befanden sich im oberen Bodenhorizont, so daß sie beim Ackerbau hinderlich waren und als Lesesteine aufgereiht oder in Haufen zusammengetragen wurden. Ganz ähnliche Gebilde besitzt der Naturpark Odenwald, die dort Höhenlagen bis 500 m erreichen. Der

Naturpark Rhön, der zum bedeutendsten Biosphärenreservat Deutschlands erhoben worden ist, zeigt anschaulich, daß Relikte früheren Akkerbaus auch gegenwärtiges Dauergrünland durchziehen können. Da auf den Plateaus der Hohen Rhön der Wald weithin schon im hohen Mittelalter durch extensiv genutzte Wiesen und Weiden ersetzt worden ist und darin durch Jahrhunderte bis ins frühe 19. Jh. Ackerbau getrieben wurde, finden sich seine Restformen in Gestalt von Stufenrainen, mehr noch von schmalen Wölbäckern, ebenfalls in jener Hochweidenzone. Ein Teil der dortigen Flurrelikte entstammt mittelalterlichen Wüstungen (Jäger 1958; Lob 1971). Wie in der Rhön gibt es in anderen Mittelgebirgen (u.a. Vogelsberg, Eifel, Vogesen) sowie im Hochgebirge in heutigem Dauergrünland verbreitet Stufenraine als Beweise für frühere Beackerung. Besonders zahlreich erhalten sind sie in den Tälern des Thüringer Waldes und seines südlichen Vorlandes. In den Alpen kommen Kleinformen früheren Ackerbaus noch in Höhen um 2000 m vor. Die Aufreihung der Kleinformen, die durch ehemalige Landwirtschaft geschaffen wurden, ließe sich seitenlang fortsetzen. Eine zusammenfassende Arbeit wird schwer möglich sein, solange erhebliche Lücken in der Regionalforschung bestehen. Wenigstens gibt es Beiträge zur Systematik der Geländeformen von Flurrelikten (Denecke 1979, 2).

Jene agrogenen Kleinformen sind Zeugnisse für das früher weitere Ausgreifen des Ackerbaus und lassen sich durch die ehemaligen demographischen, gesellschaftlichen und wirtschaftlichen Rahmenbedingungen erklären. Sie entstammen aus drei historischen Perioden, in denen die Bevölkerungszahl die Grenze des damaligen Nahrungs- und Versorgungsangebots erreicht hatte: aus dem Ende der mittelalterlichen Ausbauzeit um 1300 vor Einsetzen eines Bevölkerungsrückganges mit der Wüstungsperiode, aus der frühneuzeitlichen Bevölkerungsvermehrung (s. S. 86f.) vor der verheerenden demographischen Katastrophe des 30jährigen Krieges (Franz 1979), schließlich aus dem späten 17., dem 18. und frühen 19. Jh., als die Bevölkerungszahl nach einer Regenerationsphase wieder kräftig anstieg, aber die grundlegenden Reformen der Landwirtschaft noch nicht erfolgt waren. Die agrarischen Kleinformen unter Wald und Dauergrünland sind teils ehemaliges Dauerackerland, teils Reste früherer Außenfelder, die nur extensiv und ohne Mistdüngung, allenfalls mit Einbringen von Asche nach Abbrennen minderwertigen Holzes, von Rasen und Heide, bestellt wurden. Sie waren vor allem im Besitz von Kleinst- und Nebenerwerbsbauern und ermöglichten ihren Angehörigen das Fristen einer Existenz. Da die Ernten auf den zumeist ertragsarmen Mittelgebirgsböden in rauherem Lokalklima nur etwa das Dreifache der Aussaat einbrachten und außerdem eine

Fläche im Außenfeld nur jeweils für zwei bis drei Jahre genutzt wurde, bevor sie sich erneut für mehrere Jahre mit Rasen, Heide, Ginster und anderen Sträuchern, manchmal sogar mit Birken und anderen Waldbäumen überzog, waren der Flächenbedarf und damit die Belastung der Umwelt enorm. Obwohl sich im weiteren Verlauf des 19. Jhs. das Wachstum der Bevölkerung fortsetzte, sind jene Außenfelder rasch verschwunden, weil sich die sonstigen Rahmenbedingungen grundlegend geändert hatten. Durch die Einführung von beliebig verfügbarem Fremddünger, zunächst des Guanos, dann des Mineraldüngers erfolgte eine rasche Intensivierung der Landwirtschaft, gleichzeitig ergaben sich zusätzliche Erwerbsmöglichkeiten in der aufkommenden Industrie und in den sich vermehrenden Dienstleistungsberufen. Als Folge ist der agrarisch wertvollere Teil der ehemaligen Außenfelder in intensiv genutztes Dauerackerland oder Grünland umgewandelt worden, während der zumeist weiter vom Dorf entfernt gelegene Teil aufgeforstet wurde. Für den nordöstlichen Spessart ist diese im Prinzip auch für andere Mittelgebirge geltende Entwicklung mit sorgfältiger Auswertung von Archivalien untersucht worden (Reusch 1959). Die Kleinformen früheren Ackerbaus sind in den letzen Jahren in ihrer Bedeutung als erhaltenswürdige Denkmäler erkannt und regional systematisch untersucht worden (Gunzelmann 1987), so daß einzelne Vorkommen neuerdings unter Denkmalschutz gestellt worden sind, so z. B. in Bayern, in Niedersachsen und Thüringen.

Rücken und Furchen ehemaliger Bewässerungswiesen kommen vor allem in hessisch-fränkischen Mittelgebirgstälern vor, etwa im Spessart und im Odenwald; manche Täler werden von ihnen eingenommen, sofern sie nicht in den letzten 30 Jahren aufgeforstet worden sind. In ihren Formen lassen sie sich wie im Falle der oben genannten Wölbäcker mit übergroßen Waschbrettern vergleichen, jedoch beträgt die Breite der Rücken durchweg nur etwa 2–3 m und ihre Länge nur einige Dekameter. Im Scheitel mancher Rücken läßt sich noch die ehemalige Bewässerungsrinne erkennen, die aus kunstvoll geführten Hanggräben gespeist wurde. Die heute funktionslos gewordenen, vielfach in Verfall und Verkrautung begriffenen Anlagen der Wiesenbewässerung sind im nördlichen Bayern erst um die Mitte des 19. Jhs. mit damals beginnender, staatlich erheblich geförderter Intensivierung der Landwirtschaft angelegt worden und waren bis zum neuerlichen Intensivierungsschub der Landwirtschaft in den 1950er bis 60er Jahren in Betrieb. Besonders in höheren Mittelgebirgen mit stärker beregneten und sauren Böden von Gesteinen des Erdaltertums, wie im Harz, Thüringer Wald und Erzgebirge, treten strichweise die Relikte ehemals agrarischer Nutzung hinter Oberflächenformen des Bergbau zurück (s. S. 91 ff.; Rippel 1958; Denecke 1978).

Auf Kleinformen, die der frühere *Verkehr* geschaffen hat, hinzuweisen mag angesichts der heutigen Autobahn- und Schnellbahntrassen mit ihren hohen Dämmen, tiefen Einschnitten und langen Brückenrampen, die sich bereits den Großformen zuordnen lassen, trivial erscheinen. Dennoch dürfen hier Hinweise auf Veränderungen der ursprünglichen Bodenoberfläche durch ehemaligen Verkehr nicht fehlen, da sie verbreitet und in ihrer Genese den meisten nicht mehr bekannt sind (s. S. 62). In den letzten Jahren sind einzelne Geländerelikte des früheren Verkehrs als landschaftsgeschichtliche Zeugnisse unter Denkmalschutz gestellt worden, in Bayern und vor allem in der Schweiz (Aerni 1986). Unter den Oberflächenformen des früheren Verkehrs, über die ebenfalls systematisch und mehrfach regional gearbeitet worden ist (Denecke 1969; 1979; Schäfer 1976), sind Hohlwege als Teilstücke früherer Lokal-, Regional- und Fernwege weit verbreitet. Sie stammen aus verschiedensten Phasen des langen verkehrsgeschichtlichen Zeitalters vor Beginn des Baus von Chausseen, waren deshalb unbefestigt, so daß sich der Verkehr in den Boden und seinen Gesteinsuntergrund in Verbindung mit natürlichen Erosionsprozessen einschneiden konnte. Die Tiefe der Hohlwege schwankt zwischen mehreren Dezimetern und Metern, ihre Sohlenweite entspricht etwa einer, seltener zwei Breiten eines früheren Pferdewagens. Am ehesten haben sich Hohlwege unter Wald erhalten, weil sie dort vor dem Auffüllen, das nach der Verlagerung des Verkehrs eintreten konnte, stärker als im Offenland geschützt waren. Am tiefsten sind sie ausgeprägt, wo eine Straße mit stärkerem Verkehr in relativ weichem Untergrund größere Steigungen passieren mußte. Wo immer möglich, legte der ältere Verkehr neben einen schwer passierbar gewordenen Hohlweg einfach eine neue Trasse, so daß Hohlwege oft in Bündeln auftreten. Bei ehemals stark frequentierten Heer- und Handelsstraßen können solche eine Breite bis zu mehreren hundert Metern erreichen, wie das 600 m breite Spurenfeld (Denecke 1969, Abb. 30) einer ehemals zu den norddeutschen Seestädten führenden Fernstraße des Mittelalters und der frühen Neuzeit an der Hube nördlich von Einbeck. Manche Mittelgebirge, durch die bereits während der vorindustriezeitlichen Landschaftsentwicklung Fernstraßen führten, sind noch gegenwärtig von ihren Relikten durchzogen, die in vielen ihrer ehemaligen Streckenabschnitte aus mehr oder weniger langen und tiefen Hohlformen bestehen. Ein Beispiel bietet die heute als Fernwanderweg, in Abschnitten zugleich als Forstweg, genutzte Birkenhainer Straße durch den Spessart, wo sich ober- oder unterhalb des heutigen, angenehm zu laufenden Waldwegs die oft tiefen und schmalen, mit einzelnen Bäumen durchsetzten Geländeeinschnitte der unbefestigt gewesenen Altstraße beobachten lassen. Viele Altstraßen besitzen in räumlich versetzter Streckenführung einen oder mehrere funktionale Nachfolger. Im Falle der ehemaligen Birkenhainer Straße sind es mit ganz andersartigen Eingriffen in die natürliche Oberfläche und weiter südlicher Linienführung die IC-Eisenbahnlinie, die Bundesstraße und die Autobahn, die wiederum durch den Spessart führen und Nürnberg und Würzburg mit Frankfurt und dem Rheinland verbinden.

6.6 Vegetation

6.6.1 Vom mittelalterlichen zum frühneuzeitlichen Wald

Ehe die ersten Ackerbauer und Viehhalter nach Mitteleuropa kamen, war mit Ausnahme eines schmalen Saums entlang der Nordsee, des zentralen Bereichs der Moore und oberhalb der natürlichen, im Verlaufe der nacheiszeitlichen Klimageschichte variablen Waldgrenze ganz Mitteleuropa von Wald bedeckt. Seine Höhengrenze lag im Zeitabschnitt des Atlantikums, als es etwas wärmer als in der Gegenwart war (s. S. 25), in den Alpen, je nach Standort, um ca. 200 bis 400 m höher als gegenwärtig. Die direkte Vernichtung des Waldes durch Rodung und die indirekte durch Waldweide erstreckt sich über einen Zeitraum von rund 7000 Jahren. Da die neolithischen Bauern bereits im Besitz von Rind, Schwein, Ziege und Schaf gewesen sind und diese Haustiere bei mäßig nährstoffreichem Futter des Waldes große Weideflächen benötigen und die Jungbäume schwer schädigen, wenn nicht vernichten, mußte bereits jener frühe Weidebetrieb rasch zu einer Ausdünnung des Waldes um die Siedlungen und dann zu seiner Vernichtung führen, wobei sich der Waldweidegürtel durch den Zwang, die Futterversorgung zu sichern, ständig nach außen erweiterte.

Je nach Widerstandskraft der Baumarten, die in ihrer unterschiedlichen Vergesellschaftung durch lokalen und regionalen Wechsel von Böden und Klima bedingt wurden, war dabei der Wald rascher oder zögerlicher verschwunden oder in unterschiedlicher Bestockungsdichte erhalten geblieben. Manche Waldgesellschaften und einzelne Baumarten widerstanden sogar der Weide und hatten sich bis ins Mittelalter und die Neuzeit auf ihren Standorten erhalten oder auf Kosten der widerstandsschwachen Vegetation ausgedehnt. Nadelwälder mit Überwiegen von Kiefer und Fichte, deren Jungtriebe nur für wenige Wochen harzfrei und weicher sind und nur dann vom Weidevieh gefressen werden, entfalten eine hohe Widerstandskraft. Unter den wenigen Baumarten, die das Vieh verschmähte, sind vor allem der Wacholder mit seinen spitzen Nadeln zu nennen und die Grauerlen, die wegen ihres unbekömmlichen Laubs gemieden wurden. Wo sie früher in Reinbeständen wuchsen, waren sie zumeist an die Stelle von anderen, durch Beweidung vernichteten Baumarten getreten. So ist Wacholder als lichtliebende Pflanze durch Beweidung, die zur Vernichtung von konkurrierenden Bäumen führte, unbeabsichtigt gefördert worden. Gegenwärtig läßt sich dort, wo nach Aufhören der Schafweide wieder Waldbäume in Wacholdertriften vordringen, wie vielerorts in Franken und Thüringen, der umgekehrte Vorgang beobachten. Sobald andere Waldbäume den Wacholder beschatten, beginnt, markiert durch abgestorbene Büsche, sein Rückgang. Sollen malerische Wacholdertriften aus Landschafts- und Naturschutzbestrebungen erhalten werden, müssen sie, weil es ja anthropogene Landschaftselemente sind, entweder mit Schafen beweidet oder durch Pflegemaßnahmen vor eindringendem Wald geschützt werden. Widerstandsärmste Waldgesellschaften waren der ehemals in Norddeutschland auf nährstoffarmen und trockenen Sandböden weiter verbreitet gewesene Eichen-Birken-Wald und in Süddeutschland der wärmeliebende Eichenmischwald auf Löß in Trockengebieten oder auf flachgründigen und trockenen Kalk- und Schotterböden. Bei diesen Wäldern ist die geringe Resistenz durch die mäßige Regenerationskraft des Holzes auf trockenen Standorten bedingt. Am anderen Ende von Ellenbergs (1954, Tab. 1) Übersicht stehen widerstandskräftige Bestände auf feuchten Standorten, darunter der feuchte Eichen-Hainbuchen-Wald auf lehmigem Grundwasserboden und Auewälder, von denen sich einige im Oberrheingraben, an Donau und Elbe in naturnaher Artenzusammensetzung bis zur Gegenwart erhalten haben. In den Feuchtwäldern war die Reproduktionskraft der Baumarten groß. Auch Rodung durch Feuer, die es entgegen früheren Annahmen in urgeschichtlicher Zeit wohl nur in bescheidenem Umfang gegeben hat, in historischer Zeit noch seltener, war hier im Gegensatz zu trockenen Standorten weitgehend ausgeschlossen, zumal Feuchtböden erst seit dem Mittelalter trockengelegt wurden (s. S. 54 ff.). Besonders auf trockenen Standorten mit flachen Böden war folgende Sukzession allein durch Beweidung möglich: Urwald mit Laubbäumen bis weit in die prähistorische Zeit → durch Weide und Holzeinschlag gelichteter Hutewald in prähistorischer Zeit → ungedüngte und ungepflegte Weide/Trift (Rauhweide) mit Laubbäumen und -sträuchern in prähistorischer bis frühgeschichtlicher oder mittelalterlicher Zeit →

magere Weidefläche ohne Laubbäume, mit Wacholdern und Dornsträuchern in frühgeschichtlicher bis mittelalterlicher Zeit → magere Weide, infolge zu hohen Viehauftriebs mit Entblößung der Grasnarbe und daher Erosion in Mittelalter und Neuzeit (dazu Ellenberg 1982, S. 52). Für die Zeit um Christi Geburt hat Ellenberg nach Vorarbeiten verschiedener Autoren eine Großgliederung der Wälder Mitteleuropas vorgestellt (1982, Abb. 1). In seiner Karte ist gegenüber älteren Darstellungen der naturnahen Vegetation der Buchenwald erheblich stärker verbreitet und der sogenannte Eichen-Hainbuchen-Wald fehlt. Er war in der älteren Literatur, so im Handbuch der naturräumlichen Gliederung (Meynen/Schmithüsen 1953–62) und in Einzelheften der Karte der Naturräumlichen Gliederung 1:200 000 noch stark vertreten. Zu dieser irrtümlichen Vorstellung hatten Rückschlüsse von späteren, stark durch den Menschen beeinflußten Vegetationsverhältnissen auf die Frühzeit geführt. Denn die in den 1930er bis 50er Jahre untersuchten Reliktbestände des sich urtümlich darbietenden Eichen-Hainbuchen-Waldes waren als Reste einer vermeintlich ehemals sehr verbreitet gewesenen Naturformation angesehen worden. Gewiß, der Eichen-Hainbuchen-Wald war in der frühen Neuzeit stärker als um 1930 verbreitet, doch nicht als Relikt einer um Christi Geburt in vielen Landschaften vorherrschend gewesenen Pflanzengesellschaft, sondern durch Einwirkungen des Menschen über Jahrtausende. Dieser Irrtum der Forschung zeigt, daß Rückschlüsse von älteren auf noch ältere Zustände nach den Methoden des Aktualismus nur bedingt möglich sind. Beim Betrachten von Ellenbergs Karte ist in Rechnung zu stellen, daß in ihr alle damals vorhandenen Siedlungsgebiete fehlen und der kleine Maßstab und unser Wissen eine stärkere Differenzierung kaum zulassen.

Um Christi Geburt waren nur noch Wälder der höheren und der weniger zugänglichen Teile der Mittelgebirge und die auf Steilhängen und anderen schwer erreichbaren Teilen der Alpen wachsenden Baumbestände ohne Einwirkung des Menschen durch Einschlag von Nutz- und Brennholz oder durch die noch großflächiger wirksame Waldweide. Da für manche alpinen Landschaften eine Kontinuität der Almwirtschaft seit der vollentwickelten Eisenzeit um 500 v. Chr. anzusetzen ist, muß nicht nur mit damaliger Waldvernichtung von den Talsiedlungen aus, sondern auch von der Zone der Almweiden her gerechnet werden. Sie hatte sich zunächst nur oberhalb der natürlichen Waldgrenze erstreckt und wurde erst danach durch Weide und Holznutzung von dort nach unten ausgedehnt. Der alpine Wald hat damit schon früh eine doppelte Vernichtung erfahren, sowohl von den Talsiedlungen aus wie von den Bergalmen her (vgl. Pittioni u. a. 1973; Reisigl/Keller 1989). Die Verteilung des Offenlandes und Waldes mit seinen unterschiedlichen Zustandsstufen läßt sich für die Zeit um Christi Geburt nur grob schätzen, so daß darüber Zahlen fehlen. Wenn ich wage, solche zu nennen, können sie nur die Größenordnung veranschlagen. Der Anteil des offenen Siedlungs- und Kulturlandes an der Gesamtfläche um Christi Geburt dürfte bei erheblichen regionalen Unterschieden im ganzen bei etwa 10–20 % gelegen haben (s. S. 13 f.; vgl. Müller-Wille 1956, S. 7 ff.). Stärker, weil vielfältig von den Siedlungen aus genutzt, wurden die kleineren und größeren Wälder in und um die Siedlungskammern verändert. Der Anteil der kaum genutzten, da fernab von den Siedlungen gelegenen Großwälder dürfte um Christi Geburt etwa 20 % von der Bodenfläche betragen haben. Der Nutz- und Weidewald umfaßte erheblich gelichtete Baumbestände. Je näher der Wald an den Siedlungen lag, desto stärker hatte er seine Natürlichkeit verloren, da die Einwirkungen des Menschen schon sehr weit in die Vergangenheit zurückreichten. Denn etwa um 3000 v. Chr., im Endneolithikum, hat es nach Untersuchungen aus dem Alpenvorland (Rösch 1990, S. 178 ff.) in Nähe mancher Siedlungen schon kleinere Waldbestände gegeben, die nach Art der im Mittelalter verbreitet gewesenen Niederwälder genutzt wurden. Eine solche Waldwirtschaftsform war noch vor wenigen Jahren frühestens mit der Siegerländer Eisenverhüttung, die um 500 v. Chr. einsetzte, in Verbindung gebracht worden (Hasel 1985, S. 160). Auch der bis ins 19. Jh. verbreitet gewesene Mittelwaldbetrieb läßt sich schon für die Urnenfelderzeit (1200–800 v. Chr.) nachweisen (Rösch 1990, S. 183).

Wie bei vielen andern umweltrelevanten Tätigkeiten des Menschen hat sich damit auch für traditionelle Formen der Waldbewirtschaftung ein erheblich höheres Alter erwiesen, als die Forschung bis vor wenigen Jahren angenommen hatte. Zur Lagebestimmung der ältesten Siedlungsräume, die ja eine weitgehende Vernichtung oder Veränderung des Waldes bedeuten, dienen neben Ortsnamen und historischen Zeugnissen vor allem archäologische Funde und paläoethnobotanische Erkenntnisse. Für alte, etwa um 200–600 n. Chr. vorhanden gewesene Siedlungsräume mit anthropogener Waldarmut sind im westlichen Deutschland vorgermanische Ortsnamen – wie Remagen, Dormagen, Koblenz – kennzeichnend, ferner alte isoliert auftretende Namen, wie in Nordhessen Dissen, Deute, Besse und hier sowie in anderen Altsiedelräumen des mittleren und westlichen Deutschlands Namen mit Endungen auf -ithi, -mar, -a, -aha, -apa, -lar, -ingen, -ungen und -statt mit Varianten; daß auch einige -weiler zu den ältesten Siedlungen gehören, beweist im ehemaligen römischen Kulturraum ihre Ableitung aus dem lateinischen -villa (Bach II, 1954 passim); ebenso zählen viele Orte auf

-wurt (-wöhrde, -wierde), -heim und -dorf (-dorp, -drup) und manche der altslawischen (ca. 600–700 n. Chr.), größtenteils östlich von Elbe und thüringischer Saale vorkommenden Ortsnamen zur frühen Schicht und damit zu den Indizien für waldarme Altsiedelräume. Der größte Flächenverlust des Waldes fällt ins Mittelalter. Die Rodungen zur Gewinnung von Acker- und Grünland und Flächen für Sonderkulturen, wie Wein oder Hopfen, zogen sich zunächst um bereits vorhandene Siedlungen, um deren Nutzflächen auszuweiten. Von noch größerer Raumwirksamkeit war jedoch die im mittelalterlichen Feudalismus ihren Höhepunkt erreichende Anlage neuer Siedlungen mit Rodungen des dazu erforderlichen Kulturlandes zur Festigung von Macht und Einkommen der Grundherren. Da das Weidevieh der älteren Siedlungen bereits Lichtungen der nahen und ferneren Wälder herbeigeführt hatte, erfolgte ein großer Teil der Rodungen nicht, wie sich das die ältere Forschung vorgestellt hatte, in dichtem Urwald. Dennoch waren jene Rodungen für ihre Zeit eine bedeutende Leistung, welche die naturnahe Umwelt bis heute hin verändert haben. In der Forschung werden früh- und hochmittelalterlicher Landesausbau mit entsprechenden Rodungs- und Kultivierungsperioden unterschieden. Genauere Zeitansätze lassen sich nur bei regionalen Untersuchungen vornehmen, weil Rodungen und Marschenbesiedlung nicht überall gleichzeitig begonnen oder beendet wurden. Der Landesausbau ergriff im Hochmittelalter den gesamten mitteleuropäischen Raum (z. B. Böhme 1991), wobei innerhalb der Altsiedelräume verbliebene Großwälder, in erheblich größerem Umfang jedoch die Gebirgswälder gerodet wurden. Im Rheinland mit seinen Mittelgebirgen, im Weserbergland, in Hessen, Thüringen und großen Teilen Süddeutschlands und benachbarten Räumen besaßen die Ausbauphasen etwa die unten angeführten, regional um Jahrzehnte schwankenden Zeitstufen. Typische, in Auswahl angeführte Ortsnamengrundwörter werden zwar bestimmten Siedlungsphasen und -räumen zugeordnet, doch gilt das nur für die Masse der Namen, so daß nicht aus einem einzelnen Vertreter eines Typs ohne weitere Kriterien auf die Gründungszeit zu schließen ist. Regional gibt es noch mehr periodenübergreifende Grundwörter als in folgender Gliederung schematisch angezeigt wird. Für Ausbau- und Siedlungsräume des 7.–10. Jhs., in denen kräftig gerodet worden ist, sind zunächst einzelne Namenelemente kennzeichnend, die es bereits in früher besiedelten Altlandschaften gab, darunter -heim sowie -weiler, das nun seine Hauptverbreitung findet, ferner -dorf, -hausen, -hofen, -stetten, ein Teil der Siedlungen auf -feld, -büttel, -rode, -bach und -burg. In diesen frühen Landesausbau fällt der größte Teil der slawischen Ortsnamen östlich von Elbe und thüringischer Saale, wo die im 7. Jh. besiedelten Kleinräume bis ins 12. Jh. durch Rodungen und Neusiedlung erheblich ausgeweitet wurden. Rodungs- und Siedlungsräume des 10.–13. Jhs. sind vor allem gekennzeichnet durch: -feld, -büttel, -rode, -bach und -burg, ferner durch -berg, -thal, -brunn, -hagen, -hain, -wald, -reuth (-rode), auch durch -brück, -scheid (-schied), -stein, -fels, -eck, -au, -moor, -bruch (-brook, -brock), -siek, -seifen (-siepen) und -zell. Das über Jahrhunderte produktiv gewesene -hausen macht durch bestehende Orte wie spätmittelalterliche Wüstungen in westdeutschen Bergländern, wie dem Rheinisch-Westfälischen Schiefergebirge, neben -berg, -bach, -seifen u. a., späte Rodungsgebiete des Hochmittelalters (12./13. Jh.) bis in Höhen um 500 m kenntlich (vgl. Gringmuth-Dallmer 1991). Viele dieser Namensformen sind ab dem 12. Jh. in die Gebiete des ostdeutschen Landesausbaus übertragen worden und markieren, wo sie in Gruppen auftreten, auch dort die im hohen Mittelalter gerodeten Gebiete. Beispiele sind typische Rodungsnamen wie -grün, -schlag, -schwand u. ä. Ebenso ist -dorf, das im westlichen Deutschland bis zum 13. Jh. nur noch selten verwandt wurde, in den östlichen Landesteilen bis ins damalige Ordensland Preußen und tief nach Schlesien produktiv geblieben. In diese Phase des Landesausbaus fällt auch die Erschließung verschiedener Mittelgebirge für den Bergbau, der bei der Aufbereitung der Erze durch Schmelzöfen und durch seine Hüttensiedlungen in großem Umfang zu Rodungen und Holzverbrauch führte (Denecke 1978; Klappauf 1991; Steuer/Zimmermann 1993). Im Harz setzte diese Bergbauphase im 9. und im Schwarzwald im 10. Jh. ein. Mehr und mehr wurde der Wald zum *multifunktionalen Nutzungsraum*. Die bereits seit Einführung von Ackerbau und Viehwirtschaft andauernde Waldweide mußte im Hochmittelalter mit seiner Bevölkerungszunahme und dem mit ihr verbundenen Anwachsen der alten und der Gründung zahlreicher neuer Siedlungen zu einer sich immer weiter steigenden Belastung des Waldes führen. Ein einziges größeres Dorf, wie es um 1300 in vielen Altsiedelräumen des mittleren und südlichen Deutschland verbreitet war, konnte mehrere hundert Stück Vieh in den Wald schicken. Allein in Mainfranken sind in alle Wälder, die der Weidenutzung unterlagen, jährlich etwa 100000–250000 Haustiere mit entsprechender Umweltbelastung eingetrieben worden, und im Gebiet des heutigen Deutschland muß die Zahl der im Wald im Sommerhalbjahr täglich weidenden Tiere bei etwa 8 Millionen gelegen haben. Die Schäden durch Waldweide (S. 78 ff.) erstreckten sich nicht allein auf das Abfressen des Baumnachwuchses, auch der Boden wurde verschlechtert. Besonders betroffen davon waren z. B. stärker beregnete Bergländer mit basenarmen Böden, wie sie in den Mittelgebirgen aus Buntsandstein vom südlichen Niedersachsen bis ins nördliche Bayern und in Thüringen verbreitet sind. Die durch Beweidung weithin herbeigeführte Lichtung des Waldes und das allmähliche Entblößen seines Bodens durch Fraß und Tritt der Haustiere, ausgeübt durch sehr lange Zeiträume und daher nachhaltig wirksam, ließ die Niederschläge viel stärker als bei dichtem Wald und Grasnarbe auf den Boden einwirken, so daß Stark- und Landregen in Verbindung mit dem Tritt des Weideviehs zu einer Verdichtung des Bodens führten. Die direkt auf den nackten Boden fallenden Niederschläge verstärkten außerdem die Entkalkung. Dadurch wurde die Ausbildung der sauren Molkeböden gefördert, die vor allem in Buntsandsteinwaldgebirgen, wie sie etwa die Oberweser begleiten, verbreitet sind. Wegen ihrer Nährstoffarmut und Neigung zu Staunässe sind sie für Forst- und Landwirtschaft ertragsarm. Da für die Entstehung jener Molkenpodsole die wichtigste Voraussetzung in einem kühlen, niederschlagsarmen Klima besteht, ist die Waldweide nur mitwirkender Faktor gewesen, aber ein wichtiger. Da sich Bodenverdichtung und Vernässung unter dem Einfluß der Weide bis ins 18. Jh. verstärkt hatten, siedelte sich damals auf Molkenböden bei genügender Feuchte und Kühle sogar Torfmoos an. In Zeiten kräftigen Bevölkerungswachstums, so vom 11. zum 13. Jh., steigerten sich die Nutzungsansprüche an den Wald und damit die direkten Einwirkungen des Menschen. Katastrophen für den Menschen, welche die Bevölkerungszahl verminderten, wie die nahezu europaweiten spätmittelalterlichen Seuchen und Agrardepressionen, brachten dem Wald hingegen eine Regenerationspause, die zu einer Verdichtung der Bestände und vielfach zu einer Arealexpansion von Wald über Siedlungsland führte. Ein solcher Prozeß ging vor allem während der spätmittelalterlichen Wüstungsperiode im 14. und 15. Jh. vonstatten (vgl. S. 101 ff.). Zwar ist die damalige Waldausdehnung großenteils im 16. Jh. und später wieder rückgängig gemacht worden, doch gibt es regional noch immer umfangreiche Wälder mit Spuren mittelalterlichen Ackerlandes. Das Vordringen des Waldes in Kulturland während des 30jährigen Krieges (1618–48) war in der Regel nur auf wenige Jahre, höchstens Jahrzehnte beschränkt, brachte aber für die Vegetation eine Erholungspause.

Gleiches gilt für regionale Kriege, wie den 13jährigen Krieg in Altpreußen (1454–66), der zu großflächiger Waldausdehnung über Kulturland geführt hatte (Jäger 1990, S. 248). Bis weit in die frühe Neuzeit, regional bis fast zur Gegenwart, hatten sich, in großen Wäldern wie in siedlungsnahen Gehölzen, altertümliche Nutzungsformen einer *extensiven Ausbeutung des Waldes* erhalten (Willerding 1990, S. 103 ff. u. Taf.;

Schenk 1992), die – je nach Art – von geringer, teilweise jedoch von großer Wirkung auf die Holzbestände und den Waldboden gewesen sind, bis hin zu langfristigen Veränderungen in Holzarten, Dichte und Ausdehnung der Wälder und Förderung der Bodendegradierung. Bis in die alt- und mittelsteinzeitliche Wirtschaftsstufe der Wildbeuter, die der Einführung von Ackerbau mit Viehwirtschaft vorangegangen ist, geht das *Sammeln* von Beeren, Pilzen und Wildobst zurück. Es hatte jedoch die Umwelt bis auf lokale Abnahme des Pilzreichtums bis ins 19. Jh. kaum verändert. Folgenreicher war die Entnahme von Wildobstbäumen aus dem Walde, die im 18. Jh. einen Höhepunkt erreichte und im Zusammenhang mit obrigkeitlichen Verordnungen zum Bepflanzen der Straßenränder und von wüsten Plätzen mit fruchtbaren Bäumen stand, wie sich aus zeitgenössischen Archivalien entnehmen läßt (STAW Gebra. VI, W 197). Schon Florin hatte 1722 als Verfasser von 9 Büchern über Guts- und Hauswirtschaft Empfehlungen für die Entnahme und das Pflanzen von „Wildlingen oder Wildstämmen" gegeben und die zur Veredelung dienende Pfropf- und Impfkunst näher beschrieben (4. B. XXXI). Jene Praxis der Entnahme von Wildlingen aus dem Wald hatte neben planmäßigem Eliminieren von Obstbäumen durch die Forstwirtschaft des 19. Jhs. zu einem weitgehenden Verschwinden von Wildobst aus Staats-, Großprivat- und großen Kommunalforsten geführt. Seit wenigen Jahrzehnten werden zur Mehrung der ehemals vorhanden gewesenen, später vernichteten Artenvielfalt wenigstens an Wege- und Außengrenzen des Waldes wieder Obstbäume gepflanzt. Größer bis groß waren seit dem Mittelalter die Schäden durch andere Arten der Sammelwirtschaft: Weit verbreitet war das Auflesen von Bucheckern und Eicheln, um sie im Winter ans aufgestallte Vieh, namentlich an Schweine, zu verfüttern. Die Früchte der Buche dienten, zuletzt 1945–48, auch der Gewinnung von hochwertigem Speiseöl. Da die Eckern- und Eichelmast auf dem Waldboden außerdem durch die im Herbst eingetriebenen Schweine gefressen wurde, konnte es, und zwar verstärkt, wenn beide Nutzungsformen zusammen und dazu die Waldweide ausgeübt wurden, zur gänzlichen Vernichtung des für den Fortbestand eines Waldes notwendigen Baumnachwuchses kommen (s. S. 79). Die Waldbeschreibungen des 18. Jhs. vermitteln ein anschauliches Bild von den weithin vernichteten Baumbeständen in vielen unserer großen Forsten. Die *Gras-, Laub- und Streunutzung* bestanden in der reinen Aneignung von Produkten des Waldes und gehören deshalb ebenfalls zur Sammelwirtschaft. Bei der Grasnutzung handelt es sich nicht um die Viehweide im Wald, sondern um das Ausrupfen oder Abmähen von Waldgras, um es im Stall zu verfüttern. Seine Gewinnung ist geschichtlich der Entstehung von Wiesen im Sinne von gepflegten, mit Gräsern, Kleearten und Kräutern bestandenen, ein- oder mehrmals im Jahr gemähten Flächen vorangegangen (S. 120 ff.). Dennoch ist in Deutschland das Grasen oder Grasmachen, wie die Gewinnung von Waldgras genannt wurde, bis in die 1930er Jahre von Gräserinnen aus klein- und kleinstbäuerlichen Betrieben, namentlich der Bergländer, wie des Spessarts, ausgeübt worden. Die Waldgras-Sammlerinnen, die das Gras rupften, es mit Messer oder Sichel abschnitten, trugen große offene Tuchsäcke auf dem Rücken oder an ihrer Seite. Zwischen der Gewinnung von Waldgras auf kleinen und großen Lichtungen oder Blößen des Waldes, auf besonderen „Grasböden" (= Grasflächen) der Wälder, wie sie in Archivalien des Klosters Kitzingen aus dem 16. Jh. genannt werden (STAW StB 556, 560, 572), und auf Wiesen im Walde gab es fließende Übergänge. Dazu gehörten vor allem die im Mittelalter in vielen Teilen von Mitteleuropa verbreitet gewesenen Baum- oder Gehölzwiesen: mit Waldbäumen und Sträuchern durchsetzte, am oder im Wald gelegene und durch anthropogene Einwirkungen entstandene Gras- und Krautflächen, die durch Gewinnung von Gras, zumeist als Heu, zusätzliche Rodungen und Wildverbiß offen gehalten wurden. Im Mittelalter waren sie etwa in Altpreußen, und dort besonders in der „großen östlichen Wildnis", weit verbreitet. In der Neuzeit sind sie unter dem Einfluß der Intensivierung von Land- wie von Forstwirtschaft seltener geworden, so daß sie im 19. Jh. nur noch in wenigen Landschaften, wie in der Rhön, vorhanden waren. In Schweden, wo sie, wie im Baltikum, noch bis ins frühe 20. Jh. verbreitet nachweisbar sind, hat man die letzten (z. B. in Gotland) unter Landschaftsschutz gestellt. Sie müssen als solche unterhalten werden, da sie andernfalls mit Holz zuwachsen würden, ein Beweis für ihren anthropogenen Ursprung. Stärker noch als durchs Grasen ist der Waldboden durch die Gewinnung von Streu für Einbringen in die Ställe geschädigt worden. Als sich die Bevölkerung im 16. Jh. erheblich vermehrte und dadurch immer mehr Kleinbetriebe entstanden, die sich nicht allein aus den wenigen Äckern und Wiesen in der Feldmark ernähren konnten, bot ihnen allein der Wald eine zusätzliche Versorgung für ihr Vieh durch Weide, Gras- und Streunutzung. Inwieweit die Streunutzung über das 16. Jh. in die Vergangenheit zurückreicht, ist nicht bekannt. Eine erhebliche Zunahme des Bedarfs an Streu erfolgte durch die Ausdehnung des Kartoffelanbaus, der in den meisten Gebieten zwischen 1750 und 1850 fällt, da die neue Kulturpflanze im bislang ruhenden und ungedüngten Brachfeld angebaut wurde und wegen ihrer hohen Produktionskraft erhebliche Mengen an Dünger benötigte. Dieser war im damaligen bäuerlichen Betrieb knapp, da er sich zumeist auf den eigenen Naturdünger beschränkte. Die Anforderungen an die Kartoffel als ein neues Grundnahrungsmittel und als Futter für Schweine wurde durch die erhebliche Zunahme der Bevölkerung verstärkt, so daß besonders in waldreichen Gebieten mit landwirtschaftlichem Kleinbesitz und mäßigen Getreideerträgen viel Waldstreu und Waldboden als Düngerersatz in die Brachzelgen wanderte. Denn die Streu bestand zwar vorwiegend aus Laub und Nadeln, dazu kamen Gras und Kräuter, Moos, Farn, Schilf und Zwergsträucher, wie Heide und dünnes Reisig; doch ergab sich aus der zweiten Funktion der Streu, nämlich als Dünger zu dienen, das Bestreben, mit der vegetativen Streu soviel als möglich vom wertvollen Waldboden einzuheimsen. Er gelangte in ertragsarme, oft randlich in der Gemarkung gelegene Äcker oder ins Brachfeld, oder der Mist für die besseren Äcker wurde mit Waldstreu vermischt. Für diesen Zweck wurde zusammen mit der Streu besonders gern Waldhumus ausgeräumt. Daher war die Laubstreuentnahme, für die der fränkische Name Laubscharren (= Laubkratzen) enthüllend gewesen ist, zusätzlich zu Hute (s. S. 78 ff.) und Grasholen, sehr schädlich für den Waldboden. Gewiß, die Forstbehörden hatten in manchen Territorien seit dem 16. Jh. die Entnahme von Waldstreu auf bestimmte Tage begrenzt, seltener jedoch die Menge eingeschränkt, so daß Kleinbauern mit einem Gespann und größerem Wagen jährlich Streu im Gewicht von ca. einem bis zwei Dutzend Tonnen heimfahren konnten; ein einziges Dorf vermochte daher in 30 Jahren ca. 15000 t aus seinen umgebenden Wäldern heimzuführen. Durch jene Ausplünderung des Waldbodens wurde er entblößt, so daß nun die Auswaschung der im Unterboden verbliebenen Nährstoffe rascher ablief und die wasserspeichernde Kraft des Bodens fehlte. Daher gelangten nur noch wenige Eicheln und Bucheckern zur Keimung. Die wenigen Jungpflanzen wurden vom weidenden Vieh gefressen oder von Grasmäherinnen zerstört. Die Niederschläge konnten auf den weitgehend nackten Untergrund verheerend einwirken, so daß neben der Zerstörung des Bodens seine Verarmung und -verdichtung, und auf Hängen eine Zunahme der Erosion, verbreitet waren. In großen Teilen Deutschlands war Streunutzung letztmals in größerem Umfang in den notvollen Nachkriegsjahren 1945–50 aufgelebt, wie überhaupt ältere, fast abgekommene Verhaltensweisen und Nutzungsformen in Krisenzeiten durch soziale und ökonomische Zwänge zu neuem Leben erwachen. Wo Streunutzung über Jahrzehnte oder gar Jahrhunderte ausgeübt wurde, konnten auf dem flachgründig gewordenen und großenteils seiner Nährstoffe beraubten Boden wegen gesunkener Produktionskraft keine anspruchsvollen Holzarten mehr befriedigend gedeihen. Dieser verbreitet gewesene Bodenzustand war eine mitwirkende Ursache für die rasche Ausbreitung des Nadelholzes im 19. Jh., wird aber selten im Schrifttum erwähnt (S. 104), wo zumeist nur wirtschaftliche Gründe angeführt werden. Damals sind vor allem in Preußen die bäuerlichen Nutzungsrechte am Walde abgelöst worden, in großen Teilen von Bayern, wie im bayerischen Spessart, jedoch erst nach dem Zweiten Weltkrieg. Groß waren regional die Waldschäden durch *Gewinnung von Rinde und Bast.* Gerbstoffe wurden vor Einführung chemischer Hilfsmittel vor allem aus Eichenrinde gewonnen, die als sogenannte Eichenlohe aus dem Eichenschälwald kam. Da die Rinde eines Baumes in einem langen Schnitt vom Gipfel bis zum Wurzelstock geschlitzt und dann abgenommen wurde, bedeutete diese Prozedur den Tod des Baumes. Nach den Beschreibungen von Eichenschälwäldern und ihrer Nutzung, die erst aus der Neuzeit stammen, ist das Holz bald nach der Rindengewinnung geschlagen und zumeist als Brennholz genutzt worden. Für die durchweg in Niederwaldbetrieb, öfter zusammen mit ein-, seltener zweijährlichem Ackerbau genutzten Eichenschälwälder gab es regionale Namen, wie den der *Haubergwirtschaft* im Siegerland. Da beim Zwischenfruchtanbau im Eichenschälwald, wie überhaupt im Niederwald, das bei der Holzernte abfallende Reisig, etwaige Rasensoden und Laub zu Asche verbrannt wurden, um wenigstens etwas Dünger für den folgenden Ackerbau zu gewinnen, wurde der Wald seiner letzten Nährstoffe beraubt. Die Verbindung von Haubergwirtschaft mit 16–18jährlicher Baumrotation, Ackerbau und Waldhute führte nicht nur zur Begünstigung der Eiche als einziger Holzart und zu fortschreitender Bodenverarmung, sondern auch zu Änderungen der Bodenvegetation und Tierwelt, da sich viele Organismen, die den Wald vor Einführung jener exhaustierenden Nutzungsform bevölkert hatten, nicht an die geänderten Umweltbedingungen anzupassen vermochten. Bis ins frühe 17. Jh. war regional, namentlich in West- und Ostpreußen, *Baumrinde* als hoch altertümliche und früher verbreitet gewesene Dachbedeckung üblich. Sie ist der Bedeckung mit Rohr, Stroh, Schindeln, Steinplatten und Schiefer aus entwicklungsgeschichtlicher Sicht vorangegangen. Noch lange nach Einführung der Strohbedeckung war es in Ostpreußen verbreitet, das Dach unter dem Stroh mit Baumrinde zu bedecken. Daß durch jenes Borkenschälen der Wald geschädigt wurde, ist aus Amtsakten bekannt (Mager 1960 I, S. 389). Verderblich konnte für den Waldbestand des weiteren sein, wenn, ungeregelt und ohne folgende Nutzung der Bäume, die Rinde von Birken, Schwarzerlen, Eschen und Salweiden abgeschält wurde, um sie als Ausgangsstoff zum *Färben* von Textilien in Blau, Braun, Braunrot und Schwarz zu verwenden. Diese altertümliche Praxis hatte sich nur in abgelegeneren und ärmeren ländlichen Bereichen, wie in Altpreußen (Mager a. a. O.), erhalten, da um Städte, wie um Erfurt, schon im hohen Mittelalter der Anbau von Färberpflanzen als ertragreiche agrarische Nutzung üblich war. Großer Schaden konnte den Waldungen durch ungeregeltes, wenn auch regional noch bis in die frühe Neuzeit mit obrigkeitlicher Duldung ausgeübtes *Bastreißen* zugefügt werden. Es war im Mittelalter verbreitet und hatte sich, wie so viele andere altertümliche Nutzungsformen, besonders lange in den östlichen Territorien erhalten. Daß die Linde der begehrteste Baum zur Gewinnung des vielseitig verwendeten Bastes gewesen ist, hatte schon lange vor Einsetzen forstwirtschaftlicher Ausmerzung im 19. Jh. (S. 107) zu ihrer starken Verminderung beigetragen. Weitere Bastbäume waren Rüster und Spitzahorn. Lebenswichtige Erzeugnisse des Waldes waren *Brenn-, Bau- und anderes Nutzholz*. In allen Landschaften ohne Torf-, Braunkohlen- und Steinkohlenlager bildete bis zur Technisierung und Verbilligung des Verkehrs durch die Eisenbahnen, die erst den Massentransport von Kohle ermöglichten, das Holz und die aus ihm gewonnene Holzkohle den fast einzigen Brennstoff. Neben dem Einschlag für Brenn- und Bauholz und solchem für Zäune und andere Erfordernisse in Haus und Hof wurde in großem Umfang das *Werkholz* zu Geräten aus dem Wald geholt, anfänglich stärker im Rahmen häuslichen Handwerks, das schon im früheren Mittelalter durch einzelne Berufshandwerker, zunächst durch den Universalisten, wie den Holzbearbeiter, Holzarbeiter, Holzmeister, dann im Hochmittelalter durch Spezialisten vertreten wurde. Damals gab es an wichtigsten Holzhandwerkern den Wagener, Tischler, Büttner, Schüßler und vor allem den für viele Arten von Holzarbeiten zuständigen Zimmermann. Er war nicht nur für den Gerüst- und Dachbau der Fachwerkgebäude, sondern auch für die noch allgemein üblichen Holzbrücken zuständig; vor Einführung der Metallgeschütze waren Zimmerleute auch bei der Anfertigung von Wurfmaschinen tätig. Öfter bezeugen mittelalterliche Quellen, daß sich Baumfäller und Zimmerleute tagelang in den Wäldern aufgehalten haben, da das Holz bereits dort weitgehend verarbeitet wurde (Jäger 1990, S. 247; 1992, 4, S. 490). Große Holzmengen gingen in die Herstellung von Brettern, Dielen, Trögen, Schreinen, Truhen und vor allem Fässern. Diese wurden nicht nur für den Transport von Flüssigkeiten, sondern auch von festen Stoffen aller Art, wie Pulver, Gewehren und sogar Büchern, verwandt und übten bis in die frühe Neuzeit weitgehend die Funktion der späteren Kisten aus. Seit dem 14.–16. Jh. hat sich das holzverbrauchende Handwerk weiter differenziert, so daß jetzt zusätzlich Dielenhersteller

(= Diller oder Dieler), Löffler, Bechrer (= Bechermacher), Kistenmacher, Schachtelmacher, Schindler, Drechsler, Holzschuher und weitere Holzhandwerker auftauchen. Zu den zahlreichen, aus Waldbäumen gefertigten Gegenständen gehörten trotz örtlicher Einführung gußeisernen Materials weithin in ländlichen Räumen bis ins 19. Jh. die Brunnenstöcke und die Wasserleitungsrohre. Zu deren Herstellung waren besondere Bohrer entwickelt worden. Holz war nicht nur Baumaterial für die meisten Bauern- und Bürgerhäuser, sondern bis um 1835/50 für sämtliche *Verkehrsmittel* zu Wasser und zu Lande. Mengen hochwertigen Holzes erforderte der Schiffsbau, so daß mit seiner Kapazitätssteigerung seit dem 16. Jh. die benötigten Stämme aus großen Entfernungen, wie dem Schwarzwald oder den fränkischen Wäldern, als sogenannte Holländerstämme bis in die Werften der Niederlande mittels Flößerei über Rhein und Main oder aus dem Thüringer Wald über Werra und Weser nach Bremen versandt wurden (Schenk 1988, S. 294 ff.). Die bereits im Hochmittelalter entwickelt gewesene *Flößerei* diente ebenfalls dem Versand von Bauholz für Siedlungen, für Bergbau und andere Bedürfnisse. Als die Flößerei auf der Thüringer Saale um 1840 ihren Höhepunkt erreicht hatte, passierten die Stadt Camburg jährlich bis 2500 Flöße (Brückner 1851, S. 26 ff.). Stärker noch war damals der Floßverkehr auf Werra mit Weser. Das meiste Floßholz wurde über kleine Flüsse und besonders ausgebaute Bäche in die größeren Flüsse und Ströme geleitet und hat dabei den Ufern und dem Fischbestand erhebliche Schäden zugefügt (s. S. 204). Der Bedarf an Holz für *Köhlerei* wuchs ebenfalls mit steigender Bevölkerungszahl und dem Ausbau jener Gewerbe, die Holzkohle wegen ihres gegenüber Holz erheblich höheren Heizwertes benötigten (s. S. 74). Köhlerei war bereits im antiken Kulturkreis vorhanden und hatte sich im Mittelalter in Deutschland verbreitet, ohne daß es möglich wäre, dafür genaue Zahlen anzugeben. Wenn im Harz Holzkohle schon vor der Jahrtausendwende gebrannt wurde (Hillebrecht 1982), kann sie im südwestlichen Deutschland auch außerhalb des Limes noch früher hergestellt worden sein. Älter als die Verkohlung im Meiler war die primitivere Technik der Holzverkohlung in Gruben (Waldname „Kohlgruben"); beide Methoden sind in manchen Waldgebieten bis ins 16. Jh., als sich die Meilerverkohlung ausbreitete, nebeneinander ausgeübt worden. Am ehesten läßt sich für das Mittelalter regionale Köhlerei durch Zollisten erfassen, in denen Abgaben für Karren oder Schiffe mit Kohle erhoben werden, wie um 1325 in Bamberg (Scherzer 1972, S. 45). Dort kommen für jene Zeit nur Holzkohlen als Fracht in Betracht. Sie entstammten den Wäldern der Umgebung. Die unter dem Deutschen Orden in Preußen in großem Umfang in seinen Wäldern erzeugte Kohle versorgte viele Einrichtungen, u.a. seine Schmelzöfen, die für den Guß von Geschützen und von Glocken arbeiteten, seine Werkstätten der Huf-, Nagel-, Klein- und Grobschmiede, der Waffenschmiede und der Büchsenmacher, ferner die Ziegelhütten und die große Haushaltung der Marienburg, wo Holzkohle ebenfalls zum Kochen verwandt wurde (Mager 1960 II, S. 53f.; Jäger 1990, S. 246f.). Wenn der Orden besondere Schiffe für den Holzkohlentransport aus seinen Wäldern einsetzte, kann das ebenso als Hinweis auf große Mengen dieses damals begehrten Brennstoffs angesehen werden wie absolute Zahlen. So ließ der Orden allein im Jahre 1412 aus seinem großen Forst der Stuhmschen Heide 3519 Tonnen Holzkohle führen (Mager 1960 II, S. 51 ff.). Mit der mittelalterlichen Ausbreitung von Metallverhüttung und Glashütten hatte sich auch anderwärts der Holzkohlenbedarf erheblich gesteigert, dazu kam seit dem 14. Jh. Holzkohle als Rohstoff für die Pulverherstellung. Während in älterer Zeit Eichen und vor allem Buchen neben Weichhölzern in die Meiler wanderten, sind mit zunehmender Verknappung des Holzes (s. S. 101 ff.) wertvollere Hölzer nur noch an abgelegenen, anderweitig kaum nutzbaren Waldorten verkohlt worden. Denn die Kohlenherstellung machte durch Verringerung des Volumens pro Energieeinheit das so aufbereitete Holz erst über größere Entfernungen transportfähig. An der restriktiven Lenkung der Köhlerei hatten die sich seit dem 15. Jh. konsolidierenden Forstbehörden einen wesentlichen Anteil. Informative Einblicke in die Holzkohlenwirtschaft niedersächsischer Waldgebirge gibt die Untersuchung von Hillebrecht (1982). Sie zeigt auch, daß die Köhlerei vom Wald zu verkraften war, wenn sie seine Regenerationskraft nicht überforderte. Großflächig wurde der Waldbestand durch Holzverbrauch von *Metall- und Glashütten verändert.* Bereits das in urgeschichtlicher Zeit zur Gewinnung von Eisen und andern Metallen üblich gewesene Rennfeuerverfahren benötigte zum Schmelzen der Erze Holz oder Holzkohle, deren Gebrauch im Mittelalter wegen ihres höheren Heizwertes allgemein wurde. Aus dem Rennfeuer, das in seiner einfachsten Form in einer Grube eingerichtet wurde, entwickelten sich bereits im Mittelalter höhere Schachtöfen, die zu Hochöfen weitergebildet wurden. Dieser Fortschritt war, wie so oft in der Technikgeschichte, mit höherem Verbrauch an Energie, d.h. hier mit Holzkohle, und damit größeren Ansprüchen an die Umwelt verbunden. Da Rennfeuer über den ganzen Ober- und Mittelharz (Denecke 1978) und wohl auch im Unterharz verbreitet waren, muß ihre Einwirkung dort, wie in anderen Verhüttungsgebieten, auf den Wald erheblich gewesen sein. Hinzu kam der Holzbedarf durch die Eisenschmieden, für die aus ihnen entwickelten Hammerwerke und für den Bergbau sowie zum Unterhalt der Bergleute, Schmiede und Köhler und ihrer zunächst temporären, später dauernden Siedlungen. Wie Analysen mittelalterlicher Hüttenkohlen gezeigt haben, bestand damals der Wald des Harzes noch zu 70–90 % aus Laubbäumen. Zu ihrem Ersatz durch Nadelwald, der gegenwärtig im Harz etwa 80 % der Fläche einnimmt, haben der erst jüngst erloschene Bergbau und die Verhüttung ganz wesentlich beigetragen. Parallelen zur Harzer Umweltgeschichte gibt es aus den anderen Mittelgebirgen mit älterem Bergbau, wozu etwa die Ardennen, das Siegerland, der Thüringer Wald, der Schwarzwald und die böhmischen Randgebirge gehören. Verbreitet war der holzverbrauchende Bergbau mit Weiterverarbeitung der Erze auch in den Alpen, wo bis ins 19. Jh. mit Holz befeuerte Hochöfen üblich gewesen sind. Überall in jenen Gebirgen haben Bergbau, Aufbereitung der Erze und Holzkohlenwirtschaft zum Vordringen des Nadelholzes und zum Rückgang des Laubholzes beigetragen. Andere Faktoren waren die Waldweide und die oben angeführten Waldgewerbe.

Da in ur- und frühgeschichtlicher Zeit, in abgelegenen Landstrichen noch bis ins 18./19. Jh., auch das Tiefland von Rennfeueröfen durchsetzt war, ist es auch dort zu einem zusätzlichen Verbrauch von Holz gekommen. Die Hüttenplätze befanden sich vor allem am Rande von flachen, sumpfigen Niederungen, wo Raseneisen- oder Sumpferz gewonnen wurde, und, seit im Mittelalter die Blasebälge zur Anfachung des Luppenfeuers mit Wasserkraft betrieben wurden, auch in der Nähe von fließendem Wasser. Um von Schwankungen des Wasserstands unabhängig zu sein, wurden Stauweiher angelegt (S. 50). Verbreitet waren die auf Sumpferzen basierenden Hüttenplätze und Schmieden in Nordwestdeutschland, Schleswig-Holstein, in Mecklenburg, der Mark Brandenburg bis nach West- und Ostpreußen. Über die Waldverwüstung durch jenes altertümliche Eisengewerbe liegen eindeutige Nachrichten vor. So ist in Ostpreußen die für den Bedarf der Eisengewinnung bevorzugte Kiefer so stark reduziert worden, daß zur Holzverkohlung bald die Fichte zu nutzen war (Mager 1960 II, S. 81 ff.). Öfter wurden Bezirke, welche ihren Wald durch den Betrieb von Schmelzhütten und Schmieden verloren hatten, zur Anlage von Dauersiedlungen durch die Herrschaft freigegeben. Viele Ortsnamen erinnern an jene Entwicklung: z. B. Schmiedefeld oder häufige Ortsbezeichnungen mit den Grundwörtern -hammer und -hütte. Manchmal sind beide miteinander verbunden worden, so in Hammerhütte (1417/19 hamerhuttyn, heute zu Siegen). Öfter sind die Waldhämmer schon vor hundert und mehr Jahren verschwunden, so daß nur noch Forstbezirke, wie Hammershütten im Solling, an den ehemaligen Waldgewerbebetrieb erinnern. Gewiß, die großen und schweren Hämmer sind durch Wasserkraft betrieben worden, doch benötigten die Hammerwerke, um das Eisen vorm Schmieden glühend und damit bearbeitbar zu machen, ebenfalls Holzkohlen (S. 90), so daß auch Hämmer den Holzbestand aufbrauchen konnten. Daß damit die Grundherrschaft bereits bei der Gründung eines Hammers rechnete, zeigt die Verleihungsurkunde des Althammers an der oberen Klodnitz (Oberschlesien) von 1394, die dem Hammermeister einen Waldbezirk von ca. 1400 ha zuwies und erlaubte, falls der Wald im Laufe der Nutzung aufgebraucht werde, ein Dorf auf seinem Grund anzulegen (Kuhn 1955, S. 222). *Glashütten*, die vor der Einführung der Steinkohlenfeuerung ab Ende des 18. Jhs. für ihren Betrieb auf Holzkohle angewiesen waren, sind ebenfalls Verbraucher großer Holzmengen gewesen und haben, wie die Metallhütten und Hammerwerke, öfter zur Vernichtung ganzer Wälder geführt und danach zur Entstehung von Dauersiedlungen. Der Holzverbrauch wurde auch dadurch gesteigert, daß vor Einführung der modernen Soda-Chemie im 19. Jh. die aus Holz gewonnene Pottasche für die Herstellung von Glas erforderlich war. Im Thüringer Wald und anderen peripheren Räumen, die von der Eisenbahn erst später erreicht wurden, sind noch bis in die zweite Hälfte des 19. Jhs. verkehrsungünstig gelegene Hütten mit Holzkohle befeuert worden. Waldvernichtung wird durch Namen heutiger Siedlungen, die auf ehemalige Glashütten hinweisen, angezeigt, z. B. Glashütte und Glashütten mehrfach in Österreich und der Schweiz, Glashofen im Odenwald, Glasofen im Spessart, Weiße Hütte und Glashütte an der oberen Weser, Glashagen in Mecklenburg und Pommern. Die meisten Glashütten waren als sogenannte fliegende nur für wenige Jahre oder Jahrzehnte auf dem gleichen Standort und wurden nach Aufbrauchen der Holzvorräte verlegt, so daß sich bei Fehlen sonstiger Ausbeutung der Wald mehr oder weniger gut regenerieren konnte und allenfalls ein Geländename und Relikte auf und in dem Erdboden zurückgeblieben sind. Ob es dabei zu einer Wiederansiedlung der vorher vorhanden gewesenen Holzarten, womöglich in ihrem ehemaligen Zahlenverhältnis zueinander, gekommen ist, hing davon ab, inwieweit es neben den Glashütten noch andere Waldgewerbe, wie etwa Pech- und Teeröfen (S. 93), Metallhütten oder Waldweide gegeben hat und ob der vorher vorhanden gewesene Baumbestand auf für ihn optimalen Standorten wuchs. Das war z. B. im Solling der Fall, wo Glashütten und die mit ihnen verbundene Köhlerei die Rotbuche nicht verdrängen konnten (Hillebrecht 1982), so daß die heute dort neben dem Laubwald verbreiteten Fichtenbestände erst in den letzten 200 Jahren durch die Forstwirtschaft entstanden sind. Von zahlreichen Untersuchungen, die sich mit umweltwirksamem Bergbau und Gewerbe und der Veränderung der Wälder unter historisch-geographischen oder forstgeschichtlichen Aspekten befassen, seien zu vertiefendem Studium die Autoren Firbas (1952, S. 89ff.), Rippel (1958), Schubart (1966; 1978), Denecke (1978) und Hillebrecht (1982) genannt, deren Ausführungen über den Harz ich manche Einzelheiten entnommen habe. Bis ins 10. Jh. hatten sich die großen Wälder seines inneren Bereichs in ihrem natürlichen Zustand erhalten. Es waren vorherrschend Laubmischwälder mit Beimengungen von Fichten, die örtlich auf feuchten oder nordostexponierten Hängen und auf starksauren Böden bis in tiefere Lagen in fast reinen Beständen verbreitet waren. Die Buche und andere Laubbäume waren andererseits auf den ihnen zusagenden Standorten, vielfach mit Fichte gemischt, bis in Höhen von etwa 800–850 m verbreitet. Die natürliche Vegetation hatte sich bis um das Jahr 1000, weithin sogar bis um 1200 erhalten, weil das Harzinnere bis dahin siedlungsarm, wenn nicht -leer geblieben war. Die großen Laubwälder des Harzrandgebietes und der Vorharzlandschaften boten den dort siedelnden und wirtschaftenden Bauern genügend Ressourcen, so daß sich für sie ein weites Eindringen in den Harz erübrigte. Ab dem 10. Jh. änderte sich die Situation durch die Intensivierung und Ausbreitung von Metallgewinnung und Schmelzhütten, die am Harzrand schon seit den ersten Jahrhunderten unserer Zeitrechnung bestanden hatten (Klappauf 1991, S. 218ff.). Mit der Aufnahme des Silberbergbaus am Rammelsberg bei Goslar um 968 und dem Beginn von Münzprägungen bei Gittelde um die gleiche Zeit wurde das Vordringen des Erzbergbaus in den Oberharz und später der Besiedlung eingeleitet. Diese war schon im 10.–11. Jh. in den Unterharz eingedrungen. Allmählich nahmen in den Harzwäldern unter anthropogenem Einfluß, zunächst lokal, dann regional, die Lichthölzer und die durch Stockausschlag begünstigten Waldbäume zu (u. a. Eichen, Birken, Erlen), die sich auf Kosten der Buchen ausdehnen. Vom 14. Jh. ab hat dann die Fichte durch die starken Einflüsse von Bergbau und Verhüttung mit Holzkohlenwirtschaft ihr Areal auf Kosten des Laubwaldes ausgeweitet. Der spätmittelalterliche Niedergang des Bergbaus nebst Begleit- und Folgeindustrien brachte, wie die meisten negativen Kulturlandschaftsphasen in älterer Zeit, für den Wald eine Regenerationszeit. Sie wurde im 16. Jh. mit der Gründung von sieben Bergstädten und weiteren Bergbau- und Hüttensiedlungen beendet. Durch den nun dank technischer Neuerungen intensivierten und über den größten Teil des Harzes verstreuten Bergbau wurde der Wald derartig stark in Anspruch genommen, daß gegen Ende der Hochkonjunktur der Montanindustrie im 18. Jh. sogar aus dem Vorharz zusätzliche Holzkohle in die Harzhütten zu fahren war. Im Harz selbst hatten sich durch starke Einwirkungen des Menschen die ursprünglich bis in Höhen von 800–850 m herrschend gewesenen Laubholzbestände zu einem Dunkelwald mit hohem Fichtenanteil gewandelt. Die in der zweiten Hälfte des 18. Jhs. einsetzende planmäßige Hochwaldwirtschaft sorgte dann für eine Ausdehnung der Fichtenkulturen bis an die Ränder des Harzes, wo sie heute, unterbrochen von kleineren Laubwäldern, bis herab auf 300 m Höhenlage verbreitet sind. Wenn in neuesten Fremdenverkehrsprospekten auch für den Harz mit Worten geworben wird wie: „Germaniens Wälder, es gibt sie noch" oder: „ die natürliche Ordnung stimmt noch in den Wäldern", so ist das genauso schief wie die vielen Anpreisungen von „reiner, unberührter Natur" in der Fremdenverkehrswerbung aus anderen Landschaften Deutschlands und sonstiger europäischer und überseeischer Länder.

Die *Teer- und Pechbereitung*, die vom Mittelalter bis ins 19. Jh. in und am Rande von Misch- und Nadelwäldern verbreitet waren, haben die Baumbestände geschädigt, teilweise vernichtet. Durch sorglosen Umgang mit Feuer entstanden durch die Teerbrennerei in trockenen Sommerwochen leicht Waldbrände. Erst vom 16. Jh. ab hat die damals allmählich effektiver werdende Forstbehörde (S. 18) mit mehr oder weniger Erfolg versucht, den raubbauhaften Betrieb dieses Waldgewerbes in geordnete Bahnen zu lenken, den Gebrauch bester Nadelholzstämme einzuschränken und auf die Verwendung von minderwertigem Holz zu drängen. Die unterschiedlichen Bezeichnungen in zeitgenössischen Archivalien und Landkarten beziehen sich überwiegend auf die gleiche Sache. Pech ist der ältere Name für das Holzdestillat, und als sich das Wort „Teer" erst später von Norden her durchgesetzt hatte, wurde Teer zur Bezeichnung des dünneren, Pech zu derjenigen des verdickten, zähflüssigen Destillats verwandt. Pech bzw. Holzteer, die aus dem Harz von Nadelhölzern gewonnen wurden, fanden eine vielseitige Verwendung: etwa als Wagenschmiere oder zum Abdichten, namentlich von Fässern, von Booten und Schiffen. Teer und Pech wurden, wie auch Asche, Honig und Wachs, bereits im Mittelalter im waldreichen Ostpreußen wie in anderen baltischen Ländern weit über den eigenen Bedarf hinaus erzeugt und über Danzig in den waldärmeren und erheblich dichter besiedelten und stärker mit Gewerbe durchsetzten Westen bis nach Flandern und England exportiert. Für den Transport der meisten dieser Produkte dienten Holzfässer, deren Herstellung ebenfalls zu erheblichem Holzverbrauch führte (Hirsch 1858, S. 255 f.). Bis ins 19. Jh.

war in peripheren Gebieten, wie in Ostpreußen, die Teerschwelerei in Gruben verbreitet, während im westlichen Deutschland, so seit 1230 in Fichtelgebirge und Oberpfälzerwald, bereits früh die viel effektiveren gemauerten Teeröfen in Betrieb waren (Kuhn 1955, S. 255ff.; Mager 1960 II, S. 55ff.). Sie erhöhten die Ausbeute aus dem Holz beträchtlich und erbrachten die begehrte Holzkohle als Nebenprodukt. Nun setzte sich auch stärker die heute noch als Bezeichnung von Siedlungen, mehr noch von Walddistrikten, verbreitete Benennung nach der technischen Anlage durch, die sich ebenfalls in vielen Karten großer oder mittlerer Maßstäbe des 16. bis frühen 19. Jhs. finden: Pechofen, Teerofen, Pechhütte, Teerhütte, Teerbude, Teerkate u. ä. Die Belastung der Wälder war besonders groß, wenn sich in den nadelholzreichen Heiden des ostelbischen Tieflandes neben den Teeröfen noch die ebenfalls Holz oder Holzkohle verbrauchenden *Kalköfen*, Glashütten, Hammerwerke und *Ziegeleien* befanden. Im südlichen Teil der sich auf 50 km südlich vom Stettiner Haff hinziehenden Ueckermünder Heide war die Dichte an solchen Gewerbebetrieben im 18. Jh. so hoch, daß auf rund 20 km^2 eine solche Anlage kam, wie ich aus der „Spezialkarte von der Ukermark" von Sotzmann (1796) entnommen habe. Die Belastung des Waldes ist nur dann voll zu ermessen, wenn noch zusätzlich die schädlichen Einwirkungen des Harzscharrens und der Zeidelwirtschaft, die ebenfalls in der Ueckermünder Heide wie in anderen Gebieten mit starkem Anteil von Nadelholz ausgeübt wurden, in Rechnung gestellt werden. Zu den vielen Waldgewerben, die den früheren Wald schwer geschädigt haben, gehört ferner die *Gewinnung von Harz*. Da sie am lebenden Baum erfolgte, wurden viele Bestände erheblich geschädigt. Durch Verwundung der Rinde und Anritzen des Holzes wurde der Harzfluß gefördert und das ausgetretene Harz mit eisernem Werkzeug, der Scharre, abgekratzt, so daß in zeitgenössischen Dokumenten die Gewinnungspraktik als Harzscharren bezeichnet wird. Das Rohharz wurde durch Sieden gereinigt und entweder danach in den Handel gebracht oder zu Terpentin, Kolophonium, zu Kienruß und Pech weiterverarbeitet. Alle diese Produkte fanden eine vielseitige Verwendung. Besonders in Wäldern, wo ursprünglich das Nadelholz gegenüber dem Laubholz erheblich geringer verbreitet war, wie im Thüringer Wald bis ins 18. Jh., bedeutete die obrigkeitliche Verleihung sogenannter Harzwälder ein besonderes Privileg (STAMei Henneb./Weimar Nr. 815, 835, 837). Harzgewinnung am lebenden Baum ist letztmals in weiter Verbreitung in den Wäldern der früheren DDR bis um 1989 praktiziert worden. Raubbau am Wald war ebenfalls die in Ostpreußen noch bis ins 18. Jh., im benachbarten Polen und Litauen noch länger verbreitet gewesene

Gewinnung von *Birkenrindenöl*, regional als Dagget oder Balsam bezeichnet, das als Hausmittel für Mensch und Vieh und zur Herstellung von Juchtenleder verwandt wurde. Da zur Bereitung des Öls als erstes die Rinde von den Birken abgeschält wurde, verdorrten diese und wurden dann bestenfalls als Werk- oder Brennholz genutzt.

Über den waldschädigenden Einfluß der älteren *Waldbienenwirtschaft* oder der Zeitlerei, wie sie in Süddeutschland, der Beutnerei, wie sie in Nordostdeutschland genannt wurde, gibt es wegen Materialschwierigkeiten relativ wenig Arbeiten, obwohl es sich ebenfalls um eine früher verbreitet gewesene Wirtschaftsform mit erheblicher Umweltwirksamkeit handelte. Diese wäre genauer nur durch Zahlen- und Lokalisationsangaben über die Waldimkerei abzuschätzen. In zwei wichtigen Publikationen zur älteren Imkerei (Steinhausen 1950/51; Schier 1976) stehen rechtshistorische, volkskundliche und arealkundliche Fragen im Vordergrund. Ob das bislang für dieses Problem unbearbeitete Urkunden- und Archivgut überhaupt gestattet, genauere Zahlen über Standorte, Ausmaß und Erträge der mittelalterlichen Waldbienenwirtschaft vorzulegen, erscheint fraglich, da selbst die reichhaltigen Quellen des Deutschen Ordens nur für seine letzten Jahrzehnte bruchstückhafte Belege liefern. Überdies ist in vielen Gebieten mit Waldbienenwirtschaft auch die Haltung von Bienen in Gärten üblich gewesen, und bei den abzuliefernden und eingenommenen Honigzinsen ist der Ertrag aus dem Wald mit dem aus Gärten zusammengezählt worden. Ebensowenig ist bei dem bedeutenden und verbreiteten Wachszins des Mittelalters zwischen solchem aus Bienenständen und Wald unterschieden worden. Die geregelte Waldbienenwirtschaft, auch Waldbienenzucht genannt, unterschied sich durch die planmäßige Einrichtung von Bienen- oder Beutebäumen mit künstlichen Höhlungen zu Nistmöglichkeiten für die Bienen von der reinen Honigsammeltätigkeit an Nestern von Wildbienen. Letztere hat den Wald kaum geschädigt. Die geregelte Waldbienenwirtschaft war hauptsächlich im östlichen Mitteleuropa und Osteuropa verbreitet, so daß vor allem dort entsprechende Waldschäden auftreten konnten. Die westliche Verbreitungsgrenze lief nach Schier (1976, Abb. 105) etwa von Kiel über Wittenberge, entlang von Elbe und Saale über Bamberg, Nürnberg nach Regensburg und weiter donauabwärts zur obersten Theiß. Falls die Honigzinsen des Helmstedter St. Ludgeri Konvents um 1150 aus der waldreichen Ostheide und dem Holzland von Waldbienenhaltung kamen, wofür manche Indizien sprechen, dann würde die Grenze westlich der Elbe über die Letzlinger Heide bis vor Wolfsburg zu ziehen sein. Weiter im Westen, darunter im Rheinland, gab es in Wäldern das unreglementierte Honigsammeln. Westlich und südlich der großen Region der Waldbienenhaltung waren bereits im germanischen Altertum, erst recht in Mittelalter und Neuzeit, verschiedene Typen der Hausbienenstände verbreitet, deren Bewirtschaftung nicht mit Waldschäden verbunden war. Zu den westlichsten Bereichen der geregelten Waldbienenwirtschaft zählten nadelholzreiche Wälder im östlichen Teil des ehemaligen Hochstiftes Bamberg und um Nürnberg, dessen berühmte Lebkuchenindustrie ehemals auf der Zeidlerei basierte. Die beiden ältesten Urbare der Bamberger Bischöfe von 1323/28 (Scherzer 1972, S. 135) und 1348 erlauben eine Vorstellung des Dichtebesatzes von Zeidlern und Bienenbäumen in Wäldern zu gewinnen. Im Veldensteiner Forst der nördlichen Frankenalb werden 1348 47 Zeidler genannt, von denen nach dem Urbar von 1323/28 jeder 6 Bienenbäume bewirtschaftete. Je nach Abgrenzung des Forstes im 14. Jh. entfallen auf 1,5–2 km^2 ein Zeidler und auf 25–30 ha (0,25–0,3 km^2) ein Bienenbaum.

Wodurch ist überhaupt der Wald durch die geregelte Bienenwirtschaft geschädigt worden? Bereits das Böhmische Salbüchlein Kaiser Karls IV. über die nördliche Oberpfalz von 1366/68 gibt durch die Schilderung der Zeidlerei (Schnelbögl 1973, S. 132 f.), die zu den frühen derartigen Zeugnissen gehört, eine erste Vorstellung. Danach sollte jeder Zeidler in jedem Jahr 6 neue Bäume aushöhlen und die hineinzusetzenden Völker durch Teilung der bereits betreuten gewinnen. Bemerkenswert ist wiederum die schon im Bamberger Urbar auftauchende Zahl von 6 Bienenbäumen, wiewohl sie nach dem Böhmischen Salbüchlein als jährlicher Zugewinn auftauchen. Die Bienenbäume waren zu kennzeichnen und sollten gewipfelt werden, d.h., ihre Kronen waren zu kappen, ein Verfahren, das im 18. Jh. als forstschädlich angesehen wurde, weil der Baum dadurch von oben zu faulen begann. Daß das Kappen der Bienenbaumwipfel im 14. Jh. angeordnet wurde, ist mit dem damals noch vorhandenen Reichtum an Holz außerhalb der alt- und dichtbesiedelten Landschaften und dem hohen Wert des Honigs zu erklären. Nach einem Bamberger Zeugnis von 1323/28 erreichte er den vierfachen Betrag einer gleichen Menge Weins. In Altpreußen und anderen Territorien zählten Honigertrag und -zins sowie der ebenfalls von der Imkerei stammende Wachsertrag und der Wachszins zu wichtigen Einnahmen der Landesherrschaft. Daß bereits im hohen Mittelalter alt- und dichtbesiedelte Räume mit großen Dörfern ohne nennenswerten Honigertrag in der Nachbarschaft von wald- und heidereichen Gebieten mit bedeutenden Honigzinsen liegen konnten, zeigt der sich um 1150 im Werdener Urbar D (Jäger 1979, 1 Kte. 1 u. 2, Anm. 19 u. 84) abzeichnende Gegensatz zwischen Helmstedter Lößmulde und nördlich benachbarten Teilen der Ostheide und des Holzlandes. Es wurde schon 1366/68 das Unbrauchbarwerden von Bienenbäumen in Rechnung gestellt. Da sich nur dickere und gerade Baumstämme zur Aushöhlung für ein Bienenvolk eigneten und die Bäume nach einer Reihe von Jahren durch Faulen funktionslos wurden, ging durch die Beutnerei sehr viel wertvolles Bauholz verloren. Nach den Zeugnissen aus Altpreußen wurden zu Beuten die unterschiedlichsten, darunter wertvolle, aber auch und sehr gewöhnliche Holzarten verwandt: in älterer Zeit sogar Eichen, die damit als wertvollstes Bauholz weitestgehend ausfallen mußten, ferner gerade gewachsene, dicke Kiefernstämme, die ebenfalls ein wertvolles Bauholz abgegeben hätten, des weiteren Linden. Da Marder und Bären die wichtigsten Honigräuber waren, sind diese Tiere von den Bienenhaltern besonders stark gejagt und dezimiert worden. Der größte, im Zusammenhang mit der Beutnerei stehende Waldschaden entstand jedoch durch das Legen von Bränden, um die Bienenweide zu erneuern. Die als „Heiden" bezeichneten Wälder östlich von Elbe und Saale, vereinzelt auch westlich dieser Grenze (u.a. Letzlinger Heide; Colbitzer Heide), waren mehr oder weniger stark von Zwergstrauchheide durchsetzt; denn bereits im Mittelalter war der Übergang von Wald zu Heide durch anthropogene Einwirkung fließend geworden (zuletzt Jäger 1990, S. 247 ff.). Die Beutner legten im Abstand von einigen Jahren Brände, um das Heidekraut zu erneuern. Obwohl dabei die Bienenbäume durch Gräben vor dem Feuer geschützt wurden, richtete es in der Umgebung erhebliche Schäden an, geriet es doch oft außer Kontrolle und führte dann zu größeren Waldbränden. Das durch die Waldbienenhalter über Jahrhunderte durchgeführte Brennen war neben vielen anderen, den Wald schädigenden Nutzungsformen ein zusätzlicher Faktor für die Bodenverarmung. Nach den Zahlen aus den ostpreußischen Wäldern des 16. Jhs. (Mager 1960 I., S. 316 ff.) war dort offenbar die Besatzdichte an Bienenbäumen noch höher als im mittel- und oberfränkischen Zeidlergebiet. In Altpreußen bewirtschaftete ein einzelner Beutner zumeist 60 beflogene Bienenbäume, so daß ein Wald mit dieser Zahl im Rahmen der Waldbienenwirtschaft „Wald", „Heide", „Mal" oder „Zeichen" genannt wurde. Ein Waldbienenhalter sollte nicht weniger als 30 beflogene Beuten oder „einen halben Wald" oder „eine halbe Heide" bewirtschaften. Leider gibt Mager, dem wir eine gründliche Auswertung von Archivalien verdanken (1960), keine Zahlen über die Größe von Wäldern mit Bienenbäumen, so daß die genaue Besatzdichte unbekannt bleibt. Immerhin weisen die mitgeteilten Zahlen auf einen hohen Besatz: so bewirtschafteten 1582 in verschiedenen Dörfern jeweils um 25 Imker ebenso viele

Wälder, d.h. 750–1500 Bienenbäume. Im Amt Oletzko (= Marggrabowa, Treuburg), das im östlichen Teil Ostpreußens lag und eher durchschnittlich bewaldet war, befanden sich 1601 81 Biener mit 82 Heiden, d.h. mit 2460–4920 Bienenbäumen.

Die *Aschenbrennerei* hat als *raubwirtschaftliches Waldgewerbe* regional den Wald schwer geschädigt. Erst der 1840 einsetzende Bergbau auf Kali und die sich daraus entwickelnde Kali-Chemie machten die Gewinnung von Kaliumcarbonat aus Holzasche überflüssig; diese war bis dahin als *Pottasche* der einzige Lieferant für diesen wichtigen industriellen Zusatzstoff gewesen. Die regional, so in Altpreußen auftretenden Ausdrücke Weed-, Weid- oder Waidasche bezeichneten nur eine Abart von Pottasche. Dieser bekannteste Ausdruck für Holzasche soll im folgenden als alleinige Bezeichnung für alle Arten gewerblich aufbereiteter und genutzter Holzasche verwandt werden. Der Bedarf an Pottasche war sehr hoch, da sie viele Gewerbe als wichtigen Zusatzstoff für die Produktion ihrer Produkte benötigten, insbesondere die Glashütten, die Seifensiederei, die Färberei, Bleicherei und Töpferei. Bei den ehemals in den Waldungen unzureichenden Verkehrsverhältnissen, die sich erst im Verlaufe des 19. Jhs. besserten, war für sehr abgelegene und unzugängliche Waldreviere die Herstellung und der Abtransport der relativ leichten Holzasche oft die einzige Nutzungsmöglichkeit. Andererseits haben die Aschenbrenner vielerorts und immer wieder die abgelegenen Reviere verlassen und auch Holz in günstiger gelegenen Waldorten gebrannt. Um einen Zentner Pottasche zu erhalten, wurde 1 m^3 Holz benötigt. In den altbesiedelten Räumen mit ihrer hohen Bevölkerungsdichte und dem knapp gewordenen Holz ist das Aschenbrennen schon früh verboten worden, so daß es sich z. B. für die Würzburger Gegend bereits im 16. Jh. nicht mehr nachweisen läßt. In große waldarme und dicht besiedelte Räume mit blühenden Gewerben mußte die Pottasche von weither eingeführt werden, so aus den waldreichen Ländern um die östliche Ostsee nach Flandern. Auch in den spät besiedelten, waldreich gebliebenen Landschaften des westlichen und mittleren Deutschlands, wie im Schwarzwald, hatte sich noch bis ins 19. Jh. als waldverheerende Nutzungsart die Aschenbrennerei erhalten (Hasel 1985, S. 177).

Großverbraucher an Holz sind die *Salinen* mit ihren Siedereien gewesen, in denen die gewonnene Sole eingedampft und das Salz gesotten wurde. Als der Betrieb der Lüneburger Saline im 12. Jh. einen starken Aufschwung nahm und die Stadt im weiteren Verlauf des Mittelalters ihr Salz bis in den Ostseeraum mit Skandinavien exportierte, wanderten derartige Mengen von Holz aus ihrer weiteren und ferneren Umgebung in die Siedereien, daß sich eine ausgesprochene Raubwirtschaft am Walde entwickelte und wegen Holzknappheit im Gebiet der Lüneburger Heide dieses wertvolle Heizmaterial schließlich über den Wasserweg aus Mecklenburg bezogen wurde. Eine Folge der Waldvernichtung war die Ausdehnung der Zwergstrauchheide, die außerdem durch bäuerliche Wirtschaft gefördert wurde (S. 113 f.). Die Ausbreitung der Heide erreichte ein erstes Maximum im 15. Jh., als sich zusätzlich Akkerflächen von Wüstungen mit Heidekraut bedeckten. Erst dadurch entstand der Name „Lüneburger Heide", der erstmals für das Jahr 1501 nachgewiesen wurde (Osten 1982). Ein bedeutender Salinenbetrieb befand sich in Sooden (heute Bad Sooden-Allendorf) a. d. Werra, von wo im 16. Jh., als die Produktion auf dem Höhepunkt war, aus 86 Siedehäusern (Koten) Salz zur Versorgung von ganz Nordhessen und einiger angrenzender Gebiete gewonnen wurde (Krüger 1980, S. 171 ff.). Der Brennholzbedarf der Saline war ähnlich hoch wie in der Lüneburger. Für Sooden liegen genaue, von Krüger ausgewertete archivalische Daten vor. Um 600 kg Salz zu erzeugen, wurden ca. 9 m^3 Holz benötigt, und für die gesamte landgräfliche Saline, d. h. ohne die privaten Koten in Allendorf, belief sich der jährliche Holzverbrauch auf ca. 28 000 m^3. Zur Beschaffung des notwendigen Feuerholzes reichten schon im frühen 16. Jh. die Wälder der näheren und weiteren Umgebung nicht mehr aus, so daß ab 1538 große Mengen von Holz aus dem Seulingswald durch Flößen über 100 km Werrastrecke herbeigeschafft wurden. Holz stand im Seulingswald nur deshalb in großen Mengen im Staatswald zur Verfügung, weil durch den spätmittelalterlichen Wüstungsvorgang und die Aufhebung der Klöster, namentlich der bedeutenden Abtei Hersfeld, der hesssiche Staat im Übergang vom Mittelalter zur Neuzeit in der Lage war, im Seulingswald einen großen geschlossenen Landesforst zu bilden (s. S. 84). Der sehr große Holzbedarf der Saline führte ab 1579 zur Deckung der Hälfte des Energiebedarfs durch benachbarte Braunkohle. Jedenfalls war die Holzverknappung, zu der auch die im 16. Jh. rasch zunehmende Bevölkerung und die aufblühenden sonstigen Gewerbe beigetragen hatten, ein wichtiges Motiv für obrigkeitliche Holz- und Forstordnungen, um den Verbrauch zu minimieren (s. S. 18).

Kapazitätsgrenzen für Landesausbau und Waldnutzung zeichnen sich im westlichen und mittleren Deutschland schon gegen Ende des Hochmittelalters ab. Wenn sich im 13. und 14. Jh die obrigkeitlichen Verbote, Wald zu roden, häufen, so sind dafür drei Ursachen maßgebend, wobei nur von Fall zu Fall entschieden werden kann, welche jeweils zutrifft. Die Urkunden geben in der Regel keine Begründung für Rodeverbote, so daß nur aus den jeweils vorliegenden Rahmenbedingungen die Ursache erschlossen werden kann, wobei bestenfalls Indizienbeweise möglich sind. Zunächst können vermehrte Verbote von Waldrodungen hoheitsrechtlich bedingt sein und mit der Durchsetzung territorialer Ansprüche zusammenhängen. Zweitens können sich hinter anwachsender Belegezahl rein administrative, mit der Erstarkung der Territorien in Verbindung stehende Prozesse, vor allem die Zunahme und Verfeinerung von Verwaltungsvorgängen einschließlich ihrer schriftlichen Erfassung verbergen. Des weiteren kommt für die Rodeverbote eine Verknappung der Waldfläche in Betracht. Für diese Begründung sprechen ebenfalls die sich damals häufenden Bestimmungen über Waldschutz in Verleihungsurkunden. Es können auch alle drei Ursachen miteinander zusammenhängen. Denn eine straffer gewordene Territorial- oder Lehnshof- und Besitzverwaltung konnte zum Aufdecken unberechtigter Rodungen und einer Sichtbarmachung dadurch ausgelöster Überbeanspruchung von Waldflächen führen. Für eine Erschöpfung der Flächenkapazitäten und damit der Umweltressourcen um 1300/50 im größten Teil von Mitteleuropa, insbesondere in seinem mittleren und westlichen Bereich, spricht vor allem das Auslaufen der mit Rodungen verbunden gewesenen Neuanlage von Siedlungen. Nur regional, in besonders waldreichen Landschaften, werden dort noch im 14. Jh. Wälder zu Ackerland gerodet. Die Wälder waren weithin auf ein unter damaligen Verhältnissen gerade noch tolerierbares Minimum, regional bereits darüber hinaus, zurückgedrängt worden und waren überwiegend in ihrer damaligen Fläche bis zur Erschöpfung ihrer Kapazität genutzt. Für besonders gut dokumentierte und untersuchte große Forsten, wie den Reinhardswald (Jäger 1951; Bonnemann 1984; Günther 1989, S. 439ff.) und den Burgwald (Boucsein 1955 und Lachmann 1967) läßt sich ermitteln, daß diese damals jeweils um 180 und um 200 km² groß gewesenen Waldgebiete von einer sehr großen Zahl umliegender Siedlungen genutzt wurden, das eine von 50 Orten, darunter 6 Städten, das andere von 36 Siedlungen, so daß auf eine Siedlung durchschnittlich eine Waldfläche von 3,5–5,5 km² entfallen war. Eine noch stärkere Nutzung hätte zum allmählichen Verschwinden der Wälder führen müssen und ist durch obrigkeitliche Maßnahmen (vgl. S. 104ff.) verhindert worden. Daß im Jahre 1358 selbst ein kleinerer Waldbezirk von 30 umliegenden Dörfern genutzt werden konnte, für den es deshalb ein Rodungsverbot und andere Schutzbestimmungen gab, darunter das Verbot des „schädlichen Auslaubens“ (Langheimer Urbar, S. 54), ist bezeichnend für den damaligen Nutzungsdruck, der auf dem Wald lastete. Daß der Wald für mittelalterliche und frühneuzeitliche Siedlungen lebensnotwendig gewesen ist, läßt sich aus einem zeitgenössischen Archivale über die Wüstung Limbach belegen. Erst die vom Würzburger Bischof, der eine Wiederbesiedlung verhindern wollte, veranlaßte Abholzung des zu Limbach gehörigen Gemeindewaldes machte das Dorf zur totalen Wüstung, da die Bauern über kein Holz mehr für Wiederaufbau und Lebensunterhalt verfügten (Jäger/Scherzer 1984, S. 107). Das für Land- wie Stadtgemeinden vitale Nutzungsinteresse am Wald und dessen Knappheit im alt- und dichtbesiedelten hoch- bis spätmittelalterlichen West- und Süddeutschland macht auch verständlich, daß z. B. die Stadt Mellrichstadt im altbesiedelten Grabfeld schon 1232 zu ihrer Versorgung einen 20 Wegekilometer entfernten Wald im waldreichen Rhönvorland erworben hatte, und das südlich benachbarte Dorf Mittelstreu gelangte 1458 in den Besitz eines dort ebenfalls gelegenen, gleichweit entfernten Waldes (Wagner 1992, S. 110 ff.). In welchem Maße es bereits im späten Mittelalter zu Konkurrenzen um die Nutzung des längst nicht mehr unbeschränkt verfügbaren Waldes gekommen war, zeigt eine Beschreibung des Amtes Wallenfels im Frankenwald von 1365. Dort befanden sich drei totale Wüstungen, die auf Befehl des Bamberger Bischofs nicht wieder besiedelt und aufgebaut werden sollten, weil der Wald dem Bischof mehr Wert sei als dort siedelnde und ihn nutzende Bauern. Um diese Feststellung zu verstehen, muß in Rechnung gestellt werden, daß nach der gleichen Quelle damals im Frankenwald bereits Hammerwerke wegen Erschöpfung der Wälder, welche die erforderlichen Holzkohlen geliefert hatten, eingestellt werden mußten. Ein einziges Hammerwerk benötigte bei laufendem Betrieb jährlich um 3200 Fuhren Holzkohle und brachte an Steuern etwa die gleiche Menge wie 4 größere Dörfer (Jäger 1974, S. 37 f.).

Obwohl im 14. Jh. in einigen peripheren Räumen noch in größerem Umfang gerodet worden ist, wie im östlichen Pommern und im östlichen Ostpreußen, war auch im Ordensland Preußen der Wald längst nicht mehr überall in beliebiger Größe zum jederzeitigen Gebrauch verfügbar. Denn im 14. Jh. werden dort manche Wälder ausdrücklich als Hegewälder genannt, die durch strenge Rodungsverbote geschützt waren (Jäger 1990). Wenn es im 16. und 17. Jh. im westlichen, mittleren und östlichen Deutschland verbreitet zu Rodungen und Siedlungsgründungen gekommen ist, dann erfolgten diese weithin auf Flächen, die während mittelalterlicher Wüstungsvorgänge für Jahrzehnte oder ein bis zwei Jahrhunderte von der Besiedlung geräumt und wiederum vom Wald erobert worden waren (u. a. Kuhn 1955/57).

Da für viele der in vorstehenden Abschnitten geschilderten Verfahren der Waldnutzung jeweils nur eine oder wenige Holzarten verwandt worden sind, konnte es zu einem nutzungsbedingten Rückgang einzelner zugunsten von weniger beanspruchten Baumarten kommen. Durch einseitige Nutzung über Jahrhunderte wurde schon früh das anspruchsvollere Laubholz durch Nadelwald, vor allem die Kiefer, verdrängt. Zunächst breitete sie sich von ihren Reliktstandorten ohne Hilfe des Menschen aus. Als 1368 Nürnberg begann, in großem Umfang Nadelholz, besonders Kiefern, auf herabgewirtschafteten Sandböden mit ehemaligem Laubwald zu säen (Hasel 1985, S. 199), war das eine für die gesamte europäische Waldentwicklung epochemachende Innovation. Dieser Prozeß sollte sich vor allem im 19. Jh. unter dem Einfluß fortschrittlicher Forstwirtschaft noch wesentlich verstärken. Durch den damals anstelle naturbedingter Laubhölzer verbreiteten Nadelwald verstärkte sich die saure Rohhumusdecke des Bodens. Dessen Qualität konnte so stark verschlechtert werden, daß eine Rückgängigmachung nur schwer möglich ist, da sie sich über viele Jahrzehnte zu erstrecken hätte und erhebliche Ausgaben erforderte. Diese Verminderung der Bodenqualität machte den Anbau anspruchsvollerer Laubhölzer unwirtschaftlich. Seit 100 Jahren herrscht an der Stelle vormaliger Laubwälder oder Mischbestände weithin das Nadelholz mit Fichte und, auf sandigen und trockenen Böden, der Kiefer, nicht nur im norddeutschen und ostelbischen Tiefland, sondern auch im Mittelgebirge und Stufenland. In Deutschland nahm a. 1937 die Kiefer 44 % der Waldfläche ein. Die Verarmung der Bodenvegetation führte auch zu einem Rückgang an Kleintieren und damit zu negativen Rückwirkungen auf höhere Tiere. Für die meisten Arten bedeutete ebenfalls die Verdrängung von aufgelockerten Laubmischwäldern durch Dunkelwälder aus Nadelbäumen einen Verlust an Umweltqualität. Das gilt nicht allein für Säugetiere, sondern auch für Vögel, da nur wenige Arten von ihnen einen Nadelwald dem Laubwald vorziehen.

In vorstehenden Einzelkapiteln ist bereits mehrfach, wenn auch unter anderen Oberthemen, auf die bedeutende Umweltwirksamkeit der *Forstwirtschaft* hingewiesen worden. Im folgenden soll sie zusammen mit der wichtiger und vollkommener werdenden *Forstorganisation*, angereichert durch weiteres Material, im Mittelpunkt stehen. Die meist obrigkeitliche Forstorganisation war eine Voraussetzung für die Herausbildung einer wirksamen Forstwirtschaft und ist daher entwicklungsgeschichtlich älter, und zwar um Jahrhunderte vor dieser vorhanden gewesen. Ihre Anfänge beginnen bereits mit den sogenannten Einforstungen der merowingischen und karolingischen Könige im 7. und 8. Jh., wodurch große, vorwiegend bewaldete Bezirke geschaffen wurden, die zunächst unter dem rechtlichen Schutz des Königs standen.

Dieser konnte nur gewährleistet werden, wenn wenigstens ein Mindestmaß an Aufsicht vorhanden war. Daher werden bereits früh Forstbeamte mit Aufsichtspflicht genannt, so in der berühmten Verordnung über die Krongüter und Reichshöfe (capitulare de villis ...) der Zeit um 820. Im Verlaufe des Mittelalters gelangten die Reichsforsten aus der Hand des Königs durch Verleihung an geistliche und weltliche Fürsten, welche den willkommenen Zugewinn an großen Land- und Waldflächen zum Ausbau ihrer Landeshoheit benutzten, wobei Rodungen und die Anlage von Burgen und von Siedlungen mit abhängigen Bauern ein wirkungsvolles Instrument zur Sicherung von Macht und Einkommen waren. Damit im Zusammenhang steht wiederum der Ausbau und Aufbau einer administrierenden und kontrollierenden Raumorganisation, die im Falle der großen Waldgebiete mit der Erweiterung der Forstbehörden verbunden war. Dieser Vorgang erstreckte sich über Jahrhunderte und erreichte in den administrativ am weitesten fortgeschrittenen Territorien im 16. Jh. eine erste flächendeckende Erfassung aller Wälder durch die obrigkeitliche Forstverwaltung. Vom 13. bis zum 16. Jh. erhielten Waldschutzbestimmungen, die in Forst- und Waldordnungen sowie Weistümern formuliert wurden und daher großenteils überliefert sind, eine in die Zukunft des Waldschutzes weisende Durchbildung. Aus dieser Zeit sind für das Gebiet des damaligen Deutschen Reiches rund 1000 derartige Dokumente überliefert und größtenteils gedruckt. Viele Standorte dieser Quellen weist Mantel nach (1980). Forst- und Waldordnungen regelten als obrigkeitliche Verfügungen die Nutzung der Wälder mit dem Ziel, diese zu erhalten; auch größere Städte, wie Nürnberg ab 1294, Frankfurt a. M. ab dem 15. Jh. und Erfurt ab 1359 haben solche Regelungen mit innovativen Ansätzen zur Bestandspflege erlassen. In den zeitgenössischen Zeugnissen gibt es keine strengen Unterschiede zwischen Forst- und Waldordnungen und im 13. bis 15. Jh. bestand keine Trennungslinie zu den von der Herrschaft maßgeblich mitbestimmten Weistümern, wie die vier Weistümer der Jahre 1326 bis 1377 über den Würzburger Salzforst beweisen (Jäger 1992, 4). Die Unterscheidung, die Mantel (1980) aus der systematisierenden und begriffsscharfen Sicht der Gegenwart trifft, ist praktikabel, so daß ich sie mit einer Abwandlung übernehme. Demnach wurde die Forstordnung vom Landesherrn für ein größeres Territorium zur Regulierung der Nutzung und Bestandspflege erlassen; die Waldordnung hingegen war mit prinzipiell gleichem Inhalt eine von einer weltlichen oder geistlichen Herrschaft oder einer Stadt für einen lokalen Wald oder mehrere örtliche Wälder erlassene Regelung der Bewirtschaftung. Ohne die obrigkeitlichen Forst- und Waldordnungen wären in Deutschland und manchen Nachbarländern nur wenige Prozente der gegenwärtigen Waldfläche erhalten geblieben.

Herrschaftliche Weisungen, die im späteren Mittelalter bereits Elemente der Waldordnungen enthalten, wie z. B. die hessische Anweisung an die Holzförster im Burgwald, haben auch die sogenannten Weistümer der bäuerlich-genossenschaftlichen Welt maßgebend beeinflußt. Solche Rechtssatzungen, die überwiegend aus dem 15. und 16. Jh. überliefert sind, enthalten zu Hunderten Regelungen der Waldnutzung und damit eine Beschränkung einer ungezügelten Waldausbeute. Eine Einhaltung der Bestimmungen war nur durch Kontrollen möglich, so daß schon im hohen Mittelalter auch kleinere geistliche und weltliche Grundherrschaften und Städte mit größerem Waldbesitz eigene Förster (Holzwarte, Waldhüter, Holzmeister) eingestellt haben. Ich kann hier nicht in Wettbewerb zur Forstgeschichte als einer sehr fruchtbaren Teildisziplin der Forstwissenschaft treten, die seit über hundert Jahren durch viele Spezialthemen und durch lokale, regionale und deutschlandweite Zusammenfassungen hervorgetreten ist (Mantel 1980; Hasel 1985) und über gute Bibliographien verfügt (u. a. Immel 1958; Mantel 1967–72). Eine noch immer einzigartige Stellung im geographischen Schrifttum nimmt das Standardwerk über den Wald in Altpreußen ein (Mager 1960), das mit seinen 719 Seiten einer systematischen und angemessenen Textdarstellung und mit ergänzenden Karten zeigt, wieviel Aufschlußreiches sich über den Wald einer einzigen früheren deutschen Provinz aus geographischer Blickrichtung darlegen läßt. Die geographische Studie von Schenk über Waldentwicklung im mittleren Westdeutschland (1992) ist keine flächendeckende Darstellung wie das Werk von Mager, sondern will Forschungsprobleme auf regionaler Grundlage diskutieren und dabei für Geographie und Nachbarfächer neue methodische Wege aufzeigen. Im folgenden kann nur durch regionale und sachlich-systematische Beispiele eine Vorstellung von den Zusammenhängen zwischen der Entwicklung des Waldes als einem sehr wesentlichen Teil der Umwelt und der Forstwirtschaft gegeben werden. Beide stehen in engen Wechselbeziehungen zueinander. Der weithin herabgewirtschaftete Zustand des Waldes im 16. Jh. war einer der Gründe für den erstmals umfassenden und systematischen Ausbau territorialer Forstorganisation und -wirtschaft mit vielen raumwirksamen Bestimmungen. Sie führten in vielen Territorien flächendeckende Neuerungen ein, die sich bis dahin nur auf wenige Wälder beschränkt hatten. Die Innovationen des 16. Jhs. und die auf ihnen fußende Zunahme waldbaulicher Erkenntnisse und Verbesserung der Forstadministration und -organisation, schließlich die sich darauf stützende Forstwissenschaft machten den Wald über die Jahrhunderte zu den produktiven und gepflegten Beständen, die bis zur Ausbreitung der Waldschäden für unser Land kennzeichnend gewesen sind. Die Verteilung der Baumarten, die Bestands- und die Waldwirtschaftsformen der spätmittelalterlichen Wälder waren erheblich anders als in der Gegenwart. Wo der mittelalterliche Wald nicht durch Hute, Holz- und Gewerbenutzung schwer geschädigt war, ist er nach der Verbreitung seiner Baumarten naturnäher gewesen als es jene Bestandsverhältnisse waren, welche die Forstwirtschaft seit dem 18./19. Jh. gestaltet hat. In den erstmals in großer Zahl aus dem 16. und 17. Jh. überlieferten Waldbeschreibungen und Waldbereitungsprotokollen, die, zumeist noch unveröffentlicht, aber teilweise ausgewertet, in den Landesarchiven vorhanden sind, wird noch in Umrissen eine Großgliederung der Waldvegetation deutlich, wie sie Ellenberg für die Zeit um Christi Geburt aufgezeigt hat (1982, Abb. 1). So waren noch im 16. Jh. die weiten Wälder des Rheinischen Schiefergebirges, die seit über hundert Jahren großenteils von Nadelholz eingenommen werden, Laubmischwälder mit Vorherrschen der Buche. Sogar im Harz und dem Thüringer Wald (vgl. S. 94) standen bis in die Hochlagen Buchenmischwälder, wenn auch dort von Tanne und Fichte durchsetzt, in beiden auch mit lokalen Kiefernvorkommen, die sich auf kärgeren Standorten behauptet hatten, wo sie gegenüber den anderen Holzarten konkurrenzlos waren (z. B. Schubart 1983). Weiter als es in der Karte von Ellenberg für die Zeit um Christi Geburt zum Ausdruck kommt, da ja darin nur die Großgliederung dargestellt wird, war in den Becken und großen Talungen wie in den niederen Gebirgslagen die Eiche verbreitet. Denn als lichtliebende und wertvollstes Bauholz abgebende Holzart war sie schon damals indirekt durch die Bestandslichtung der Waldweide und später direkt als besonders geschützter Baum gefördert worden. Stärker als in der Gegenwart waren die Hainbuche, die Eibe, Wildobst und vor allem die sogenannten Weichhölzer vertreten: darunter Birke, Erle oder Eller, die Linde und von den Pappeln besonders die Aspen oder Espen. Reine Bestände, die seit vielen Jahrzehnten unser Waldbild prägen, gab es bis in die frühe Neuzeit nur unter den besonders gehegten, d. h. durch Verordnungen und Förster geschützten Bauholzrevieren, in denen Buchen, Eichen oder, im Gebirge, Nadelhölzer wuchsen. Auf diese Bestände, die nur wenige Prozent der gesamten Waldfläche eingenommen haben, beschränkte sich in der Regel das Vorkommen von Hochwald. Auch die verbreitete Waldbestandsform des Mittelwaldes lieferte in Gestalt des sogenannten Oberholzes das wertvolle Bauholz und sonstiges Werkholz, während aus seinem Unterholz wie aus dem weit verbreiteten Niederwald (vgl. S. 81) vor allem Brennholz und Werkholz für kleinere Geräte kam. Die nach Bestandsformen wie nach Baumarten erheblich größere Vielgestaltigkeit des mittelalterlichen und frühneuzeitlichen Waldes machten ihn weniger empfindlich für Windwürfe und für Baumschädlinge. Im Zusammenhang mit dem Ausbau der Forstorganisation seit dem 16. Jh. steht die Ausdehnung von ursprünglich nur lokal gebräuchlich gewesenen Waldnamen oder ihr Ersatz durch neue, oft bis heute gültige Bezeichnungen. Die Änderung des Geltungsbereichs eines Raumnamens läßt sich nur aus den zeitentsprechenden territorialpolitischen, wirtschaftlichen und waldgeographischen Rahmenbedingungen erklären. Vor allem sind Änderungen des Geltungsbereichs von Waldbezirken eine Folge des Einflusses der neuen administrativen Waldorganisation auf die Umweltwahrnehmung ihrer Funktionsträger. So hat z. B. der Spessart erst im Verlaufe des Mittelalters und später seinen heute bekannten Namen für den weiten Geltungsbereich zwischen Kinzig und Mainviereck erhalten. Die westliche Hälfte des Spessarts hatte im Mittelalter noch lange den heute längst entschwundenen Namen „Aschaffenburger Forst" getragen. In den beiden ältesten Lehenbüchern des Hochstiftes Würzburg (Hoffmann 1972/73 u. 1982) läßt sich für mehrere der großen hochstiftischen, später teilweise bayerischen Forste zeigen, wie sich deren heute noch gebräuchliche Namen im Zusammenhang mit der Forstorganisation konsolidierten und an Weite ihres Geltungsbereiches gewonnen haben. Die vier größten Forsten des Hochstiftes Würzburg – Rhön, Salzforst, Haßberge und Steigerwald – haben in den verschiedenen Zeitstufen des Mittelalters jeweils andere Geltungsbereiche ihres Namens gehabt, als sie in der Gegenwart üblich sind. Diese Änderungen beruhen vornehmlich auf administrativen und mentalen Faktoren und nur zu einem kleineren Teil auf Veränderungen der natürlichen Umwelt. Mit dem Näherrücken der Vergangenheit an die Gegenwart sind die Gebietsbereiche, welche durch die Namen abgedeckt wurden, den heutigen immer ähnlicher geworden. Ein instruktives Beispiel für die Neubildung und, im Zusammenhang damit, für die neue Benennung eines Forstes ist der Guttenberger Wald westlich von Würzburg. Er ist durch planmäßige Erwerbspolitik der Würzburger Fürstbischöfe erst im ausgehenden Mittelalter geschaffen worden. Mehrere wüste Dorfmarken oder ihre Teile und ehemalige Gemeindewälder von wüst gewordenen Dörfern sind ebenso zur Bildung des Forstes eingesetzt worden wie planmäßig aufgekaufte Wälder regionaler Dynasten und Klöster. Mit Abschluß der Erwerbspolitik setzte die administrative Betreuung des aus unterschiedlichsten Einzelteilen neu gebildeten Forstes ein, wozu ebenfalls ein einziger und neuer Name für das gesamte ca. 5300 ha große, weitgehend arrondierte Waldgebiet diente. Das Hochstift war alleiniger Besitzer des neuen Guttenberger Waldes geworden, nur die sogenannten Randhölzer waren weiterhin im Besitz regionaler oder lokaler Dynasten und weniger Gemeinden. Da jedoch der gesamte Kernwald als Landesforst frei von Nutzungsrechten Dritter war, konnten hier wesentliche Ansätze zu einer neuzeitlichen Forstwirtschaft entstehen, die mit einer eigens für den Guttenberger Wald im Jahre 1584 erlassenen Forst- und Waldordnung und einem sorgfältigen, von ihr ausgehenden Forstrechnungswesen verknüpft war (Jäger/Scherzer 1984). Am Beispiel des Guttenberger Waldes wird eine für alle Territorien Deutschlands nachweisbare Entwicklungsstufe der walderhaltenden Forstorganisation und Forstwirtschaft aufgezeigt. Beide konnten sich besonders gut dort entwickeln, wo große, geschlossene Landesforsten vorhanden waren, in denen der damalige Staat im Besitz aller wesentlichen Nutzungsrechte war, so daß er frei von einschränkenden Rechten Dritter die zur pfleglichen Erhaltung der Forsten erforderlichen Gesetze erlassen konnte. Eine wesentliche Voraussetzung für den Erlaß von landesweiten Forstgesetzen war die Ausbildung des modernen Beamten-, Domänen- und Steuerstaates, dessen Funktionieren Krüger am Beispiel der Landgrafschaft Hessen auf archivalischer Grundlage aufgezeigt hat (1980). Wer hat die Ideen zur neuzeitlichen, im 16. Jh. beginnenden Forstwirtschaft mit ihrer erheblichen Umweltwirksamkeit geliefert? Es waren die damaligen Funktionseliten, unter denen die Juristen mit ihren schöpferischen und maßgebenden Beiträgen zum Forst- und Jagdrecht und zur Forstpolitik einen ersten Platz eingenommen hatten. Darüber hat der bekannte Forsthistoriker Mantel eine große Untersuchung vorgelegt (1980). Im frühneuzeitlichen Domänen- und Steuerstaat, wie er sich u. a. in Hessen im 16. Jh. vorbildlich entwickelt hatte, werden manche der heute noch bekannten größeren Waldkomplexe unter den gleichen Namen wie heute mit ihrer Vielzahl von damals ebenfalls benannten und überwiegend noch heute bekannten Walddistrikten angeführt, so der Reinhardswald, der Kaufunger Wald, die Söhre und der Seulingswald. Aufschlußreiche Einblicke in die Frühstadien der Ausbildung einer raumwirksamen, d. h. vor allem waldschonenden und walderhaltenden Forstwirtschaft liefert der Salzforst als einer der großen mittelalterlichen Forsten des Würzburger Hochstifts. Er ist im Verlaufe der Jahrhunderte gegenüber der Zeit um 1000 erheblich verkleinert worden und hat seinen gegenwärtigen, noch immmer stattlichen Umfang erst durch das Aufhören der Rodungen mit Siedlungsgründungen im 17. Jh. erhalten. Der Name selbst ist jedoch im Zusammenhang mit der Auflösung des sehr großen geschlossenen Waldgebietes aus dem heutigen Sprachgebrauch verschwunden, so daß das Gebiet jetzt zur Rhön gerechnet wird. Ihr Name besaß im Mittelalter einen kleineren Geltungsbereich, der nur einen Bruchteil des heutigen eingenommen hatte. Von den vier herrschaftlichen Forstweistümern des 13. Jhs. über den Salzforst, die zu den ältesten derartigen Quellen in Deutschland gehören und sich bereits mit der Ordnung, Nutzung und Verwaltung des Forstes befassen, läßt sich eine Entwicklungslinie über die Waldordnungen des 16. und 17. Jhs. bis zum gegenwärtigen Forstrecht aufzeigen. Daß nicht einmal ein einzelnes Jahrhundert des Mittelalters forstrechtlich eine Zeit des Verharrens gewesen ist, zeigt ein Vergleich der Salzforstweistümer, die ihre Waldschutzbestimmungen innerhalb von 50 Jahren präzisiert haben. Die Oberaufsicht über den Forst oblag einem aus dem niederen Adel gewählten Forstmeister als Vertreter des Bischofs. Für Aufsicht und Anordnungen im Walde selbst waren unter ihm zeitweise 14 Förster bzw. Försterschultheißen tätig. Gewiß, vor allem Kmiotek (1900) hat in einer gründlichen Studie gezeigt, wie sehr die höheren und niederen Forstbeamten, weil sie damals weit entfernt von der Zentralgewalt arbeiteten und schlecht entlohnt waren, auch eigennützige Ziele auf Kosten des Waldes verfolgten. Dennoch wäre ein solcher Forst ohne jede Aufsicht, auch wenn sie im Mittelalter mit Mißbräuchen und Verstößen gegen den Wald verbunden war, noch erheblich stärker geschädigt worden, weil der sich bis zum Raubbau steigernde Druck von Dynasten, Städten und ländlichen Siedlungen auf den Wald zu seiner weitgehenden Vernichtung geführt hätte. Ein Ziel der Fürsten war bereits im Mittelalter, noch stärker im 15. und 16. Jh., Dynasten, Klöster und andere Grundherrschaften möglichst aus ihren Wäldern zu drängen oder, wo dieses aufgrund alter und verbriefter Rechte nicht möglich gewesen ist, deren Nutzung zu regeln und womöglich einzuschränken. Natürlich galten solche limitierenden Bemühungen auch den Waldrechten von Städten und Landgemeinden in den Landesforsten. Diese Bestrebungen lassen sich daher auch in den ältesten Weistümern über den Salzforst erkennen. Der Graf von Henneberg, ein Angehöriger eines damals noch mächtigen fränkisch-südthüringischen Grafengeschlechtes mit erheblichem Besitz an Land und Leuten, hatte im bischöflichen Salzforst nur noch ein nach Jahres- und Tageszeit sehr eingeschränktes Jagdrecht auf Rotwild. Darüber hinausgehende Jagdrechte von Personen, die nicht vom Bischof als dem Landesherrn befugt wurden, waren mit so erheblichen Auflagen verbunden, daß sie in der Praxis einem Verbot gleichkamen. Wenn erhebliche, uns heute als sehr grausam anmutende Körperstrafen auf Wilddieberei standen, sollte bei der Beurteilung bedacht werden, daß solche rigorosen Maßnahmen dazu beigetragen haben, lange Zeit vieles von der natürlichen und naturnahen Umwelt zu erhalten. Hart bestraft wurden im Salzforst wie in anderen Landesforsten vor allem heimliche Netzsteller (luzser), Schlingenleger (stricker) und Steller von Wildfallen (druher). Die Burgmannen der Salzburg und von Steinach, die Bürger der Stadt Neustadt sowie die Einwohner von umliegenden Dörfern durften mit Erlaubnis des Forstmeisters Bauholz und Kaltholz, d. h. alles Holz, das zum Bauen nicht tauglich war, hauen. Wenn vom Kaltholz, das in andern Quellen als Weichholz bezeichnet wird, Birken, Espen, Salweiden und Erlen aufgeführt werden, so geben diese Baumarten, die im Salzforst neben den wertvollen Bauhölzern der Eichen und Buchen stärker vertreten waren, die Vorstellung eines reinen Laubmischwaldes, während die moderne Forstwirtschaft außerdem das ursprünglich ganz oder nahezu fehlende Nadelholz erheblich ausgedehnt hat (s. S. 104). Was vom Wald zu Acker gemacht und wieder zu Wald geworden war, sollte nach den Weistümern des Salzforstes wieder Wald bleiben, eine Rechtssatzung, die vielerorts in Deutschland während der spätmittelalterlichen Wüstungsperiode eine den Wald begünstigende Rolle spielte und in dem gängigen Spruch ausgedrückt wurde: Wo das Holz reicht dem Ritter an den Sporn, hat der Bauer sein Recht verlorn (s. S. 108).

6.6.2 Die Heideformationen als anthropogene Gebilde

Am Beispiel der „Heide“ läßt sich zeigen, daß Forschungen über ältere Umweltzustände eine Kenntnis landschaftlicher Ausdrucksweisen und älterer Sprachen bis zurück ins Mittelalter voraussetzen. In Urkunden und sonstigen historischen Zeugnissen, wie in gegenwärtigen Landschafts- und Geländenamen, werden mit dem Wort „Heide“ nebst mittelhoch- und mittelniederdeutschen sowie lateinischen Entsprechungen zwei verschiedene Pflanzenformationen bezeichnet, zwischen denen es jedoch fließende Übergänge gibt. Im östlichen Deutschland ist die „Heide“ ein Wald: z. B. in der Uckermark die Große und Kleine Prenzlauer Heide, oder weiter nördlich die Große Pommersche Heide. Wälder, die als Heide bezeichnet werden, liegen zwar in der Masse östlich der Elbe und waren dort im ehemaligen deutschen Sprachgebiet bis nach Ostpreußen und Schlesien verbreitet, doch reichten sie nach Westen in der Letzlinger Heide bis nahe an die östliche Grenze von Niedersachsen und in den Hochplateaus der Vorderen und Hinteren Heide (nö. Saalfeld) fast bis zum Thüringer Wald. Im westlichen Deutschland wird unter „Heide“ eine Zwergstrauchgesellschaft verstanden mit Vorwiegen von Heidekraut, vor allem Besenheide (Calluna vulgaris), eingestreuten Ginsterbüschen, Birken und auf feuchteren Standorten auch Glockenheide (Erica). Da großflächige baumarme Zwergstrauchheiden erst ein Ergebnis der Einwirkungen des Menschen sind und sich in der Regel allmählich im Verlaufe von Jahrzehnten aus ursprünglichem Wald oder, im Zusammenhang mit Flurwüstungen, aus Ackerland (s. S. 84) herausgebildet haben, muß die ihnen entsprechende, im westlichen Deutschland übliche Wortbedeutung sekundär sein. Wann es zu diesem unterschiedlichen Wortsinn von Heide gekommen ist, läßt sich nur abschätzen. Jedenfalls war bereits im Mittelalter unter anthropogenem Einfluß die Entwicklung von geschlossenem Wald zu Wald, der gelichtet und von kleineren und größeren Flächen mit Heidekraut durchsetzt war, in West- wie in Ostdeutschland in vollem Gange und damit auch die Entstehung von Heidenamen zur Bezeichnung von Wäldern mit größeren Heideflächen oder von Heiden mit kleineren und größeren, vorwiegend lichten Baumbeständen. Während der Entwaldungs- und Verheidungsprozeß im östlichen Deutschland überwiegend nicht bis zu waldfreien und großflächigen Zwergstrauchheiden vorangeschritten war, wurde dieses Stadium hingegen im westlichen Deutschland gegen Ende des Mittelalters erreicht. Bezeichnend für diese Entwicklung war die Entstehung des Namens „Lüneburger Heide“, die bereits in anderem Zusammenhang erwähnt worden ist (s. S. 101). Bei der unterschiedlichen Wortbedeutung von „Heide“ handelt es sich also weniger um eine grundsätzliche Unterscheidung von Vegetationsgesellschaften und Wirtschaftsflächen, sondern eher um einen übergeordneten Begriff, der zwei unterschiedlich weit fortgeschrittene Entwicklungsstadien ursprünglicher Waldflächen bezeichnet. Da der Wald und seine Veränderungen bereits ein eigenes Kapitel erhalten haben (6.6.1), sind hier nur die waldarmen oder -freien Heiden in ihrer Entwicklung und ihrem Verschwinden vorzustellen. Unter den Heiden des westlichen Deutschlands waren am großflächigsten die nordwestdeutschen Zwergstrauchheiden, die zu den ozeanischen Heiden gehören. Durch die Lüneburger Heide oder das, was in den Naturschutzgebieten noch von ihr konserviert wird, ist ihr Erscheinungsbild allgemeiner bekannt, nicht aber ihre Entwicklungsgeschichte. Bereits in urgeschichtlicher und frühgeschichtlicher Zeit hatte sich im nordwestlichen Mitteleuropa, von der Zuidersee im Westen bis zur Niederelbe im Osten und auch in Jütland von kleinflächigen Standorten aus die Zwergstrauchheide in vorübergehend oder für dauernd aufgelassenes Ackerland und in Wälder, die durch Holzeinschlag und Viehhute stark gelichtet waren, ausgedehnt. Diese beiden Nutzungsformen hatten, bedingt durch Bevölkerungszunahme und sich daraus ergebende Mehrbelastung der Umwelt, bis etwa um 1800 eine weitere Ausdehnung der Zwergstrauchheiden herbeigeführt, so daß die Calluna-Heide, ebenso wie die ehemaligen Nardus- oder Borstengrasheiden unserer Mittelgebirge (s. S. 114), als anthropozoogene Heide bezeichnet wird.

Bevor der wirtschaftende Mensch die Ausbreitung der Zwergstrauchheiden herbeigeführt hatte, war das Gemeine Heidekraut (Besenheide, Calluna vulgaris), das den weitaus größten Anteil unter den Heidekrautgewächsen in Mitteleuropa aufweist und auf nährstoffarmen, sauren Böden gut gedeiht, zwar schon weit verbreitet, aber nur in kleineren Flächen von wenigen bis zu einigen hundert Quadratmetern. Dazu gehörten natürliche Lichtungen im Wald und besonnte, magere Stellen des Waldbodens. Es bedurfte nur einer Auflockerung des Waldes durch Holzeinschlag oder anderweitige Baumvernichtung, etwa durch Waldweide oder einen Brand, um eine Expansion des Heidekrautes herbeizuführen. Dieser Prozeß hatte schon vor Jahrtausenden in der Jungsteinzeit begonnen. Da es bereits während der 3000jährigen Jungsteinzeit, ebenso später Flurwüstungen und länger brachliegende Äcker gegeben hatte, war es schon früh zur Ausbreitung von Zwergstrauchheide in aufgelassene Ackerflächen gekommen, namentlich in der Region der niederländischen bis nordwestdeutschen Geest mit ihren großflächigen Sandböden. Dort erhielt die Ausdehnung der Zwergstrauchheide einen kräftigen Schub durch die Einführung des Wintergetreides mit dem sogenannten „ewigen Roggenbau", dessen Ausbreitung im 10. Jh. einsetzte. Er war nämlich mit Plaggennutzung in Verbindung mit Viehwirtschaft, insbesondere starker Schafhaltung, verbunden (s. S. 54). Diese viehbäuerliche Wirtschaftsweise, die auf den ärmlichen und leichten Sandböden der niederländisch-deutschen Geest verbreitet war, führte weithin zu hohen Anteilen von Zwergstrauchheide an der Bodenfläche. Wie in vielen Bereichen der anthropogenen Umweltveränderungen bestanden auch bei der starken Ausdehnung der Zwergstrauchheide erhebliche Zeitunterschiede zwischen den geographischen Großräumen. In der früh und dicht besiedelten Geest der südlichen Niederlande war schon um 1000 n. Chr. die Ausdehnung der Heide weitgehend erfolgt (Theuws/Bijsterveld 1991, S. 111 ff.), während dieses umweltgeschichtliche Stadium zwischen Ems und Elbe erst im späteren Mittelalter erreicht wurde. Dort hatte in einer durchschnittlichen Heidegemeinde um 1700 die Ortsfläche mit dem Ackerland nur um 15 % der Gesamtfläche eingenommen, Weiden und Wiesen etwa 8 %, Hoch- und Niederungsmoor etwa 20 % und der Wald nur 5–8 %; die Zwergstrauchheide hingegen besaß einen Flächenanteil von ca. 50%. Das Moor, ein Teil des Waldes und die Heide waren gewöhnlich Allmende. Der Zustand gegen Ende des 18. Jhs., als die Zwergstrauchheide ihre höchste Ausdehnung erreicht hatte, ist mehrfach in Atlaskarten dargestellt worden (u.a. Pischke 1989, Kt. 3). Im Mittelgebirge und Alpenvorland hatten damals andere Heidegesellschaften, die ebenfalls in ihrer großen Ausdehnung nach Vernichtung des Waldes entstanden waren, ihre maximale Verbreitung erreicht. Dazu zählten etwa die Nardus-Heiden der Eifel, des Sauerlandes, der Rhön und anderer Mittelgebirge mit Vorherrschen nährstoffarmer Gräser (u.a. Paffen 1940). Wo diese Heiden der Mittelgebirge jährlich gemäht wurden, standen sie den Wiesen näher, zumal das Heidekraut ganz fehlte oder nur fleckenweise vorhanden war. Bei episodischem Mähen waren die Nardus-Heiden von Ginster und anderen Sträuchern durchsetzt. Die Nardus-Heiden waren zwar eng an das Vorkommen saurer, jedoch nicht extrem saurer Böden gebunden. Wo sie in Kalkgebieten vorkamen, wie in der Nordeifel oder auf der Schwäbischen Alb, handelte es sich um Böden, deren Kalk durch die hohen Jahresniederschläge ausgelaugt war. Fast alle jene Heiden sind im 19. Jh. und in der ersten Hälfte unseres Jahrhunderts, weil sich die bäuerliche Wirtschaft und der Forstbetrieb grundlegend änderten, durch den Umbruch zu Ackerland, Grünland oder Aufforstung verschwunden, und nur noch wenige Reste sind als „Naturschutzgebiete" erhalten. Bei diesen zeigt sich die Problematik vieler, wenn nicht der meisten unserer Naturschutzareale. In Wirklichkeit handelt es sich um Manifestationen früherer Entwicklungsstufen von Kulturlandschaften. Am Beispiel der oben beschriebenen Heiden, die sich einst aus den Niederlanden im Westen bis zur Elbe im Osten quer durchs Norddeutsche Tiefland erstreckt haben, sei gezeigt, welche unterschiedlichen Faktoren aus Natur, Recht, Wirtschaft, Gesellschaft und Politik mitgewirkt haben, um die Kulturlandschaften der Heiden zu verändern. Die auf der Viehhaltung basierende Wirtschaft des Heidebauern, des Heidjers, wie er nach dem hervorstechenden Merkmal seiner Umwelt von außen bezeichnet wurde, ließ sich im 18. Jh. als ausgereiftes Endprodukt eines über Jahrhunderte gewachsenen und eng mit seiner Umwelt verflochtenen Systems nicht mehr verbessern. Die schon um 1900 dahinschwindenden Reste älterer Wirtschafts- und Hausformen, Gebräuche und der heidebäuerlichen Landschaft hatten den Stoff zur Heideromantik geliefert, wie sie am ausgeprägtesten in den Werken des damals beliebten Schriftstellers Hermann Löns zum Ausdruck kommt und im modernen Fremdenverkehrsbetrieb eine epigonenhafte Nachahmung gefunden hat. Insofern teilte die Heide ihren

Ruf als urwüchsige Landschaft mit anderen stagnierenden Regionen, in denen die weithin den Raum prägenden, als Natur angesehenen Flächen in Wirklichkeit nichts anderes waren als physiognomisch dominierende Teile herabgewirtschafteter Kulturlandschaften eines hochaltertümlichen Typs. Sie waren schon um 1750 keiner Fortentwicklung mehr fähig gewesen, so daß es ohne radikale Veränderungen zu einer Stagnation der Bevölkerungs-, Siedlungs- und Wirtschaftsentwicklung gekommen wäre. Denn die großen Heideallmenden verhinderten durch ihren Rechtsstatus eine Ausweitung der Besiedlung, ebenfalls die Umwandlung in individuell besessene und daher intensiver zu nutzende Wirtschaftsflächen, wie Ackerland, Grünland und Wald. Eine Änderung war um so dringlicher geworden, als die Heidelandschaften hinter der Entwicklung der Landeskultur und des Wohlstandes, die in anderen Teilräumen Deutschlands eingesetzt hatte, zurückgeblieben waren. Die heidebäuerliche Kultur war schwerlich aus sich heraus reformierbar, da die einflußreichen Gruppen der Vollbauern, weil ihre Lebensumstände noch relativ gut waren, am Althergebrachten festhielten und außerdem die extensiv bewirtschafteten Gemeindegründe, die rund 60 bis 80% aller Nutzflächen (Heide u. Moor) umfaßten, ohne Eingriffe des Gesetzgebers keiner intensiveren Nutzung zuführbar waren. Die entscheidende Wendung, die den grundstürzenden Umbruch im Landschaftsgefüge einleitete, sollte daher, von Ausnahmen abgesehen, nicht von den Bauern und ihren Hintersassen, den Häuslern, kommen, sondern auf Betreiben des Staates, anders ausgedrückt, der Funktionseliten, die als fortschrittliche Kraft in den Ministerien wirkten. Verfolgt man die neuere Umweltgeschichte der ehemaligen Heidelandschaften, dann zeigt sich, wie in vielen anderen Bereichen der Kulturgeographie, daß die reglementierende und ordnende Gesetzgebung des Staates einen umweltverändernden Faktor hohen Ranges darstellt. Bereits im 18. Jh. beschäftigten sich, angeregt durch Denkschriften weitblickender Beamter, verschiedene Regierungen, nicht zuletzt wohl durch Vorbilder in England ermutigt, mit – modern gesprochen – weitreichenden Raumordnungsplänen. Eine Voraussetzung für jegliche Neuordnung des Raumes mit einer grundlegenden Verbesserung der Flächennutzung durch ihre Änderung war die Teilung der großen Heide- und Moorallmenden, der Marken, wie sie im nordwestlichen Deutschland genannt wurden, und die Änderung ihrer Eigentumsverhältnisse. Schon zu Beginn des 18. Jhs. hatte deshalb der sich über 100 Jahre hinziehende Prozeß von Markengesetzgebung und -teilungen begonnen: Im Osnabrücker Land ab 1715, im Jahre 1765 meldet der preußische Fiskus im Urbarmachungsedikt für Ostfriesland seine Ansprüche auf die bis dahin ungenutzten Teile der großen Moore an, im Bezirk Lüneburg und im Land Braunschweig liegt im ersten Drittel des 19. Jhs. ein Schwerpunkt der Markenteilungen. Mustert man Verlauf und Ergebnis jener, die Umwelt erheblich verändernden Neuordnung des ländlichen Raumes in verschiedenen Landesteilen Nordwestdeutschlands, dann zeichnen sich in der Art der Durchführung erhebliche Unterschiede ab, die zum Verständnis noch der gegenwärtigen natürlichen und gebauten Umwelt von Belang sind. So beanspruchte der Staat im altoldenburgischen Gebiet nur Allmendenflächen, die nicht zur Abfindung der Nutzungsberechtigten verwandt wurden, auf der Münsterschen Geest hingegen nahm der Fiskus, je nach Landrecht, $1/10$ oder $1/3$ der Allmenden oder Marken. Der Übergang von Allmenden an den Staat hat Wesentliches zur heutigen Verteilung von Siedlungsland, landwirtschaftlichen Nutzflächen und Wald und zu dessen Flächengröße beigetragen und hat den Verlauf der Kultivierung der großen Moore, die in erheblichem Umfang erst nach den Markenteilungen einsetzte, maßgeblich beeinflußt (s. S. 54 ff.). Die Forsten wurden nicht nur nach Zuteilung geteilter Allmendegründe ausgeweitet, sondern in großem Umfang durch Kauf zusätzlicher Flächen, die, aus der Verteilungsmasse stammend und nur extensiv als Heide genutzt, damals billig mit reichlichem Angebot von den neuen Privateigentümern zu erwerben waren. Am Kauf beteiligten sich neben dem Fiskus überlokale Gebietskörperschaften, vor allem die Provinzialverbände. Ein repräsentatives Beispiele ist die Entstehung des Staatsforstes Oerrel zwischen Soltau und Uelzen in der heute wieder waldreich gewordenen Lüneburger Heide. Ihn hat der Hannoversche Provinzialverband zwischen 1876 und 1884 durch planmäßige Bepflanzung mit Nadelholz, vor allem Kiefern, auf einer 5000 ha großen Heidefläche geschaffen. Das engmaschige Netz der geradlinigen, bis zu 10 km langen Waldwege, die sich rechtwinklig schneiden, so daß ein schachbrettartiges Gefüge fast quadratischer Parzellen der in Reih und Glied stehenden Bäume zustande kommt, zeigt überaus deutlich, wie weit sich dieser große Forst von dem ursprünglichen naturnahen Laubwald entfernt hat, der vor rund 2000 Jahren noch vorhanden war (s. S. 78 ff.). Es würde zu weit führen, alle großen Forsten Nordwestdeutschlands, die im 19. Jh. auf diese und ähnliche Weise entstanden sind, aufzuzählen. Hingewiesen sei nur noch auf einige instruktive Beispiele, wie die Forsten Miele sö. Hermannsburg und Munster nö. Soltau. Da zur Flächenabrundung der Forsten in Einzelfällen auch Bauernhöfe mit ihren Wirtschaftsflächen gekauft wurden, ist bei der Kartierung ehemaliger Fluren unter Wald auch eine subrezente Entstehung in Rechnung zu stellen. Neben den großen Staats- und Provinzialforsten entstanden zur gleichen Zeit, teilweise nach dem Muster von deren Neubildung und Aufforstung, kleinere und größere Gemeinde- und Bauernwaldungen. Im Unterschied zum Waldnamen „Heide" im östlichen Deutschland, wo es sich um sehr alte Benennungen handeln kann, die immer eine mehr oder weniger stark bewaldete Fläche bezeichnet haben, sind die Heide-Namen in nordwestdeutschen Geestwäldern der Gegenwart Relikte aus der Zeit der einstigen offenen Zwergstrauchheiden. Als Ergebnis jener großflächigen Aufforstungen änderte die nordwestdeutsche Geest und mit ihr die große Landschaft „Lüneburger Heide" zum zweitenmal in der Landschaftsgeschichte ihr Aussehen und ihre Funktion. Hatte sich in einem rund 1000 Jahre umfassenden Prozeß aus einem ursprünglichen Waldland, das von großen Mooren durchsetzt war, durch das Wirken des Menschen eine Heidelandschaft herausgebildet, so genügten im 19. Jh. wenige Jahrzehnte, um aus ihr erneut ein stark bewaldetes Gebiet zu machen, wobei freilich vorwiegend andersartige Baumarten eingebracht worden sind. Nach den angegebenen Zahlen hatte sich in Nordwestdeutschland, wie in andern Teilen von Mitteleuropa, während des 19. Jhs. die landschaftliche Dynamik, durch die auch die natürliche und naturnahe Umwelt erheblich verändert wurden, unter dem Einfluß wachsender Bevölkerung, Technisierung und Verfeinerung raumwirksamer Staatstätigkeit so beschleunigt, daß nun die Prozesse mit etwa zehnfacher Beschleunigung gegenüber der Zeit bis zum 18. Jh. abgelaufen sind. Ein weiterer Sprung in der Beschleunigung der Dynamik sollte dann vor allem seit den 1950er Jahren einsetzen (s. S. 104).

Unter den kontinentalen Heiden des südlichen Deutschland ist die sogenannte *Steppenheide*, die nach Standort und Pflanzengesellschaften in mehreren Varianten vorkommt, am bekanntesten. Auch sie hatte sich unter Einfluß des Menschen kräftig ausgedehnt und war zur Zeit ihrer größten Verbreitung um 1800 ganz überwiegend an die Stelle ehemaligen Laubmischwaldes mit Kiefernrefugien getreten. Die großflächigsten Heiden erstreckten sich über die relativ trockenen Schotterplatten des Alpenvorlandes. Daß sie nur seminatürliche Pflanzengesellschaften waren, zeigt sich bereits darin, daß sie jährlich zur Futtergewinnung gemäht wurden. Zu den bemerkenswertesten zählten das schon früh waldfrei gewordene Lechfeld, die Garchinger, Wolfratshauser, Perlacher und viele weitere Heiden des Alpenvorlandes zwischen Iller und Inn. Die Pflanzengesellschaften der südbayerischen Heiden bestanden großenteils aus Steppenpflanzen – Gräsern und Kräutern – und waren dadurch den Heiden im Wiener Becken, dem Marchfeld und der ungarischen Pußta verwandt. Auf jenen Heiden hatte sich auch eine besondere Fauna, wie mehrere Arten wärmeliebender Schmetterlinge, eingestellt.

Wo jene Heiden jährlich gemäht wurden, konnten keine höheren Holzgewächse aufkommen. Bei den bayerischen Heiden war das in der Regel der Fall. Unter den zahlreichen, etwa 100 bis 200 Arten umfassenden Pflanzen der bayerischen Heiden waren u. a. verbreitet die auch für Magerwiesen in anderen Teilen von Mitteleuropa kennzeichnenden Trespen, besonders Bromus erectus, der Schafschwingel (Festuca ovina) und das Zittergras (Briza media). Von den zahlreichen Blütenpflanzen seien nur genannt: die Große Küchenschelle (Pulsatilla vulgaris), die Frühlingsküchenschelle (P. vernalis), das Große Windröschen (Anemone sylvestris) und das Frühlingsadonisröschen (Adonis vernalis). Auch die kontinentalen Steppenheiden sind im 19./20. Jh. überwiegend in intensiver genutzte Agrarflächen durch Umbrechen mit dem Pflug oder Düngung umgewandelt worden; einen Teil hat man mit Kiefern aufgeforstet, während bis ins Mittelalter Laubmischwälder vorherrschend waren. Letzte Reste jener Steppenheiden stehen unter Naturschutz. Daß sie auf vielen geschützten Standorten vor der natürlichen Invasion durch Waldbüsche und Waldbäume bewahrt werden müssen, soll der naturgeschützte Zustand erhalten werden, zeigt wiederum, daß es sich um keine ursprünglichen Naturgesellschaften handelt. Das gilt auch für die meisten der kleinen Areale von Steppenheide in besonnten Kalkgebieten der Schwäbischen Alb, des Neckar-, Main- und Werralandes und anderer verwandter Landschaften. Nach Norden werden ihre Vorkommen seltener und die Artenzahl nimmt stark ab. Im Leinebergland ist sie noch auf sonnigen Kalkhängen, im Thüringer Kyffhäuser auf Gipshängen vertreten. Im Tiefland Nordwestdeutschlands fehlt die Steppenheide und wird dort durch die atlantische Zwergstrauchheide ersetzt, die insel- und streifenförmig auch in der Mittelgebirgs- und Hochgebirgsregion, dort bis fast in 2000 m Höhe, auftritt. In Südthüringen z. B. gibt es im Bergland mit stärker subatlantischen Klimaelementen, wie im Buntsandsteinvorland des Thüringer Waldes, und in diesem selbst, kleine Areale von Zwergstrauchheiden mit Calluna vulgaris. Sie nimmt zwar in der Gegenwart nur noch kleine Flächen ein, hatte sich aber in früheren Jahrhunderten, als der Wald infolge stärkerer Lichtung durch den Menschen viel weitständiger war, auf größere Flächen ausgedehnt, wie bereits die seit dem 16. Jh. überlieferten Waldbeschreibungen beweisen. Nicht weit von den heutigen Relikten der Calluna-Heide findet sich auf den sonnigen, kalkreichen Felsenhängen des Werratals und auf den Gipshügeln des Keupers die subkontinentale Steppenheide. Die nördlichsten Vorkommen von Pflanzen der Steppenheide reichen im Salzgitterer Höhenzug bis an die Nordgrenze der Mittelgebirgsschwelle. Die Artenzusammensetzung der einzelnen Steppenheidestandorte wechselt in Abhängigkeit von ökologischen Verhältnissen und der früheren oder heutigen Einwirkung des Menschen. So gedeihen unter den Steppenheidevorkommen solche mit vorwiegend submediterran-mitteleuropäischen Arten, andere besitzen stärker kontinental oder subatlantisch geprägte Arten. In den trockenen Landschaften des Thüringer Beckens z. B. waren die Gesellschaften durch kontinentale und submediterrane Pflanzen gekennzeichnet. Überall hat diese wärme- und trockenheitliebende Pflanzengesellschaft nur kleinere Areale eingenommen: örtlich nur von wenigen Quadratmetern, öfter von einigen Ar, selten bis zu einem Hektar und mehr. Standorte waren nach Süden gerichtete, oft felsige Kalk- und Gipshänge, so daß in der Schweiz dafür der Ausdruck „Felsheide“ bekannt war. Die Bezeichnung „Steppenheide“ ist bekanntlich ein wissenschaftlicher, erst durch den Geographen Gradmann (z. B. 1931, 1, S. 71 ff.) verbreiteter Ausdruck. Im Unterschied zu den ehemals großflächigen oberbayerischen Heiden des Alpenvorlandes und Österreichs sind die kleinflächigen Steppenheideareale der Landschaften nördlich der Donau in der Regel nicht gemäht, sondern nur mit Schafen beweidet worden, so daß sie von locker eingestreuten Bäumen und Sträuchern durchsetzt waren. Unter den zahlreichen Arten finden sich: Eiche, Linde, Hasel, Mehlbeere, Feldahorn, Espe, Felsenbirne, Wacholder, Kreuzdorn, Schlehe und Wildrose. Die dünne, oft fehlende Bodendecke und der sonnige, trockene Standort bewirkten häufig einen Krüppelwuchs der Bäume. Ein geschlossener Rasen mit Gräsern, Kräutern und Sträuchern war nirgends ausgebildet. In der Bodenvegetation sind u. a. fast alle der bereits unter den oberbayerischen Heiden genannten Pflanzen und weitere höherwüchsige Kräuter und Stauden vertreten, da sie vor der Sense sicher waren. Reich ist dort das Tierleben, groß die Zahl der Käfer, Spinnen, Schrecken und Falter. Eidechsen besitzen in den naturgeschützten Steppenheiden oft ihre letzten Refugien, ebenso Feldgrillen und die Glatte Natter. Die kleinflächigen Vorkommen der Steppenheide auf ungemähten Standorten haben großenteils ein hohes Alter und reichen teilweise bis weit in die urgeschichtliche Zeit zurück. Nach neuen paläoethnobotanischen Studien (Rösch 1990, S. 175) hat es bereits in der späten Bronzezeit, um 1200 v. Chr., im Alpenvorland trockene Magerrasen gegeben, die allein durch Einwirkungen des Menschen erklärbar sind. Denn nur durch regelmäßige Beweidung oder Mähen konnten sie gehölzfrei gehalten werden. Wo in Kalkgebieten durch anthropogene Bodenabtragung auf Hängen (S. 67) sehr flachgründige, magere Böden geschaffen wurden, die nicht mehr als Ackerland, sondern nur noch über lange Zeit als Schaftrift genutzt wurden, konnte sich von benachbarten

Standorten her die Pflanzengesellschaft der Steppenheide einstellen. Das gleiche war in ehemaligem Wald möglich; wenn er durch Holzschlag und Weide stark gelichtet wurde und auf flachgründigen Kalkböden (Rendzinen) stockte, haben sich, ausgehend von Plätzen, die ursprünglich stark verlichtet waren und bereits Steppenheidepflanzen hatten, diese weiter ausgebreitet. Überhaupt gibt es alle Übergangsstadien zwischen geschlossenem Wald und der weitgehend offenen und stets sehr lichten Steppenheide. Von Reliktstandorten aus ist Steppenheide auch in aufgelassene Weinberge vorgedrungen, so im nördlichen Grabfeld, wo die Steppenheide auf dem ehemaligen Weinberg bei Gombertshausen ein Naturschutzgebiet (!) geworden ist (Kaiser 1961, S. 113). Außer den oben genannten Arten wachsen dort u. a. Weiße Berganemone (Anemone silvestris), Feldbeifuß (Artemisia campestris), Deutscher Enzian (Gentiana germanica) und Bibernellrose (Rosa spinosissima). Vom Menschen geschaffene Ökotope für Steppenheidepflanzen waren in den warmen Trockengebieten ebenfalls Ackerraine, solange es noch keine intensive, chemisierte Landwirtschaft gab. Flurbereinigung, intensive Düngung und die Verwendung von Herbiziden haben in Nähe des Ackerlandes und der Weinberge manche Vorkommen von Steppenheide verkleinert, oft vernichtet.

6.6.3 Dauergrünland

Zum Grünland gehören die unterschiedlichsten Gesellschaften von Gräsern und Kräutern. Da meine Darstellung nur die natürlichen und naturnahen Bereiche der Umwelt erfaßt, bleiben die sehr intensiv bewirtschafteten, meliorierten, gedüngten und mit hochgezüchteten Grasmischungen bedeckten Weiden und Wiesen unserer Intensivlandwirtschaft der letzten Jahrzehnte außer Betracht. Die Frage, ob es *Urwiesen* gab, hat die Wissenschaft lange beschäftigt. Unter jenem Namen wurden urwüchsige Grünlandbestände verstanden, die bereits in sehr früher Zeit ohne Eingriffe des Menschen vorhanden gewesen seien. Im 19. Jh. dachte man sich die Bildung der typischen, aus Gräsern und Kräutern bestehenden Pflanzengesellschaften im Überschwemmungsbereich von Bächen und Flüssen durch winterlichen Eisgang. Er hätte zusammen mit dem Hochwasser die Holzgewächse an den Flußufern vernichtet, so daß nur die direkt am Boden überwinternden Gräser und Kräuter überlebt hätten und es dadurch zur Wiesenbildung gekommen sei. Daß diese Vorstellung ein am Schreibtisch ausgesonnenes Konstrukt von Gelehrten war, wie es deren auch heute noch viele gibt, konnte bereits ein geschulter Beobachter von Hochwasser und Eisgang in Fluß- und Bachtälern mit Auenwald widerlegen. Gewiß, es kann dort zu einzelnen Baumschäden, namentlich bei längerem Hochwasserstand und Strombettverlagerungen kommen, doch bleibt der Auenwald ebenso wie die noch weit verbreiteten Uferbaum- und Buschsäume bei Hochwasser und Eisgang ohne flächenhafte größere Schäden stehen. Alle Gräser und Kräuter, welche vor der neuzeitlichen Pflanzenzüchtung, die erst im späten 19. Jh. einsetzte, in unseren Wiesen verbreitet waren, wachsen auch im Wald, namentlich in Auenwäldern und lichten Laubwäldern. Stärkere Beweidung mit Rindvieh, Schafen und Ziegen über längere Zeit genügt, um einen solchen Wald in ein offenes Gelände, und dann regelmäßiges Mähen mit Sichel oder Sense, um ihn allmählich in eine Wiese umzuwandeln. Man sehe sich einen lichten Eichenwald mit seinem reichen Grasteppich oder die in Schweden heute unter Landschaftsschutz stehenden Baumwiesen an, um eine Anschauung für jenen Prozeß zu gewinnen. Er hatte bereits in der urgeschichtlichen Zeit begonnen. Schon in der Urnenfelderzeit, um ca. 1000 v. Chr., hat es im Alpenvorland (Rösch 1990, S. 175) kleinere offene Flächen mit grasig-krautigem Bewuchs, die Vorläufer unserer ertragreichen Niederungsweiden und -wiesen, und Magerrasen auf kalkigem und sandigem, jedenfalls trockenem und oft erhöhtem Gelände, die frühen Vorläufer unserer Hang- und Berglandweiden und -wiesen, gegeben. Größere Areale reiner Gras- und Krautgesellschaften sind im feuchten wie im trockenen Gelände ohne Mitwirkung von Weidevieh oder Mähen kaum möglich. Da jede Wiese zu ihrer Existenz ein- oder mehrfaches Mähen im Jahr benötigt, eine erst 1873 gewonnene Erkenntnis, trat damals an die Stelle der Urwiesentheorie die sachgerechte Aussage: Ohne Sense keine Wiese. Allerdings gibt es eine Ausnahme, die sogenannten *Biberwiesen*. In Kanada, wo noch in den 1930er Jahren zahlreiche Biber lebten, hatte Schott (1934) die Bildung von Wiesen durch die Tätigkeit dieser großen Nagetiere beobachtet. Sie legen beim Bau ihrer sogenannten Burgen Stauseen an, die je nach Talform und Gewässereigenschaft eine Länge bis zu 2 km erreichen konnten. Der Wasserstau überflutet den darin befindlichen Wald, so daß er nach wenigen Jahren abstirbt und zusammenbricht. Reste des Waldes werden durch die infolge des Staus vermehrte Sedimentation mit Ablagerungen bedeckt. Wenn die Dämme nach einigen Jahren, wenn der Bau aufgegeben wird, lückig werden, läuft das gestaute Wasser aus und bald stellt sich eine dichte Bodenbedeckung von Gräsern und Kräutern ein: eine sogenannte Biberwiese ist entstanden. Die Geschwindigkeit der Wiederbewaldung hängt davon ab, ob auf der Grasfläche regelmäßig Wildtiere grasen. Für die

Erhaltung solcher Biberwiesen bis zu 20 Jahren haben in Kanada, als es noch in großer Zahl Wildtiere gab, Rehe, Hirsche, Elche und Büffel die entscheidende Rolle gespielt. Nach späteren Populationen wird der Besatz an Bibern in Nordamerika in den für die Tiere geeigneten Landschaften für die Zeit vor Ankunft der Europäer, je nach ökologischer Ausstattung des Naturraums und schwankender Stärke der Populationen, auf 10 bis 50 Tiere pro 3 km^2 geschätzt. Diese Zahl gibt wenigstens eine Größenvorstellung zur Beurteilung der ursprünglichen Biberpopulation in Deutschland (s. S. 20).

Noch eine weitere Art der Entstehung von Wiesen aus Flächen, die ursprünglich nicht bewaldet waren, ist verbreitet gewesen: die Abfolge See → Ried oder Rohr → Weide oder Wiese. Ried hatte sich in häufig überschwemmten und sehr feuchten Gewässerauen gebildet, insbesondere in größeren Flußauen, die noch dazu von breiteren, in Verlandung begriffenen Altarmen durchzogen waren (S. 33 ff.). Auch bei diesem Umwandlungsprozeß vom Ried zur Weide oder Wiese war der Einfluß des Menschen erheblich. Das Hervorgehen von Wiesen aus Riedflächen und deren Herkunft aus Seen wird dank Geländenamen noch in mittelalterlichen Quellen greifbar. In einem Würzburger Lehenbuch werden z. B. im heute fast wiesenfreien, trockenwarmen und lößlehmbedeckten Ochsenfurter Gau um 1360 16 Morgen Wiesen im Ingolstädter *„riet, daz da heizzt die Seewise, vnd 8 morgen in Sulczdorffer riet"* genannt (Jäger 1992, 2). Ebenfalls in anderen Teilen der Gäuplatten Mainfrankens, die seit etwa 40 Jahren weithin ihre letzten Wiesen und zunehmend seit dem 16. Jh. ihre kleinen Naturseen (s. S. 47 ff.) verloren haben, hat es noch im Mittelalter häufig überschwemmte und mit Ried durchsetzte Bachauen und kleinere Naturseen gegeben. Im mainfränkischen Gäuland, zwischen den Dörfern Bergtheim und Opferbaum, befand sich noch im hohen Mittelalter ein größeres Ried, das bis ins späte Mittelalter großenteils zu Wiesen gemacht worden war. Heute ist davon nur noch ein winziger Wiesenstreifen und der Gewässername „Riether Bach" übriggeblieben. Die weite Verbreitung von Ried im Mittelalter wird nicht nur durch Gewässer- und Geländenamen, sondern auch durch zahlreiche Siedlungsnamen mit dem Grund- oder Bestimmungswort *Ried, Rohr, Ror* bezeugt. Allein Deutschland in den Grenzen von 1991 besitzt über hundert. Würden die Namen der zahlreichen mittelalterlichen Wüstungen mitgezählt, ergäben sich noch mehr. Um ein Vielfaches größer ist die Zahl entsprechender Flurnamen. Die im späteren Mittelalter durch Entwässern und Mähen schon weit fortgeschrittene Umwandlung von Riedflächen in Wiesen spiegelt sich vor allem in den detaillierten Angaben der Salbücher, Erbregister und vergleichbaren

Quellen aus dem 16. Jh., die zu wichtigen Beständen der Staatsarchive gehören und von denen leider nur wenige veröffentlicht sind, obwohl sie landschafts-, sozial-, wirtschafts-, siedlungs- und rechtsgeschichtliche Quellen hohen Ranges bedeuten. So werden z. B. 1519 und später (u. a. STAW Stdb. 556) die 30 ha großen Wiesenflächen, die das damals noch berühmte Kloster Kitzingen in der Mainaue besessen hatte, als *Ried am Main* bezeichnet. Da Hinweise auf Meliorationen, Schilfrodungen und dergleichen fehlen, sondern das ganze Gelände zu Beginn des 16. Jhs. sofort als Wiesenland erscheint, wird man die Schaffung der Wiesen bereits ins Mittelalter zurückverlegen dürfen. Dem entsprach, wenn in anderen Teilen von Mainfranken in zahlreichen Gemarkungen des 16. Jhs. die Gemeindewiesen *gemeine Ried* oder *gemeine Ried und Wasen* genannt werden und ebenfalls Hinweise auf Meliorationen fehlen (u. a. STAW Salb. 96). Zur Beseitigung kleiner Riedbestände in Ausbuchtungen mit flacherem Wasserstand, aber auch in tieferen Abschnitten unserer Flüsse und Bäche haben seit dem 16. Jh. die sich damals häufenden Fluß- und Bachordnungen der Landesherren beigetragen. Sie wurden erlassen, um den ungehinderten und möglichst raschen Abfluß des Wassers zu sichern, damit sich dadurch die Gefahr von Hochwasser verminderte. So waren im Fürstbistum Würzburg die Gemeinden verpflichtet, *aus ihren Bächen die Stöcke* [d. h. auch das Ried] *und Weiden aufs ausführlichste herauszuhauen ... und dieselben jährlich zu säubern und auszuputzen* ... Derartige Eingriffe in den naturnahen Zustand der Gewässer müssen nachteilig auf Wasservögel und -tiere gewirkt haben. Leider gibt es darüber aus dieser Zeit keine Hinweise. Wenn in zahlreichen Quellen des 16. Jhs. für gewässernahe Gemeinweiden neben *Ried* oft die Bezeichnung *Wasen* erscheint, dann läßt sich durch die Etymologie des Wortes ebenfalls ein Hinweis auf die Herkunft des von ihm bezeichneten Landschaftselements aus feuchtem Milieu gewinnen. Denn *Wasen* bezeichnete ursprünglich genau wie das verwandte Wort *Rasen* eine feuchte Fläche. Übrigens gehört ebenfalls *Wiese* zu einer germanischen Sprachwurzelfamilie mit den Bedeutungen *Schlamm, Feuchtigkeit.* Die Gewinnung von Wiesen aus Pflanzengesellschaften des Auenwaldes läßt sich aus zahlreichen Belegen ableiten, in denen Aue ein Grund- oder Bestimmungswort des Flurnamens eines gewässernahen Wiesengeländes ist, z. B. Wiesen in der *Nidern Awe* 1340 in Münnerstadt. Da die Wiesenkultur im 16. Jh., aus dem die weitaus meisten älteren Belege überliefert sind, weithin mit gut organisierter und hinreichend finanzierter Bewässerung sowie der Gewinnung von Heu und Grummet verbreitet war, so z. B. im großen Wiesengelände in der breiten Aue der Fränkischen Saale nahe Bad Neustadt, dürften die Anfänge des intensiven Wiesenbaus weit in die Vergangenheit zurückreichen. Das wird auch durch zahlreiche, wenn auch verstreute Quellenstellen belegt. Das bislang älteste Zeugnis von Wiesenbewässerung in Franken aus dem Jahre 1223, zu den frühesten Belegen in Deutschland gehörig, bezieht sich auf die Gemarkung von Veitshöchheim/Main (Jäger 1992, 4, S. 485). Erheblich jünger als in den Tälern sind viele Wiesen und Weiden auf den überwiegend trockeneren Böden der oberen Talhänge und des Berglandes. Dort wuchs ursprünglich ebenfalls Wald; soweit er durch jahrhundertelange Beweidung verschwunden war, erstreckten sich an seiner Stelle zunächst offene Viehweiden, noch bis ins späte Mittelalter waren sie vorherrschend, doch immer mehr der oberen Talhänge und von Mittelgebirgshochflächen waren im Verlaufe der Jahrhunderte mit Wiesen durchsetzt worden, zumeist einschürigen und wenig ertragreichen Magerwiesen. Der Übergang von der einen zur anderen Nutzungsart läßt sich wiederum in schriftlichen Quellen erfassen. So dienten große Teile der Hochrhön im späten Mittelalter und in früher Neuzeit sowohl als Weide für Großvieh und Schafe, ebenfalls wurde dort Gras gemäht und im Sommer mit Schlitten zu Tal geführt. Die in der älteren landeskundlichen Literatur aus dem 19. Jh. oft beschriebene, in ihrem Ursprung bislang undatierte Heuernte auf den noch immer großen Grasflächen der Hochrhön, die im 16. Jh. als *Gras-* oder *Heufelder* bezeichnet werden, läßt sich für den bekannten Kreuzberg für das Jahr 1161 mit der für damals bereits intensiven Nutzung von Gras und Heu (*herba et fenum*) belegen, d. h., jährlich wurde zweimal gemäht, so daß die frühen anthropogenen Einwirkungen auf die Wiesen erheblich waren. Bis in die 1930er Jahre war in der Rhön als Folge von mindestens 800jähriger Wirksamkeit bäuerlicher Wirtschaft oberhalb von 650 m überall die Borstgras-Heide oder der Borstgras-Rasen (Nardetum) vorherrschend mit bis zu 90 % Anteil an der Vegetationsfläche. Die Namen gehören zur pflanzensoziologischen Terminologie und fehlen als volkstümliche Bezeichnung in der Rhön wie in anderen Landschaften. Im Nardetum waren Besenheide (Calluna vulgaris) und an feuchteren Stellen u. a. Besenried (Molinia coerulea) und Binsengewächse (Juncaceae) eingestreut. Ebenfalls wuchsen im Nardetum, in Grüppchen oder einzeln, Sträucher und Bäume, namentlich Erlen, daneben Hasel, Bergahorn und Birke. Auch die echten Wiesen der mittelalterlichen und späteren Rhön haben sich bis zu den großen Kultivierungsarbeiten seit Mitte des 19. Jhs. (s. S. 114) erheblich von denen der Gegenwart unterschieden. Sie waren reich an Kräutern, Blumen und Insekten, ihre zahlreichen Waldsträucher, namentlich Weiden und Haseln, und einzelne Waldbäume erinnerten an die Herkunft des Grünlandes. Insoweit standen jene Wiesen dem Wald, aus dem sie ja gewonnen waren, noch näher als die heutigen. Wenn in spätmittelalterlichen und frühneuzeitlichen Dokumenten aus Franken oft *verellerte Wiesen* erscheinen, lag dieses mit Buschwerk und Baumanwuchs überzogene Grünland gewöhnlich an Hängen und auf Bergen, oder es handelte sich, wie während und nach der spätmittelalterlichen Wüstungsperiode, um Rückbildungen aus ehemaligem Ackerland. Während in der Hochrhön die Wiesen teils relativ intensiv mit Heu- und Grummetmahd genutzt wurden, teils aber auch relativ extensiv mit nur einem Grasschnitt, war einschüriges, ertragsarmes Grasland in anderen Bergländern vorherrschend, wenn nicht die alleinige Nutzungsweise, so z. B. in der Schwäbischen Alb. Dort hießen sie *Hochwiesen, Bergwiesen* oder *Mähder/Mäder.* Gradmann (1950, 1, S. 214 ff.) hatte sie untersucht und beschrieben. Es waren nach Aussehen und Bestand typische Magerwiesen, d. h., sie wurden nicht gedüngt und nicht mit hochgezüchteten Gräsern weniger Arten eingesät, so daß sie reich an verschiedenen Sorten von Gräsern, an Blumen und würzigen Kräutern waren. Für sie waren die Magerwiesen Refugien zum Überleben. Obwohl dort auch bekömmliche Futtergräser wuchsen, wie das verbreitete Zittergras (Briza media), waren sie eine unergiebige Futterquelle. Unter den zahlreichen, teilweise ebenfalls in der Steppenheide vorkommenden Arten (S. 117 ff.) wuchsen u. a. als typische Zeigerpflanzen: der auch in Kiefern-Heiden verbreitete Trift-Hafer (Avena pratensis), Aufrechte Trespe (Bromus erectus), Bergsegge (Carex montana), Schafschwingel (Festuca ovina), Kalkaster (Aster amellus), Gewöhnliche Kugelblume (Globularia vulgaris), Gewöhnlicher Hornkleee (Lotus corniculatus), Bergklee (Trifolium montanum) und Purpurklee (T. rubens) sowie weitere Kleearten. Was auf den meisten Albmähdern fehlte, waren Pflanzen, die kalkarmen Boden bevorzugen, wie das auf den Grasheiden der Hochrhön und des Rheinischen Schiefergebirges so massenhaft wachsende Borstengras (Nardus stricta). Nardetum-Grasmatten prägen nicht nur die großflächig zurückgedrängten, dem heutigen Betrachter oft als urwüchsig erscheinenden Magerrasen und -weiden der Mittelgebirge mit Silikatgesteinen; sie können auch dort auf Plateaus von Kalkstein auftreten, wo durch höhere Niederschläge und anthropogene Waldfreiheit der Boden im Verlaufe der Jahrhunderte entkalkt worden ist, Begleitpflanzen sind u. a. Bergarnika (Arnica montana), verschiedene Arten des Fingerkrauts (Potentilla), weitere Gräser und Kräuter und oft eingestreut die Besenheide (Calluna vulgaris). Vom Ausmaß des regelmäßigen Sensenschnittes war abhängig, inwieweit sich Sträucher oder gar Bäume einfanden. Beweidung allein kann nämlich das Aufkommen von dornigen oder dem Vieh durch Bitterkeit unbekömmlichen Holzgewächsen nicht verhindern. Besenginster (Sarothamnus scoparius), Färber-Ginster (Genista tinctoria) und Heide-Ginster (G. pilosa) sind in Magerwiesen und -weiden verbreitet, treten aber kaum irgendwo zusammen auf, da jeder von ihnen besondere Ansprüche an Klima und Boden stellt. Die größte Ausdehnung der Gras-Heiden des verschiedensten Typs war in den Mittelgebirgen im 18. Jh. erreicht. Im Verlaufe des 19. Jhs. sind sie weithin vernichtet worden: durch Aufforstungen mit Nadelholz, durch Umwandlung in intensiv genutztes Ackerland oder in gedüngte und gepflegte Weiden und Wiesen nach Umbruch und Einsaat von Grasmischungen. Zu jener Intensivierung in der Bodennutzung und damit Artenverarmung der Umwelt hat außerdem der ins 19. Jh. fallende, mit der Eingliederung Mitteleuropas in die Weltwirtschaft zusammenhängende Rückgang der Schafhaltung beigetragen. Denn die Schafweide ist für viele der Mittelgebirgsheiden und Magerrasentriften im Hügel- und Schichtstufenland die einzige Nutzung gewesen und hatte auf natürliche Weise für ein Offenbleiben der Flächen gesorgt, so wie im Falle der nordwestdeutschen Zwergstrauchheiden. Hatte Deutschland um 1860 noch 28 Millionen Schafe, so waren es 1954 (in den Grenzen von 1990) nur noch 2,9 Millionen. Durch die Flächenintensivierung sind viele Gras- und Krautarten, darunter schöne und seltene Blütenpflanzen, aus vielen Landstrichen verschwunden und gedeihen nur noch in Naturschutz- und Landschaftsschutzgebieten oder kleineren geschützten Arealen oder auf weiterhin gefährdeten Reliktstandorten außerhalb intensiver genutzten landwirtschaftlichen Kulturlandes. Es ist bezeichnend, daß in den Naturparken Bayerische und Hessische Rhön in Höhen oberhalb von 650 m noch immer große, waldfreie Flächen von Borstengrasmatten eingenommen werden und gerade dieser Bereich von den zahlreichen Besuchern als besonders urwüchsig angesehen wird. Wenn diese Grasheiden einen erheblichen Teil des heutigen Biosphärenreservates der Rhön einnehmen, dann handelt es sich, wie mehrfach in anderem Zusammenhang ausgeführt, um Relikte früherer Kulturlandschaften. Die Rhön gehört mit ihren weiten und naturnahen, ungedüngten Grasflächen eher zur Ausnahme unter den deutschen Mittelgebirgen. Trotz starker Rückgänge bis in die 1950er Jahre besitzt auch das Rheinische Schiefergebirge, etwa das Wittgensteiner Land, vorwiegend in den Höhenlagen oberhalb von ca. 500 m relativ große Areale von Gras- und Ginsterheiden. In den letzten 30 Jahren hat sich durch Wüstfallen früheren Akkerlandes nach Aufgabe kleinbäuerlicher Betriebe ihr Areal vergrößert. Dort wie anderswo zählen diese noch oder wieder naturnahen, dennoch vom Menschen stark überformten Landschaftsteile zur malerischen und von Besuchern sehr geschätzten Ausstattung des Naturparks (!) Rothaargebirge. Wie groß in Deutschland der ökonomische Zwang zur Intensivierung im Bereich des Grünlandes und damit zur Verringerung des Artenreichtums an Pflanzen und Tieren war, sei an einigen Zahlen aufgezeigt. Die noch naturnahen, aber wenig ergiebigen Magerwiesen lieferten bei Einschürigkeit einen jährlichen Heuertrag von nur 7,5–15 dz/ha, während der am meisten vorkommende Typ heutiger Fettwiesen, die Glatthafer-(Arrhenatherum elatius-)Wiese, 80–90 dz/ha Heu und Grummet erträgt, die noch darüber hinausgehenden Intensivwiesen produzieren bis zu 120–140 dz/ha.

6.6.4 Unkräuter, Wildpflanzen, Wildkräuter

Unkraut bezeichnet nach einer Definition im maßgebenden Werk von Willerding (1986) aus der ökonomisch orientierten Sicht der Gegenwart alle unerwünschten Kräuter und Gräser, welche „die jeweils geförderten oder angebauten Pflanzen beeinträchtigen können". Damit werden die in allen land- und forstwirtschaftlichen Kulturen und im Garten unerwünschten Gräser und Kräuter erfaßt. Es sind Konkurrenten der vom Menschen angebauten Kultur- und Forstpflanzen. Allerdings berücksichtigt jene Wortbestimmung nicht alle Pflanzen, die gemeinhin als Unkraut bezeichnet werden. Es gehören außerdem dazu die sogenannten Ruderalpflanzen, die auf Schuttplätzen, an Straßen- und Wegrändern, Bahndämmen, Hecken, Zäunen und ähnlichen, nicht kultivierten Standorten wachsen. Da fast alle Unkräuter im Gegensatz zu den meisten Kulturpflanzen auch in der freien Natur gedeihen und dort zumeist über viele Generationen hinweg heimisch sind, gehören sie auch in eine Umweltgeschichte, die sich wie die meinige auf die naturnahen Bereiche konzentriert. Name und Begriff „Unkraut" sind freilich schon mittelalterlich. Wenn die meisten Arten der altheimischen Unkräuter die jahrhundertealte Feindschaft des Menschen bis an die Schwelle der Gegenwart überlebt hatten, lag das allein am Fehlen der modernen Bekämpfungsmittel, nicht jedoch an Mentalitätsunterschieden zwischen früheren und heutigen Gesellschaften. Viele Unkräuter haben sich bereits in prähistorischer Zeit von Reliktstandorten aus, die sie in der frühen Nacheiszeit eingenommen hatten, in das vom Menschen geschaffene Kulturland ausgedehnt, andere sind frühe Begleiter der aus Orient, Südosteuropa und dem Mittelmeerraum eingeführten Kulturpflanzen. Jener vom Menschen herbeigeführte, wenn auch ungewollte Import von Unkräutern, der bereits mit Einführung von Ackerbau und Viehwirtschaft und begleitenden Rodungen eingesetzt hatte, hält noch immer an und hat seit dem Entdeckungs- und Kolonialzeitalter und durch die gegenwärtige Weltwirtschaft längst globale Ausmaße erreicht. Wie auch bei den meisten tierischen Schädlingen hat bei den Unkräutern der Mensch „eine ursprünglich unter schwierigen Bedingungen lebende Organismengruppe durch die Bereitstellung gleichsam überoptimaler Lebensbedingungen zu Schädlingen gemacht“ (Willerding 1986, S. 13). Wenn in der gegenwärtigen Diskussion über Umweltfragen gefordert wird, den Ausdruck *Unkraut* wegen seines negativen Inhalts durch die neutraleren *Wildpflanze* oder *Wildkraut* zu ersetzen, liegt dem die Erkenntnis von der Unentbehrlichkeit vieler sogenannter Unkräuter für das Funktionieren unserer Umweltsysteme zugrunde. Im folgenden sollen die Wörter *Unkraut* und *Wildkraut* synonym gebraucht werden, ohne mit dem Ausdruck *Unkraut* eine Wertung zu verbinden. Das Wort *Unkraut* war im Mittelalter nicht so negativ wie heute besetzt, da *Kraut* damals vor allem *Gemüse* bedeutete. Dieser Wortverstand ist gegenwärtig noch in der Bedeutung von *Kraut* im Sinne von Speisekohl enthalten. Insofern waren im Mittelalter und noch in der frühen Neuzeit die Krautgärten, die es bei jedem Bauernhof gab, nicht nur mit Kohl, sondern auch mit anderen Gemüsesorten bestellt. *Unkraut* hatte daher eher die Bedeutung *kein Gemüse*. Damit ist freilich nicht gesagt, daß alle Pflanzen, die heute zu den Unkräutern rechnen, nicht in früherer Zeit, oft nur regional, der Ernährung des Menschen gedient haben können. Das gilt z. B. für den Echten (Chenopodium foliosum) und den Ährigen Erdbeerspinat (Ch. capitatum). Beide Gänsefußarten sind bis ins 19. Jh. hinein als Spinat verwendet worden und wachsen heute an Wegen, in Burgruinen u. a. Ödplätzen oder werden als Zierpflanze in Gärten angebaut. Wenn im weiteren Wortverstand als Unkräuter alle Pflanzen gelten, welche aus der Sicht des Landwirts, Winzers, Försters, Erwerbs- und Freizeitgärtners nicht in den von ihm gepflegten Kulturpflanzenbestand gehören, dann gilt diese Auffassung somit nur für ein bestimmtes Land, einen Kulturkreis und eine fest umrissene Zeit. Es werden gegenwärtig sogar manche Wildpflanzen als Unkräuter angesehen, die in früheren Zeiten wertvolle und gärtnerisch gehegte Kulturpflanzen gewesen sind. So war der blütenreiche, gelbleuchtende Färber-Waid (Isatis tinctoria), der besonders in den wärmeren Landschaften von Thüringen und Süddeutschland in Unkrautgesellschaften auf Ödland, auf Wegrändern, im nur wenig befahrenen Bahngelände oder in aufgelassenen Steinbrüchen wächst, bis zur Einführung der Chemiefarben die wichtigste Pflanze zum Blaufärben und wurde etwa um die Stadt Erfurt im großen angebaut und brachte gute Einnahmen. Erfurt verdankte daher dem heutigen Unkraut großenteils seinen mittelalterlichen und frühneuzeitlichen Wohlstand. Andere Unkräuter sind früher Heilpflanzen gewesen, wie das Akkerstiefmütterchen (Viola tricolor arvensis), das u. a. in Ackerunkrautgesellschaften, an Wegen und auf Schuttplätzen anzutreffen ist. Es wurde besonders in der Volksmedizin wegen seiner offizinellen Eigenschaften gegen Hautkrankheiten, Skrofulose und Rachitis eingesetzt. Manche tropischen Pflanzen, die vom Gartenbau in Treibhäusern gehegt und im Haushalt liebevoll gepflegt werden, gelten in ihrer Tropenheimat als Unkraut, da sie dort überall an Wegrändern wachsen. Der kleinere Teil unserer Wildkräuter war schon in den Warm- und Kaltzeiten des Eiszeitalters in Mitteleuropa heimisch (Willerding 1986, S. 310 ff.). Bis in pleistozäne Warm- und Kaltzeiten, ins Spätglazial und Neolithikum geht z. B. die bekannte, seit einigen Jahren durch die Agrarchemie stark zurückgedrängte Kornblume (Centaurea cyanus) zurück. Sie ist wie viele Unkräuter eine gute Bienenweide. Die wichtigsten der mitteleuropäischen Unkräuter sind *Adventivpflanzen* oder Neubürger und als solche in unserer natürlichen Umwelt vor Einführung von Ackerbau und Viehhaltung nicht vorhanden gewesen. Sie sind im Verlaufe von rund 7000 Jahren durch den Menschen, beabsichtigt oder nicht, eingeführt worden, manche bereits in der Jungsteinzeit, andere erst in den letzten Jahren. Vor allem lästige, teils giftige Unkräuter sind als Begleiter von Kulturpflanzen, Saatgut und Lebensmitteln eingeschleppt worden. Aus umweltgeschichtlicher Sicht ist ein Überblick über wichtige Unkräuter nach der Zeit ihrer Einführung sachgerecht (u. a. Rauh 1967, S. 10 ff.). Auch in diesem Kapitel kann, wie in allen andern, wegen der Überfülle des Stoffes keine Vollständigkeit erreicht, ja nicht einmal angestrebt werden, da es nur darum gehen kann, eine Vorstellung von den wichtigsten Prozessen zu geben, die unsere naturnahe Umwelt verändert haben. Die am frühesten nach Mitteleuropa gekommenen Unkräuter, die *Archäophyten*, stammen schon aus ur- und frühgeschichtlicher Zeit. Die meisten sind wegen der bereits damals bestehenden Verbindungen aus dem Mittelmeerraum oder dem Orient gekommen. Mit Ausdehnung der Handelsverflechtungen über die ganze Erde sind schließlich aus allen Erdteilen Unkräuter zu uns gelangt, sofern sie aus verwandten Klimagebieten stammen und sich daher in Mitteleuropa für dauernd einbürgern konnten. Der im Bereich bäuerlicher Siedlungen anzutreffende Mauer-Gänsefuß (Chenopodium murale) ist schon früh aus dem Mittelmeerraum eingeschleppt worden und gedeiht daher nur in den warmen Tieflagen, etwa im Thüringer Becken, in

Mainfranken oder im Oberrheintiefland. Der aus Südamerika stammende, wärmeliebende, im Unkraut von Schuttplätzen wachsende Wohlriechende Gänsefuß (Chenopodium ambrosioides) ist heute in warmen Gebieten aller Erdteile verbreitet, darunter im Oberrheintiefland. Der Australische Gänsefuß (Chenopodium pumilio) zeigt im Namen seine Herkunft an und gedeiht u. a. im Rheinland, in Brandenburg und Sachsen, wo er vorzugsweise sandig-kiesige Böden, etwa an Wege- und Flußufern, bevorzugt. Da sich das erste Auftreten der *Archäophyten* nur durch paläobotanische Methoden bestimmen läßt, gelten die Erkenntnisse nur, solange nicht eine Pollenanalyse oder ein Großrestfund bei einer archäologischen Ausgrabung zu neuen Erkenntnissen führt. In der jüngeren Steinzeit sind bereits manche Adventivpflanzen zu uns gekommen. Die Roggentrespe (Bromus secalinus) ist als Unkraut mit dem Weizen aus dem Orient nach Mitteleuropa gelangt und war bis in die 1950er Jahre vor allem auf lehmigen Sandböden oder sandigen Lehmen ein lästiges Unkraut des Wintergetreides, namentlich im Weizen und Roggen. Sie geht seit Jahren durch die nachhaltige Reinigung des Saatgutes zurück. Ebenfalls ist schon in der Jungsteinzeit unsere verbreitetste Gänsefußart, der Weiße Gänsefuß (Chenopodium album), bei uns heimisch. Er war früher eine Gemüse- und Mehlpflanze und gedeiht heute als formenreiches Allerweltsunkraut im Tiefland wie in den Alpen bis in 1100 m Höhe. Er wächst auf Schuttplätzen, im Garten, auf Brachäckern und ähnlichen Standorten. Wie viele andere Unkrautarten ist er sehr zäh, da ausgerissene Pflanzen leicht wieder anwachsen und der Samen im Boden seine Keimfähigkeit über Jahre behält. Ein weiterer Kulturbegleiter seit dem Neolithikum ist das Acker-Pfennigkraut (Thlaspi arvense), das von der Ebene bis ins Gebirge in vielen Landesteilen Mitteleuropas anzutreffen ist. Ebenso lange ist die Möhren-Haftdolde (Caucalis platycarpos) bei uns heimisch, aber selten. Da sie aus dem mediterranen Bereich stammt, gedeiht sie nur auf sommerwarmen Standorten, wo sie Kalkböden bevorzugt, so daß sie z. B. im Rheinischen Schiefergebirge und in den Alpen fehlt und im Norddeutschen Tiefland kaum vorkommt. Von Unkräutern aus Kulturhorizonten der Bronzezeit könnten einzelne älter sein. In bronzezeitlichen Schichten sind u. a. erstmals gefunden worden: das Wiesen-Stiefmütterchen (Viola tricolor subalpina), das in den höheren bayerischen Gebirgen und im Voralpenland wächst. Der verbreitete Flug- oder Windhafer (Avena fatua) ist aus dem östlichen Mittelmeerraum mit Saatgetreide eingeschleppt worden und vielleicht die Stammpflanze unseres Saathafers. Zu den Neophyten, die durch Robustheit und Aggressivität einheimische Pflanzen verdrängen, zählen zwei aus dem westlichen Nordamerika stammende, zunächst in Hausgärten gepflanzte Goldrutenarten (Solidago canadensis und S. gigantea). Von dort sind sie in unterschiedliche Freilandökotope, darunter des Auenwaldes, der Bach- und Flußufer eingedrungen. Die Riesengoldrute hat sich dabei zu einem unduldsamen Wald- und Forstschädling entwickelt.

6.7 Tierwelt

6.7.1 Einheimische Wildtiere: Dezimierung, Vermehrung, Ausrottung, Wildgehege

Bereits ohne Jagd oder Hege hätte sich seit der neolithischen Umweltrevolution als Folge von grundlegenden Veränderungen von Wald und Offenland und Ausdünnung vieler Wälder die Verteilung der Wildtierarten und ihre Individuenzahl erheblich verändert. Sogar ohne jede indirekte Einwirkung des Menschen auf die natürliche Umwelt wäre es bei den Wildtieren zu naturbedingten Arten- und Bestandsveränderungen durch Seuchen, Wanderungen, Expansions- und Rückzugsbewegungen gekommen. Hier sollen jene Prozesse im Vordergrund stehen, die mit anthropogener Veränderung des Lebensraums der Arten oder direkten Einwirkungen des Menschen zusammenhängen. Jede neue kulturlandschaftliche Entwicklungsstufe bringt für manche Tierarten eine Förderung, für andere Nachteile. Bis zur massenhaften Anwendung von Pestiziden und Herbiziden seit den 1950er Jahren war das vom Menschen geschaffene Landschaftsgefüge neben anderen Faktoren, wie Jagd und Hege, von grundlegendem Einfluß auf die Verbreitung von Tierarten. Umfangreiche Rodungen mit Erweiterung des landwirtschaftlichen Kulturlandes verminderten die Waldtierbestände und vermehrten die Tiere des Offenlandes. So konnte sich der Feldhase (Lepus europaeus) als Bewohner der Kultursteppe und des lichten Waldes erst mit Ausdehnung des Ackerlandes und anthropogen bedingter Ausdünnung des Waldes über große Gebiete in Europa ausbreiten, und erst seit den 1950er Jahren erfolgte unter dem verheerenden Einfluß der Hochleistungslandwirtschaft ein rapider Rückgang. Auch bereits vor der Chemisierung der Landwirtschaft führten Neuerungen im Agrarraum, seien es neue Maschinen und Geräte gewesen, neue Arten der Bodenbearbeitung, wie etwa die mittelalterliche Ausdehnung der Dreizelgenwirtschaft oder die spätere Einführung der Fruchtwechselwirtschaft, zu Veränderungen in der Tierwelt. Gleiches gilt für waldgeschichtliche Prozesse mit ihren vielfältigen Auswirkungen auf die Bestandsdichte und die Verteilung der Holzarten. Wenn ein lichter Laubmischwald durch einen Dunkelwald aus Nadelbäumen ersetzt wird, werden dadurch Äsungsflächen vernichtet, ebenso verarmt die Vogelwelt und die stärkere Versauerung des Bodens beeinflußt dessen Kleintierfauna (s. S. 168ff.). Es bestehen enge Wechselbeziehungen zwischen der Einwohnerbewegung einer Landschaft und ihren Wildtieren. Die meisten Populationen schrumpfen mit wachsender Menschenzahl und umgekehrt. Besonders eindrucksvoll zeigt sich dieser Zusammenhang während und gegen Ende des 30jährigen Krieges mit seiner bislang in der deutschen Geschichte größten Bevölkerungskatastrophe (Franz 1979). Die mit ihm verbunden gewesene großflächige Ausbreitung von Flurwüstungen, das zeitweilige Vordringen von Wald und der starke Rückgang der Waldweide führten zu einem Anwachsen der Wolfspopulation und zu einem erneuten Eindringen dieses Raubtiers in Landschaften, wo es bereits im 16. Jh. ausgerottet war, wie weiter unten mit Belegen ausgeführt wird (S. 137f.). Das Bemühen, eine Geschichte der in Mitteleuropa heimisch gewesenen und eingebürgerten Wildtiere zu erarbeiten, hat sich mit erheblichen methodischen und stofflichen Schwierigkeiten auseinanderzusetzen. Obwohl sich aus jenem Arbeitsfeld aufschlußreiche Einsichten in frühere Umwelten und ihre Veränderung gewinnen ließen, gibt es noch keine zusammenfassenden regionalen und überregionalen Darstellungen. Das meiste Material hat bislang die Jagdgeschichte geliefert, und auch diese Teildisziplin besitzt keinen handbuchartigen Überblick mit älteren Statistiken über alle Jagdtiere. Der größte Teil des in Archiven verstreuten und seit dem 16. Jh. verfügbaren Datenmaterials ist noch unausgewertet. *„Leider ist im Bereich der jagdhistorischen Forschung noch niemals der Versuch unternommen worden, die ganze Fülle der überlieferten Daten aus jener Zeit auch nur für eine einzige Wildart über alle Grenzen hinweg zusammenzustellen"* ist die Schlußfolgerung einer innovativen Habilitationsschrift (Schwenk 1987), in der erstmals, mit Schwerpunkt auf dem 19. und 20. Jh., eine systematische Untersuchung über die Jagdstatistik als Materialsammlung und als jagdwissenschaftlicher Arbeitsbereich vorgelegt wird. Da das relevante Material des 16. und 17., großenteils noch des 18. Jhs. in den Archiven in vielen 1000 Einzelakten zerstreut lagert und viele von ihnen nach ihrem Titel und den Repertorien nicht erkennen lassen, daß sie ebenfalls Daten über Wildtiere enthalten, wird sich wohl noch auf Jahrzehnte das Material nur regional in annähernder Vollständigkeit erfassen lassen. Außerdem sind über mehrere Jahrzehnte reichende lückenlose Statistiken im 16. und 17. Jh. eine Ausnahme, in der Regel gibt es nur Erhebungen über eine beschränkte

Folge von Jahren. Erheblich günstiger ist das Datenmaterial für das 19. und 20. Jh., so daß die durch Schwenk in mehreren Heften der Reihe ›Homo Venator‹ veröffentlichten Jagdstatistiken über ehemalige deutsche Bundesstaaten und Österreich, die bis zu hundertjährige oder nur über einige Jahrzehnte reichende Zahlenreihen umfassen, hauptsächlich jener Zeit gelten. Jagdstatistiken sagen zunächst nur etwas über den Abschuß. Erhebungen des Wildbestandes sind in älterer Zeit, etwa der zweiten Hälfte des 16. Jhs., eine seltene Ausnahme. Da sich ein großer Teil der älteren Statistiken mit Abschußzahlen von Fürsten und anderen Territorial- und Grundherren befaßt und bei ihren Jagden das Wild oft über Tage vorher aus einem größeren Bereich zusammengetrieben oder durch Füttern zu bestimmten Plätzen angelockt wurde, ist die Auswertung entsprechender Statistiken zu Aussagen über die allgemeine Wilddichte nur mit Vorbehalten möglich. Des weiteren ist in Rechnung zu stellen, daß sich hinter einer Erhöhung von Abschußzahlen eine Verbesserung in der Waffentechnik verbergen kann, nicht jedoch eine Änderung in der Wilddichte. Es führten Ausbreitung und Vervollkommnung der Gewehre – so im 16. Jh. durch Erfindung von Rad- und von Schnappschloß – zu einem kräftigen Anstieg der Abschüsse, andererseits setzte damals im erstarkenden Territorialstaat eine wirksamere Hege des jagdbaren Wildes ein. Um so planmäßiger wurde die Ausrottung der Raubtiere einschließlich mancher Vogelarten organisiert. Wie in allen Bereichen der Umweltgeschichte wirkten beim Rückgang von Raubtieren mehrere Faktoren einschließlich ihrer Rückkoppelungseffekte zusammen. Denn zum straffer verwalteten Obrigkeitsstaat neuer Prägung mit einer erstmals gut durchgebildeten behördlichen Raumorganisation, wie er in der Reformationszeit entwickelt wurde, gehörte auch eine Verbesserung der allgemeinen Landeskultur. Ihre Errungenschaften waren eine Ertragssteigerung der Land- und Forstwirtschaft, die verbesserte Methoden der Bewirtschaftung voraussetzt, eine erstmalige Intensivierung bis dahin extensiv genutzter Flächen, eine Fortsetzung der Austrocknung des Landes durch Kultivierung, eine Verbesserung des Verkehrs, ein Ausbau der Siedlungen, Innovationen im Bergbau und im Verarbeitungsgewerbe. Alle diese Maßnahmen haben zum Rückgang der Individuenzahl der meisten Wildtierarten beigetragen, sofern sie als Konkurrenten des Menschen oder als Schädlinge für seine Nutztiere oder landwirtschaftlichen Kulturen angesehen wurden. Da die Jäger seit dem 15. Jh. für jedes Tier, dessen Ausrottung erwünscht war und dessen Art deshalb auf den Abschußlisten stand, eine ausgelobte und oft attraktive Geldsumme erhielten, waren die Anreize, möglichst viele Tiere zur Strecke zu bringen, hoch. Prämien dieser Art sind übrigens in Deutschland gebietsweise bis zum Ersten Weltkrieg gezahlt worden, wie spätere Einzelbeispielen zeigen werden (s. S. 172ff.). Jener krasse Nützlichkeitsstandpunkt, der sich in manchen Kreisen bis zur Gegenwart erhalten hat, kommt bereits in der Sprache zum Ausdruck, so in der bis in die frühe Neuzeit üblichen Bezeichnung aller nicht eßbaren Raubtiere als *Untiere*. Die eßbaren größeren Tiere waren das *Wildbret* oder einfach das *Wild*. Auch dieser Sprachgebrauch belegt den vordergründig-anthropozentrischen Umgang der mittelalterlichen und frühneuzeitlichen Gesellschaft mit ihrer Umwelt. Ein bezeichnendes Beispiel für diese Haltung und für den Einfluß des Staates, der auch mit der Fürsorge für die Untertanen begründet wurde, ist eine pommersche Verordnung des regierenden Herzogs aus dem Jahre 1492, die in gleicher Zeit ähnlich lautende Gegenstücke aus anderen deutschen Staaten besitzt. Der mittelniederdeutsche Text lautet in der Sprache unserer Zeit: *Zum öfteren hat sich wohl gezeigt, daß die Wölfe, Bären, Füchse, Luchse, Wildkatzen und andere Untiere, die sich in unseren Holzungen und Brüchern* [d. h. Wald- und Wiesenmooren], *ebenso in den Klosterholzungen, haufenweise finden lassen und großen Schaden und Gebrechen verursachen, das Wild* [d. h. Wildbret] *niederreißen, auffressen, auch zum Teil verrotten lassen, wenn es liegen bleibt. Daher wird hiermit von Ihrer Fürstlichen Gnaden mit Ernst befohlen, daß man fleißiger, als es bislang geschehen und durchgeführt wurde, die Wolfsjagden unternehme; und sollen die Städte und Klöster und Dörfer ihrer gesamten Mannschaft erlauben, die Untiere, die zuhauf auftreten, auszurotten. Einen Fuchs kann ein jeder greifen, schießen oder fangen, denn er tut dem Federwild und der Vogeljagd großen Schaden. Dem Luchs, weil er der ärgste ist, muß man fleißig zu Winterszeiten nachstellen, ihn mit Netzen fangen oder schießen … Wer einen Wolf schießt oder fängt, der soll haben 2 Mark, für einen Luchs 4 Mark, für einen Bären 6 Mark. Andere Untiere, ebenso die Raubvögel, Gänse, Enten und dergleichen kann ein jeder selbst nach seinem Gefallen behalten …* (Mager 1955, S. 134). Aus der sehr großen Zahl von weiteren obrigkeitlichen Verordnungen des 16. bis frühen 19. Jhs., welche zur Ausrottung von Wildtieren aufforderten, sei nur noch eine inhaltsreiche aus einem ebenfalls sehr waldreichen Territorium des südlichen Deutschlands in annähernder Vollständigkeit angeführt. Sie wurde 1697 von Christian Ernst, Markgraf von Brandenburg-Bayreuth, verkündet und ist durch dessen enge Beziehungen zu Preußen auch von dessen Maßnahmen gegen die Wildtiere beeinflußt worden. Ähnlich lautende Verordnungen haben zur gleichen Zeit auch die meisten anderen Territorien des damaligen Reiches erlassen. Daß sie wirksam gewesen sind, zeigen die sich in den Staatsarchiven befindenden Abrechnungslisten über eingelieferte Tierbälge und sonstige Raubtierzeichen, wie die Schwänze, Schnäbel, Fänge und andere Merkmale für erlegte Tiere genannt wurden (z. B. STAB C 9^{VI} 16825). Von Fängen war jeweils ein Paar als Beweis für die Tötung eines Raubvogels einzusenden. Bei der Verordnung von 1697 ist in Rechnung zu stellen, daß der damals in der waldreichen Markgrafschaft große Bestand an Raubwild und die ihm entsprechende geringe Zahl an Wildbret noch auf die Nachwirkungen des 30jährigen Krieges zurückgegangen sind. Keineswegs lassen sich die in der Landesverordnung geschilderten Verhältnisse in die davor gelegenen Jahrhunderte zurückprojizieren. Der im folgenden Text, den ich an die Sprache und Orthographie unserer Zeit angepaßt habe, genannte Zeitraum von dreißig Jahren ist nicht wörtlich zu nehmen, besagt vielmehr soviel wie „seit einigen Jahrzehnten". *Von Gottes Gnaden, Wir Christian Ernst, Markgraf zu Brandenburg ...: Nachdem Uns glaubwürdig vielmals vorgetragen worden, in welchem Ausmaß in unserem ganzen Land und Fürstentum sowohl die Hohen als Niederen Wildbahnen, insbesondere auch die gehegten Wälder nahe Unserer Residenz* [Bayreuth] *und sonstwo, durch die in dreißig Jahren sehr überhand genommenen und unten angeführten Raubtiere ruiniert worden sind; deshalb wird kaum noch älteres oder jüngeres Wildbret zur Strecke gebracht. Daher haben Wir beschlossen, daß bei allen unseren Forstämtern, insbesondere wo Jagdreviere und Jagdgehege sind, baldigst fleißige Anstalten getroffen werden, wie nach und nach die schädlichen Raubtiere ausgerottet werden, nämlich: Luchse, Wölfe, Füchse, Marder, Iltisse, Fischotter, die der Fluß- und Teichfischerei großen Schaden zufügen, Wildkatzen, Wiesel und dergleichen, ebenso Steinadler, Uhus, große, mittelmäßige und kleine Geier, Weihen, Käuzlein, Dorntrampeln oder Neuntöter, Raben, Krähen, Dolen, Hezen* [= Elstern] *und Nußhäher, außerdem die dem Getreide verderblichen Sperlinge. Ebenso befehlen Wir kraft dieses gedruckten Patentes Unserem Geheimen Rat, ebenfalls dem Oberforst und Jägermeister, Johann Casimir von Stein zum Altenstein etc., außerdem allen übrigen im ganzen Land und Fürstentum befindlichen Forst- und Wildmeistern, Hegereitern, Förstern, Streifern und Forstbedienten sich hiernach zu richten und dazu Fleiß anzuwenden, um solche schädlichen Tiere zu vermindern, es mag zur Sommers- oder Winterzeit geschehen. Jedoch mit dem ausdrücklichen Befehl, daß nicht, wie es bislang geschehen ist, die zur Winterszeit erbeuteten Wolfs-, Luchs- und Fuchsbälge und die anderer Tiere, wenn solche am besten sind, anderswohin verkauft oder sonstwie zurückbehalten werden, sondern, um eine emp-*

findliche Strafe zu vermeiden, richtig abgeliefert werden, namentlich die Bälge von jungen und alten Raubtieren, die in Wolfsgärten und in Gruben gefangen werden, oder sonstwie gefangen, geschossen oder ausgegraben werden. Sie sollen zusammen mit den Fängen der Geier und Raubtiere monatlich an die Hofkammerschreiberei geliefert und nach der unten abgedruckten Taxierung bar bezahlt und eingelöst werden. Nur die Wolfs-, Luchs- und Fuchsbälge, die man in den Jagen [= Forstdistrikte, oder sind Jagden gemeint?] *fängt, die sollen wie bisher und fernerhin dem Oberjägermeister verbleiben. Ferner wird unseren eingesetzten Amtmännern, Kastnern, Verwaltern und Forstbeamten sehr nachdrücklich befohlen, daß ab dem heurigen Jahr im Unterland, ebenso in den Ämtern Lichtenberg, Lauenstein, Tierbach, Hof, Wunsiedel und in den Orten auf der Grenze, folgendes gilt: Sofern Hirsche, Schweine und Rehewildbret geschossen oder gefangen werden und das Fleisch dort wegen der Abgelegenheit wie gewöhnlich verkauft werden muß, sind gegen Bezahlung monatlich pflichtgemäß an die Hofkammer zu übersenden: die Häute von Hirschen und dem Wildbret, alle Hirschgeweihe, Stangen und Rehgeweihlein. Unsere gnädigste Verordnung ist allerorts bei Vermeidung von Ungnade und Strafe zu befolgen. Gegeben in Unserer Fürstlichen Residenzstadt Bayreuth, den 1. Januar 1697. Die unten spezifizierten Raubtierhäute und Bälge sollen wie folgt in Fränkischer Währung* [f. = Gulden; Cr. = Kreuzer] *ausgelöst werden: Haut eines Bären, so auf der Grenze geschossen wird, 3 f. 36 Cr., je ein Balg vom: Luchs 2 f. 24 Cr., Fuchs 48 Cr., Iltis 15 Cr., Fischotter 2 f. 24 Cr., Dachs 36 Cr., Wolf 2 f. 24 Cr., Marder 1 f. 12 Cr., Wildkatze 30 Cr., Wiesel 12 Cr. Jeweils ein Paar Fänge eines fliegenden Raubtiers: Schuhu 36 Cr., Geier, große Art 10 Cr., Käuzlein, Rötelgeier oder Neuntöter 4 Cr., Krähe 3 Cr., Dole 2 Cr., ein Paar Steinadlerfänge 1 f. 12 Cr., Eule 12 Cr., Geier, kleine Art 5 Cr., Raabe 4 Cr., Hetz oder Elster, und Nußhäher 2 Cr., ein Paar Storchenfüße 10 Cr., ein Spatzen- oder Sperlingskopf 1 Heller* (s. S. 172 ff.). Daß sich in dieser Liste auszurottender Tiere manche Arten finden, die in unserer Zeit längst geschützt werden, ist nicht überraschend, wohl aber die Auflistung des Storches (s. S. 173). Die Unterschiede in der Vergütungshöhe stehen im Verhältnis zur Gefährlichkeit der Tiere, zur Schwierigkeit der Jagd oder zur Häufigkeit ihres Vorkommens. Daß nach den Preislisten solcher Verordnungen verfahren worden ist, zeigen die erhaltenen Rechnungsbelege in den Archiven. Erst in neuester Zeit gibt es ökologisch ausgerichtete Jagdstatistiken, die über die Ermittlung der Strecken hinausgehen und eine Überwachung der Bestandsentwicklung aller Wildarten anstreben (Schwenk 1987). Auch jegliche Abschußplanung setzt eine Ermittlung des Wildstandes voraus. Selbstverständlich kann eine solche nie die Exaktheit einer Volkszählung besitzen. Da sich Jagdstatistiken nur auf relativ wenige Arten beziehen, vermitteln sie auch dann, wenn es sich um ökologisch konzipierte Erhebungen handelt, nur einen kleinen Ausschnitt aus dem viel breiteren Bestand an Wildtieren. Manche Schriften zur allgemeinen Jagdgeschichte bieten statistisches Material aus Archivquellen, wie z. B. die noch gültige Untersuchung über die Jagd und Falknerei in Althessen (Landau 1849) oder die einzige größere jagdgeschichtliche Arbeit eines Geographen (Mager 1941), die in ihrer innovativen Bedeutung kaum erkannt worden war. Über die ältere jagdgeschichtliche Literatur hat Lindner (1976) eine Bibliographie vorgelegt. Der Wildtierbestand in ur- und frühgeschichtlicher Zeit läßt sich nach Qualität und Quantität allein durch archäologische Ausgrabungen erfassen, die nur punktuell oder auf kleinere Areale beschränkt sein können. Dennoch lohnte es sich, systematisch die zumeist von den Ländern der Bundesrepublik publizierten archäologischen Fundberichte auszuwerten, um zu allgemeineren Befunden zu kommen. Auch diese Aufgabe steht noch aus. Da es die genannten neueren Jagdstatistiken gibt, werde ich im folgenden vor allem älteres Material vorlegen, das nach den dargelegten Problemen nur aus regionalen Ausschnitten bestehen kann. Weil die Forschung über den Wildbestand der frühen Neuzeit oder gar noch älterer Zeiten erst am Anfang steht, ist es noch nicht möglich, einen stärker ökologisch oder landschaftlich ausgerichteten Text zu geben, welcher die Wildtiere im räumlichen Nebeneinander der Arten und in ihren Wechselbeziehungen zur Umwelt ihrer Zeit darzustellen hätte. Da sich die Forschung über die Wildtiere der ältere Vergangenheit situationsbedingt noch im Stadium der Materialsammlung bewegt, läßt sich ein Überblick am ehesten in einer systematischen Darstellung wichtiger Tierarten geben.

6.7.1.1 Säugetiere

Unter den in freier Wildbahn in Deutschland ausgerotteten Raubtieren nimmt der Wolf in Volksglauben und Sagen, in Archivalien und sonstiger Überlieferung den ersten Platz ein. Worte und Redensarten wie *Wolfshunger, wölfische Gier, ein Wolf im Schafspelz* oder *unter die Wölfe geraten sein*, bis in die germanische Zeit belegbare Vorstellungen vom Wolf als Dämon des Untergangs, vom reißenden Werwolf und dem bösen Wolf im Märchen zeigen, daß der Wolf als gefährliches Tier angesehen wurde, eine Auffassung, die sich bis in die Bibel zurückverfolgen läßt. Bis in biblische Zeiten reicht auch die Vorstellung der dem Wolf zugeschriebenen List und vom Wolf im Schafspelz. Das besondere Verhältnis des Menschen zum Wolf reicht weit in prähistorische Zeiten zurück, ist er doch die Stammform aller Rassen des Haushunds. Dessen Funktion als Begleiter des Menschen geht in Mitteleuropa bis zu mittelsteinzeitlichen Wildbeuterkulturen der Zeit vor über 10000 Jahren vor heute zurück. Der Europäische Wolf (Canis lupus lupus) hingegen wurde als Nahrungskonkurrent des Menschen und Feind seiner Haustiere in Deutschland und darüber hinaus planmäßig verfolgt und fast ausgerottet. Angesichts großer Schäden, die Wölfe unter Tieren, namentlich Schafen und Federvieh, anrichten können, ist jene Einstellung verständlich, auch wenn in der Volksüberlieferung, die mit stereotypen Sinnbildern und Redensarten arbeitet, die Gefährlichkeit des Wolfes übertrieben wird. Denn der Wolf hatte den Menschen nur selten direkt angegriffen. Der Wolf war noch bis ins 15. Jh. in fast allen mitteleuropäischen Landschaften verbreitet, am stärksten natürlich in den stärker bewaldeten Landesteilen. Dort gibt es noch unter den Geländenamen zahlreiche, die auf das frühere Vorkommen des Wolfes hinweisen. Allerdings können Namen wie Wolfsacker, Wolfswiese und ähnliche Bildungen vom Familien- oder Vornamen Wolf abgeleitet sein. Unzweideutige Hinweise sind jedoch Geländeamen, d.h. Flur- und Waldnamen, die von Fangvorrichtungen für den Wolf abgeleitet sind, wie Wolfsgrube, Wolfskuhle, Wolfsgalgen, Wolfsgarten, oder Namen von Forstorten, welche sich auf wölfisches Verhalten beziehen. Bezeichnend ist z. B. der 1525 im stark bewaldeten Vorland des Thüringer Waldes auftretende Name des Walddistriktes *Huelwolffen* (Küther 1961), heute *Untere und Obere Heulwölfe* (4 cm – Kte. 5127, Forst Frauensee).

Wolfsjagden, welche im weiteren Verlauf des Mittelalters auf die Ausrottung des Raubtiers abzielten, lassen sich durch schriftliche Quellen bis zurück in die Karolingerzeit belegen. In zahlreichen urgeschichtlichen Siedlungshorizonten befinden sich unter den Raubtierknochen solche des Wolfes, wenn dort auch seit der jungsteinzeitlichen Ausbreitung von Ackerbau und Viehhaltung die Summe aller Knochen von Wildsäugetieren in der Regel deutlich hinter denen der Haussäugetiere zurückbleibt (z. B. Kokabi 1990, S. 152 ff.). Zu den ältesten schriftlichen Dokumenten der Wolfsjagd zählt aus dem karolingischen Kulturraum der Abschnitt 69 der um 814/840 entstandenen Verordnung über die Krongüter und Reichshöfe (Franz 1967, S. 58). Danach sollte jeder Amtmann regelmäßig melden, wieviel Wölfe er erlegt hatte, und ihre Felle der Herrschaft zusenden. Diese dienten nicht nur für verschiedene Zwecke in Haushalt und Bekleidung, sondern waren ebensosehr Belege für eine erfolgreiche Jagd. Sie werden durchs ganze Mittelalter bis ins frühe 19. Jh. gefordert und werden damals in Bamberger Archivalien *Raubtierzeichen* genannt. In der karolingischen Verordnung werden bereits Anleitungen über die Jagdart getroffen. Es sollten nämlich im Mai die jungen Wölfe aufgespürt und gefangen werden, mit Hilfe von Gift, Wolfsangeln, Gruben und Hunden. Fangen ist hier nicht wörtlich zu nehmen, sondern bedeutet damals auch allgemein jagen oder zur Strecke bringen. Die im Mittelalter öfter genannten *Wolfsfenger* waren nach gegenwärtigem Sprachgebrauch *Wolfsjäger*; allerdings spielte bei der Jagd das Fangen von Wildtieren eine große Rolle. Verbreitet war das Töten von Wölfen durch Giftbrocken oder vergiftetes Aas. Wolfsangeln waren verdrahtete und mit Eisen bewehrte Fallen aus Holz. Zu den Wolfsjagden mußten im späteren Mittelalter u.a. die Schäfer und Bauern aus dem ganzen Umkreis geeignete Hunde abstellen. Die in der karolingischen Verordnung genannten Wolfsgruben oder -kuhlen waren weit verbreitet. Sie wurden durch herrschaftliche Jäger, vor allem aber auch von der ländlichen Bevölkerung angelegt. In diesen Gruben ließen sich die Raubtiere ohne Waffen erlegen, so daß jene zu sicheren Ergebnissen führende Technik weit in die prähistorische Vergangenheit zurückreichen dürfte. In der frühen Neuzeit, als das Tragen von Feuerwaffen für die Masse der bäuerlichen Bevölkerung verboten wurde, erlangten Wolfgruben für einige Jahrzehnte eine besonders starke Verbreitung. Jene Jagdmethode, die sich im Prinzip ebenfalls auf andere Raubtiere anwenden ließ, war, spätestens im Mittelalter, als vielerorts Wolfsgruben in Wald, Heide und in den Feldmarken der Dörfer angelegt wurden, durchaus umweltrelevant. Daher sei sie näher geschildert, um eine Vorstellung von relativ einfachen, breiten Kreisen zugänglichen Verfahren zur Reduzierung von Wildtieren zu geben. Die Wolfsgrube war ca. 4–5 m tief, 3 m breit, in der Mitte befand sich ein Pfosten, der 1–2 m über das Niveau des Grubenrandes herausragte, in dessen Höhe wurde um den Pfosten eine Scheibe befestigt, darauf ein lebendiges Haustier gestellt – ein Schaf, eine Gans oder Ente – und angebunden, über die Grube dünne Querstangen gelegt, über die man wenige Zweige und nach dem Rande zu Stroh als Tarnung dicht, aber fragil, ausbreitete und dieses dann mit Schafmist bestreute. Durch seinen Geruch und die Laute des Tieres wurden Wölfe angelockt. Sobald sie über das Stroh auf das Tier zueilten, stürzten sie in die Grube. Aufwendiger war die Errichtung von Wolfsgärten. Ihre Konstruktion war landschaftlich verschieden. Zumeist handelte es sich um einen freien Platz zur Ablagerung eines Luders oder zum Anbinden eines lebenden Schafes. Zu ihm führten durch Palisaden begrenzte Gänge mit Falltüren. Zur Anlage und Unterhaltung von Wolfsgärten, die in größeren Wäldern auf obrigkeitliche Anordnung errichtet wurden, mußten Bauern aus benachbarten Dörfern im Rahmen ihrer herrschaftlichen Dienstobliegenheiten beitragen. So war ein im 16. Jh. im Seulingswald ö. Hersfeld angelegter Wolfsgarten durch Bauern aus Herfa zu betreuen.

Mit der Verbesserung der Feuerwaffen und dem organisatorischen Ausbau des frühneuzeitlichen Territorialstaates, der bereits in der zweiten Hälfte des 16. Jhs. jeden Untertanen und jedes Haus steuerlich und mit persönlichen Dienstleistungen erfaßte, wurden vor allem seit dem 17. Jh. Treibjagden, darunter solche auf Wölfe, immer bedeutender. Voraussetzungen dazu waren die nun gut funktionierende Forstorganisation und die Verfügbarkeit über viele Treiber und Hunde. Sobald frischer Schnee lag, so daß sich darin Spuren abzeichneten und der bestallte Wolfsspürer fündig geworden war, hatte der Oberförster, unterstützt durch Förster, Läufer, Wolfskreiser und Hundeführer, die Treibjagd zu organisieren. Dazu wurden die Untertanen in großer Zahl aufgeboten. Gründliche Angaben über die Wolfsjagd im Jahre 1673, die sich für jene Zeit verallgemeinern lassen, bietet die Beschreibung des Amtes Saalfeld (STAMei, ZM 1230), die, wie alle sächsischen Amtsbeschreibungen aus der Zeit nach dem 30jährigen Krieg, eine Fülle von Informationen über die damalige Umwelt liefert. Das Amtsgebiet umschloß große, wolfsreiche Bezirke: vor allem im Thüringer Wald, aber auch die ausgedehnte Waldheide nö. der Stadt Saalfeld. Die 14 „Amtsdörfer" mußten zu allen obrigkeitlich angeordneten Wolfsjagden 315 Personen, großenteils als Treiber, stellen und für den Abtransport der erlegten Tiere und den Transport von Jagdutensilien aus 10 Dörfern 195 Ochsen zum Anspann; die ebenfalls zum Amt gehörigen „Stiftsdörfer" hatten 250 Personen zur Wolfsjagd aufzubieten. Da in manchen Territorien die großen Jagden des 17., 18. und im östlichen Preußen auch noch der ersten Hälfte des 19. Jhs. (Mager 1941, S. 234 ff.) über 400 Treiber erforderten und sich über mehrere Tage hinziehen konnten, bedeuteten sie eine große Belastung der Bevölkerung. Dafür wurde sie durch Vernichtung der Raubtiere vor Schäden bewahrt. Es ist wegen großer Datenlücken unmöglich, die Gesamtzahl der jährlich zur Wolfsjagd und damit zur Ausrottung eines einheimischen Wildsäugetieres eingesetzten Personen anzugeben. Nach den Zahlen aus dem Amt Saalfeld wie aus Ostpreußen und unter Berücksichtigung wolfsarmer, dichter besiedelter und waldfreier Gebiete dürfte sie in Deutschland im 17. Jh. in der Größenordnung von zwei- bis dreihunderttausend Personen jährlich gelegen haben.

Das Auftreten von Wölfen im 17. und 18. Jh. und ihre räumliche

Dichte kann nicht in die vorangegangenen Jahrhunderte zurückprojiziert werden, da der Rückgang der Bevölkerung während des 30jährigen Krieges von ca. 20 auf etwa 10 bis 12 Millionen und die damit verbunden gewesene Ausdehnung von Wald und Flurwüstungen eine erhebliche Vergrößerung des Lebensraumes für den Wolf mit sich brachte. Das Fehlen von Wolfsbelegen aus dem bereits aktenreichen 16. Jh. in dicht besiedelten Altlandschaften des westlichen und mittleren Deutschlands, wo die großen Fluren und auch die verbliebenen Wälder intensiv genutzt wurden, kann als Indiz für die dortige frühe Ausrottung des Wolfes interpretiert werden. Da der Wolf als Lauftier an einem Tage 60 und mehr Kilometer zurücklegen kann und sich Wölfe als Standwild im westlichen und mittleren Deutschland in den höheren, waldreichen Mittelgebirgen bis in die zweite Hälfte des 18. Jhs. und im östlichen Deutschland, namentlich in Ostpreußen, bis weit ins 19. Jh. gehalten hatten, konnten von solchen Refugien aus die Wölfe im Falle kulturlandschaftlicher Regressionsprozesse rasch in die bis dahin wolffrei gewesenen Landstriche vordringen. Zur raschen Regeneration von Wolfspopulationen in ihren Lebensräumen hatte des weiteren die gegenüber dem Bären (s. S. 147 ff.) größere Fruchtbarkeit und kürzere Tragezeit der weiblichen Tiere beigetragen. Diese umfaßt nur die relativ kurze Zeit von 64 Tagen, und in einem normalen Wurf sind 4–6 Junge. Als in die altbesiedelten, um 1600 wolffrei gewesenen Räume während des 30jährigen Krieges aus angrenzenden Waldlandschaften Wölfe eingedrungen und wieder vorübergehend heimisch geworden waren (Jäger 1993), schlägt sich dieser Prozeß sofort in den zeitgenössischen Akten nieder, da die Bekämpfung der Raubtiere als eine Pflicht der aktenproduzierenden Obrigkeit zum Wohle der Untertanen angesehen wurde. Dazu nur wenige Beispiele aus einer sehr großen Belegzahl. In den Jagdprotokollen des Klosters Obertheres am Main, dessen Gebiet im Schweinfurter Becken und damit im Altsiedelland liegt (STAW, Stdb. 645), fehlen aus dem 16. Jh. Hinweise auf Wölfe. Diese treten mit dem Höchststand der Kulturlandverwilderung erst gegen Ende des 30jährigen Krieges auf und dürften aus benachbarten Bergwäldern eingedrungen sein: aus dem Hesselbacher Waldland, den Haßbergen und dem Steigerwald. 1648 wurde von den „vielen Wölfen", die nachts im Dorfe Theres herumstreiften, einer geschossen, 1649 wurden im Klosterterritorium 9 Wölfe erlegt, darunter in einem Wald mit dem bezeichnenden Namen „Wolfsholz". Der Klosterjäger bediente sich dabei der sehr alten und verbreiteten Methode des Auslegens eines Luders. Damals war es sogar im Dorfe zum Nahkampf zwischen einem Wolf und mehreren Jungen gekommen, wobei einem in den Arm gebissen wurde, bis es gelang, den Wolf zu erschlagen. Wenn in den Wildstrecken des Klosters seit 1662 keine Wölfe mehr aufgelistet sind, kann das als Beleg dafür angesehen werden, daß wieder der raubtierfreie Zustand der Zeit vor dem großen Krieg erreicht worden war. Im waldreichen Steigerwald hatte es bis 1691 gedauert, die während des 30jährigen Krieges zur Plage gewordene Wolfspopulation fast auszurotten (Schenk 1988, S. 288).

In Ost- und Westpreußen, wo es vor allem in den Kriegen mit Polen während des 15. und 16. Jhs. (Jäger 1990, S. 248) und im Nordischen Krieg (1700–21), namentlich durch die in seine Zeit fallende große Pest von 1708–11 zu beträchtlichen Verlusten der Bevölkerung und dadurch bedingt zur Ausdehnung von Wäldern über ehemaliges Kulturland und zu einer Verwilderung in verbliebenen Fluren gekommen war, hatte, ausgehend von den sehr großen Wäldern, die Wolfspopulation sehr stark zugenommen. Da bis ins 19. Jh. die Bruch- und Moorwildnisse (s. S. 57) in Ostpreußen verbreitet waren, fanden die Wölfe dort einen sicheren Unterschlupf für die andernorts leichter zu gefährdende Geburt und Aufzucht der Jungtiere. Außerdem drangen immer wieder aus den dünner besiedelten, stark bewaldeten Nachbarlandschaften von Litauen, Rußland und Polen, wo es weniger Beutetiere gab, massenweise Wolfsrudel in ostpreußische Landschaften mit ihrem stärkeren Haustierbesatz ein. Noch im 18., ja bis ins frühe 19. Jh. kamen die Wölfe rudelweise bis vor die Dörfer und rissen so viele Haustiere, daß die Landwirtschaft schwer geschädigt wurde. Das Raubwild hatte derart zugenommen, daß der König selbst in einem Edikt vom 25. 11. 1713 die Jagd auf Wölfe und auf Bären für jedermann freigab und die Prämie je nach Alter des erlegten Tieres auf den für damalige Zeit hohen Betrag von 1 bis 4 Reichstaler festsetzte. In den zeitgenössischen Berichten wird den noch zu Tausenden wüst liegenden Hufen ausdrücklich eine Mitursache an der Zunahme der Wolfsplage zugeschrieben. Nur wenige Zahlen, die dem aus Akten erarbeiteten Werk von Mager (1941, S. 208–244) entnommen sind, sollen Verbreitung und Tätigkeit der Wölfe veranschaulichen. Da Zahlen aus ganz Ostpreußen nicht vorliegen, können nur Beispiele aus kleineren administrativen Einheiten geboten werden. Allein im Jahre 1791 hatten in den 10 Ermländischen Domänenämtern, die nur rund 6 % der Landesfläche von Ostpreußen einnahmen, die Wölfe 246 Kühe, 198 Ochsen, 65 Stück Jungvieh, 693 Pferde, 223 Fohlen, 249 Schafe und 232 Schweine gerissen. Diese für ein Gebiet von rund 2000 km² sehr hohen Zahlen lassen sich jedoch wegen der erheblichen räumlichen Differenzierung von Ostpreußen nicht hochrechnen, da die Summen für das gesamte Territorium zu hoch lägen. Im Ermland, das erst 1772 zu Preußen gekommen war, befanden sich das Jagdwesen und damit die Bekämpfung der Wölfe gegenüber den benachbarten, ursprünglich preußisch gewesenen Gebieten im Rückstand. Im übrigen zeigt dieses Beispiel wiederum, daß zum Verständnis umweltgeschichtlicher Vorgänge neben naturgeographischen Faktoren unter den anthropogeographischen Kräften auch die politisch-administrative Organisation in ihrer Eigenart und Wirksamkeit zu berücksichtigen ist. Auch in den anderen Ämtern von Altpreußen, das weitgehend dem späteren Ostpreußen entspricht, waren die Verluste unter dem Vieh so hoch, daß sich die Kurfürstliche und spätere Königliche Regierung immer wieder auf dem Verordnungswege mit der Bekämpfung der Wölfe befaßte. Noch im 18. Jh. hat öfter die jährliche Gesamtstrecke der erlegten Wölfe bei 1000 Tieren und darüber gelegen. Da ja nur der kleinere Teil der vorhandenen Wölfe erlegt wurde, ergibt sich daraus für das rund 37000 km^2 groß gewesene Territorium mit einer Wald- und Moorfläche im 18. Jh. von etwa 40 %, d. h. 15000 km^2, ein sehr hoher Wolfsbesatz, ohne daß es derzeit möglich wäre, ihn genau zu berechnen.

In allen Landschaften mit größeren Wolfsbeständen sorgten diese für eine erhebliche Verringerung des Wildes, namentlich des Rot- und Rehwildes. Im westlichen und mittleren Deutschland waren durch die im 15. Jh. einsetzenden planmäßigen Wolfsjagden die Wölfe gegen Ende des 16. Jhs. bereits stark zurückgedrängt, wenn auch regional, besonders bei hohen Schneedecken, wie im Winter 1558/59 im Seulingswald, noch größere Verluste unter dem Wild eintraten. Dort wurden damals 15 Hirsche und 61 Hirschkühe und -kälber von Wölfen gerissen. Wenn in vielen Territorien bis weit ins 17. Jh. Anordnungen bestimmten, wohin Wild, das von Wölfen gerissen und von Bauern aufgefunden wurde, zu bringen wäre, spricht das für die andauernde Tätigkeit der Wölfe. Allerdings kommen solche Belege vor allem aus den sehr waldreichen Verwaltungsbezirken, wie z. B. im Jahre 1600 aus dem Amt Eisfeld (STAMei 1255), das große, geschlossene Forsten des Thüringischen Schiefergebirges umfaßte. Da vor allem das kränkliche, schwächliche und überalterte Wild im Winter kaum den Raubtieren entging, hat deren starker Rückgang neben der Einschränkung von Äsungsmöglichkeiten durch die Ausdehnung von Nadelholzmonokulturen und die Einschränkung des Plenterwaldes seit dem 19. Jh. (s. S. 116) zur Entartung von Rot- und Rehwild beigetragen. Die Funktion des Wolfes und anderer Raubtiere zur Gesunderhaltung der Populationen des Jagdwildes durch Ausmerzung der schwächlichen Exemplare ist erst in neuerer Zeit erkannt worden. Viel verheerender als die Wölfe waren für das Rot- und Rehwild des westlichen und mittleren Deutschlands schneereiche, kalte Winter. Wenn allein im Reinhardswald, der heute das nördlichste hessische Wildschutzgebiet bildet, im Winter 1570/71 mit seiner tiefen Schneedecke 3000 Stück Rot- und Rehwild zugrunde gegangen sind (Landau 1849, S. 246 ff.), veranschaulicht diese Zahl zugleich die damals dank der Raubtierreduzierung und strenger Schutzgesetzgebung erreichte hohe Dichte an Edelwild (vgl. S. 160 ff.). Anders war die Lage in Altpreußen. Dort sind bis ins 19. Jh. die Rotwildbestände durch die zahlreichen Wölfe kleingehalten worden. Während die Wolfsrudel im Winter selbst Hirsche mit 10 bis 24 Enden gerissen haben, wurden Hirschkühe und Kälber das ganze Jahr über angefallen. Wenn sich im Winter nach vorübergehendem Tauwetter auf hoher Schneedecke eine Eiskruste gebildet hatte, fügten die Wolfsrudel auch den Elchen große Verluste zu (Mager 1941, S. 119 f., 137, 166, 121 ff.).

Abschließend seien einige Daten für späte Jagden auf Wölfe gegeben, wobei sich nicht immer entscheiden läßt, inwieweit es sich dabei um letzte Vertreter von Standwild handelte oder ob die Tiere aus größeren Wäldern der näheren oder weiteren Umgebung gekommen waren. Die Jahreszahlen, welche den Ausrottungsprozeß des Wolfes markieren, sind mit den weiter unten gegebenen Daten der Ausrottung von Bär und Luchs zusammen zu sehen, weil durch den Verlust dieser Raubtiere dem Menschen die Rolle eines entscheidenden Regulators bei den Beständen der verbliebenen Jagdtierarten zukommt (s. S. 147 ff.). Die Angaben sind, soweit nicht andere Quellen angegeben werden, dem weitgehend aus Archivalien erarbeitetetn Werk von Landau (1849) entnommen. In Nassau-Dillenburg, wo von 1454–1524 404 Wölfe erlegt wurden, entfallen aufs Jahr rechnerisch nur 5,8 Tiere und damit angesichts der dort großen Wälder eine relativ kleine Zahl, die sich danach noch weiter verringert hat. Zur Bekämpfung des Raubwildes hat der unter den Landesfürsten übliche und nicht zu unterschätzende Nachrichtendienst beigetragen. So schreibt z. B. im Februar 1592 der in Marburg residierende Landgraf Ludwig an seinen Verwandten, den Landgrafen Wilhelm, der seine Hofhaltung in Kassel hatte, daß sich *in unserer Wildfuhr zu Romrodt drei Wölfe spüren lassen, so nicht allein uns in derselben Wildfuhr, sondern auch unseren Untertanen an Vieh großen Schaden tun und wie wir verstehen, treten sie ab und zu auch auf euer Liebden Gewelde* [= Wälder], *stellen derhalben Euer Liebden freundlich anheim, ob sie nicht auch darauf Achtung geben lassen wollen.*

Wenn nur drei Wölfe ein wichtiges Anliegen in der Fürstenkorrespondenz von 1592 gewesen sind, kann das als Indiz dafür angesehen werden, daß damals bereits die Zahl dieser Raubtiere in den Wäldern der hessischen Territorien erheblich zurückgegangen war. Südlich

Romrod, wie es heute heißt, erstrecken sich große Wälder des Vogelsberges, die ein typisches Refugium des im 16. Jh. sehr bedrängten Raubwildes gewesen sind. In den ebenfalls großen und geschlossenen Wäldern des Siegerlandes wurden 1612 immerhin noch 39 Wölfe getötet.

Überall in den waldreichen Landschaften Deutschlands, wo es während des 30jährigen Krieges zu erheblicher Abnahme der Bevölkerung und damit verbundenen Wüstungsprozessen im Kulturland gekommen war, hatte, wie bereits oben dargelegt, die Zahl der Wölfe für einige Jahrzehnte zugenommen, so auch in Hessen. Sogar im Darmstädter Wald wurden 1634 und 1638, wie übrigens zur gleichen Zeit ebenfalls unweit von anderen Städten, Wölfe beobachtet. 1641 hatten Förster im Knüllgebirge 18 Wölfe erspürt. Im folgenden Winter waren im nur 60 km weiter nördlich gelegenen Reinhardswald 19 Wolfsjagden erforderlich, im Fürstentum Lüneburg mit seinen großen Heide- und Moorgebieten sind 1648/49 182 Wölfe zur Strecke gebracht worden, 1651/52 waren es 135 und 1658 nur noch 87, eine auch für andere Territorien des westlichen und mittleren Deutschlands typische Abnahme in den Jahrzehnten nach dem 30jährigen Krieg infolge systematischer und intensiver Bejagung. So wurden um die gleiche Zeit, im Winter 1658/59 im waldreichen, in den Senken aber auch dicht besiedelten Fürstentum Hessen-Darmstadt, 43 Wölfe erlegt. Wenn 1661 im Forstamtsbezirk Zillbach im Osten der Thüringischen Rhön die für das relativ kleine Gebiet hohe Zahl von 35 Wölfen getötet wurden, ist in Rechnung zu stellen, daß der Forst Zillbach nur Teil eines damals 200 km² großen, geschlossenen Waldgebietes war, das sich unmittelbar an das wolfreiche westliche Vorland des Thüringer Waldes um Schmalkalden anschloß, und dessen Wälder wiederum setzten sich ohne Unterbrechung in den sehr waldreichen Thüringer Wald fort. In den beiden Jahrzehnten vor und nach 1700 war im westlichen und mittleren Deutschland die Zahl der Wölfe als Folge ihrer schonungslosen Verfolgung sehr stark zurückgegangen, und im weiteren Verlauf des Jahrhunderts sollten in vielen der dortigen Forsten die letzten Tiere erlegt werden. So wurde im Fürstentum Schwarzburg-Rudolstadt, das im Oberfürstentum große Teile des Thüringer Waldes umschloß, der letzte Wolf 1767 im Cursdorfer Forst (24 km nnw. Sonneberg) erlegt (Sigismund 1862). Typisch für einen der letzten im waldreichen Kurfürstentum Hessen erlegten Wölfe war eine achttägige Hetzjagd unter Beteiligung zahlreicher Jäger und Treiber von Forst zu Forst, bis das 52 kg schwere Tier endlich im Gleimenhainer Forst (25 km ö. Marburg) erlegt werden konnte, 1805 wurde bei Melsungen ein Wolf geschossen und 1817 gelang es, den letzten Wolf in Kurhessen im Leibolzer Forst (sö. Bad Hersfeld) des waldreichen

Fulda-Werra-Berglandes zu erlegen. Als er aufgespürt wurde, war das bereits eine so große Seltenheit, daß man eine Regierungskommission einsetzte, die ein hohes Schußgeld auslobte und eine großangelegte Treibjagd befahl. Das Tier wurde dabei am 24. Juni geschossen. Der erfolgreiche Schütze erhielt die hohe Prämie von 60 Gulden und der zuständige Revierförster für die erfolgreiche Organisation der Treibjagd 10 Gulden (STAM, HGR 5,13 773). Im Großherzogtum Hessen ist der letzte Wolf 1841 in der Viernheimer Heide geschossen worden, nachdem er vorher 31 Schafe und an die 50 Frischlinge gerissen hatte. Wenn auch die zwischen Mannheim und Lorsch gelegene Viernheimer Heide mit dem anschließenden Lampertheimer Wald ein geschlossenes Forstgebiet bildet, das damals fast 100 km^2 Fläche eingenommen hatte, ist es dennoch unwahrscheinlich, daß es sich um Standwild handelte. Der Wolf dürfte nach Zurücklegen längerer Strecken aus den weiter südwestlich oder aus weit östlich gelegenen Wäldern gekommen sein. Denn damals gab es auch in Odenwald, Spessart und in der Rhön keine Wölfe mehr als Standwild.

Sogar im Fichtelgebirge sind die Wölfe als Standwild um 1760 ausgerottet worden. Schon im Jahre 1758 mußte der dortige Oberförster Stag „viel Mühe und Fleiß" aufwenden, um drei Wölfe zu fangen (STAB C 9^{VI} Bd. 8, 16831). Als im Spätherbst 1797 im Fichtelgebirge einige Wölfe auftauchten, war es bereits etwas Unvermutetes (a. a. O. 16832). Als gar noch 1802/03 ein Wolf in der Nähe von Bischofsgrün im zentralen Fichtelgebirge Kälber und Schafe erbeutete, war das der Beginn für eine Staatsaktion unter dem Landjägermeister, Freiherrn von Hardenberg, der sogar Feldjäger einsetzte, ein hohes Schußgeld auslobte und schließlich am 2. 4. 1803 dem Preußischen König Friedrich Wilhelm berichten konnte, daß ein Wolf von bedeutender Größe zur Strecke gebracht sei. Die relativ umfangreiche Akte, die mit der Tötung eines einzigen Wolfes verbunden war und u. a. auch die Abrechnung der Tagegelder und sonstigen Unkosten enthält, befindet sich noch im Staatsarchiv Bamberg (a. a. O. 16833). Bei den Wölfen von 1797 und 1803 handelte es sich wahrscheinlich um Tiere, die aus den benachbarten böhmischen Randgebirgen übergewechselt waren.

Ganz anders war die Situation im östlichen Preußen mit seiner relativ dünnen Besiedlung, seinen großen Wäldern und Sumpfgebieten, die sich großenteils ohne eine natur- oder kulturräumliche Grenze nach Russisch-Polen und Rußland fortsetzten, so daß die Wolfspopulation auf der deutschen Seite immer wieder Verstärkung von jenseits der Grenzen erhielt. Noch 1831 hatte daher in Ostpreußen die Verwaltung hohe Geldprämien für Tötung von Wölfen ausgelobt; damals mußten noch große Wolfsjagden mit 400 bis 500 Treibern angesetzt werden. „Noch 1871 bis 1890 wurden in Ostpreußen 89 Wölfe erlegt, wovon 82 Stück auf den Regierungsbezirk Gumbinnen entfielen, der bei seiner ausgedehnten Grenzberührung mit Rußland bzw. mit Litauen-Polen den weitaus größten Teil der Wolfseinwanderung aus dem Osten aufzunehmen hatte. Die meisten Wölfe wurden natürlich in den Grenzforstämtern gestreckt ..." (Mager 1941, S. 244). Ohne Zuzug aus den östlichen Wäldern wäre auch Ostpreußen und damit ganz Deutschland Ende des 19. Jhs. ohne Wölfe gewesen. Da der Wolf in wenigen Tagen mehrere hundert Kilometer zurücklegen kann und sogar Wolfswanderungen von 886 km gemessen wurden (Bibikow, 1990, S. 152), waren in den unruhigen Zeiten nach dem Ersten Weltkrieg, während des sich anschließenden Russisch-Polnischen Krieges und nach dem Zweiten Weltkrieg erneut einzelne Wölfe bis nach Deutschland gelangt. Wiederum typisch für diese wandernden Tiere war das Fehlen von weiblichen Wölfen. In den ersten Jahrzehnten nach 1945 sind allein in Niedersachsen 5 Wölfe erlegt worden, die vor allem aus Mecklenburg gekommen waren und die Elbe überquert hatten. Wie tief die in ihrem Ausmaß unbegründete Furcht der Menschen vor Wölfen sitzt, zeigte sich, als nach den in den Medien sensationell aufgemachten Berichten über das Erlegen eines einzigen Wolfes in der Lüneburger Heide in den Fremdenverkehrsbezirken von Celle und Lüneburg mehrere tausend Abbestellungen von Zimmern eingingen. Als in der früheren DDR, in Melsdorf, in dessen Umgebung sich große Wälder des östlichen Fläming erstrecken, ein Wolf im März 1961 erlegt wurde, ist dieses Ereignis durch einen besonderen Gedenkstein festgehalten worden (Bibikow 1990). Nach letztjährigen Beobachtungen in großen Wäldern von Brandenburg könnten von Osten eingewanderte Wölfe erneut Standwild werden, falls sie unbehelligt bleiben.

Früher noch als der Wolf ist der *Bär* ausgerottet worden. Die Art Braunbär (Ursus arctos) gehört zu den ältesten Jagdtieren in Mitteleuropa und spielt deshalb in der germanischen Mythologie und als Braun oder Meister Petz in der deutschen Sage und im Märchen eine große Rolle. Da er ein Tier großer Waldgebiete ist, wurde bereits durch die ausgedehnten mittelalterlichen Rodungen sein Lebensraum eingeengt, hinzu kam die sich fortsetzende Verfolgung, so daß ich ihn in schriftlichen Quellen aus den Altsiedelgebieten von West-, Süd- und Mitteldeutschland nicht mehr nachweisen kann. Dem entspricht, daß der Braunbär in England bereits im Mittelalter ausgerottet worden ist. Wenn sich reduzierte Bärenpopulationen in ihren Lebensräumen nur langsam oder nicht regenerieren konnten, so war dafür die biologische

Anlage des Bären ein Grund. Erst ab drei Jahren werden Bärinnen fortpflanzungsfähig. Die Trächtigkeit erstreckt sich über 180–250 Tage und nur ein oder zwei, selten drei blinde und leichte Junge werden geboren.

Noch im 15. Jh. gab es jedoch in fast allen großen und geschlossenen Waldgebieten Deutschlands, namentlich in den Mittelgebirgen, in den Alpen und den großen Tieflandwäldern des südöstlichen Deutschlands viele Braunbären, wenn auch die Zahl der aufgespürten und erlegten Tiere erheblich kleiner als die der Wölfe gewesen ist. Denn Bären leben, anders als Wölfe, zurückgezogen inmitten der Waldgebiete als Einzelgänger, die nur während der Paarungszeit zusammenkommen, und halten während der kalten Jahreszeit in Erd- und Felshöhlen Winterruhe. Sie laufen, klettern und schwimmen gut. Obwohl sie manchen Schaden unter weidenden Haustieren und dem Wild anrichten konnten, besteht ihre Nahrung doch vorwiegend aus pflanzlicher Kost. Wann der Bär in den alt- und dichterbesiedelten Landstrichen des westlichen, mittleren und südlichen Deutschlands ausgerottet worden ist, läßt sich wegen fehlender schriftlicher Zeugnisse nur durch eine systematische Analyse vorhandener und künftiger archäologischer Fundplätze ermitteln. Waldnamen mit dem Sprachelement Bär oder Beer sind kein Beweis für seine ehemalige Anwesenheit, da auch der Eber in vielen deutschen Dialekten als Bär bezeichnet wurde. Wie bei anderen Raubtierarten liegen in Abhängigkeit von der Bevölkerungs- und Siedlungsdichte und der Intensität der Land- und Forstwirtschaft die Daten für die Ausrottung um so später, je weiter sich die Lokalitäten im Osten befinden. Mager war das bereits aufgefallen. Er berichtet aus Ostpreußen von zwei Unterarten, von denen die größere über 400 kg Gewicht und Längen bis fast 2,90 m, bei Widerristhöhe von ca. 1,50–1,60 erreichen konnte (1941, S. 192 ff.).

In Westfalen ist nach ihm der letzte Bär 1446 bei Münster erlegt worden, während damals in den größeren hessischen und thüringischen Wäldern noch zahlreiche Bären hausten. Ihre rapide Abnahme fällt erst ins 16. Jh. und steht im Zusammenhang mit der Fortentwicklung der Handfeuerwaffen zum Rad- und zum Schnappschloßgewehr und der Verbesserung der Forstorganisation, die ab etwa 1560 in vielen deutschen Territorien durch Neuerungen erheblich effektiver geworden war (vgl. Mantel 1980). Wenn im Jahre 1587 im Schmalkaldischen 9 Bären, darunter eine Bärin mit zwei Jungen, beobachtet wurden (Landau 1849, S. 208 ff.), war das bereits ein besonderes, wenn auch noch nicht einmaliges Ereignis in den südthüringischen Wäldern. Die Umstände des Erlegens einer Bärin im Jahre 1581 durch den letzten Henneberger Grafen, Georg Ernst, die er in einem Brief an den hessischen Landgrafen Wilhelm IV. mitteilte (STAM, 17,1, Nr. 4806), sprechen ebenfalls dafür, daß damals Bären bereits selten geworden waren. Bei einer Treibjagd auf Wildschweine war dem anwesenden Henneberger Grafen eilends gemeldet worden, „daß eine Bärin mit im Treiben" sei. Er eilte zu dem Walddistrikt und konnte sie zusammen mit etlichen Sauen fangen. Daß darunter jedoch Töten verstanden wurde, ergibt sich aus dem nächsten Satz, der über das gewonnene Bärenschmalz von 86 Pfund und die Tatzen der relativ kleinen Bärin berichtet, die des „Überschickens nicht wert". Manche Bären wurden indessen buchstäblich gefangen, und zwar im sogenannten Bärenfang, der in Thüringen bis ins 17., in Ostpreußen bis ins späte 18. Jh. gebräuchlich war. Es war eine Art von sehr großem Holzkasten mit Falltüren, in den die Kirrung – ein Luder oder Honig – eingebracht wurde. Die Anlage wurde außen mittels Baumzweigen sorgfältig getarnt. Sobald ein Bär gefangen war, wurde er in eine bereitstehende große Holzkiste getrieben und mit Schlitten oder Wagen abtransportiert, oft zu einem fürstlichen Schlosse, wo bei großen Festlichkeiten die damals beliebten Bärenhetzen abgehalten wurden. Solche waren vor allem an den Höfen des 16./17. Jhs. üblich. Andere Tiere wurden von Spielleuten als Tanzbären gehalten. Das gab es bereits im Römerreich und ist in Deutschland schon seit dem Mittelalter bezeugt. Spielleute mit abgerichteten Braunbären, die nach dem schellenden Rasseln eines Tamburins tanzten, sind noch bis um 1932 durch die deutschen Lande gezogen. Wenn im Jahre 1604 anläßlich der Bestallung eines Oberwild- und Forstmeisters über die Hennebergischen Wälder der Kurfüst in Dresden die Erbauung eines Bärenfangs angeordnet hatte (STAMei, Henneb. Weimar 863), so muß es damals im Thüringer Wald und seinem südlichen Vorland noch eine gewisse Anzahl von Bären gegeben haben, doch finden sich im Archiv keine Angaben, ob und wo der Bärenfang errichtet worden ist. Überhaupt sind die meisten Schußlisten der zweiten Hälfte des 17. Jhs. mit Wildstrecken dieser Zeit aus Hessen und Thüringen bereits ohne Hinweise auf erlegte Bären, ein Indiz für ihre starke Abnahme. Im waldreichen, aber von vielen Kleinsiedlungen durchsetzten Steigerwald ist einer der letzten Bären Anfang des 17. Jhs. erlegt worden (Schenk 1988, S. 281). Der noch 1673 im Forst Zillbach (nnw. Meiningen) gestreckte junge Bär war wohl der letzte im weiteren Bereich der Thüringer Rhön. Die 1673 im Vogelsberg gefangenen zwei jungen Bären und der dort 1678 geschossene alte Bär waren die letzten, die auf hessischem Boden erlegt worden sind (Landau 1849, S. 208 ff.). Im großen, nahezu geschlossenen Waldgebiet des Thüringer Waldes mit Thüringischem Schiefergebirge nebst Vorländern hatten sich Bären noch länger gehalten, so daß dort die letzten von ganz Thüringen erst 1765 bei Cursdorf und 1782 bei Katzhütte (Sigismund 1862, S. 33), also beide im waldreichen Thüringischen Schiefergebirge, zwischen Hildburghausen und Saalfeld, erlegt wurden; beide könnten noch einheimische Exemplare gewesen sein, da sich von diesen Daten mit relativ kurzen Abständen weitere Abschüsse in die Vergangenheit zurückverfolgen lassen. Bei dem 1797 wiederum bei Cursdorf getöteten Bären nimmt Regel (1897, S. 71) jedoch an, daß er aus dem 200 km entfernten Böhmerwald gekommen sei. Denn das nur 70 km entfernte Fichtelgebirge war bereits seit 1769 ohne Bären (Jäckel 1865). In Pommern und Westpreußen sind die letzten Bären 1783, 1784 und 1799 ausgerottet worden, in Ostpreußen trotz Zuwanderung aus Polen und Rußland nicht viel später, nämlich 1802 und 1804 (Mager 1941, S. 197). Nur aus Ostpreußen liegen zahlreiche Zeugnisse über erhebliche Schäden im ländlichen Raum und unter dem Wild durch Bären vor, so daß sie als Landplage empfunden wurden (Mager 1941, S. 192 ff.). In dortigen Wäldern mit zahlreichen Bienenbäumen (s. S. 99) waren die Bären hinter Honig her. Wenn in der Rechnung des waldreichen Amts Liebemühl a. 1621 der Verlust von 144 Beuten (= Bienenwohnungen in Baumstämmen) gemeldet wird, die Bären den „Winter und Sommer über ausgefressen" hatten, war das kein Einzelfall. Da Bären bei der üblichen Waldweide des Viehs leicht die Haustiere anfallen konnten, traten bis ins 18. Jh. verbreitet Verluste auf, die besonders unter Rindern, Ochsen und Pferden zu schmerzlichen Einbußen führten. Kein Einzelfall war, daß z. B. 1723 im Amt Tilsit ein einzelner Bär einem Scharwerksbauern vier Ochsen und zwei Milchkühe tötete oder 1726 im Amt Tapiau zwei Bären zusammen 32 Stück Vieh rissen. Viele Bauern gerieten durch solche Verluste, die sich oft noch durch die Verheerungen durch Wölfe vermehrten (s. S. 142), in wirtschaftliche Bedrängnis. Die Verluste an Rotwild, an Wildschweinen und vereinzelt auch an Elchen durch Bären betrafen hingegen nur den Landesherrn oder den grundbesitzenden und zu hoher Jagd berechtigten Adel. Weniger gefährlich war der Bär, ähnlich wie der Wolf, durch Angriffe auf Menschen. Zumeist gingen ihm die Bären aus dem Wege, doch konnten verletzte Tiere oder Bärinnen mit Jungen, die sich bedroht fühlten, dem Menschen gefährlich werden. Im ganzen waren Menschenverluste durch Bären wie durch Wölfe sehr selten. In Europa leben noch kleine Populationen des Braunbärs in Skandinavien, auf der Iberischen und der Apenninenhalbinsel.

Etwa zur gleichen Zeit wie der Bär war der *Luchs* in Mitteleuropa ausgerottet worden, jedoch haben ihn Naturschützer und Jäger seit den 1970er Jahren im Bayerischen Wald, in Österreich, der Schweiz und in

Frankreich wieder ausgewildert. Der zur Katzenfamilie gehörige *Luchs* (Lynx lynx; Felis lynx) erreicht bei 15–30 kg Körpergewicht eine Kopf-Rumpf-Länge von 80–110 cm, ist ein nächtlich jagender Einzelgänger und frißt Tiere von Vogel, Maus und Eichhörnchen bis zum Hirschkalb, sogar Reptilien und Amphibien; insbesondere verfolgt der Luchs auch Hasen und Rehe. Allerdings erbeutet er von den größeren Tieren vorwiegend nur schwache und kranke, so daß er dadurch auch zur Erhaltung eines gesunden Tierbestandes beigetragen hatte. Wo das Zahlenverhältnis zwischen Rehwild und Luchsen für die Bestandserhaltung ausgeglichen war, ist das Rehwild gesünder gewesen als ohne Luchse. Im Sommer jagten sie gerne junge, noch nicht flügge Auer-, Birk- und Haselhühner und wurden auch dadurch Konkurrenten der Jäger. Der Luchs hält sich bei hohem Jagdtierbestand in einem Beutegebiet von etwa 10–15 km^2 auf, beansprucht sonst ca. 20–60 km^2. Diese Zahl gilt für die Waldgebiete des früheren Deutschlands mit Ausnahme der sehr wildreichen Zeit vom 16. Jh. bis Anfang des 19. Jhs. Sein einziger Feind ist neben dem Menschen der Wolf. Der Luchs verdrängt Wildkatzen. Da er keine Vorräte versteckt, legt er bei Nahrungsknappheit weite Entfernungen zurück. Der einzelgängerische Luchs, der sich bei Treibjagden erfolgreich verbergen konnte, zumal er auf Bäume kletterte, war erheblich schwerer als der Wolf zu jagen, so daß er in dieser Hinsicht in der Pommerschen Verfügung von 1492 (s. o. S. 134) als der ärgste von allen Raubtieren angesprochen wurde. Wenn dort damals für den Luchs ein erheblich höheres Schußgeld als für den Wolf gezahlt wurde, war das typisch auch für andere Territorien, zumal Luchsfelle durch ihre Güte und größere Seltenheit einen höheren Wert als Wolfsfelle besaßen. Luchse wurden an Fürstentafeln verspeist, namentlich galten ihre Tatzen als besondere Leckerbissen. So bedankte sich z. B. der hessische Landgraf Wilhelm IV. beim Grafen Georg Ernst von Henneberg, in dessen Wäldern sich Luchse relativ lange gehalten hatten, 1572 für die Übersendung eines Luchses an seine Kasseler Hofhaltung, den er zusammen mit seinen zufällig anwesenden Brüdern genossen habe (Landau 1849, S. 225 ff.). Wilhelm sandte seinerseits 1592 seinem in Marburg residierenden Bruder Ludwig einen von drei an der Möß in Schmalkalden erlegten Luchsen; im Dankesbrief von Ludwig hebt dieser hervor, daß die Luchse *rechte feinde der Reher seind* (STAM 17,1). Im großen Waldgebiet nö. Darmstadt sind noch 1641, 1655 und 1657 Luchse aufgespürt worden (Landau 1849, S. 225 f.). Im Winter 1658/59 wurden in den Wäldern der Obergrafschaft von Hessen-Darmstadt drei Luchse geschossen, darunter ein bei Lichtenberg erlegter von 53 Pfd. Im Vogelsberg wurde noch 1678 ein Luchs erlegt. Wenn bei Luchsen, ähnlich wie bei Wölfen und Bären in Hessen, Thüringen, Sachsen und benachbarten Territorien schon seit dem 17. Jh. überwiegend männliche Tiere erlegt wurden, in Hessen seit Ende des 18. Jhs. ausschließlich, ist das ein Indiz für zusätzliche Einwanderung von außen, da weibliche Tiere, namentlich, wenn sie von Jungen begleitet sind, eher für Standwild sprechen. Aus dem 18. und frühen 19. Jh. stammen die letzten Meldungen über erlegte Luchse in Hessen, wobei sich nicht feststellen läßt, inwieweit es sich um die letzten Exemplare von Standwild handelte oder ob es eingewanderte Tiere waren. Sicherlich gilt letzteres für die vereinzelten Luchse, die nach 1850 beobachtet worden sind. Im und am Thüringer Wald, wo die Ausrottung ähnlich wie in Hessen verlief, wurden 1788, 1794, 1796 und 1819 die letzten Luchse gestreckt, während in den Harzwäldern, darunter am Brocken und im Lautentaler Revier, noch 1816, 1817 und 1818 Luchse geschossen wurden. Der wohl letzte des Odenwaldes ist 1833 nachts am Katzenbuckel unter Mithilfe eines Spürhundes erlegt worden. Der letzte Luchs im Fichtelgebirge ist 1774 geschossen worden (Jäckel 1865), so daß Luchse in späteren Abschußlisten vom Staatsarchiv Bamberg nicht mehr vorkommen.

Wenn auch einzelne Luchse in Ostpreußen durchs ganze 19. Jh. erlegt wurden und später nochmals zwei, war Einwanderung aus benachbarten russischen, litauischen und polnischen Wäldern wahrscheinlich (Mager 1941, S. 246 ff.), zumal fast alle Tiere in grenznahen Waldgebieten getötet wurden. So sind die letzten Luchse in der waldreichen Rominter Heide 1862 sowie 1868 und 1879 im Forstamtsbezirk Puppen, 1870 in der Borker Heide, 1872 und 1876 in den Forsten von Schlodien und Osterode erlegt worden und dann nach Jahrzehnten erst wieder 1924 bei Bednarken (Kr. Osterode) und im Winter 1934 bei Schönbruch (Kr. Labiau). Ein Hinweis auf Wiedereinbürgerung des Luchses erfolgt später (S. 215).

Nur etwa ein Drittel des Gewichtes eines Luchses erreicht die ihm verwandte *Wildkatze* (Felis silvestris). Als Folge des anthropogenen Landschaftswandels und intensiver Verfolgung war sie in Deutschland fast ausgerottet, hat sich jedoch in der Nachkriegszeit dank des Artenschutzes so vermehren können, daß ihr Bestand wahrscheinlich gesichert ist. Als Tier großer Laub- und Mischwaldungen war ihr Lebensraum durch Ausdehnung der Nadelholzmonokulturen seit Ende des 18. Jhs. sehr eingeschränkt worden, zumal mit jenem Landschaftswandel ein erheblicher Verlust an Nahrungstieren einherging (s. S. 104). Ein beliebter Aufenthaltsort für Wildkatzen waren alte, vielästige Eichen, wie sie in den Hutewäldern verbreitet waren und in der modernen Forstwirtschaft keinen Platz mehr hatten. Wildkatzen sind durch Jahrtausende um ihrer Felle willen gejagt worden, und erst in der Neuzeit erfolgte in den meisten Forsten eine planmäßige Ausrottung wegen ihrer vermeintlichen Schädlichkeit. Da verwilderte, wildfarbene Hauskatzen den Wildkatzen ähneln und sich mit ihnen paaren, sind einige von ihnen sicherlich in älteren Abschußzahlen über Wildkatzen enthalten.

Seit dem Neolithikum ist die Wildkatze in ur- und frühgeschichtlichen Fundplätzen oft, jedoch in der Regel nur in kleinen Knochenmengen vertreten (Boessneck 1975, S. 176; Kokabi 1990, S. 145 ff.). Noch im 16. Jh. wurde die Wildkatze von bestallten Jägern der Fürsten wegen ihres Fells gegen Schußgeld erlegt, so im April/Mai 1595 vier Tiere in der Unteren Herrschaft Henneberg (STAMei, GHA Sect. III, 354). Im Verhältnis zu den großen Waldflächen jenes Bereichs waren es nur wenige Wildkatzen; zur gleichen Zeit wurden 12 Fuchsbälge vom zuständigen Jägermeister abgeliefert. Wenn bereits zu Beginn des 19. Jhs. in manchen Territorien, um Schußgeld zu erhalten, nur noch die Schnauzen oder die Schwänze, nicht aber die Bälge von Wildkatzen einzusenden waren, ist das ein deutlicher Hinweis auf das Bestreben, die Tiere auszurotten. Wildkatzen werden in älteren Abschußlisten bis ins 19. Jh. unter den *Raubtieren*, die es ja auszurotten galt, aufgeführt. Im waldreichen nordhessischen Oberforstbezirk *Habichtswald* sind von 1785–1805 950 Wildkatzen erlegt worden (Landau 1849, S. 227), im Jahresdurchschnitt 45 Tiere, von 1822–30 im Jahresdurchschnitt nur noch 7,6 Stück. Aus den übrigen Forstinspektionen des Kurfürstentums Hessen liegen ähnliche Zahlen vor, die einen starken Rückgang der Population in der ersten Hälfte des 19. Jhs. bezeugen. Um seine Mitte kam die Wildkatze zwar noch in fast allen Landesteilen von Hessen vor, doch nur noch mit wenigen Individuen. In anderen deutschen Territorien verlief die Verfolgung der Wildkatze ähnlich. Im Forstbezirk Münchaurach, der vier staatliche Reviere des östlichen Steigerwaldes umfaßte, wurden im Forstwirtschaftsjahr 1807/08 236 Katzen zur Strecke gebracht (STAB C 9/VI, 16825), darunter wahrscheinlich verwilderte Hauskatzen. Gleiches dürfte für die 16 Katzen gelten, die a. 1802 im Jagdbereich des Steigerwaldklosters Ebrach erlegt wurden (Schenk 1988, Tab. 42). Im Hildburghauser Forstdepartment, das mehrere Forstämter umfaßte, sind 1840/41 98 Hauskatzen, aber keine Wildkatze geschossen worden, jedoch 1845/46, bereits als Seltenheit, 4 Wildkatzen.

Der *Edel-* oder *Baummarder* (Martes martes) war wegen seines Pelzes schon früh starken Verfolgungen ausgesetzt. Zu den ältesten Schriftquellen darüber zählt der erste, um 1168 abgeschlossene Teil von Helmolds Slawenchronik, wo er mitteilt (Kap. 1), daß die heidnischen, im späteren Ostpreußen lebenden Pruzzen für Wollkleider im Tausch kostbare Marderfelle böten. Als sich im Pruzzenland der Deutsche Orden etabliert hatte, gehörten zu seinen festen Einkünften die Felle von Edelmardern (Mager 1941, S. 248 ff.). Gehandelt wurden sie vor allem über den Hafen Danzig, wohin sie aus dem Gebiet des Deutschen Ordens und aus Polen gelangten. Im Jahre 1433 erzielten im Danziger Großhandel 40 Stück Marderfell für den Mantel eines hohen Ordensbeamten den beachtlichen Preis von 23 Mark. Damals hätte man für die gleiche Summe 800 Ellen Leinwand oder 260 Dielen oder 500 kg Butter kaufen können (Hirsch 1858, S. 248 ff.). Der hohe Preis der Marderfelle, die bis Flandern exportiert wurden, war ein starker Anreiz für die Verfolgung des Tieres. Wenn im Verlaufe des 15. und 16. Jhs. die bis dahin jährlich von zahlreichen Bauernhöfen zu entrichtende Abgabe eines Marderfells in einen regelmäßig zahlbaren Geldzins umgewandelt wurde, lag das nicht allein am zeitbedingten Übergang von den Natural- zu den Geldzinsen, sondern war gleichfalls durch die Abnahme der Zahl von Edelmardern bedingt. Dieser Rückgang war eine Folge der Jagd und ebenso einer Veränderung der Umwelt des Tieres. Denn der scheue und bevorzugt in großen Wäldern lebende Edelmarder hatte damals im westlichen Altpreußen durch Ausbreitung landwirtschaftlichen Kulturlandes weithin seine Lebensräume verloren. Immerhin lebten im späteren Ostpreußen noch im 16. Jh. so viele Edelmarder, daß zahlreiche Amtsbezirke jährlich zwischen 20 und 100 Stück zu liefern vermochten. Ein deutlicher Rückgang wurde Anfang des 18. Jhs. beobachtet. Zu den bereits erwähnten Faktoren war noch die Entstehung großer Blößen in den Wäldern durch forstliche Raubwirtschaft und im 19. Jh. die Anpflanzung von Monokulturen getreten, da der Edelmarder alte, dichte Mischwaldbestände bevorzugte. Immerhin war in ganz Ostpreußen noch in der Jagdsaison 1885/86 die stattliche Zahl von 576 Edelmardern erlegt worden (Mager 1941, S. 248 ff.).

Die Edelmarder müssen im westlichen und weithin im südlichen Deutschland bereits viel früher als in Ostpreußen selten geworden sein, und wo überwiegend Offenland vorhanden war, hatten sie ihren Lebensraum verloren. In den Schußlisten der Forstakten wird gewöhnlich nicht zwischen Baum- oder Edelmarder und Stein- oder Hausmarder unterschieden. Da die Abschüsse jedoch in der Regel im Wald erfolgten, dürfte es sich bei der Mehrzahl der Abschüsse um Baummarder gehandelt haben. Im Forstdepartement Hildburghausen, das damals 10 Forstämter im südlichen Thüringer Wald und Vorland umfaßte, sind in den drei Jagdjahren 1830/31 – 1832/33 57 Marder erlegt worden (STAMei, Abt. V, 13639), im Steigerwaldforstamt des Klosters Ebrach 1765 9 und 1802 4 Marder (Schenk 1988, Tab. 42).

Zu einer Unterfamilie der Marder gehört der *Dachs* (Meles meles), der ebenfalls über ganz Mitteleuropa verbreitet war, wie sich u.a. aus entsprechenden Geländenamen ablesen läßt. Er besiedelt noch heute, wenn auch nicht mehr in großer Zahl, viele Wälder. Öfter als die scheuen Tiere werden ihre großen Höhlensysteme beobachtet. Da neben pflanzlicher Kost besonders schädliche Tiere – Nager, darunter Kaninchen, Kerbtiere, Schnecken –, selten Hühner und Enten, auf seiner Speisekarte stehen, wird er eher als nützliches Tier betrachtet, so daß ihn als Grimbart die deutsche Sage in wohlwollendem Licht darstellt. Er ist in früherer Zeit, als die Masse der Menschen noch engeren Kontakt zu ihrer naturnahen Umwelt hatte, mit einigen seiner wirklich vorhandenen oder vermeintlichen Eigenschaften, die u.a. mit seiner Winterruhe und regen Grabtätigkeit zusammenhängen, sprichwörtlich geworden, z.B. *schlafen wie ein Dachs; faul wie ein Dachs; arbeiten wie ein Dachs*. Der Dachs ist ein Beispiel für die ehemals vielseitige Verwendung von Tierkörpern und die dadurch beschleunigte Verminderung der Population. Fett und Fell des Dachses waren Universalheilmittel in der Volksmedizin. Das Fett wurde auch zu Stiefelschmiere und zu Seife verarbeitet. Aus dem Fell wurden Futterale und Bezüge hergestellt, seine Haare dienten dem Hutschmuck oder werden zu Rasierpinseln verarbeitet. Auch das Fleisch des Dachses ist früher gegessen worden, obwohl der Dachs oft Trichinen beherbergt.

Zur großen Marderfamilie zählt auch der *Fischotter* (Lutra lutra), nach archäologischen, sprachlichen und schriftlichen Zeugnissen einst in ganz Europa und in allen Teilräumen von Deutschland verbreitet. Darauf weisen auch die vielen Gewässer- und Geländenamen hin, wie z.B. die zahlreichen *Otterbäche* bekunden, deren Namen teilweise schon in früheren Urkunden des Mittelalters erscheinen. Bereits damals war die Jagd auf Ottern lohnend. Schon um 1400 beschäftigte der Deutsche Orden berufsmäßige Otter- und Biberfänger. Im Großhandel des Danziger Hafens, zu dem im Mittelalter die aus dem Gebiet des Deutschen Ordens und Polens gelieferten Otterfelle gelangten, erzielten diese in der ersten Hälfte des 15.Jhs. etwa 3/4 des für Edelmarder gezahlten Preises (Hirsch 1858, S.260). Weil die mittelalterliche Kirche den Otter, wie den Biber, für einen Fisch erklärt hatte, waren beide eine beliebte Fastenspeise. Ein regelrechter Ausrottungsfeldzug war, wie gegen andere Raubtiere, im 16.Jh. in fast allen Territorien gegen den Fischotter im Gange. Hauptgrund war die Annahme von Führungseliten und von Fischern, Ottern würden großen Schaden an Fischbeständen anrichten. Das galt zwar für dicht besetzte Teiche, nicht aber für den damals in vielen Gewässern noch weitgehend normalen Fischbestand.

Fürsten setzten deshalb besondere Otternfänger oder Otternschläger ein, die von eigens zur Otterjagd abgerichteten Hunden, den sogenannten Otterhunden, unterstützt wurden. Ein Otterfänger arbeitete mit bis zu sechs Hunden. Ziel war, dadurch *dieses schädliche Tier ... um so besser verfolgen und ausrotten zu können*, wie sich Landgraf Wilhelm von Hessen 1591 in einem Brief an auswärtige Fürsten ausdrückte (Landau 1849, S. 229). Da der Otter bis in die jüngere Vergangenheit gejagt wurde, ist er in Deutschland, wie in Italien, Belgien und den Niederlanden, trotz des ihm heute gewährten Schutzes vom Aussterben bedroht. Zu seinem fast dramatischen Rückgang seit den 1950er Jahren haben, wie bei anderen freilebenden Wassertieren, die Verschmutzung und Vergiftung der Gewässer, der darin ausgeübte Wassersport, die Binnenschiffahrt, der Bau von Wasserkraftwerken und Schiffahrtsschleusen und die Binnenfischerei beigetragen. Ebenfalls hat die Begradigung der Wasserläufe, die Beseitigung von Ufergebüsch und Baumbewuchs und die anthropogen bedingte starke Abnahme der Bestände an Beutetieren in Flüssen, Bächen, Seen und ihrer Umgebung zu einer erheblichen Verschlechterung des Lebensraumes des Otters geführt. Auch die Populationen anderer Tierarten, die vom Otter gefressen werden, haben abgenommen oder sind mit Schadstoffen belastet. Es sind vor allem Krebse, die aus den meisten unserer Binnengewässer verschwunden sind (s. S. 192ff.), ferner Wasservögel, von denen jedoch nur schwache oder junge Tiere erbeutet wurden, Weichtiere und Nagetiere.

Ähnlichen Verfolgungen war der *Biber* (Castor fiber), das größte europäische Nagetier, ausgesetzt. Auf seine ehemals sehr weite Verbreitung und sein häufiges Vorkommen weisen die vielen Biberbäche, von denen manche schon in Urkunden der Karolingerzeit auftreten (Jäger 1992, 2). Begehrt war zunächst der sehr wertvolle, weil dauerhafte und wärmende Pelz des Bibers. In Erinnerung daran hat bekanntlich Gerhart Hauptmann eines seiner Dramen *Der Biberpelz* betitelt, obwohl zur Zeit seiner Publikation (1893) der Biber in Deutschland regional bereits ausgerottet und sonst sehr selten geworden war. Aus den Drüsen wurde das Bibergeil gewonnen, eine früher allgemein verbreitet gewesenene Arznei, die vor allem als beruhigendes und krampfstillendes Mittel galt. Schließlich war der Biberschwanz eine begehrte Speise (s. S. 155). Der 1–2 kg schwere Biberschwanz und die Hinterkeulen des Bibers galten auch unter Fürsten als leckeres Tischgericht. Wenn sich der Deutsche Orden in der Culmer Handfeste von 1233 und anderen Urkunden die Biberjagd als Regal vorbehielt, so hat er sie durch Biberfänger oder -jäger auch ausüben lassen, da Biberfelle zu seinen Handelsartikeln gehörten. Von den pommerschen Herzögen sind Urkunden u.a. aus den Jahren 1274 und 1276 überliefert, die Dienste als Biberfänger bezeugen (Helbig/Weinrich 1968, Nr. 108 u. 109). Das Recht zum Biberfang konnte an Dritte verliehen werden, so z.B. 1229 im Lande Mewe an das später berühmte Zisterzienserkloster Oliva durch den ostpommerschen Fürsten Sambor. Die über den mittelalterlichen Welthafen Danzig ausgeführten *Biberhäute* und *Biberwammen* (Hirsch 1858, S. 260), deren Preise, wohl infolge von wechselnden Angeboten, fast jährlich schwankten, kamen aus dem Danziger Hinterland und wurden vor allem durch die Hanse exportiert. Die Berufsfischer waren eifrige Biberjäger, zumal sie für jedes gelieferte Biberfell eine relativ hohe Geldprämie erhielten (Landau 1849, S. 228). In der Neuzeit erscheint als Begründung der Biberjagd die Verringerung von Schäden, die durch die Nagetiere an Bäumen und Wasserdämmen und den Aufstau des Wassers durch Dämme der Biber angerichtet wurden. Durch solche Anlagen haben Biber, die stets in Familienverbänden lebten, ihre natürliche Umwelt bis hin zur Bildung von Biberwiesen verändert (s. S. 121 f.).

Als Folge der intensiven Bejagung war der Biber schon Ende des 16. Jhs. in den westdeutschen Landschaften selten geworden oder, wie im nördlichen Hessen, ganz verschwunden. Er kam damals noch gelegentlich im Odenwald und einigen anderen gewässerreichen Landschaften Deutschlands vor, in größerer Zahl noch in seinen östlichen Teilen. Im späteren Ostpreußen lebten noch im 16. und 17. Jh. zahlreiche Biber, doch wurden sie, weil das landesherrliche Biberregal nicht durchgesetzt wurde, von der biberfeindlichen Landbevölkerung so stark verfolgt, daß König Friedrich I. 1706 eine freilich wenig wirksam gewordene Verordnung zu ihrem Schutz erließ. Bezeichnend für die damalige Zeit war die Begründung. Einen Naturschutz im heutigen Sinne gab es ja noch längst nicht, vielmehr sollte der Biber vor allem wegen des medizinischen Wertes seiner *Geyle* geschont werden. Schließlich änderte sich wegen der vermeintlich großen Schäden an der Landeskultur erneut die Auffassung über die Biberjagd, so daß die Tiere im weiteren Verlauf des 18. Jhs. zur Ausrottung freigegeben wurden. Daraufhin verminderte sich ihr Bestand so rasch, daß der letzte Biber in Ostpreußen im Jahre 1844 unweit der Stadt Memel erlegt wurde (Mager 1941, S. 176).

Der Biber zählt zur langen Reihe der in Europa gefährdeten Säugetiere. In Deutschland haben von seinem ursprünglich sehr groß gewesenen Bestand dank Artenschutz nur noch Kolonien an der mittleren Elbe und ihren Nebenflüssen zwischen Wittenberg und Magdeburg überlebt, wo es noch ausgedehnte Auewälder und Ufergebüsche gibt, obwohl auch dort die Bedrohung durch Gewässerverschmutzung und anthropogene Störungen erheblich sind. In den letzten Jahren ist eine erfolgreiche Wiedereinbürgerung zu verzeichnen. Dazu hat eine Aufzuchtstation bei Neustadt/Donau beigetragen; die Tiere kamen aus der UdSSR, Frankreich, Polen, Schweden und Finnland. Gegenwärtig leben im Freiland Populationen am Ammersee, an Donau, Inn, Rott, in Mittel- und Unterfranken. In Mecklenburg-Vorpommern sind kanadische Biber ausgesetzt worden.

Größte und schwerste, aber in Deutschland ausgerottete Hirschart ist der *Elch* (Alces alces), der allenfalls noch als Irrgast in östlichen Landstrichen auftritt. Seine nacheiszeitliche Geschichte veranschaulicht eindrucksvoll, wie sehr die anthropogene Veränderung der Umwelt einer Tierart, ferner die Jagd und Maßnahmen der Wildhege die Verbreitung und Stückzahl bestimmen. Elche lieferten nicht allein ein begehrtes Fleisch, sondern ihre Felldecken wurden zu Pelzen verarbeitet, ihre Häute zu Kleidungsstücken, Taschen, Riemen, Sohlen und dazu in urgeschichtlicher Zeit die Knochen und Geweihe zu Geräten. Der Elch war noch in der Mittelsteinzeit (ca. 8000–5000/4000 v. Chr.) im größten Teil von Europa heimisch. Durch fortdauernde Bejagung und Ausbreitung der Besiedlung wurde sein Lebensraum mit Beginn der Jungsteinzeit immer stärker eingeschränkt, so daß diese Tierart bereits im weiteren Verlauf der ur- und frühgeschichtlichen Zeit nur sehr ungleich über Mitteleuropa verteilt war. Daher ist erklärbar, daß in neun Fundkomplexen neolithischer und bronzezeitlicher Siedlungen Südwestdeutschlands (Kokabi 1990, Abb. 1–19) mit sorgfältig untersuchten Tierarten der Elch nur in zwei Siedlungen vorkommt. Bemerkenswert ist auch die Relation der Tierarten zueinander, die aufgrund der Analyse von Knochen bestimmt wurde. In der Siedlung Hornstaad-Hörnle I aus dem 4. Jt. v. Chr., am Bodensee (Nordufer des Untersees) gelegen, hat der Elch unter allen Tierarten – d. h. Wild- und Haustieren – nur einen Anteil von 0,5 %, der Rothirsch jedoch 35 % und das Rind 29 %, während in der erheblich jüngeren Siedlung Wasserburg-Buchau im Federseemoor der Elch unter allen Tierarten mit 2 % vertreten ist. In diesem relativ höheren, wiewohl im ganzen geringen Anteil dürfte zum Ausdruck kommen, daß der Naturraum des Federsees mit seinen Mooren für den Elch ein günstiger Lebensraum gewesen ist. Bekannt sind die Berichte der römischen Schriftsteller Caesar und Plinius d. Ä. mit sagenhaften Ausschmückungen über die Elchjagd im Herzynischen Wald, d. i. im Deutschen Mittelgebirge. Bereits im frühen Mittelalter war mit sich ausbreitender Landeskultur der Elch im westelbischen Deutschland selten geworden. Er bevorzugt als Lebensraum große Sumpfniederungen und urtümliche, weite, von Feuchtgelände durchsetzte Waldungen. Die Elchrudel pflegten im Herbst die Niederungen mit ihrer Überschwemmungs- und Vereisungsgefahr zu verlassen und höher gelegene Waldgebiete aufzusuchen, während im Sommerhalbjahr wiederum moorige und anmoorige Niederungswälder ideale Schweifräume abgeben. Wegen dieser jahreszeitlichen Elchwanderung beanspruchen die Tiere einen großen Lebensraum. Mit wachsender Bevölkerung, Kultivierung feuchter Niederungen, den großen Waldrodungen im weiteren Verlauf des Mittelalters und sich ausdehnender Besiedlung verkleinerte sich der Lebensraum des Elchs weiter. Da jener Landesausbau, von regionalen Ausnahmen abgesehen, in seiner großflächig-intensiven Form von Westen nach Osten fortgeschritten ist, lag die Westgrenze der Verbreitung des Elchs um 1000 n. Chr. an der Elbe. Wie andere Wildtiere war auch der Elch am längsten in Ostpreußen heimisch geblieben. Aber auch dort waren die Tiere durch Einengung oder Vernichtung ihres natürlichen Lebensraumes bedroht oder wurden gezwungen, auf für sie verhängnisvolle Weise ihre Umweltwirksamkeit zu ändern. Denn in Ostpreußen kam zur Trockenlegung von Niederungen und der Waldrodung das schon im 17. Jh. im Gang befindliche, seit dem 18. Jh. beschleunigte Vordringen der Kiefer auf Kosten des Laubholzes hinzu (s. S. 104 und Mager 1960, 2, S. 203 ff.). Da Laubholzzweige, namentlich Birken, Espen und Salweiden, zur beliebten Nahrung des Elches gehörten, wurde er gezwungen, einen Ersatz zu suchen. Das waren die noch weichen Spitzen der Nadelbäume und die an die Wälder angrenzenden landwirtschaftlichen Kulturen. Die Verbißschäden in forst- und landwirtschaftlichen Kulturen führten zu einer stärkeren Bejagung durch die dazu Berechtigten. Im Verlaufe des 18. Jhs. entstanden die ersten größeren Lücken in den bis dahin noch in fast allen Landesteilen Ostpreußens vorhanden gewesenen Elchbeständen. Zu ihrer kleinräumigen Ausrottung hatte auch der Siebenjährige Krieg durch Abschüsse von russischen Besatzungstruppen beigetragen. Mager (1941, S. 114) hat unter Beachtung zeitgenössischer Zahlen die gesamte ostpreußische Elchpopulation für die Zeit um 1790 auf 500 Tiere geschätzt. Fast zur Ausrottung des Elchs kam es nach der 1848er Revolution, als die Landesbevölkerung eine ungehemmte Jagdfreiheit beanspruchte. Erst als Kaiser Wilhelm II. im Jahre 1906 drei Forstamtsbezirke als Elchgehege und die angrenzenden Reviere als Schutzzone für Elche einrichten ließ und auch die Besitzer der großen Privatforsten mit der Hege des Elchs begannen, vermehrte sich ihr Bestand wieder beträchtlich. Die erste Elchzählung, die im Jahre 1912 in allen Staats- und Privatforsten erfolgte, ermittelte 777 Stück. Die jagdliche Gesetzgebung von 1934 verbesserte unter dem Amt eines Elchjägermeisters die

Lebensbedingungen für die ostpreußischen Elche, grenzte ihre Schutzgebiete neu ab, verbesserte ihre Äsungsflächen und bestimmte eine genaue Kontrolle der jährlichen Abschußzahlen, so daß es 1938 in Ostpreußen wieder rund 1100 Elche gab, die sich über den großen Bereich von 13 Landkreisen verteilten. Die turbulenten Jahre gegen und nach Ende des Zweiten Weltkrieges führten zur Ausrottung der Elche im damaligen Ostpreußen. In den letzten Jahren sind jedoch in die nun zu Polen und Rußland gehörigen Gebiete erneut Elche aus den nördlich und östlich angrenzenden Waldgebieten eingewandert, und einzelne Tiere sind kürzlich in ostdeutschen Grenzwäldern gesichtet worden.

Seit Jahrtausenden ist der *Rothirsch* (Cervus elaphus) wichtiges Jagdtier. Sein wirtschaftlicher Nutzen war ähnlich wie der des Elchs. Hinzu kommen weitere, stärker oder allein auf den Hirsch beschränkte Verwertungsarten. So basierte die im wikingerzeitlichen (9.–11. Jh.) Haithabu und Wollin angesiedelte Herstellung von Kämmen allein auf den Geweihen von Hirschen, die wenigstens in Haithabu ganz überwiegend Abwurfstangen gewesen sind, aber in beiden Orten aus der näheren und weiteren Umgebung stammten und damit für jene Zeit ein merkliches Vorkommen der Tierart bezeugen (Reichstein/Tiessen 1974).

Da die in Rudeln lebenden Hirsche lichte Laub- und Mischwälder bevorzugen, haben sie sich in der Nacheiszeit zusammen mit ihnen ausgedehnt. Die Hauptnahrung besteht aus Gräsern und Kräutern, Heidekraut, Beeren und Flechten. Fehlen diese, ernähren sie sich von Blättern, jungen Nadelholztrieben, Baumzweigen und Rinde. Werden die Bestandsdichten zu hoch, kann es im Winter zu erheblichen Verbiß- und Schälschäden im Wald kommen. Natürliche Feinde der Hirsche waren in Mitteleuropa die dort ganz oder weitgehend ausgerotteten Wölfe und Bären (s. S. 137 ff.). Da Hirsche erst im dritten Jahr Geschlechtsreife erlangen, die Tragezeit acht Monate beträgt und gewöhnlich nur ein Junges geboren wird, benötigen dezimierte Populationen eine längere Zeit zur Regeneration. Hirsche sind bereits von mittelsteinzeitlichen Wildbeutern stark bejagt worden. Unter den prähistorischen Siedlungen, deren Haus- und Wildtierknochen untersucht worden sind (Kokabi 1990), steht der Hirsch oft mit großem Abstand an der Spitze der Jagdbeute. In der frühneolithischen Seeufersiedlung von Hornstaad-Hörnle I, die allerdings einen auch für die damalige Zeit ungewöhnlich hohen Anteil von 50 % an Wildsäugern enthält, erreicht der Hirsch unter allen Tierarten 36 % Anteil oder 64 % unter den Wildsäugetieren; auch in den Feuchtbodensiedlungen des Bodensees aus der Bronzezeit steht der Hirsch unter den Jagdtieren mit Abstand an der Spitze. So nehmen in der frühbronzezeitlichen Siedlung Bodmann-

Schachen (ca. 1800 v. Chr.) unter allen nachgewiesenen Tierarten die Haustiere mit annähernd gleichem Gewicht von Rind und Schwein vor Schaf/Ziege, Hund und Pferd 60% ein, während der Rothirsch immerhin 31% erreicht. Ob sich im spätbronzezeitlichen Dorf (ca. 1000 v. Chr.) Wasserburg-Buchau mit einem Anteil des Hirsches von nur noch 13% am Gesamtbestand der nachgewiesenen Tierarten bereits ein Rückgang in der Stückzahl der Population, andere Jagdgewohnheiten oder eine andere Umwelt der Siedlung verbergen, läßt sich noch nicht sicher beantworten. Auf einen hohen Anteil von feuchten Biotopen weist nicht allein die Seeuferrandlage der Siedlung hin, sondern auch der relativ hohe Anteil von Elch (2%) und Biber (1%). Aus dem Mittelalter liegen noch weniger osteologische Untersuchungen von Siedlungsplätzen vor als aus der ur- und frühgeschichtlichen Zeit.

Zahlenreihen über Hirschbestände setzen erst im 16. Jh. mit der Jagdstatistik ein und stehen im Zusammenhang mit einer ganzen Reihe von Maßnahmen des frühneuzeitlichen Fürsten- und Beamtenstaates. Von entscheidendem Einfluß waren vor allem der Aufbau einer straffen und hierarchischen Forstorganisation mit entsprechender räumlicher Gliederung, der Beginn systematischer Wildzählungen und -beobachtungen, das fürstliche Interesse an der Jagd und im Zusammenhang damit die Entwicklung der Hege und harte Bestrafung von Wilddieberei. Wenn im Staatshandbuch der niederhessischen Landgrafschaft von ca. 1584 (Ö. St., Bd. 2, S. 119) eine *Ordnung* über die jährlichen Strecken an Hirschen, Hirschkühen und -kälbern (= *Wildpret*), an Wildschweinen und Rehen über alle Landesforsten aufgenommen wird, deren Zahlen bewirken sollten, daß die Bestände erhalten blieben, so setzt der Versuch einer derartig genauen Regulation eine Bestandserhebung voraus. Zu den Bezirken der Landesforsten werden auch ihre Vorhölzer gezählt, sofern der Landesherr darin das Jagdrecht auf die aufgezählten Tierarten hatte. Weiter unten werde ich zeigen, wie damals eine Bestandserhebung durchgeführt wurde und welcher Aussagewert ihr zugekommen sein wird. Bemerkenswert ist in der jährlichen Abschußplanung das Zahlenverhältnis der einzelnen Wildarten zueinander. Ein Vergleich mit anderen Wildlisten des 16. Jhs. erlaubt den Schluß, daß die Zahlen jener hessischen Abschußordnung etwa proportional zu den in Wirklichkeit vorhanden gewesenen Populationen an Großwildbret steht. Vorgesehen waren an Jahresstrecken in der Gesamtheit aller niederhessischen Staatswaldungen: 430 Hirsche, 510 Stück Wild (hier: Hirschkühe und -kälber), 177 Rehe und 1164 Wildschweine; das Verhältnis dieser Arten bzw. Geschlechter zueinander betrug 1:1, 2:0, 4:2,7. Auffällig ist der geringe Anteil des Rehs. In der relativen Größenordnung entspricht er noch immer den bereits aus der urgeschichtlichen Zeit bekannten Relationen (s. S. 158 f.). Zwar waren Ende des 16. Jhs. in Hessen und anderen westdeutschen Territorien Wölfe und Luchse als ärgste Feinde der Rehe dezimiert, doch litt damals, und weiter bis Ende des 18. Jhs., das Rehwild besonders stark unter der Konkurrenz der übermäßig großen Herden von Haustieren, die zur Hute in den Wäldern einschließlich vieler Staatsforsten weideten (S. 78 ff.); ein weiterer, das Reh verdrängender Konkurrent waren die besonders geschützten Rotwildbestände. Da Hirsche ihren Umweltansprüchen nach lichtere Laubwälder mit einer dichten Bodenflora aus Gräsern und Kräutern vorziehen, mußten ihnen die lichten, von großen Blößen durchsetzten Hutewälder aus Laubhölzern, wie sie im Tiefland und Mittelgebirge westlich der Elbe, und selbst östlich von ihr, in weit größerem Umfang als gegenwärtig, bis Ende des 18. Jhs. allein oder überwiegend vertreten waren, besonders zusagen. Denn sie haben unvergleichlich mehr Äsung angeboten als die Dunkelwälder der Gegenwart. Im Reinhardswald (vgl. Jäger 1951 u. Günther 1989), der Ende des 16. Jhs. mit seinen Vorhölzern eine Fläche von ca. 350 km^2 eingenommen hatte, sollte die jährliche Abschußrate betragen: 60 Hirsche, 80 Stück Wild, 16 Rehe und 300 Schweine, im waldreichen Landesteil Schmalkalden mit Anteil am Thüringer Wald je 70, 40, 21 und 24 Tiere. Inwieweit jene Planung eingehalten worden ist, läßt sich wohl kaum nachprüfen, da nach den von mir durchgesehenen Archivbeständen nur sporadische Abschußzahlen vorliegen. Landau teilt in seiner fundierten Jagdgeschichte nur summarisch mit, daß die geplanten Abschüsse selten erreicht worden seien. Wenn allein im Reinhardswald mit Vorhölzern nach der jährlichen Abschußregelung im Staatshandbuch 20 % der Gesamtstrecke aller 13 niederhessischen Landesforstbezirke erlegt werden konnten und er damit an der Spitze von allen stand, so muß er um 1580 besonders wildreich gewesen sein. Diese Schluß wird durch eine Reihe von zeitgenössischen Zahlen bekräftigt (Landau 1849, S. 246 ff.).

Angaben über ältere Rotwildbestände liegen auch aus anderen deutschen Territorien vor. Im Zusammenhang mit der sächsischen Besitzergreifung des größten Teils der Grafschaft Henneberg wurde eine Zählung des Rotwildes in der Brunft a. 1595 angeordnet, an der sich alle Förster und Unterförster (*Forstknechte*) zu beteiligen hatten (STAMei, GHA, Sec. III,354). Die Bestandsermittlung erfolgte nach dem *hören, vernehmen lassen, sehen und spüren* des Wildes. Da jeder der eingesetzten Forstbediensteten sein Revier gründlich kannte, wird es sich um eine relativ zuverlässige Ermittlung gehandelt haben. Das 1595 angewandte Zählverfahren ist heute noch als sogenannte konventionelle Methode gebräuchlich (vgl. Kurt 1991, S. 12 ff.) und liefert Ergebnisse in der Qualität einer Sachverständigenschätzung. Ermittelt wurden in den Forsten der Bezirke Wasungen/Zillbach, Hundsrück, Sültzfeld, Katz, Kühndorf/Hallenberg und Metzels, d. h. in den zum südlichen Vorland des Thüringer Waldes gelegenen Wäldern zwischen Steinbach-Hallenberg und der Werra und in den großen, zur Thüringischen Rhön gelegenen Wäldern westlich des Werraabschnitts von Wasungen, insgesamt 220 Hirsche. Sie werden aufgelistet nach der Zahl ihrer Geweihsproßspitzen oder *Enden*: 1 Tier mit 16 Enden (= 16ender), 10 mit 14, 40 mit 12, 93 mit 10 und 76 mit 8 bzw. 6 Enden, dazu kamen 849 Stück Wild, d. h. Hirschkühe und -kälber. In den ebenfalls waldreichen Bezirken Schleusingen und Suhl, die zum Thüringer Wald und seinem südlichen Vorland gehören, wurden 213 Hirsche, darunter 120 jagdbare, die größten mit 14 Enden, und 674 Stück *Wild* gezählt. Die Förster waren bei der Bestandserhebung bereits so kritisch, daß drei Forsten zu Nachbarterritorien nicht berücksichtigt wurden, weil das Wild oft über die Landesgrenze hin- und her wechselte, so daß eine sichere Ermittlung der Zahl nicht möglich sei. Es ergaben sich für alle genannten Waldbezirke des nun sächsisch gewordenen Teils der ehemaligen Grafschaft Henneberg 433 Hirsche und 1523 Hirschkühe und -kälber. Leider ist keine exakte Ermittlung der großen Waldfläche dieses Territoriums für das Jahr 1595 möglich.

Der Wildreichtum der sogenannten Hennebergischen Wälder läßt sich nicht ohne weiteres auf andere Landschaften übertragen. Dafür sprechen bereits die Sendungen von Rotwildfleisch aus jenem Gebiet über weite Entfernungen in größere Städte und zu Hofhaltungen in kleineren Orten. Hirsche und Rehe wurden dazu zerlegt, das Fleisch eingesalzen und in Holzfässer gelegt. Auf solche Art waren 1589 auf Anordnung des churfürstlich-sächsischen Jägermeisters aus den Hennebergischen Wäldern 6 Hirsche, 6 Stück Wild und 10 Rehe nach Langensalza zu bringen, im nächsten Jahr 8 Stück Wild, 8 Rehe und 12 Hasen nach Langensalza und Dresden, und im Oktober 1595 waren 3 Tonnen Wildbret nach Nürnberg zu liefern. Da die in Meiningen (STAMei, Sec. III,348) vorhandenen Archivalien über Wildlieferungen und Abschüsse eher den Eindruck von zufälliger und fragmentarischer Überlieferung und Erhaltung vermitteln, ist es leider nicht möglich, zuverlässiges, über längere Jahresreihen reichendes Zahlenmaterial über die Abschußstrecken des 16., 17. und 18. Jhs. zu gewinnen.

Daß sich die Größe der Wildtiere in Mitteleuropa von West nach Ost im Zusammenhang mit der Zunahme kontinentaler und damit extremerer Klimaverhältnisse erhöht, ist aus zahlreichen Befunden der letzten 100 Jahre bekannt. Reichstein (1969, S. 73) rechnet mit einem derartigen Phänomen aufgrund von Untersuchungen an Geweihen bereits für das frühe Mittelalter. Bei manchen Wildtierarten, wozu namentlich das Rotwild gehört, haben auch in ein und demselben Großraum Größe und Gewicht im Verlaufe der letzten Jahrhunderte abgenommen. Dafür gibt es aufgrund der anthropogenen Veränderung der Umwelt eine Erklärung. Mit der Vertilgung der Raubtiere, die zwar Rotwild erlegten (s. S. 131 ff.), gleichzeitig aber zur Gesunderhaltung der Bestände beigetragen haben, mußte ein wesentlicher Faktor aus dem Bereich der natürlichen Selektion entfallen. Wahrscheinlich kann die Hege und Jagd des Menschen keinen vollwertigen Ersatz bieten. Von großem Einfluß muß die grundlegende, für das Rotwild nachteilige Veränderung des Äsungsangebotes durch die starke Ausdehnung der eng stehenden Nadelholzbestände sein, die auf dem Waldboden das Aufkommen einer Gras- und Krautschicht, wie sie im ehemals verbreitet gewesenen lichten Laubwald vorhanden war, verhindern.

Da besonders stattliche Hirsche in einzelnen Territorien bereits seit Ende des 16. Jhs. gewogen wurden, gibt es Vergleichszahlen. Für Deutschland werden als Höchstgewicht von Rothirschen der Gegenwart 200 kg angesetzt (Brohmer/Schaefer 1984, S. 529), für Mitteleuropa, das auch Polen und damit einen östlichen Großraum einschließt, 350 kg (Smit/Wijngaarden 1981, S. 171). Zur Beurteilung des Gewichts ist die Zeit des Wiegens zu berücksichtigen, da Hirsche vor Einsetzen der Brunft, d. h. in der sogenannten Feist, in den Monaten August/September ihr höchstes Gewicht erreichen. Viele und stattliche Hirsche lebten im 16./17. Jh. im Fichtelgebirge. In den Wäldern des Amtsbezirks Kirchenlamitz, die gegenwärtig im nördlichen Teil des Naturparks *Fichtelgebirge* liegen, sind ebenso wie in den östlich anschließenden Wäldern des Bezirks Selb die schwersten Hirsche erlegt worden, z. B. in der Hirschfeist a. 1649, am 1. August ein 16ender von 610 Pfd. und ein 14ender von 690 Pfd., sowie am 3. August ein 18ender von 615 Pfd. In der Feist a. 1652 erreichten die drei stärksten Hirsche, die erlegt wurden, 710 und 685 Pfd., insgesamt 15 Tiere über 510 Pfd. (STAB C 9 VI, 16650). Bei einer Umrechnung in Kilogramm wären 2 % zuzuzählen, da wahrscheinlich mit dem in Franken üblich gewesenen Nürnberger Pfund gerechnet wurde, so daß die schwersten Hirsche 352 und 362 kg wogen. Damit reichen die Gewichte der Fichtelgebirgshirsche des 17. Jhs. an die älteren Werte aus Ostpreußen heran, für das ebenfalls eine deutliche Gewichtsabnahme des Rotwildes im Verlaufe der letzten 400 Jahre belegbar ist. In seinem östlichen Teil, wo wegen der dortigen Winterhärte infolge gewachsener Kontinentalität des Klimas die stärksten Tiere lebten, wurden in zwei Revieren, darunter in der wegen ihres Wildreichtums einst berühmten Rominter Heide, in der Hirschfeist des Jahres 1617 Listen über erlegte und gewogene Tiere angelegt (Mager 1941, S. 151 ff.). Im damaligen Herzogtum Preußen, weitgehend dem späteren Ostpreußen entsprechend, wurden, wahrscheinlich zu jagdstatistischen Zwecken, Anfang des 17. Jhs. durch einen besonderen *Wildwäger* Jahresserien erlegten Wildes in einem Schußbuch zusammengestellt. Besonders wurde die Strecke der Tiere erfaßt, welche Kurfüst Johann Sigismund selbst erlegt hatte. Aus den 41 durch ihn im Jahre 1617 in der Feist vom 1. August bis 5. September erlegten und gewogenen Hirschen hat Mager ein mittleres Körpergewicht, einschließlich Aufbruch (Eingeweide) und Geweih, von 314 kg errechnet. Unter den 25 Tieren mit einem Gewicht über 330 kg befanden sich u. a. 1 Hirsch von 12 Enden, 390 kg schwer, 1 Hirsch von 24 Enden, 395 kg schwer und 1 Hirsch von 16 Enden, 422,5 kg schwer. Um 1940 betrug das Gesamtgewicht eines starken Rominter Hirsches im Durchschnitt 227 kg und damit fast 100 kg weniger als 300 Jahre früher. Von 1583 sind aus der Rominter Heide sogar noch höhere Hirschgewichte überliefert, und zwar bis zu 433,5 und 448 kg.

Das Verschwinden des Rotwildes aus vielen Landesteilen gehört weniger dem 18. als dem 19. Jh. an. In einzelnen Staaten ließen die Landesherrn bereits um die Mitte des 18. Jhs. das Rotwild und anderes Jagdwild dezimieren, um ihre bäuerlichen Untertanen vor Wildschaden zu bewahren. Eine solche Umkehrung der fürstlichen Wildpolitik setzte in der waldreichen Grafschaft Sayn-Wittgenstein-Hohenstein schon 1735, im Hannöverschen 1732 ein, als in einem einzigen Jahr auf Befehl des Kurfürsten 1500 Stück Rotwild zur Strecke kamen, in den Jahren 1737 bis 1741 waren jährlich 1000 Stück Rotwild zu erlegen und ab 1766 sollte es bis zur gänzlichen Unschädlichkeit außerhalb der *Hofjagdgehege* ausgerottet werden. Das waren Göhrde und Wietzenbruch in der Lüneburger Heide, Teile des Harzes, Sollings und Deisters. Davon hat sich bis heute der sogenannte Saupark im Deister als Wildgehege erhalten. Im Jahre 1836, als es ummauert wurde, umschloß es eine Fläche von 1650 ha mit 150 Stück Rot- und 300 Stück Schwarzwild. Eine solch hohe Wilddichte war nur durch regelmäßige Fütterung aufrechtzuerhalten. Als Preußen 1866 das Land Hannover annektierte, übernahm der König von Preußen das Jagdrevier Saupark und ließ dort bis 1914 alle zwei Jahre Fürsten- und Diplomatenjagden durchführen. Nach dem Weltkrieg bestand der Forstpark weiter und erhielt zusätzlich seit 1928 eine Aufzuchtstation für Wisente (s. S. 209). Nach jahrelangem Niedergang im Gefolge des Zweiten Weltkrieges ist der Saupark ein großes

Wildgehege und „Naturschutzgebiet" geworden. Seine heutige Artenvielfalt, Bestockungsdichte und Vergesellschaftung hat es im natürlichen Urwald, wie er noch in urgeschichtlicher Zeit bestanden hatte (s. S. 78 ff.), nie gegeben; die Hauptarten seines Wildes sind: Wisente, Rot-, Schwarz-, Rehwild und Mufflons. Ganz allgemein waren seit dem späten 18. Jh. vom Rückgang des Wildes zunächst jene Landschaften am meisten betroffen, wo neben weitem Offenland nur kleinere Wälder vorherrschten und große, geschlossene Waldungen kaum noch vorhanden waren. Das ist z. B. in Schleswig-Holstein, das im Mittelalter noch reich an Rotwild gewesen ist, der Fall gewesen. Seitdem hatte der Landschaftswandel seine rasche Abnahme herbeigeführt. Belegt wird das durch ein zeitgenössisches Zeugnis von 1809, als die Wildpopulationen schon stark zurückgegangen waren: danach *vermindere die geringe Äsung, Mangel an Wasser und Suhlen, das hierdurch bewirkte häufige Austreten und Verfolgen des Wildes in fremden Revieren jährlich seine Zahl* (Mager 1930, S. 368).

In verschiedenen Staaten des damaligen Reiches begann um 1830 im Zusammenhang mit der Intensivierung der Forstwirtschaft, um Wildschäden zu verkleinern, ein rigoroser Abschuß von Rotwild. Die Abschußlisten des Sachsen-Meiningischen Forstdepartments Hildburghausen, das seinerzeit 10 größere Forstbezirke umfaßte, darunter weite Wälder im Thüringer Wald und seinem südlichen Vorland, sind dafür repräsentativ. Während im Berichtsjahr 1827/28 die Rotwildstrecke noch 227 Tiere umfaßte, waren es 1830/31 156 Tiere, 1838/39 75 Stück und 1853/54 nur noch 5 Stück Rotwild. Die dazwischenliegenden Jahre lassen eine fast kontinuierliche Abnahme erkennen. Um die drohende Ausrottung des Rotwildes zu verhindern, ergingen angesichts dieses dramatischen Rückgangs entsprechende Verfügungen der Forstbehörde (STAMei, Abt. V, 13639). In manchen der damaligen Staaten wurden unter Nachwirkung der bürgerlichen 1848er Revolution und in Verknüpfung mit den Bestrebungen der Forstbehörde, die Verbißschäden zu mindern, die Abschußquoten von Wild erheblich erhöht. Das geschah z. B. im Fürstentum Schwarzburg-Rudolstadt, das sich über große Forsten im Thüringer Wald und anschließenden Schiefergebirge erstreckte. Durch vermehrte Abschüsse nach 1848 wurde der Hirsch auf wenige Forsten in den Kammbereichen des Gebirges beschränkt. Im ganzen war *der Wald an wilden Säugetieren so arm, daß man Tage lang darin streifen kann, ohne einem andern Vierfüßler zu begegnen, als einem Eichhorn, einer Wald- oder Haselmaus*; dies war bereits im Jahre 1862 die Diagnose eines hervorragenden Landeskenners (Sigismund I, 1862, S. 33 f.). Zur Sicherung von Rotwildbeständen sind im 19. Jh. in weiteren Forsten Mitteleuropas große Areale als fürstliche Hofjagdgehege eingezäunt worden. Bedeutende waren die Letzlinger Heide nördlich Magdeburg mit einem eingehegten Areal von rd. 15000 ha, wo im Jahre 1913 ca. 600 Stück Rotwild, 4700 Stück Damwild und 1200 Sauen lebten. Wie rasch sich bei einsetzender Hege vernichtete Rotwildbestände wieder aufbauen können, ist aus Ostpreußen bekannt. Eine Voraussetzung sind große Wälder mit ausreichender Äsung und die Zuwanderung aus Nachbargebieten mit vitalen Populationen. So war im weiträumigen Waldbezirk der Johannisburger Heide, wo es um 1900 kein Rotwild mehr gab, die Stückzahl bis 1938 fast allein durch Zuwanderung und anschließende natürliche Vermehrung auf 870 Tiere angewachsen; ähnliche Befunde liegen aus anderen ostpreußischen Großrevieren vor (Mager 1941, S. 143 ff.).

Im westlichen und mittleren Deutschland sind die oft auf Wildparks oder eingegatterte Reviere beschränkten Rotwildbestände weithin keine ursprünglichen mehr, da besonders seit 1900 zur Auffrischung fremde Tiere in einheimische Bestände eingekreuzt worden sind. Eine der ältesten Ausbürgerungen von Wild hatte bereits 1443 stattgefunden, als für den gräflichen Tiergarten in Münzenberg (nö. Butzbach/Hessen) ein Hirsch aus dem Hirschgraben in Frankfurt/Main übersandt wurde. Diesen hatte der Stadtrat schon 1399 anlegen und mit auswärtigen Hirschen besetzen lassen, um auch bei Belagerungen über Hirschbraten zu verfügen (Niethammer 1963, S. 118). Der *Hirschgraben* mit dem Goethehaus gehört heute zu den bekanntesten Frankfurter Straßen. Zwischen 1880 und 1940 sind in Mitteleuropa 55 Ausbürgerungen von Rotwild in andere, oft weit abgelegene Reviere bekannt geworden. Die meisten Herkunftsreviere lagen in Ostpreußen, Polen und Ungarn, während vor allem Forsten im mittleren, westlichen und südlichen Deutschland beschickt wurden, darunter im Weserbergland, Westerwald, Deister, in der Göhrde (heute zum Naturpark Elbufer), in der Letzlinger Heide, im Harz, in Thüringen, im Bayerischen Wald und im Schönbuch (nö. Tübingen). Im Pfälzer Wald, wo die Kriege der napoleonischen Zeit das Rotwild fast ausgerottet hatten, erfolgte eine erfolgreiche Wiedereinbürgerung seit 1928 mit jeweils einzelnen Tieren aus Odenwald, Ostpreußen, Oberbayern, Ungarn, den Niederlanden und aus Nachbargebieten, so daß bereits 1944 240 Tiere gezählt wurden. In einem 4000 ha großen Waldgebiet zwischen Hildesheim und Goslar war in freier Wildbahn ein durch unsachgemäße Abschußpolitik degenerierter Rotwildbestand weitgehend vernichtet und durch Rotwild aus dem Spessart und dem damaligen Ostdeutschland ersetzt worden, so daß sich eine erneuerte Population mit artgerechter Geweihbildung entwickeln konnte

(Niethammer 1963, S. 117 ff.). Gegenwärtig sind in Deutschland die meisten Rotwildbestände auf eingegatterte Waldbezirke beschränkt, die großenteils in Naturparks liegen. Dazu gehören u. a. der Saupark, Harz, Solling, Spessart, Bayerische Wald und das Schönbuch. Die Wildbiologie rechnet bei breitem Nahrungsangebot mit großen Äsungsflächen allenfalls mit einer noch tragbaren Wilddichte von 7–8 Stück Rotwild pro 100 ha, doch liegt sie im heutigen Forst mit geringeren Wildweiden, aber Winterfütterung, eher um 3–6 Stück Rotwild; für Urwaldbedingungen sind kaum mehr als ein Stück Rotwild je 100 ha anzusetzen (u. a. Schenk 1988, S. 288).

6.7.1.2 Vögel

Im Kapitel über die Vögel wird, wie in dem der Wildsäuger, keine Vollständigkeit anstrebende Darstellung einer Tierklasse geboten. Vielmehr wird gezeigt, wie die Vögel sich in einer von Natur aus wandelnden oder durch menschliche Eingriffe verändernden Umwelt verhalten und in welchem Maße der Mensch die Populationen nach Verbreitung und Zahl beeinflußt hat. Um zu Einsichten in jene Zusammenhänge zu gelangen, genügt es, repräsentative Beispiele auszuwählen. Wie im Falle der Wildsäuger stehen genauere, durchweg regional begrenzte und zunächst lückenhafte Statistiken frühestens seit Mitte des 19. Jhs. zur Verfügung. Systematische Zählungen von Vögeln haben, ausgenommen einzelne Arten, wie Störche, in neuerer Zeit selten, früher kaum stattgefunden, zumal sich dabei noch größere methodische Probleme ergeben als bei den Wildsäugern. Die genauesten Zahlenangaben sind bei toten Vögeln möglich, so daß für die ältere Zeit wiederum Schußlisten das wichtigste Material bieten. Dabei ist zu bedenken, daß sie nicht angefertigt worden sind, um Vögel zu zählen, sondern um Schußgeld zu belegen oder um Liefermengen, etwa zur Tafel von fürstlichen Hofhaltungen, anzugeben. Soll nicht ganz auf Zahlen verzichtet werden, müssen, um zu generalisierenden Aussagen zu gelangen, auf regionalen und lokalen Daten beruhende Schätzungen erfolgen. Während der Mittleren Steinzeit (ca. 8000–5000 v. Chr.) hat sich die damals zunächst durch die Nacheiszeit geprägte Vogelwelt allmählich im Zusammenhang mit dem natürlichen Landschaftswandel auf unsere subrezente umgestellt. Ob sich je wird feststellen lassen, inwieweit sich die Vogelwelt durch die hochentwickelte Jagd der mesolithischen Völker verändert hat, ist fraglich. Im Mesolithikum stand wie in den folgenden ur- und frühgeschichtlichen Perioden die Jagd auf größere

Vögel, namentlich Gänse, Enten und Schwäne im Vordergrund. Der sich durch Jahrtausende hinziehende naturbedingte Übergang von relativ lichten Birken-Hasel-Kiefernwäldern zum Eichenmischwald und danach zum vorherrschenden Rotbuchenwald mußte auch die Vogelwelt nach Artenzahl und -verteilung verändern. Die anthropogene Lichtung des Waldes und die Schaffung und Ausdehnung der sogenannten Kultursteppe, die ebenfalls einen Prozeß von mehreren 1000 Jahren umfaßt, hatte auch die Vogelwelt stark verändert. Feldlerche, Feldsperling und viele andere Vögel des offenen Landes haben sich erst mit diesem ausdehnen können. Die erhebliche Verminderung ihrer Populationen ist erst ein Ergebnis der letzten Jahrzehnte und steht vor allem im Zusammenhang mit der Chemisierung und Technisierung der Landwirtschaft. Eine nicht aufhebbare Schwierigkeit bei der Beurteilung von Einwirkungen des Menschen auf die Vogelwelt in der Zeit vor Einsetzen detaillierterer schriftlicher Quellen, d.h. vor ca. 1500, ist die stärkere Vergänglichkeit von Vogelknochen, so daß diese, wie übrigens ebenfalls die Fischgräten, in ur- und frühgeschichtlichen Funden unterrepräsentiert sind. Im Mittelalter spielen Vogelstellerei, Jagd mit der Armbrust und die Falknerei eine Rolle, seit ca. 1500 die systematische Jagd mit dem Gewehr und das damals einsetzende, bis weit ins 20. Jh. reichende Bemühen, Raubvögel als Schädlinge auszurotten. Von ganz erheblichem, bislang kaum untersuchten Einfluß auf die Vogelwelt war auch die Umwandlung der lichten Laubwälder und Mischwälder in dichte, dunkle Nadelwälder seit etwa 1800 (s. S. 104). Schließlich ist die Nachkriegszeit seit den 1950er Jahren, die eine weitere Intensivierung, Technisierung und Chemisierung der Landeskultur brachte, durch Verminderung, wenn nicht Tod vieler Arten gekennzeichnet, während sich nur wenige Anpasser, wie die Elster, auf Kosten anderer Arten vermehrt haben. Über die ehemaligen Vogelbestände in Mitteleuropa und ihre Veränderungen in der Zeit gibt es keine zusammenfassende Darstellung, nur für einzelne Landesteile und Örtlichkeiten neuere Bestandsaufnahmen. Die Ära der Jagd auf Vögeln aller Art reicht von Anbeginn menschlicher Einwirkungen bis zu ersten mäßigen Schutzbestimmungen im 19. Jh. Vogeljagd und -stellerei können jedoch erst seit dem hochmittelalterlichen Anstieg der Bevölkerung von nennenswertem Einfluß auf die Populationen der Vögel gewesen sein. Je nach Ansprüchen der Vogelarten an ihre Umwelt konnte ihre Individuenzahl durch landschaftliche Veränderungen zunehmen, so daß dadurch Verluste durch Nachstellungen ausgeglichen wurden. Führte hingegen der Landschaftswandel zur Verschlechterung der Umweltbedingungen für eine Vogelart, konnte intensive Bejagung zu einem rapiden Schrumpfen der Population führen. Bei der ornithologischen Beurteilung von offenen, d. h. kaum bewaldeten Agrarräumen sind solche älterer Prägung grundlegend von den gegenwärtigen zu unterscheiden, die erst seit den 1950er Jahren unter dem Einfluß rigoroser Flurbereinigung und Dorfsanierung oder durch die Agrarorganisation in der früheren DDR herausgebildet worden sind. Die Agrarräume älterer Prägung waren durch eine kleingliedrige Nutzflächenstruktur mit vielen Hecken, zahlreichen Einzelbäumen, durch Streuobstbestände und naturnahe Gewässer gekennzeichnet. Durch die Ausdehnung landwirtschaftlichen Kulturlandes älterer Prägung mit Anbau von Getreide, Wiesen, Weiden und Brachland waren über Jahrhunderte die Lebensbedingungen für den Sperling, das Braunkehlchen, die Grauammer, das Rebhuhn und viele andere Vögel des offenen Kulturlandes erheblich verbessert worden. Auch die Ausdehnung der Zwergstrauchheiden (s. S. 111 ff.) begünstigte manche Vogelarten, wie die Heidelerche und das Heiderebhuhn. Die Ausdehnung und der hohe Anteil von Dauergrünland (s. S. 120 ff.) förderten ebenfalls alle Arten, die in seinen Biotopen am besten gediehen, wie Wiesenpieper, Wiesenammer, Wiesenralle oder Wiesenweihe. Hingegen haben die Meliorationen des Grünlandes, namentlich seine planmäßige Austrocknung seit den 1950er Jahren, zu erheblichen Verlusten im Vogelbestand geführt.

Da z. B. der Wiesenpieper nasse moorige Wiesen und sehr extensiv genutztes Dauergrünland, sogenanntes Ödland bevorzugte, mußte die in den letzten Jahrzehnten rasch vorangetriebene Trockenlegung feuchter Wiesen seinen Lebensraum stark einschränken und regional zu seiner Bestandsgefährdung, wenn nicht Vernichtung, führen. Der Kranich, um nur noch ein Beispiel zu geben, ist durch Trockenlegung von Niedermooren, Brüchen, Luchen, von anmoorigen und lichten Waldrevieren, bis ins 18. Jh. durch Verfolgung und später durch Beunruhigung durch Freilandaktivitäten des Menschen auf ein kleines Rückzugsgebiet in Mecklenburg-Vorpommern zurückgedrängt worden. Durch Austrocknung feuchter Wiesen ist hingegen die Wiesenralle begünstigt worden, da sie nur in trockenem Gelände lebt. Sehr nachteilig für alle Arten von Wasservögeln war die Einengung ihrer Lebensräume durch Trockenlegungen, die bereits um 1000/1100 n. Chr. mit der Errichtung der ersten Flußdeiche einsetzte und seit dem ausgehenden 19. Jh. bis in die 1970er Jahre durch planmäßigen Wasserbau, der keinen Fluß und kaum einen Bachlauf naturbelassen hat, einen neuzeitlichen Höhepunkt erreichte. Erst in den letzten Jahren werden, wiederum mit erheblichen Kosten, sogenannte Renaturierungen von Bächen durchgeführt, die zumeist nur die ärgsten Eingriffe durch die modernen Gewässerkorrekturen beseitigen können. Im ganzen gesehen hat sich in allen Perioden der Umweltgeschichte jede anthropogene Veränderung eines Biotops, vor allem durch Maßnahmen der Land- und Forstwirtschaft, durch Ausdehnung der Besiedlung und Ausbau der Verkehrsnetze, durch frühe Gewerbe und spätere Industrialisierung, auf die Vogelwelt ausgewirkt, überwiegend negativ, nur bei wenigen Arten positiv. Ein weiterer Faktor, der die Verbreitung und Populationen der Vögel beeinflußte, war seit dem Mittelalter der massenhafte Fang von Vögeln zu Nahrung und Vergnügen. Die frühesten schriftlichen Quellen gehören in die Zeitenwende zwischen frühem Mittelalter mit seinem germanischen Erbe und Hochmittelalter. Im Waltharilied, das an der Wende vom 9. zum 10. Jh. entstanden ist, wird vom Vogelfang mit dem Kloben, einem Spaltholz, berichtet, ebenso in der um 1000 geschaffenen Übersetzung des Psalters durch Notker Teutonicus. Während der Vogelfang mit dem Kloben ein bäuerlicher wie adeliger Jagdsport gewesen ist, war die bereits in den Germanenrechten nachweisbare Jagd mit Greifvögeln – Habicht, Falke, Adler –, im hohen Mittelalter als *beize*, eine beliebte Sportart des Adels. Bekannt ist das vom Stauferkaiser (1212–50) Friedrich II. verfaßte und auf seinen eigenen Beobachtungen beruhende Buch über die Jagd mit Greifvögeln. Die Beizjagd führte nicht zur Massenvernichtung, während die in weiteren Kreisen übliche Jagd mit dem Kloben, namentlich in Verbindung mit einer gut getarnten Jagdhütte, ferner mit dem Vogelherd, der aus Hütte, Anlockplatz und Schlagnetz bestand, und die Jagd mittels Leimruten, Dohnen (= Schlingen) am Dohnenstieg (= Fangplatz mit Dohnenreihe) und ähnlichen Praktiken zum Massenfang von Singvögeln führte. Allerdings durften im Mittelalter, noch weniger in der frühen Neuzeit, nicht alle diese Verfahren von jedermann angewandt werden, so daß dadurch ein gewisser Schutz vor massenhafter Ausrottung vorhanden war. So war in manchen Territorien, wie dem Hochstift Hildesheim, sogar den Bürgern der Städte die Vogeljagd nur aufgrund landesherrlicher Verleihung erlaubt. Im Hochstift Würzburg, wie in anderen Territorien, war im Mittelalter die Errichtung eines Vogelherdes ein landesherrliches Privileg, das selbstverständlich an einen höheren Beamten, wie einen Bezirksamtmann, weiterverliehen werden konnte. Wenn im 16. Jh. in altbesiedelten, waldarm gewordenen Landesteilen von Mainfranken die Vogelherde nach Aussage der Quellen des Staatsarchivs Würzburg (z. B. Salbücher) nur noch unergiebigen Ertrag gebracht haben, ist das ein Indiz für das Schrumpfen von Vogelpopulationen. Ganz anders war die Situation in den Mittelgebirgen, wo z. B. im Thüringer Wald Vogelherde bis ins 19. Jh. üblich gewesen sind. Das Aufstellen von Dohnen ist erst im Jahre

1936 durch eine staatliche Naturschutzverordnung verboten worden. Die deutschen Schriften des späten 15. bis 18. Jhs. über die Jagd, von denen Lindner (1959) einige der älteren herausgegeben und ausführlich kommentiert hat, liefern zahlreiche Daten, um eine Größenvorstellung vom Ausmaß der Vogelvernichtung zu erhalten. Mit Kloben und Hütte, die ebenfalls bis ins 19. Jh. üblich gewesen sind, und Vogelherd wurden zu Verzehr und Käfighaltung u. a. Rotkehlchen, Baumläufer, Zaunkönige, Grasmücken, Meisen, Grünfinken, Dompfaff, Amsel, Drossel und Lerche gefangen. Die Tagesbeute eines geübten Voglers erreichte 600 und mehr Vögel. Nicht nur Knaben, auch Fürsten, Grafen und andere hohe Herren wußten kaum ein *kurzweiligeres Vergnügen* zu finden, als Meisen zu fangen. Bezeichnend für den Geist des 18. Jhs. ist auch der Titel eines damals verbreiteten und viermal aufgelegten Werkes *Neue lustige und vollständige Jagdkunst* (Lindner 1959, I, S. 38). Die gnadenlose, in den älteren Anleitungen zur Vogeljagd als Lustgewinn bezeichnete Ausrottung von Großvögeln, namentlich Raubvögeln und Enten, hatte eine neue Dimension durch die Vervollkommnung der Feuerwaffen und die sich auf viele Bereiche der Natur wie Kultur erstreckende Wirksamkeit des im 16. Jh. erstarkten Territorialstaates erreicht. Wesentlich haben zur Vernichtung von Vögeln und zur Ausrottung vieler Arten die rechtlichen Voraussetzungen beigetragen. Während die Hochjagd auf Großwild dem Landesherrn allein vorbehalten war, konnte die Niederjagd auf Kleinwild, wie Hasen und Rebhühner, in vielen Territorien auch vom Landedelmann ausgeübt werden. Die Jagd auf Vögel war mit besonderen Formen, wie der Falknerei, ebenfalls dem Adel vorbehalten, regional jedoch auf viele Vogelarten für jedermann frei. Bereits im oben genannten pommerschen Edikt von 1492 (s. S. 134) wird festgestellt, daß Raubvögel, Gänse, Enten und dergleichen ein jeder Untertan jagen und behalten könne. Das oben (S. 135 f.) wiedergegebene Edikt des Bayreuther Markgrafen von 1697 fordert zur Verminderung der *schädlichen Raubtiere* von allen Forstbediensteten gegen Schußgeld u. a. das Erlegen von 15, mit Differenzierung der Geier von 24 Arten *Fliegender Raubtiere* gegen Vorlage ihrer Fänge oder von Sperlingsköpfen.

Das Wertverhältnis in der Höhe des Schußgeldes zwischen den einzelnen Vogelarten entspricht der Häufigkeit des Vorkommens oder der Schwierigkeit der Jagd oder beiden. Bemerkenswert, aber nicht überraschend ist, daß der damals bereits seltene Steinadler das rund 1200fache Schußgeld eines Sperlings erzielte und ein Uhu immerhin noch das 720fache. Nicht alle Vogelarten jener Abschußliste lassen sich eindeutig identifizieren. Es entsprach ganz und gar dem frühneuzeitlichen Zeitgeist, daß auch in den Schußlisten der bestallten Jäger von Klöstern die verschiedensten Vogelarten erscheinen (Schenk, 1988, Tab. 42). Geier werden in Schußlisten des 17. bis frühen 19. Jhs. oft genannt. In den Abschußlisten des Herzogtums Sachsen-Meiningen, das einen großen Teil des Thüringer Waldes und seiner Randgebiete umfaßte, werden Große Geier und daneben Kleine Geier zusammen mit Raben bis in die 1830er Jahre aufgeführt. Da wenig später an ihrer Stelle Milan, Weihe, Bussard, Grauer Geier, Seeadler, Schreiadler, Wanderfalke, Baumfalke, Sperber und Merlin erscheinen, müssen sich diese Arten hinter den summarischen Bezeichnungen Große und Kleine Geier verbergen (STAMei V Finanz. 13639). Eine solche Subsumierung wird angesichts der Etymologie von Geier ← Gier verständlich. Die Großen Geier sind Raubvögel mit der Spannweite eines Bussards und größer gewesen, die Kleinen Geier Sperber, Falken und andere Raubvögel vergleichbarer Größe. Die ausgesetzten Kopfprämien boten beim damaligen Geldwert durchaus einen kräftigen Anreiz zur Vogelvernichtung. Für den heutigen Naturfreund besonders befremdlich ist die Aufnahme des Storchs in die Bayreuther Schußliste des Jahres 1697. Sie bildete hierin keine Ausnahme vom üblichen. Wenn noch im Jahre 1912 von einem Wissenschaftler der damaligen Versuchsanstalt für Land- und Forstwirtschaft zu Dahlem über wiederholte Abschüsse von Störchen durch Jäger berichtet wird (Stahl 1979, S. 120), erscheinen jene alten Belege in einem anderen Licht. Aus der Fülle von Schußgeld- und Abschußlisten des 17. und 18. Jhs. seien nur noch wenige Belege geboten, um eine Vorstellung von der Größe der damaligen Vogelvernichtung zu geben. Triebkräfte für die Jäger waren neben dem finanziellen Gewinn die Lust an der Jagd und der Irrglaube, Raubvögel seien große Jagdschädlinge. Diese bis weit ins 19. Jh. allgemein verbreitete und erst damals durch wissenschaftliche Untersuchungen widerlegte Vorstellung lag den Begründungen für landesherrliche Abschußbefehle zugrunde. Ein typisches Beispiel aus vielen Erlassen ist eine 1690 vom schleswigschen Herzog Christian Albrecht ergangene Verordnung mit der Begründung, das Überhandnehmen der Raubvögel schädige die Wildbahn. Daher wurde allen Jagd- und Forstbediensteten befohlen, den Raubvögeln nachzustellen, um sie zu vertilgen. Dazu wurde eine relativ hohe Prämie ausgelobt, und zwar in Schilling je: Gänseadler 16, Uhu 12, Hühnerfalken oder Habicht 8, Weihe 6, Baumfalke oder Sperber 4, Rabe 3, Krähe 2 und Elster 1. Für die Bewertung der Umwelteingriffe durch die Geographie ist bezeichnend, daß der in mehrfacher Hinsicht wegweisende Mager diese Schußliste noch 1930 allein mit der Bemerkung kommentiert, diese genannten Raubvögel hätten sich offenbar sehr lästig gemacht, ohne auf den jener Maßnahme zugrundeliegenden Irrtum über die Schädlichkeit hinzuweisen. Nicht überraschend, daß sich eine solche Auffassung erst recht im älteren Jagdschrifttum findet, so auch in dem in anderer Hinsicht zukunftsweisenden jagdgeschichtlichen Werk von Landau (1849). Noch die Herzoglich-Schleswigsche Jagdverordnung von 1784, die typisch für die damalige Zeit ist, bestimmte in § 149: *Es müssen Unsere Jagdbediente ferner sich angelegen seyn lassen, daß die Stoß- und Raubvögel möglichst vertilgt werden.* Dazu wurden wiederum attraktive Schußgelder ausgesetzt. Allein ein einziger Hegereiter, etwa Forstmeister nach späterer Terminologie, verzeichnete im Jahre 1793 in seinem Flensburger Revier den Abschuß von 12 Adlern, 9 Reihern, 89 Falken, 50 Raben und 37 Eulen. Der Ausrottungsfeldzug war in Schleswig, wie in den andern Territorien, sehr erfolgreich, so daß der Uhu schon 1867 verschwunden war und etwa zur gleichen Zeit auch der Schlangenadler und der ebenfalls als Schädling angesehene Kranich (Mager 1930, S. 369f.).

Vor allem im Verlaufe des 19. Jhs. ist, begünstigt durch die weitere Verbesserung der Jagdwaffen, die Ausrottung der Raubvögel rasch vorangeschritten. In der Herzoglich-Meiningischen Forstinspektion Hildburghausen, zu deren 10 Forstämtern ein großer Teil des Thüringer Waldes und seiner Vorberge zählte, sind in der ersten Hälfte des 19. Jhs. in vielen Jahren je um die 2000 „Raubvögel" erlegt worden, außerdem wurde ein Mehrfaches an Singvögeln außerhalb des Staatswaldes in Vogelherden gefangen. Wenn sich im forstbehördlichen Meldejahr 1840/41 unter den geschossenen „Raubvögeln" 44 % Krähen und 8 % Elstern befanden, aber nur noch 2,3 % Gabelweihen, 1,4 % Habichte, 1 % Sperber und Merline, 0,75 % Milane, ferner 3 Kolkraben, je 6 Baumfalken und Bussarde sowie je 2 Fischreiher und Uhus, so zeigen diese Zahlen eine für die damalige Zeit weithin in deutschen Landschaften eingetretene Selektion, die vor allem das Ergebnis jahrhundertelanger Ausrottungsungsjagd war. Im Herzogtum Meiningen waren infolge der langen und regelmäßigen Verfolgung seit Mitte des 19. Jhs. die größeren Vögel so selten geworden, daß zunächst in den Abschußlisten zwar ihre Artennamen noch aufgelistet werden, doch zumeist ohne Abschußzahlen. Wurden dennoch vereinzelte der selten gewordenen Vögel erlegt, kamen sie in die damals berühmte Forstakademie in Dreißigacker, um ausgestopft zu werden. Zu den schon um 1840 sehr selten gewordenen, inzwischen im Gebiet fast alle verschwundenen Vögeln zählten: Grauer Geier ?, Steinadler (Aquila chrysaëtos), Schreiadler (A. pomarina), Seeadler (Haliaeëtus albicilla), Gerfalke (Falco rusticolus), der Isländer Falk genannt wird, Schnee-Eule (Nyctea scandiaca), Purpurweihe ?, Silberreiher (Casmerodius albus), Rotfüßiger Falke (Falco vespertinus), Habichteule (Strix uralensis), Sperbereule (Surnia ulula), Roter Reiher (Ardea purpurea) und Schwarzer Storch (Ciconia nigra) (STAMei Abt. V, 13639). Daß diese Meininger Liste unter den aufgeführten, aber nicht mehr durch Abschüsse belegten Vögeln fiktive Nennungen enthalte, ist unwahrscheinlich. Denn es gibt weitere Belege für die ehemalige Anwesenheit von Vogelarten, die schon seit Jahrzehnten in Südthüringen nicht mehr auftreten. Freilich ist in Rechnung zu stellen, daß manche der angeführten Arten nur Zugvögel auf Rastplätzen oder Strichvögel mit saisonalem Aufenthalt gewesen sind. Ein wichtiger Faktor für das Verschwinden von Stand- wie Strichvögeln war und ist die Intensivierung der Land- und Forstwirtschaft. Jedenfalls können die Meininger Listen als repräsentativ für viele Landesteile Deutschlands angesehen werden und beispielhaft zeigen, wie bereits um die Mitte des 19. Jhs. unsere Vogelwelt durch den Ausrottungsfeldzug des Menschen verarmt war. In ganz Deutschland sind durch Jahrhunderte jährlich Vögel in der Größenordnung von mehreren Millionen vom Menschen gefangen oder getötet worden.

Strichvögel in Südthüringen, die auch in anderen Teilen Deutschlands beobachtet und gejagt wurden, waren u. a. die nordische Sperbereule, die skandinavische Schnee-Eule, die in einzelnen Jahren bis Österreich und Ungarn angetroffen wurde, oder der weite Wanderungen unternehmende Seeadler, der als Standvogel in Mitteleuropa entlang der Ostseeküste zu Hause ist. Für manche der aufgelisteten, heute verschwundenen Vögel hat es bis gegen 1800, teilweise bis um 1900 zahlreiche, inzwischen durch Landschaftsumbau vernichtete Biotope gegeben, namentlich für Wasservögel und Wasser aufsuchende Vögel vieler Arten. Die Umwandlung von Teichen in Grün- oder Ackerland hatte jedoch, wie allenthalben in Deutschland, schon im 16. Jh. eingesetzt. Die Regulierung der Werra mit Begradigungen, Schaffung eines einheitlich breiten Strombettes und Beseitigung der Ufervegetation gehören dem 19. und 20. Jh. an. Gegenwärtig gibt es im südlichen Thüringen, bereits jenseits der ehemaligen herzoglich-meiningischen Grenze, nur noch vereinzelte Teiche und kleinere Naturseen, wie die kleinen Seen bei Bad Salzungen, Breitungen und Frauensee. Sie werden jedoch so sehr vom „sanften" Tourismus heimgesucht, daß sie nur noch eingeschränkten Wert als Vogelbiotop besitzen. Ähnliches gilt für die Talsperren bei Schleusingen, zumal ihnen Schilfgürtel fehlen.

Eine Vielzahl kleiner und großer Biotope, die geradezu ein Vogelparadies gewesen sind, befanden sich in der Neustädter Ebene zwischen Coburg und Sonneberg. Sie sind dem Wandel der Kulturlandschaft, namentlich im Zusammenhang mit der Intensivierung der Landwirtschaft und der Ausdehnung von Siedlungen und Verkehrsanlagen zum Opfer gefallen. Zwischen der großen Zahl der stehenden, vom Menschen angelegten stehenden Gewässer, von denen stets einige voller Schilfrohr und anderen Teichpflanzen gewesen sind, erstreckten sich bis ins 19. Jh. Hochmoore mit Sumpf- und Moorpflanzen, Sandheiden und zahlreiche Feldgehölze. Am großen, heute trockengelegten Hönebacher Teich wurden u. a. beobachtet: Seeadler (Haliaeëtus albicilla), nordische Mantelmöwe (Larus marinus), Flußseeschwalbe (Sterna hirundo), Wildenten aller Art, Strandläufer (Calidris); wenn der Austernfischer (Haematopus ostralegus) festgestellt wurde, war es wahrscheinlich während einer Rast, denn das Neustädter Becken liegt an einer in den Süden führenden Vogelzugstraße, ferner fanden sich im großen Teichgebiet u. a. Stelzenläufer (Himantopus himantopus), Ohrensteißfüße oder -taucher (Podiceps auritus), Trappen (Otis tarda), Kraniche (Grus grus), auch die Uferschwalben (Riparia riparia) hatten an Sandgruben in der Nähe der Gewässer noch geeignete Nistmöglichkeiten, während die Kampfläufer (Philomachus pugnax) auf ihrem Zug von und nach Afrika auf den abgelassenen Teichen des Neustadter Beckens ideale Rastplätze fanden; am ehemaligen Fischbacher Teich wurden als nordische Gäste außer bereits genannten Arten beobachtet: Polar- oder Prachttaucher (Gavia arctica) und Nordsee- oder Sterntaucher (Gavia stellata) als im Binnenland seltene Zugvögel, ferner der auf größeren Teichen mit Rohr- und Schilfbeständen häufige Höckerschwan (Cygnus olor), Fischadler (Pandion haliaëtus) auf ihrem Zug nach und von Afrika, Milan (Milvus) und als seltener Gast Kormoran (Phalacrocorax carbo) (Brückner 1926; Kaiser 1928, S. 133 ff.). Um zu zeigen, daß der heute kaum noch vorstellbare ehemalige Reichtum an selten gewordenen, verdrängten oder verschwundenen Vögeln im Binnenland, wie er sich für Südthüringen nachweisen läßt, keine Ausnahme war, seien ältere Beobachtungen aus Hessen und Ostpreußen angefügt. Da es hier nicht darum gehen kann, eine Vollständigkeit anstrebende historische Vogelkunde zu geben, beschränke ich mich auf Beispiele, um zu zeigen, daß auch das frühere Vorkommen von Vögeln und die seitdem eingetretene Veränderung nur im Zusammenhang mit dem jeweiligen landschaftlichen Rahmen zu verstehen ist.

Bei allen nun zu besprechenden Fällen handelte es sich, wie im südlichen Thüringen, um Landschaften mit Offenland älterer Prägung (s. o. S. 170): mit fließenden und stehenden Gewässern, mit Hecken, Gehölzen und Wald. Viel reicher als gegenwärtig waren die meisten Gewässer an Entenvögeln verschiedener Arten und Gruppen. Sie sind bereits seit prähistorischer Zeit gejagt worden, doch hat erst die Verfeinerung der Jagdmethoden durch die Anlage sogenannter Entenfänge zur Massenvernichtung geführt. Es waren Hütten, von denen aus Schlagnetze bedient wurden, zum Anlocken gab es die schon im Schwabenspiegel genannten Lockenten. Allein auf dem fürstlichen Entenfang, der 1575 auf einem Teich beim hessen-darmstädtischen Jagdschloß Kranichstein angelegt wurde, betrug die Beute während eines halben Jahres (Juli 1576–Jan. 1577) 2750 Tiere. Im zweiten landgräflichen Entenfang in Biebesheim/Rhein, der sich im damals noch sehr wasservogelreichen Hessischen Ried befand, sind von 1575 bis 1588 insgesamt 40194 Tiere zur Strecke gebracht worden, d.h. im jährlichen Durchschnitt 2871 Enten. Im Jahre 1592 wurden sogar 3070 Enten gefangen; nach Unterbrechung durch den 30jährigen Krieg wurde der Fang mit noch größeren Zahlen fortgesetzt (Landau 1849, S.300ff.), da die Kriegszeit mit starkem Bevölkerungsrückgang eine Regenerationsphase für viele Tierarten war. In der Gegenwart wären im Ried solche Fangerfolge nicht mehr möglich, da seine einstige amphibische Landschaft im Verlaufe von Jahrhunderten, insbesondere jedoch durch den Rheindurchstich von 1828/29 sowie die Verbesserung von Deichsystemen und Entwässerung (vgl. S.49) seit 1923 zu einem landwirtschaftlich intensiv genutzten, von Einzelhöfen durchsetzten Grün- und Ackerlandgebiet mit großflächigen neuen Wohnsiedlungen für Auspendler umgewandelt worden ist; selbst das Schutzgebiet Kühkopf ist teilweise in intensiver agrarischer Nutzung. Erheblich geringere Fangzahlen wiesen schon im 16.Jh. die „Entenfänge" an Gewässern in den eher trockenen Ackerbaugebieten auf, so im Kasseler Becken und in der Wetterau. Auch darin zeigt sich die seit jeher bestehende landschaftliche Differenzierung.

Obwohl die Gemeine Wild- oder Stockente (Anas platyrhynchos) noch gegenwärtig in ganz Mitteleuropa verbreitet ist und sogar halbzahm auf Gewässern inmitten der Städte angetroffen wird, ist ihr zahlenmäßiger Rückgang, namentlich infolge der Beseitigung der Ufervegetation und der Austrocknung vieler Teiche, bereits um die Mitte des 19.Jhs. beobachtet worden. Nächst der Stockente ist auch die Krickente (Anas crecca) noch relativ zahlreich über ganz Mitteleuropa verbreitet, obwohl gebietsweise auch ihre Populationen durch Beeinträchtigung ihrer Biotope nach Gewässerregulierungen mit Entfernen der Ufervegetation und Verschwinden vieler Teiche abgenommen haben.

Die Geschichte des *Fisch-* oder *Graureihers* (Ardea cinerea) ist besonders instruktiv für die Beziehungen zwischen Naturraum und seiner Umgestaltung und einer veränderten Einstellung des Menschen gegenüber dem Tier. Graureiher bevorzugen als Biotope seichte Gewässer aller Art, namentlich Seen, Altwässer, Großteiche und seichte Flußabschnitte, vor allem im Flach- und Hügelland, während das Mittelgebirge nur zu den suboptimalen Lebensräumen zählt. Graureiher brüten überwiegend in Kolonien, auf hochstämmigen Laubbäumen in Gewässernähe, so daß sich die Bestände leichter als bei den meisten anderen Vogelarten zählen lassen. Seltener brütet der Graureiher in Nadelhölzern oder im Schilf. Mit diesen Ansprüchen an die Umwelt mußte bereits die Zahl der Graureiher durch die wiederholt beschriebenen Gewässerregulierungen und Trockenlegungen zurückgehen, verheerender waren jedoch die Jagd und planmäßige Vernichtung. Im Mittelalter wurden alle Reiherarten wegen ihrer Federn, die zu Schmuck, namentlich an Hüten von Damen und Herren der oberen Stände, verarbeitet wurden, verfolgt. Reiherfedern waren noch gegen 1800, nochmals im frühen 20. Jh., begehrter Hutschmuck für Damen. Verbreitet war im Mittelalter die bis ins 18. Jh. als adeliger Sport ausgeübte Reiherbeize oder -jagd mit Falken. Da Fischreiher trotz ihres Namens keineswegs allein von Fischen leben, sondern in großer Zahl Frösche, Mäuse, Maulwürfe, Heuschrecken und andre Kleintiere vertilgen, blieb ihnen nach Trockenlegung vieler Sümpfe und anderer Feuchtbiotope, neuerdings auch der Reduzierung von Mäusen durch Chemikalien, oft nur noch das Fischgewässer als Nahrungsreservoir übrig. Das führte seit dem späten 18. Jh. zur verstärkten Bekämpfung der vermeintlich schädlichen Fischräuber, während davor in deutschen Ländern ausgewählte Reiherkolonien zu Jagdzwecken über Jahrhunderte besonders gehegt worden waren. Reiher gehörten auf den frühneuzeitlichen Fürstentafeln zum *Gebratenen Federwildbret* (Ö. St. 2, S. 179). Unter den Reiherpopulationen war es öfter zu erheblichen Ausfällen durch natürliche Vorgänge gekommen. Vor allem fielen in kalten Wintern die in Deutschland verbliebenen und nicht als Zugvögel in wärmere Gebiete, wie das Mittelmeergebiet, verzogenen Reiher den Unbilden der Witterung und dem Zufrieren der Fischgewässer zum Opfer. Die Stürme des Jahres 1794 hatten viele Nester und Jungreiher darin vernichtet. 1796 wurde in Hessen-Kassel der Reiher regierungsamtlich als *schlimmster Forellenfeind* für vogelfrei erklärt und auf seine Tötung eine Kopfprämie von 8 Albus ausgesetzt. Das waren ca. 18 Pfennige, eine nach damaligem Geldwert erstrebenswerte Summe. Nun wurde in allen Teilen des bis dahin noch reiherreichen Landes ein Vernichtungsfeldzug gegen den zum Räuber und Dieb erklärten Vogel eröffnet. Allein im Oberforstamtsbezirk Habichtswald bei Kassel sind in den Jahren 1800 bis 1803 94 Reiher geschossen worden, 1829/30 waren es 44 und in den dazwischenliegenden Jahren ähnlich viele. Im Forstbezirk Melsungen, wozu die damals noch fischreiche Fulda gehörte, wurden in 9 Jahren bis 1830 598 Reiher erlegt, im Forstbezirk Wetter, wo es damals noch große Feuchtwiesengebiete mit zahlreichen Fröschen und fischreiche Fließgewässer gab, erreichte allein in den Jahren 1822–25 die Zahl der Abschüsse 340. Ganze Kolonien der Vögel sind damals in wenigen Jahren ausgerottet worden. In Hessen-Darmstadt, wo es bis ins frühe 19. Jh. sehr viele Reiher in den damals noch verbreiteten Auewäldern des Rheins und seiner Altwässer gegeben hatte, verminderten sich ihre Bestände ebenso rasch. Um die Mitte des 19. Jhs. war der Fischreiher in beiden Hessen bereits selten geworden. In anderen Territorien, wo der Ausrottungsfeldzug bereits früher als in Hessen eingesetzt hatte, wie in Sachsen-Meiningen, sind mit dem Beginn detaillierter Abschußlisten, welche auch die Fischreiher erfassen, seit den 1840er Jahren jährlich nur noch wenige dieser Vögel erlegt worden. Auch im Herzogtum Schleswig ist der Reiher mindestens seit 1784 auf der Schußgeldliste für auszutilgendes Raubzeug gewesen, so daß er um 1930 fast ausgerottet war. Die größte Reiherdichte hatte sich, begünstigt durch zahlreiche fließende Gewässer, viele 1000 Seen und ebenso zahlreiche Niedermoore und ausgedehnte Feuchtwiesen in Ostpreußen erhalten, wo sich der Vogel wegen der kalten Winter nur zum Brüten und zur Aufzucht der Jungen in den Monaten März bis September/Oktober aufgehalten hatte; die seichten Küsten am Frischen und Kurischen Haff boten den Reihern geeignete Biotope. Obwohl sie in Ostpreußen, wie überall in Deutschland, unaufhörlich verfolgt worden waren und ihre Lebensräume durch Trockenlegungen und andere Meliorationsmaßnahmen immer mehr eingeengt wurden, gab es in dieser Provinz noch im Jahre 1905/06 35 Brutplätze mit 700 bis 800 Horsten, aber 1911 nur noch 582. In den 1930er Jahren fanden sich nur noch einzelne Kolonien (Mager 1941, S. 262 ff.).

Während der Graureiher in der Bundesrepublik bis in die 1950er Jahre trotz seiner Seltenheit weiterhin verfolgt worden ist und nur einzelne Grundbesitzer, etwa in Westfalen, Hegemaßnahmen ergriffen hatten, hat sich seitdem durch Artenschutz ihr Bestand wieder vermehrt. Die Bundesjagdverordnung vom 13. 7. 1967 brachte eine begrenzte Schonzeit, während damals bereits einzelne Gebietskörperschaften die von Ornithologen und Naturschützern geforderte ganzjährige Schonzeit einführten. Eine solche war dann für das gesamte Gebiet der alten Bundesrepublik durch die Verordnung über die Jagdzeiten vom 2. 4. 1977 durchgesetzt worden. Allerdings haben die Länder das Recht, in Einzelfällen den Abschuß von Graureihern zur Vermeidung übermäßiger Fischschäden zuzulassen. Davon haben Schleswig-

Holstein und vor allem Bayern Gebrauch gemacht, wo vor allem in den Gebieten mit intensiver Teichwirtschaft, wie zwischen Nürnberg und Bamberg, um Tirschenreuth und östlich von Schwandorf, die Interessen der Binnenfischerei mit denen des Artenschutzes konkurrieren. Dank besonderen Schutzes, der vor allem auch den bis zu 20 km betragenden Umkreis um einen Brutplatz, und natürlich diesen selbst, umfaßt, gibt es im Landesteil Westfalen (1985/86) wieder 30 Brutkolonien. Der neue Geographisch-landeskundliche Atlas von Westfalen bringt eine instruktive Karte (II, 2.2) der Graureiher-Brutkolonien mit ihrer Dynamik (Verlagerung, Entstehung, Erlöschen) in den letzten 75 Jahren. Die größten Kolonien zählen über 75, die kleinsten nur 3–10 Horste. Außerhalb der am dichtesten besiedelten Räume, namentlich von Ruhrgebiet und Bergischem Land, besitzen fast alle anderen Großräume wieder Reiherkolonien. Wenn sie in den schmalen Mittelgebirgen Teutoburger Wald und Eggegebirge fehlen, so beruht das mindestens teilweise auf den dort für die Reiher ungünstigen Gewässer- und Reliefverhältnissen. Weil die Großvögel stärker verschmutzte und nahrungsarme Gewässer meiden, ist der Graureiher ein Bioindikator für Gewässergüte. Da der Graureiher nach dem weithin ausgerotteten Weißstorch unser größter Vogel ist, spielt er in der Erlebniswelt des naturliebenden Menschen eine bereichernde Rolle.

Die meisten Vogelarten verzeichnen einen Rückgang oder sogar ihre Ausrottung vor allem durch anthropogene Veränderung ihrer Biotope, manche Arten sind zusätzlich durch Bejagung dezimiert worden. Beides trifft für die Bekassine zu, eine Angehörige der Schnepfenfamilie. Wenn sich auch ihr Verbreitungsgebiet über ganz Nord-, Mittel- und Osteuropa sowie die Britischen Inseln erstreckt, sind, besonders in Deutschland, ihre Lebensräume seltener als noch um 1900 oder gar seit 1950 geworden. Denn die ihnen zusagenden Biotope: die Niedermoore, anmoorige und nasse, mit Erlen und Weidegestrüpp bestandene Wiesen und Verlandungszonen größerer Teiche, sind seitdem durch sogenannte landeskulturelle Maßnahmen, die mit erheblichen Staatsmitteln finanziert worden sind (s. S. 175 ff.), weithin aus unseren Landschaften verschwunden. Die Bekassine (Gallinago gallinago) war noch um die Mitte des 19. Jhs. in allen Landschaften, die reich an den oben gekennzeichneten Biotopen gewesen sind, zahlreich verbreitet, obwohl ihre Populationen bereits damals durch Meliorationen von Sumpfwiesen und einer weit in die Vergangenheit zurückreichenden Bejagung abgenommen hatten. So waren z. B. aus dem Oberforstamt in Emskirchen/Mittelfranken 1776 neben 880 Drosseln, Staren und anderen Vögeln 687 Lerchen, 121 Rebhühner, 24 Wildenten, 24 Waldschnepfen und 49 Bekassinen an den markgräflichen Hof zu Erlangen geliefert worden (STAB C9^{VI} 16825). Sofern Schußlisten seit dem 18. Jh. detailstark sind, enthalten sie häufig Bekassinen, da diese neben zahlreichen Singvogelarten (!) eine beliebte Tafelspeise der sogenannten höheren Stände gewesen sind.

Nach der fast ausgerotteten, noch um 1900 in der Magdeburger Börde beobachteten Großtrappe (Otis tarda) ist unser größter Hühnervogel das *Auerhuhn* (Tetrao urogallus). Es lebt in großen, zusammenhängenden Waldungen mit Unterholz und Urwüchsigkeit, vor allem des Mittel- und Hochgebirges, aber auch in großen Forsten des Hügel- und Tieflandes, so daß es bis Mecklenburg, Pommern und Ostpreußen verbreitet war. Da das Auerwild Mischwälder vorzieht, ist es zeitweilig durch mäßiges Pflanzen von Nadelholz gefördert worden. Dem stand freilich der Verlust an Ursprünglichkeit der Wälder und ein Rückgang der beerentragenden Zwergsträucher, die wie die Preißelbeere eine wichtige Nahrung waren, als Folge der rationellen Forstwirtschaft (s. S. 104) gegenüber. Hinzu kamen bis um 1900 die Bejagung und in neuerer Zeit Störungen durch Verkehr und Wanderer, Jogger, Radfahrer sowie Skilangläufer. Hier, wie in vielen anderen Bereichen der naturnahen Umwelt, ist auch der vielgepriesene sanfte Tourismus nicht ohne nachteilige Folgen für die Natur. Auerwild ist auch durch Zunahme von Schwarzwild und Füchsen vernichtet worden, da sich seine Nester am Boden befinden und dadurch Gelege wie Junge leicht andern Tieren, darunter auch Raubvögeln, zur Beute fallen. Der bis zur Gegenwart anhaltende Rückgang des Auerwildes konnte in älterer Zeit durch zeitweilige regionale Schonung und bereits um 1630 einsetzende, jeweils nur einzelne Waldgebiete betreffende Wiedereinbürgerungen nicht aufgehalten werden (Niethammer 1963, S. 238–245), so daß es gegenwärtig nur noch wenige Tiere in freier Wildbahn gibt. Da Auerhühner in Mittelalter und früher Neuzeit eine Kostbarkeit auf fürstlichen Tafeln gewesen sind und es sich um einen stattlichen Großvogel handelte, rechnete sein Erlegen zur „Hohen Jagd", die unter besonderer Kontrolle der Landesherren stand. Wenn schon im 14. Jh. in der hessischen Residenzstadt Marburg für 2 Auerhühner die für die damalige Zeit relativ hohe Summe von 2 Turnosen (24 Pfennige) bezahlt worden ist, so kann die Wildart in Hessen trotz seiner großen Wälder im späten Mittelalter nicht häufig gewesen sein. Das wird auch vielfach durch Zeugnisse aus der frühen Neuzeit bestätigt. *Urhanen* (= Auerhähne) zählten im 16. Jh. zum *Gebratenen Federwildpret* der Fürstentafel und rangierten damit über der *Gemainen Kost*, wozu etwa Kalb- und Rindfleisch, zahme Hühner und Gänse gehörten. Nur aus diesem

Grund kennen wir überhaupt ältere Stückzahlen von Auerhühnern. Es verarbeitete z.B. die Hofküche zu Kassel im Haushaltsjahr 1560/61 21 Auerhähne, die von Marburg 1583/84 nur 5, von denen 3 aus dem Schmalkaldener Landesteil stammten, dessen große Wälder ein Teil des Thüringer Waldes und seines Vorlandes gewesen sind, von wo Auerwild seit dem 16. Jh. öfter an die Höfe in Marburg und Kassel geliefert wurde, weil es dort, wie bereits Landgraf Ludwig für die Wälder um Marburg 1597 feststellte, *ein seltsam Wildpret* gewesen sei. Dazu paßt, daß damals der Landgraf in Kassel mehrfach Auerhähne vom Braunschweigischen Herzog erhielt, die im Harz geschossen waren (Landau 1849, S. 282–85). Wieso seit dem 17. Jh. die Zahlen über erlegtes Auerwild aus Hessen größer geworden sind, vermag ich nicht zu sagen. Stehen dahinter Zufälligkeiten in der archivalischen Überlieferung, größere Erfolge der Bejagung, sorgfältigere Hege oder eine Begünstigung des Auerwildes durch Veränderungen seiner Umwelt, wie etwa das Einbringen von Nadelholz, dessen Triebe es gern frißt, die strengere, mit Restriktionen verknüpfte Regulierung der Viehhute im Wald, höhere Abschußzahlen von Schwarzwild, Füchsen und Raubvögeln oder eine Bestandserholung durch den 30jährigen Krieg oder mehrere dieser Faktoren? Bei der multifaktoriellen Verflechtung aller Prozesse der Umweltgeschichte wird angesichts der lückenhaften Überlieferung und des damaligen Fehlens wildbiologischer Erkenntnisse wie bei den meisten Veränderungen von Wildtierpopulationen in älterer Zeit eine sichere Antwort nicht möglich sein. Jedenfalls besaßen vom Ende des 18. Jhs. bis 1850 alle großwaldreichen Landesteile des Kurfürstentums Hessen und benachbarter Territorien, wie der thüringischen Staaten, aber auch süddeutsche Waldländer, Populationen an Auerwild, so der Reinhardswald, der Seulingswald, das südliche Knüllgebiet, Kellerwald, östliches Rothaargebirge, Thüringer Wald mit Schiefergebirge. Im waldreichen Kreis Rotenburg/Fulda sind damals jährlich 30–40 Tiere geschossen worden, fast regelmäßig erscheinen auch in den Schußlisten des Fürstentums Ansbach/Bayreuth Auerhähne, für die dort um 1800 ein stattliches Schußgeld von 25 Kreuzern entrichtet wurde, soviel wie für für einen Rehbock (STAB C9^{VI} 16825). Reich an Auerwild war das Fichtelgebirge mit Steinwald, wo in den 9 Revieren der Oberforstmeisterei Bayreuth 1786–96 insgesamt 611 Auerhühner, d. h. im jährlichen Durchschnitt 61 Tiere geschossen wurden. Die größte Zehnjahresstrecke kam aus dem Forstrevier Hembrechts (w. Mitterteich).

Der am stärksten verbreitete und gejagte Hühnervogel war das *Reb-* oder *Feldhuhn* (Perdix perdix). Von den sechs europäischen Unterarten sind zwei in Mitteleuropa verbreitet. P. p. sphagnetorum bewohnt in

Nordwestdeutschland und in den Niederlanden Moore und Heiden, während das Feldhuhn (P. p. perdix) im landwirtschaftlich intensiver genutzten Offenland lebt. Da das Rebhuhn noch in der älteren urgeschichtlichen Zeit ein Bewohner der Waldsteppen und von Heide-Moor-Gebieten gewesen ist, kann es am Beginn des Neolithikums in Mitteleuropa nur kleinere Lebensräume gehabt haben. Seine Anpassung an Kulturbiotope muß, ohne daß es beim jetzigen Befundstand nachzuzeichnen wäre, schon mit der ur- und frühgeschichtlichen Ausweitung des agrarisch genutzten Landes begonnen haben, doch kann seine Massenausbreitung erst auf die großen Rodungen des Mittelalters, im Nordwesten auf die großflächige Ausbreitung der Zwergstrauchheide zurückgehen (s. S. 111 ff.). Schon auf den Reichsgütern der Karolingerzeit waren neben Tauben, Fasanen, Enten und anderem Edelgeflügel auch Rebhühner zu halten (Franz 1967, Nr. 40). Im Mittelalter zählte das Fangen von Rebhühnern zur Niederjagd und war deshalb unter dem Landadel allgemein verbreitet; auch manchen Städten waren Hasen- und Hühnerjagd durch Privileg in ihren Gemarkungen verliehen. Die Hegung von Rebhühnern für die Jagd in freier Wildbahn hatte bereits im 16. Jh. begonnen, als in einzelnen Territorien Hunderte bis über 1000 Hühner zum Überwintern eingefangen oder wenigstens in ihren Lebensräumen draußen gefüttert wurden (Landau 1949, S. 291 f.). Die früheste Freilassung von Rebhühnern in Deutschland ist 1710 aus Sachsen bekannt geworden (Niethammer 1963, S. 205 ff.). Seitdem hat es zur Auffrischung oder Wiedereinbürgerung der Bestände viele Aussetzungen gegeben, vor allem von verwandten Tieren aus der Tschechoslowakei und aus Frankreich, so daß sich die einheimische Rasse höchstens geringfügig verändert hat. Als Folge der Kultivierung der meisten Moore und ihrer Umwandlung in Acker- oder Grünland hat im Nordwesten das Feldhuhn sein Verbreitungsareal auf Kosten des Moorhuhns erweitert. Besonders seit den 1960er Jahren befindet sich auch das Feldhuhn fast überall auf dem Rückzug vor der Intensivlandwirtschaft auf großflächigen Monokulturen. Es weicht auf Ruderalstandorte am Rande von Industrie und Landwirtschaft aus, gleichzeitig geht die Bestandsdichte stark zurück. Inwieweit die ehemals starke Bejagung zum Rückgang der Bestände beigetragen hat, läßt sich nicht entscheiden, da die zur Klärung erforderliche Jagdbiologie als neue Wissenschaftsdisziplin vor allem auf rezente Befunde angewiesen ist. Für erhebliche Schwankungen in der Populationsdichte lassen sich auf jeden Fall sehr strenge Winter und ungünstige Witterung in der Aufwuchszeit der Küken verantwortlich machen. So waren z. B. in Hessen als Folge des strengen Winters 1829/30 in manchen Jagdbezirken die

Rebhühner ausgestorben, in anderen hatte ihre Zahl erheblich abgenommen, so daß erst um 1840 die Rebhuhnjagd in Hessen-Kassel wiederum über ergiebige Bestände verfügte (Landau 1849, S. 291 f.). Die Hofküchen zu Marburg und zu Darmstadt verarbeiteten Ende des 16. Jhs. jährlich je zwischen 500 und 1200 Feldhühner. In der Speiseordnung der Hofküche zu Kassel zählten damals Rebhühner zu den feineren Gerichten, die den Fürsten und höchsten Beamten vorbehalten waren (Ö. St. 2, S. 183 f.). In 11 Forstrevieren der Ansbach-Bayreuthischen Oberforstmeisterei Cottenbach, die sich über Teile der Fränkischen Alb erstreckte, sind in den Jahren 1786–96 insgesamt 3618 Rebhühner erlegt worden. Je nach den Umweltbedingungen schwankte die Strecke zwischen den einzelnen Revieren im Verhältnis 1 : 30; die höchste Stückzahl erreichte das Revier Pegnitz mit relativ großem Anteil an offenem Feld, während das zum großen Feldensteiner Forst gehörige Revier Osternohe nur 19 erlegte Rebhühner meldete. Die übrigen Oberforstmeistereien verzeichneten für die gleiche Meldeperiode 1786–95/96 Strecken, deren erhebliche Zahlenunterschiede ebenfalls auf kleinerem oder größerem Anteil an Offenland und auf den Verschiedenheiten des Regionalklimas beruhten. Es wurden an Rebhühnern erlegt: im Bezirk Bayreuth 3390, Röhrenhof mit Revieren im hohen Fichtelgebirge 1131, Sechs Ämter 1305, Lichtenberg 778 und Emskirchen mit großen Feldmarken im südöstlichen Vorland des Steigerwaldes, wo das Klima milder als im Fichtelgebirge ist, 4167 Rebhühner. Um die Unterschiede zu bewerten, wäre u. a. eine Flächenermittlung vorzunehmen. Die dazu erforderlichen historisch-geographischen Detailarbeiten ließen sich nur im Rahmen einer regionalen Untersuchung rechtfertigen. Die Gesamtstrecke in den 10 Jahren in allen Oberforstämtern von Ansbach-Bayreuth beläuft sich auf 14389 Rebhühner mit einem Jahresdurchschnitt von 1439 Tieren. Da sich diese Zahlen nur auf die staatlichen Forstämter, nicht auf die Wälder des Adels und der Klöster beziehen und von dort keine flächendeckenden Zahlen vorliegen, ist eine Gesamtbilanz nicht möglich. Regional werden die größten Jagdstrecken erst aus der Mitte und der zweiten Hälfte des 19. Jhs. belegt. Wahrscheinlich entsprechen sie der damals erreichten Maximaldichte der Rebhuhnbestände, und diese läßt sich aus der seinerzeitigen Ausdehnung der Landwirtschaft bei gleichzeitigem Fehlen von Herbiziden und Pestiziden erklären. Im Forstdepartment Hildburghausen, das sehr waldreiche Reviere des Thüringer Schiefergebirges (z. B. Ernstthal) wie nur teilweise bewaldete des nördlichen Grabfeldes umfaßte (z. B. Hellingen), betrug mit erheblicher jährlicher Schwankung in den 6 Jagdjahren von 1827/28–1832/33 die Strecke 3196 Rebhühner. Wie in Hessen

t. Genauso verfuhren die benachbarten preußischen Bischöfe
kapitel eigener Rechtshoheit, wie z. B. der Bischof des Erm-
ie Regalität, d. h. der Anspruch auf den Besitz von Hoheits-
nd ihre Durchsetzung im Bereich der Fischerei, erstreckte sich
oßen Flußläufe, auf kleine Wasserläufe jeder Art, auf Binnen-
che und auf die Küstengewässer der Ostsee (Kisch 1978). Ähn-
im Deutschordensgebiet waren die Verhältnisse in den Territo-
früheren Reiches und in benachbarten Ländern. Die Landes-
waren befugt, eine Fischereiberechtigung an einzelne Städte
sallen in abgegrenzten Bezirken zu verleihen. Auch dadurch ist
its zu einem gewissen Schutz von Fischbeständen gekommen.
herren und andere Grundherren, wozu vor allem der Adel und
r der Benediktiner und Zisterzienser gehörten, haben in der
dort, wo sie die Fischereirechte ausübten, besondere Berufsfi-
mit vertragsähnlichen Pflichten und Rechten beschäftigt. Bereits
s dem 11. Jh. stammende Urbar des schon im 8. Jh. gegründeten
diktinerinnenklosters Kitzingen/Main zählt 12 Fischer mit ihren
n auf. Diese Fischlehen, deren Inhaber nach heutigem Sprachge-
ch als Berufsfischer bezeichnet würden, sind später in ihrer Zahl
Größe durch Teilung vermehrt worden, so daß es im Jahre 1595
ischlehen gegeben hatte (STAW, Stb. 572). Ähnliche Fischlehen
den aus vielen Städten und Dörfern, die an Gewässern lagen, be-
gt. Als Dienstleistung für ihr Vorrecht war z. B. Berufsfischern be-
mt, jeden dritten gefangenen Fisch an die Herrschaft zu liefern, und
die restlichen Fische hatte der örtliche Vertreter der Herrschaft das
rkaufsrecht. Wenn in den meisten Siedlungen die Mehrzahl ihrer Ein-
hner keine oder nur sehr eingeschränkte Fangrechte besessen hatte,
bedeutete solche in die Breite gehende Restriktion einen gewissen
hutz vor Überfischung, zumal es in den meisten Dörfern keine indivi-
uellen, sondern nur kommunale Rechte zum Fischfang gab. Zumeist
ar den Gemeinden nur erlaubt, in genau abgegrenzten Gewässerab-
chnitten, häufig allein innerhalb der Siedlung, zu fischen, während die
ewässer der übrigen Ortsgemarkung durch den Grundherrn oder
eine Beauftragten befischt wurden. Darüber hinausgehende Verlei-
hungen von Fischereirechten waren selten.

Verbreitet war die Beschränkung der zum Fang erlaubten Fischmenge, die zeitliche Begrenzung der Fischerei, etwa auf bestimmte Wochentage, Beschränkungen des Verkaufs, ein Verbot großer Fangvorrichtungen, wie der Fischwehre oder Fache, die dem Landesherren vorbehalten blieben, und die Beschränkung verliehener Fischerei auf kleine Fanggeräte. Für die meisten Einrichtungen der Fischerei, deren Vorhan-

wirkte der kalte Winter 1829/30 verheerend, da anstelle der über 1000 in guten Jahren erlegten Feldhühner 1830/31 nur 49 und im folgenden Jahr 80 geschossen wurden. 1838/39 erreichte die Strecke mit 1125 erlegten Tieren wieder ein Niveau wie in Zeiten mit gemäßigten Wintern. So verzeichnete z. B. die Provinz Ostpreußen, wo es bis ins 17. Jh. nur kleinere Bestände gegeben hatte, im Jagdjahr 1885/86 eine Strecke von 151 513 Rebhühnern, während es 1937/38 101 725 gewesen sind (Mager 1941, S. 259). Von den zahlreichen Singvogelarten, die zum Verzehr gefangen wurden, sei nur noch die Wacholderdrossel (Turdus pilaris), auch bekannt als Krammetsvogel, genannt. Sie wurde vom Mittelalter bis um die Mitte des 19. Jhs. vor allem in Vogelherden gefangen, allein auf der Elbinger Höhe in Ostpreußen jährlich mehrere zehntausend Stück (Mager 1941, S. 260) und in Deutschland sicherlich eine Million oder mehr, zumal der Vogel im Winterhalbjahr gewöhnlich in ganzen Schwärmen auf Hecken einfällt.

6.7.1.3 Fische, Krebse und Muscheln

Fische (Pisces), Krebse (Crustacea) und die zu den Mollusken zählenden Muscheln gehören zu den ältesten Jagd- und Fangtieren des Menschen. Sie werden in meiner Umweltgeschichte zusammen dargestellt, weil sie ja im gleichen Milieu, dem Wasser, leben und durch dessen anthropogene Nutzung und Veränderung gemeinsam, wenn auch oft in unterschiedlicher, artenspezifischer Weise betroffen sind. In welchem Maße und wo sie in prähistorischer Zeit erbeutet worden sind, ist nur unter besonders günstigen Erhaltungsbedingungen ihrer Relikte festzustellen. Denn ihre Überreste zersetzen sich bis auf ihre Schalen rasch, so daß Fischgräten in ur- und frühgeschichtlichen Siedlungshorizonten unterrepräsentiert sind. Andererseits sind die sich oft über Jahrtausende erhaltenden Muschelhaufen, die in Schleswig-Holstein, Skandinavien und den Britischen Inseln von mittel- und jungsteinzeitlichen Gruppen, zumeist an Küsten und Gewässern, als Abfälle von Mahlzeiten angehäuft wurden, geradezu Leitfossilien für die Lokalisation früher Rast- und Siedlungsplätze. Im Dänischen haben sie den bezeichnenden Namen *Køkkenmødding* (Küchenabfallhaufen), der als *Kjökkenmöddinger* ein Fachwort unserer Prähistorie geworden ist. Von der Fischerei sind ebenfalls Relikte erhalten, darunter bereits aus verschiedenen Zeitphasen der Steinzeit Fischspeere, Harpunen, Angelhaken aus Knochen oder Horn, Netzreste und Netzsenker. Bronzezeitliche Fischzäune, wie sie aus Schweden bekannt sind, waren im Prinzip bis zur Gegenwart üblich und finden sich z. B. auf vielen Abbildungen im bekannten Werk von Merian. Zäune und Wehre zum Fangen von Fischen wurden im Mittelalter *Fach* genannt und sind als solche namengebend für viele ältere, im westlichen bis mittleren Deutschland befindliche Siedlungen geworden (s. S. 189 f.). In archäologischen Stätten sind bei Ausgrabungen scheibenförmige Netzsenker aus Ton und Schwimmer aus Borke für das obere Netzende gefunden worden. Schon im germanischen Altertum entwickelten sich erste Ansätze zu einem Fischereirecht und in seiner Endphase auf herrschaftlichen Gütern und in Klöstern die Teichwirtschaft. Bereits die Germanenrechte, darunter das Gesetz der salischen Franken (Eckhardt 1963, V, 119), treffen Strafbestimmungen für Entwendung von Reusen und Netzen oder von gefangenen Fischen aus Behältern. Die berühmte, aus der Zeit um 800/830 stammende Verordnung über die Krongüter und Reichshöfe enthält eine Bestimmung über die Vorratshaltung und den Verkauf von Fischen, die in Gutsteichen gehalten werden. Die meisten Fischarten sind empfindliche Indikatoren für die Veränderung der Gewässergüte, sei sie naturbedingt oder durch den Menschen herbeigeführt worden. Bevor ich anhand einzelner Fischarten die Veränderungen ihrer Populationen durch Beeinträchtigung ihrer Lebensräume oder Überfischen darstelle, seien zunächst allgemeinere Bemerkungen vorausgeschickt, die auch die meisten der ungenannten Arten betreffen. Wann eine deutliche Verringerung der Fischbestände in den fließenden Binnengewässern einsetzte, ist noch nicht systematisch erforscht. Eine überregional gültige Antwort setzt Regionalstudien voraus, die jedoch bestenfalls in einzelnen Fällen, nämlich bei Vorliegen älteren statistischen Materials möglich wären. Nach meinen Einblicken in Archive und ältere Akten dürfte das nur selten der Fall sein, während öfter allgemeinere Beobachtungen, ohne Quantifizierung, über Schrumpfen von Fischpopulationen aus den letzten 200 Jahren auftauchen. Bereits Landau hat in seiner Fischereigeschichte des Kurfürstentums und Großherzogtums Hessen (1865) ebenso darauf hingewiesen wie Brückner in seiner Landeskunde des Herzogtums Meiningen (1851). Vor allem mit der Technisierung der Fahrzeuge und Fangeinrichtungen, die in großem Umfang im 19. Jh. einsetzt, wird die Fischerei neben der anthropogenen Verschmutzung der Gewässer zum wesentlichen Faktor für die Verminderung oder Ausrottung von Fischbeständen. Fischreste aus Grabungen sind Zeugnisse über das frühere Vorkommen von Fischarten, wobei es selbstverständlich von der naturräumlichen Lage der Siedlung, von Präferenzen der Fänger und den Erhaltungsbedingungen abhängt, welche Arten vertreten sind. In ur- und frühgeschichtlicher Zeit bis an die Schwelle der

Gegenwart gab es an der Küste rei
Orte an fischreichen Binnengewäss
und eine größere Zahl von Nebene
Mittelalter und früher Neuzeit sind
vieler Arten überliefert. Allerdings las
Fischnamen identifizieren, da die wis
Ichthyologie erst im 18. Jh. beginnt.
In einer Siedlung des 8./9. Jhs. am P
sind verspeist worden: Plötze oder Rot
mals in Seen und langsam fließenden Ge
tender Speisefisch; Brassen, Brachsen ode
ähnlichen Umweltansprüchen, ebenfalls S
sefisch wertvollen Hechte (Esox lucius) u
Flußbarsch (Perca fluviatilis) als wertvoller
Binnengewässern verbreitet war. Bei der Gr
lung Feddersen Wierde im Lande Wursten ö
die bis ins 5. Jh. bewohnt war, sind gefunden w
werdende, damals im Nordseegebiet häufige
ausgerottete Stör (Acipenser sturio); die bis
Norddeutschland häufig gewesene, jetzt fa
(Alosa); der heute als Rarität in Deutschland
salar), der ebenfalls bis ins 18. Jh. häufig war; der
resnutzfisch Kabeljau oder Dorsch (Gadus m
wohlschmeckende Scholle (Pleuronectes plates
wandte Flunder (Platichthys flesus).
Eine frühe Beschränkung und damit auch ein e
nächst noch unvollkommener Schutz der Fischerei
richtung zunächst königlicher Bannforste ein. Sie h
gerzeit begonnen. Wenn sich das auf zumeist große
Waldgebiete erstreckende Forst- und Wildbannrecht
nigliche Verleihungen weitgehend im Besitz der Ter
fand, so war auch damit ein Schutz vor Überjagung u
verbunden. Die Träger regionaler Gewalt konnten eher
Machtzentrale die zur Durchsetzung des Wildbanns erfo
aufsicht verwirklichen. Von jenem frühen auch die Fi
senden Wildbannrecht zieht sich bis zur staatlichen Fisc
bung unserer Tage, die ebenfalls auf Erhaltung und Schutz
ständen abzielt, eine kontinuierliche Linie. Am ausgeprägt
mit einem gewissen Schutz verbundene frühe Fischereirech
rium des Deutschen Ordens ausgebildet. Er hatte sich als a
sitzer der landesherrlichen Rechte auch das Fischereiregal be

es ausgeü
und Don
landes. D
rechten u
auf die g
seen, Te
lich wie
rien de
herren
oder V
es ber
Lande
Klöste
Regel
scher
das a
Bene
Lehe
brau
und
32 F
wer
zeu
stir
für
Vo
w
sc
S
d

densein und Wirkungsfeld zum Erfassen der Umweltbeeinflussung zu beachten ist, gab es in den einzelnen Dialekten verschiedene, auch in den Archivalien erscheinende Namen, von denen hier nur eine Auswahl genannt werden kann. Vielfach sind die Bezeichnungen der Fanggeräte deskriptiv und sprechen dann für sich selbst. Zu den kleinen Fanggeräten rechneten vor allem Handnetze (*hantwate*), Stocknetze (*stoknetze*), Klebenetze (*klebenetze*), Hamen (*hamew*), ein sackartiges Fangnetz an langem Stiel, das regional unter dem Namen Kescher, Ketscher vorkommt und zu den alltäglichsten Kleingeräten zählte, ferner Wurfangel (*worfangil*), Reuse (*rewse*) und die ihnen verwandten Legekörbe (*Legge korbe*) sowie Fischsack, -reuse (*wenczer*). Es hatten sich noch bis in die frühe Neuzeit altertümliche Fangpraktiken erhalten, welche, im Übermaß angewandt, zu Raubbau an den Fischpopulationen führen konnten: an der Weser wurden im Sommer die seichten Stellen in der Weise ausgefischt, daß bei Nacht am Ufer Strohbündel angezündet wurden, um den Grund auszuleuchten. Große Fische, wie Hechte, ließen sich dann mit eigens dazu hergerichteten Eisen erstechen. Mundartliche Namen für fischereitopographische Beobachtungen sind Belege früherer Umweltwahrnehmung und -beschreibung. An der Elbe und Weser z. B. wurden tiefe Stellen im Fluß, in denen sich die Fische sammelten, als *Vörden*, *Wöhrden* u. ä. bezeichnet. So werden a. 1365 bei Holzminden/Weser mehrere Vörden genannt (Meier 1926, S. 36). Eine Verwechslung mit *Förde* (Furt), *Wert* (= Insel) und *Wöhrde* (= Hausstätte) liegt nahe, wenn sich in der älteren Schrift dafür ähnliche Buchstabenvarianten finden.

Die der weltlichen und geistlichen Landesherrschaft vorbehaltenen großen Fangvorrichtungen waren für die stehenden Gewässer das Große Zugnetz oder Herbst- oder Wintergarn und für die fließenden Gewässer das Fischwehr oder Fach, in dem die Fische beim Hinauf- und Hinabsteigen gefangen wurden. So betrieb z. B. das Stift Fulda in der Weser oberhalb der späteren Stadt Karlshafen ein Fach, das in der lateinischen Quelle von 1157 *maceria* heißt (Landau 1865, S. 25). Einige Siedlungsnamen mit dem Sprachelement *v(f)ach* sind von mittelalterlichen Fischwehren abgeleitet und bezeugen deren Bedeutung für alte, teilweise bis in die Karolingerzeit zurückgehende Siedlungen, zugleich aber auch eine frühe anthropogene Einwirkung auf die Fischpopulationen, u. a. in den Laichgebieten der oberen Flußbereiche: Fachingen/Lahn, Fachbach (bei Bad Ems) und an der Weser/Werra Vaake, Kleinvach (nw. Eschwege), Vacha und Vachdorf unter- und oberhalb von Meiningen. Daß der Lachs (Salmo salar) im früheren Mittelalter bis in die Oberläufe unserer Flüsse aufgestiegen ist, wird z. B. durch den

Namen der Kleinstadt Laasphe, ein ehemaliges *Lahs-affa* (= Lachswasser), bezeugt. Sie liegt nur 25 km unterhalb der Lahnquelle. Abzuleiten von lateinisch maceria ist das schon 634 als Machara bezeugte Grevenmacher a.d. Mosel (Bach 1953, S. 377). An deutschsprachigen Ausdrücken finden sich zur Bezeichnung der Fischwehre außerdem *Steyle, Wehr, Werch* (Werk), in Hessen außerdem *Erich* und im südlichen Deutschland auch *Bschlächt*. Die lateinischen Urkunden kennen außerdem *clausura, captura, reclusio* und *venna/vinna*. Um 1233 hat Caesarius zwei wahrscheinlich schon ins 9. Jh. zurückgehende Fache des Prümer Benediktinerklosters in der Maas beschrieben: *Venna est instrumentum sumptuosum et satis utile, unde pisces capiuntur, quod instrumentum appelamus wer sive steyle, sicut habemus apud Fyma et Riuin* (Schwab 1983, S. 181), in Deutsch: *Eine Venne ist ein aufwendiges, sehr wirkungsvolles Instrument zum Fang von Fischen. Wir nennen diese Vorrichtung, wie wir sie in Fumay und Révin besitzen, Wer oder Steyle*. Wenn beide Großfanganlagen in der Maas (nö. von Charleville/Ardennen) im Abstand von nur 10 km aufeinander folgten, war dadurch eine reiche Ausbeute gesichert, jedoch mußte oberhalb von ihnen die Zahl der aufsteigenden Wanderfische erheblich zurückgehen. Fischwehre mußten Wasserfahrzeuge durch ihre Öffnungen passieren lassen und wurden wegen der Eisgänge in der Regel für die Winterszeit abgebaut. Da die meisten Fache die ganze Breite des Flusses versperrten, war ein hoher Fangertrag gesichert, sofern nur genügend Fische auf- oder abstiegen. Wo sich eine oder mehrere, oft trichterförmige Öffnungen (*Fischfänge, Schläge, Arcken*) im Fach befanden, dienten sie dem Fang, da dahinter die Reusen zum Erbeuten der Fische angebracht wurden. Sie erreichten ihre höchste Wirksamkeit, wenn die Fangtrichter ein Anbringen der auswechselbaren Reusen derart gestatteten, daß sich sowohl die bergwärts wie die talwärts ziehenden Fische fangen ließen. Wenn ein größerer Fluß von mehreren Territorien gequert wurde, bemühte sich jeder Landesherr, so viel Fache wie möglich anzulegen. Auf der rund 22 km langen Weserstrecke des Herzogtums Braunschweig-Wolfenbüttel wurden zwischen Fürstenberg und Rühle alljährlich sechs Fischwehre, alle 3,5 km eins, geschlagen, die im 16. Jh. von Mai bis Herbst betrieben wurden (STAWo Erbreg. Fürstenberg). Der jahreszeitliche und jährliche Ertrag war recht schwankend und von variablen Naturfaktoren abhängig: der Wasserführung, dem Zustand des Wassers, ob klar oder trübe, und dem Aufsteigen von Meeresfischen, welche die Flüsse zum Laichen aufsuchten. In den Braunschweiger Fischwehren wurden 1584 im Mai zahlreiche Lachse, Lampreten, Aale und weitere *gemeine* Fische gefangen, im Herbst auch einzelne Neunaugen. In Flüssen mit zahlreichen Fischwehren wurde naturgemäß die Ausbeute nach Oberstrom immer kärglicher. Instruktive Belege, wenn auch zumeist ohne Zahlenangaben, enthält das reiche Quellenmaterial des 15. und 16. Jhs. So wurden z. B. die hessischen Diemel- und Weserfischereien durch die oben genannten Fischwehre beeinträchtigt, die im 16. Jh. Herzog Heinrich von Braunschweig-Wolfenbüttel in der Weser errichten ließ: Der *Laxfang zu Helmerßhusen* (a. d. Diemel) *tregt itz nichts vnd wirdet angezeigt, es soll Hertzog Heinrich oberhalb Fürstenberg die Wasser dermaßen verbauen lassen, das nicht muglich seyn soll, ausgenommen in einer großen Fluethen, daß einich Lax herüberkommen kann* (Landau 1865, S. 87). So wie in der Helmarshausener Lachsfischerei, die sich nahe der Wesermündung befand, mußten sich erst recht die Fänge an aufsteigenden Laichfischen in der Diemel weiter bergwärts vermindern, ebenfalls die Fischausbeute in der Weser oberhalb von Wehrden sowie in der Fulda und Werra mit größeren Nebenflüssen. Aus diesen Zusammenhängen ergibt sich die allgemeine Feststellung, daß eine erhebliche Verminderung in Fischerträgen einer oder mehrerer Flußfischereien nicht in jedem Fall mit einem Rückgang der Populationen im gesamten Fluß zusammenhängen muß, sondern allein auf benachbarten oder weit entfernten Großfanganlagen im gleichen Gewässersystem beruhen kann. Dazu noch ein süddeutsches Beispiel: In Seebruck und damit im Ausflußbereich des Flusses Alz aus dem Chiemsee hatte das Kloster Frauenchiemsee als berechtigter Betreiber in der ersten Hälfte des 15. Jhs. ein Fangwerk erbauen lassen, das besonders vom März bis Juni, während der Laichwanderung von Chiemseefischen zu den Kiesbänken der Alz, hohe Erträge brachte. Dann wurden vor allem gefangen: Haseln (Leuciscus leuciscus), Nasen (Chondrostoma nasus), Perl- oder Weißfische (Leuciscus meidingeri) und Mairenken (Alburnus mento). Während von allen diesen Fischarten bis weit in die Neuzeit Massenfänge möglich waren, verringert sich seit Jahren ihre Zahl, wenn ihr Fang nicht bereits selten geworden ist (Höfling 1987, S. 18 ff., 118 f.). Die Fischereiberechtigten der Alz – die Herren von Truchtlaching, der Propst des Klosters Baumburg und die Fischer von Trostberg – wurden durch die Großfanganlage von Frauenchiemsee so sehr geschädigt, daß sie schließlich 1445 mit der Äbtissin einen deren Fischerei einengenden Vertrag abschlosssen. Er ist auch für andere Verträge diese Zeit typisch und begrenzte die Zahl der Wochentage, der Tages- und der Jahreszeit des Fangs und legte die Maschenbreite der Netze und die Weite der Öffnungen im Werk fest.

Über die vor Beginn der Industrialisierung, d. h. vor etwa 1800 in unseren Gewässern vorhanden gewesenen Fischarten gibt es keine zusammenfassenden Publikationen, noch weniger über die Verminderung oder das Verschwinden einheimischer und die Einführung fremder Arten. In großer Zahl sind jedoch ältere Studien über die zur Lebenszeit ihres Verfassers in einer bestimmten Region vorhanden gewesenen Fischarten, zumeist ohne Zahlenangaben, überliefert. Freilich genügen alle Fischstudien, die aus der Zeit vor Einführung der Fischsystematik nach Artedi a. 1738 und Linné datieren, kaum wissenschaftlichen Ansprüchen, wenn sie auch zur Lösung einzelner Fragen, und natürlich aus wissenschaftsgeschichtlicher Sicht, von hohem Wert sind.

Herausragend unter den mittelalterlichen Fischstudien ist ein Abschnitt in der *Physica* der Benediktinerin Hildegard von Bingen (1098–1179), wo 25 Fischarten des Nahe-Glan-Rhein-Saar-Maas- und Donaugebietes berücksichtigt werden. Im Tierbuch des Italieners Petrus Candidus von 1460 sind im Abschnitt *Pisces maris et fluminum* 25 Meer- und Süßwasserfischarten erfaßt worden. Umfangreicher ist das ichthyologische Schrifttum des Humanismus. Aus einer Vielzahl von Schriften sei nur die früheste illustrierte Beschreibung der Bodenseefische durch Gregor Mangolt genannt, die nach ihrer Erstauflage 1557 sechsmal nachgedruckt wurde, zuletzt 1905.

Die frühesten der mir bekannten Belege für einen Rückgang der Populationen von Wassertieren – seien es Fische, Krebse oder Muscheln – stammen aus dem 16. Jh. und stehen wiederum in ursächlichem Zusammenhang mit einem starken Anstieg der Bevölkerungszahl und dem dadurch ausgelösten Raubbau an der Natur. Ältere Nachrichten sind kaum zu erwarten, weil im 15. Jh. die Verwaltungsbürokratie, die allein entsprechende Aufzeichnungen hinterlassen hätte, noch nicht entwickelt war. Bis Ende des 15. Jhs. sind bei relativ geringer Bevölkerungszahl in vielen Landschaften die kulturlandschaftlichen Wüstungserscheinungen noch so verbreitet gewesen, daß ein Leerfischen und stärkere Verschmutzung von Gewässern wohl noch Ausnahmen gewesen sein dürften. Jedoch muß lokal bei dichterer Besiedlung bereits für das hohe Mittelalter und ältere Zeitstufen mit schädlichen Eintragungen aus dem anthropogenen Sektor in die Gewässer gerechnet werden. Vor allem war davon der Nahbereich der Städte und größerer Dörfer betroffen.

Eine andersartige demographische und davon abhängige kulturlandschaftliche Situation hatte sich im Verlaufe des 16. Jhs. entwickelt. Der starke Bevölkerungsanstieg bis ca. 1618 führte zu einer Ausweitung der Viehhaltung, so daß beim Fehlen von Jauche- und Mistgruben die Brühe aus tierischen und menschlichen Fäkalien vielerorts mit dem Niederschlagswasser in die benachbarten Fließgewässer geriet. Besonders die kleineren Bäche in den Oberläufen der Flußsysteme wurden zunächst von solcher Verschmutzung betroffen, während die größeren Flüsse solchen Eintrag noch verkraften konnten. Besonders schädlich für alle Arten von Wassertieren war das in vielen Dörfern übliche Rösten des Flachses im Dorfbach, weil die dadurch freigesetzten pflanzlichen Verwesungsprodukte das Wasser vergifteten. Erst seit der zweiten Hälfte des 16. Jhs. wurde das schädliche Flachsrösten behördlich untersagt. Typisch für die Beanspruchung von Gewässern und die miteinander konkurrierenden Benutzer war bereits um die Mitte des 16. Jhs. der Zustand des Baches *Helling* (sw. Heldburg) im relativ dicht und altbesiedelten nördlichen Grabfeld, wo es damals bereits zu einem merklichen Anstieg der Bevölkerungszahl gekommen war. Durch die Ausübung des *Fischens und Krebsens* durch die Gemeinden *Poppenhausen* und *Hellingen* sowie das dortige *Rittergut* und das Flachsrösten war das Gewässer ohne Fische und Krebse. In vierjährigen Verhandlungen wurde das Fischerei- und Nutzungsrecht am Bach vom Staat, das war das Herzogtum Sachsen, für die damals hohe Summe von 200 Gulden von den Gemeinden gekauft. Der Herzog wollte nämlich, wenn er auf seiner benachbarten Feste *Heldburg* weilte, in den Genuß frischer Fische und Krebse kommen. Wenn dabei in Rechnung gestellt wurde, die Bauern seien nicht auf den Genuß der Fische angewiesen, so entsprach das durchaus der Realität, da beide Dörfer in einem agrarischen Gunstraum liegen und außerdem der Bach ausgefischt war. Er mußte daher nach dem Kauf mit Krebsen und Fischen neu besetzt werden; sie wurden aus der 160 km entfernten Altmühl unter Einsatz einer ansehnlichen Geldsumme besorgt (STAW, HV, MsF 1160). Ein Transport von lebenden Fischen und Krebsen war über eine so große Entfernung keine Ausnahme, wenn auch sehr aufwendig, da die Tiere in Wasserfässern auf Ochsen- oder Pferdewagen und holprigen, weil unbefestigten Heer- und Handelsstraßen befördert wurden. Wenn sie in den Bach Helling nicht aus der Nachbarschaft kamen, ist daraus nicht mit Gewißheit abzuleiten, daß etwa im nur 25 km entfernten Thüringer Schiefergebirge nicht mehr genügend Fische und Krebse vorhanden gewesen wären. Es könnte dafür auch eine gewisse Spezialisierung der Altmühl auf Export von Fischen und Krebsen zum Aussetzen maßgebend gewesen sein. Noch ein Beispiel soll die Lage Ende des 16. Jhs. charakterisieren. Es handelt sich dabei um eine amtliche Feststellung über die anthropogene Gewässerverschmutzung und ihre Folgen aus der Rhön, dem heutigen Biosphärenreservat. Dieses Mittelgebirge gehörte bereits damals, wie auch der Thüringer Wald, zu den dichter besiedelten Bergländern mit entsprechender Umweltbelastung. Im Jahre 1595 war der *Mittelbach* bei

Riedenberg durch die Abwässer dieses Dorfs so *gar verdorben, daß er kein Fisch oder Zins mehr geben will* (STAW, S. 20 a).

Die Populationen der ursprünglich in fast allen Fließgewässern Mitteleuropas zahlreich verbreitet gewesenen *Krebse* verzeichnen einen stärkeren Rückgang seit dem 16. Jh. Dadurch wurde die Güte der Gewässer geschädigt, da Krebse, vor allem Kleinkrebse, eine wichtige Rolle in der Biologie der Gewässer spielen. In den älteren Archivalien wird zumeist nicht zwischen den damals in Deutschland allein heimisch gewesenen Krebsarten unterschieden. Am weitesten war der begehrte Fluß- oder Edelkrebs (Astacus astacus oder fluviatilis) verbreitet, so daß sich auf ihn die meisten der unspezifizierten Erwähnungen der Quellen beziehen lassen. Noch in sumpfigen Gewässern kann der ebenfalls wohlschmeckende, aber fleischärmere Sumpfkrebs (A. leptodactylus) leben, der besonders im Tiefland viele Seen bevölkerte. Der kleinere, weniger schmackhafte Steinkrebs (A. torrentium) kommt noch in manchen kühlen, nahrungsarmen Quellbächen und Gebirgsseen vor, darunter auch im Mittelgebirge. Im westlichen Deutschland mit seiner im ganzen dichteren Besiedlung hatten die ungehegten Krebsbestände bereits im 16. Jh. abgenommen, wie sich aus Quellen belegen oder erschließen läßt. Dieser Rückgang ergab sich aus der Übernutzung durch den Menschen, der Verunreinigung der Gewässer und Beeinträchtigung der Krebs-Umwelt durch das Reinigen, in der Sprache der Zeit: *Fegen* der Bäche und kleinen Flüsse; auch die rasche Abnahme der Zahl der Teiche ließ den Krebsbestand abnehmen. Krebse gehörten nach der fürstlichen Koch- und Speiseordnung des Landgrafenhofes zu Kassel von ca. 1580 zu den bellaria oder, wie es heute heißt, zu den Leckerbissen und waren allein der Familie des Fürsten und seinen Räten vorbehalten (Ö. St. 2, S. 183 f.). Wenn 1566 im Moersbach bei Wixhausen, in der Rheinebene n. Darmstadt, ein zweimaliger Fang 1000 Krebse lieferte, war das für die zweite Hälfte des 16. Jhs. eher die Ausnahme. Denn schon 1587 mußte der in Kassel residierende Landgraf Wilhelm IV. zur fürstlichen Kindtaufe 1800 Krebse aus Erfurt beziehen, obwohl Nordhessen als waldreiches Land zahlreiche Fließgewässer besitzt, die im 16. Jh. noch erheblich naturnäher und damit krebsfreundlicher als gegenwärtig gewesen sind. Wenn in der damaligen Handelsstadt Erfurt die *Fischmenger* einen lebhaften Fernhandel mit Krebsen betrieben, so können sie diese kaum aus den Fließgewässern des dicht besiedelten Thüringer Beckens bezogen haben, wahrscheinlich aus eigenen Zuchtanstalten und dünner bevölkerten Landschaften. Die im 16. Jh. von Magdeburg in den Westen verhandelten Krebse kamen sicherlich aus ostelbischen Landschaften. So bestellte Landgraf Wilhelm IV. zur Besetzung seiner nordhessischen Gewässer zwei Fuder Krebse in der Mark Brandenburg, die allerdings unter großen Verlusten nur bis Dessau gelangten, so daß 1584 erneut ein Karren voller Krebse in Erfurt geordert wurde. Ob die 189 Schock (= 11 340 Stück) Krebse, die um die gleiche Zeit Landgraf Wilhelm IV. im Anhaltischen zur Besetzung seiner Teiche bestellt hatte, aus der Landeshälfte südwestlich oder nordöstlich der Elbe gekommen sind, ist unbekannt. Welche Schwierigkeiten der wohl in Fässern und Bottichen durchgeführte Transport der Krebse machte, zeigt ein von Landau (1865, S. 102), dem ich die hessischen Beispiele verdanke, zitiertes Archivale. Danach wurden in Erfurt gekaufte Krebse auf ihrem 150 km weiten und 5 Tage dauernden Transport nach Kassel jeden Abend zwischen Dielen, die als Zaun dienten, ins Gras gesetzt *daß sie des Nachts sich weiden und speisen konnten.* Da die Nahrung der Flußkrebse, um die es sich ja handelte, aus Aas, Kleintieren und Wasserpflanzen besteht, überrascht nicht, daß hohe Transportverluste an Tieren zu verzeichnen waren. Der starke Rückgang der Krebspopulationen in den hessischen und thüringischen Gewässern und in anderen Territorien mit ähnlichen Verhältnissen führte bereits seit 1559 zu ersten Verordnungen zum Schutz der Krebse. Kleine Jungtiere durften nicht verkauft werden, um den Nachwuchs zu sichern, zum Schutz der Brut wurden weitere Einschränkungen für den Fang erlassen. Allen diesen Maßnahmen war nur ein mäßiger Erfolg beschieden, da wirksame Kontrollen fehlten.

Da tierisches Plankton, darunter Kleinstkrebse, zur bevorzugten Nahrung der Speisekrebse gehört, mußte sich jede Verschlechterung der biologischen Qualität der Gewässer negativ auf ihre Populationen auswirken. In die gleiche Richtung wirkte die sich um die Mitte des 19. Jhs. verstärkende Verbauung der Gewässer durch die staatliche Wasserwirtschaft, weil Flußkrebse zahlreiche Versteckmöglichkeiten, Steine, Wurzelstöcke, Strauch- und Baumbewuchs des Ufers und erdige Uferböschungen brauchen, mit anderen Worten naturnahe und nicht aufgeräumte, begradigte Fließgewässer mit befestigten Böschungen. Da Krebse zahlreiche tierische Feinde haben, insbesondere Aale, Rutte, Hecht u. a. Fischarten, ferner Fischotter, Schwan und Fischreiher, seit 1915 auch Bisam und seit 1934 Waschbär, kann sich eine erhebliche Vermehrung dieser Tierarten, sei sie natur- oder anthropogen bedingt, ebenfalls auf einen Rückgang der Krebse auswirken. Die größten Verheerungen unter den Krebsbeständen richtete jedoch die 1860 erstmals in der Lombardei beobachtete Krebspest, eine Pilzkrankheit, an, die ganz Deutschland durchwanderte und die Populationen weithin vernichtete. Eine gewisse Regeneration der Bestände um die Mitte unseres

Jahrhunderts ist jedoch durch eine neue Bedrohung abgelöst worden. Da Edelkrebse Gewässer mit dem neutralen pH-Wert 7,0 bevorzugen, auch wenn sie Schwankungen von pH 5 bis pH 10 vertragen, mußte sich die in den letzten Jahrzehnten erheblich zugenommene Gewässerversauerung mit einem Absinken des pH-Wertes unter 5 (= stark sauer) oder gar unter 4 (= sehr stark sauer) negativ auswirken. Um die Lücken in den Krebspopulationen zu füllen, welche die Krebspest hinterlassen hatte, ist 1890 aus Amerika der gegen jene Pilzkrankheit resistente Kamberkrebs (Orconectes limosus oder Cambarus affinis) eingeführt worden, der sich als Flußkrebs dank seiner Fruchtbarkeit und Widerstandskraft rasch ausgebreitet hat, zumal er auch mäßig verschmutztes Wasser verträgt. Kamberkrebse kommen in der Gegenwart u.a. im Main vor. Edelkrebse sind in Oberfranken, wo neue Untersuchungen vorliegen, in 28 fließenden Gewässern und in mehreren Teichen in lebensfähigen Populationen beobachtet worden, Steinkrebse im gleichen Gebiet nur in einem Bach in der Frankenalb (Klupp 1985, 3).

Ähnlich wie die Bestände unserer Krebse sind auch die der *Muscheln* zurückgegangen, wozu ähnliche Faktoren der anthropogenen Umweltveränderung und Raubbau durch den Menschen geführt haben. Auch zwischen dem halben Dutzend Arten unserer heimischen Süßwassermuscheln wird in der Regel bis ins 19. Jh. in den Akten unserer Archive nicht unterschieden, mit Ausnahme der seltenen, hoch begehrten und streng geschützten, in kalkarmen Gewässern lebende *Flußperlmuschel* (Margaritifera margaritifera). Sie hat sich in Deutschland wohl deshalb bis heute in wenigen Bächen erhalten, weil Landesherren die alleinige Ausbeute beanspruchten und unbefugte Entnahme durch drakonische Strafen geahndet wurden. Das Vorkommen von Perlmuscheln in Oberfranken ist seit dem 15. und 16. Jh. bezeugt (Klupp 1985, 4). In der Markgrafschaft Bayreuth, wo es in mehreren Gebirgsbächen Perlmuscheln gab und heute nur noch vereinzelte Vorkommen bestehen, waren unter den Markgrafen, die 1732 ein erstes Schutzedikt erlassen hatten, besondere Perleninspektoren angestellt. Ihnen oblag die Hege der Populationen, die Aufsicht darüber und die Gewinnung von Perlen. Noch zu Beginn des 18. Jhs. waren in Oberfranken manche Bachbetten auf Längen von mehreren Kilometern mit Muscheln besetzt. Es wurde zur Schonung der Muscheln streng verboten, in den Bächen, wo sie lebten, zu fischen, Krebse zu fangen, zu flößen, Flachs zum Rösten hineinzulegen, Vieh hindurchzutreiben, Steine ins Wasser zu werfen oder dieses zu verschmutzen oder aufzurühren. Dennoch konnten die Aufsichtskräfte häufige Diebstähle, die sich etwa in zerschlagenen Muscheln an den Ufern zeigten, nicht verhindern, so daß schließlich die Todesstrafe für Muscheldiebstähle eingeführt und zur Warnung und Abschreckung entlang der Perlenbäche Verbotstafeln und Schnellgalgen (= Wipp-, Kniegalgen) aufgestellt wurden. Ich habe in den Bamberger Akten (u.a. STAB C 9 VI Bd. 7) keinen Hinweis auf die Vollstreckung der Todesstrafe für Perlmuscheldiebe gefunden. Das Hoheitsrecht der Perlenfischerei übernahm 1810 von der Markgrafschaft das Königreich Bayern und ließ die Perlenfischerei von der Forstverwaltung ausüben. Letztmals ist davon 1952 Gebrauch gemacht worden. Unsere heimische Perlmuschel ist heute ebenso wie die im folgenden genannten Muschelarten wegen ihres seltenen Vorkommens besonders geschützt.

Bei den meisten *Muscheln*, die in älteren Schriftquellen ohne Spezifikation genannt werden, dürfte es sich um Flußmuscheln (Unio) und Bachmuscheln (U. crassus) gehandelt haben. Viele unserer Fließgewässer besaßen individuenreiche Populationen davon, so daß ihre zahlreichen Larven durch ihre parasitäre Lebensweise die Fische schädigten. Andererseits dienten Muscheln manchen Raubfischarten als Nahrung. Noch um die Mitte des 19. Jhs. war der Main in Franken so reich an Muscheln, daß sie von Kleinbauern mit Rechen aus dem Wasser geholt wurden, um an Schweine verfüttert zu werden (STAW, Kg. Reg. Würzburg), und aus den Schalen wurden Wäscheknöpfe gestanzt. Verheerender ist für die Flußmuscheln jedoch der Verlust der Selbstreinigungskraft von Flüssen durch ihre Kanalisierung, die dadurch herbeigeführte Verschlammung der Altwässer und die Technisierung des Wasserverkehrs geworden.

Da es noch keine zusammenfassenden und zugleich systematischen Arbeiten über das sich oft über Jahrhunderte hinziehende Aussterben von Fischen, Krebsen und Muscheln in den deutschen Gewässern gibt und meine Umweltgeschichte keine Vollständigkeit anstrebt, mögen einige weitere Beispiele für die Abnahme oder *Ausrottung von Fischpopulationen* genügen, um dahinter den allgemeinen Vorgang der anthropogenen Einwirkungen aufzuzeigen. Bis zu den Bestandsverminderungen durch die Technisierung und Chemisierung unserer Wirtschaft und Gesellschaft mit eher nachteiligen Auswirkungen auf die Umwelt, die um die Mitte des 19. Jhs. weithin im Ablauf begriffen war, ist die Überfischung der Fließgewässer und Seen der Hauptgrund für die Reduzierung der Fischbestände gewesen. Den Raubbau an den Fischbeständen suchte jedoch die *Fischereigesetzgebung* mit ihren Schutz- und Strafbestimmungen abzuschwächen, wenn nicht zu verhindern (s. S. 187ff.). Ohne die harten, aus unserer Sicht oft unangemessen hohen Strafen im späten Mittelalter und in der frühen Neuzeit wären die damaligen Fischbestände noch viel stärker reduziert worden. Die Androhung der Todesstrafe für verbotswidriges Fischen ist wohl ebenso wie das Ausstechen der Augen nur Rhetorik zur Abschreckung gewesen. Dennoch waren auch die erteilten Strafen aus heutiger Sicht sehr hart. So wurde ein Bauer, der 1590 in einem gehegten Wasser der Obrigkeit im Kellerwald (nö. Marburg) gefischt hatte, mit 14 Tagen Zwangsarbeit bestraft, ein anderer erhielt wegen des gleichen Vergehens im Vogelsberg eine Strafe von 30 Gulden, eine für die damalige Zeit enorme Summe. Solche Strafen haben nicht nur Bürger, Bauern und darunter befindliche Schichten der Gesellschaft betroffen. Ein hessischer Landadliger hatte für unberechtigtes Fischen eines Lachses in der Eder die horrende Strafe von 100 Gulden an die landgräfliche Kasse zu zahlen. Offiziere erhielten für unerlaubtes Fischen Festungshaft, Soldaten wurden zum Spießrutenlaufen verurteilt, Bürger und Bauern des Landes verwiesen (Landau 1865, S. 66 ff.). Erst im 19. Jh. wurden jene harten Strafen durch die bekannten Rechtsreformen erheblich abgemildert.

Wenn die Auseinandersetzungen zwischen mehreren Landesherren über die Ausübung der Fischerei bis an die Grenze militärischer Auseinandersetzungen führten, ist darin gewiß ein Kampf um die Dokumentation von Hoheitsrechten über Land und Leute zu sehen, zugleich spiegelt sich darin die harte Konkurrenz über die knapper gewordenen natürlichen Ressourcen wider. Dazu noch ein bezeichnender Fall, bei dem es um ein kleines Flüßchen in der Hochrhön nahe den Dörfern Wickers und Batten ging: Durch Jahrzehnte des 16. Jhs. zogen sich die in Großfoliobänden des Staatsarchivs Würzburg (STDB. 727) dokumentierten Streitigkeiten zwischen dem Hochstift und der Fürstabtei Fulda um Hoheits-, zugleich auch Nutzungsrechte über Liegenschaften und Gewässer in der Rhön. Der Fuldaer Schultheiß des Dorfes Batten hatte 1558, widerrechtlich nach Würzburger Angaben, zwei Fache in einem Flüßchen, wohl der Ulster, errichten lassen, *daß nicht ein klein fisch, zugeschweigen ein großer dadurch oder neben hinkommen mögen, wie dann unseres Gnädigen Herrn* [d. h. des Bischofs] *fischer im Amt* [Auersberg] *die fach also machen, daß alle zeit die fisch daneben sein Stich* [Weg] *wol haben kann.* Wie diese Quelle zeigt, war damals im Gebiet fränkischen Landrechts, und wahrscheinlich auch in anderen Territorien, ein Fach nur dann einwandfrei, wenn ein Durchlaß für Fische offenblieb, damit die oberhalb gelegenen Fischer nicht völlig von der Zuwanderung von Fischen abgeschnitten wurden. Nachdem der Würzburger Zehntgraf ein Fach hatte abreißen und zwei weitere öffnen lassen, setzte der Fuldaer Vogt zum Bieberstein mit 300 Bewaffneten zur Gegenoffensive an und zerstörte ein Fach der Würzburger Fischer. Die im Dokument genannten Fischer und Fache sind nur denkbar, wenn für das Flüßchen Ulster, das durch Industrie und mangelhafte Abwasserentsorgung im Thüringer Unterlauf seit Jahrzehnten verschmutzt ist, für das 16. Jh. Fischreichtum in Rechnung gestellt wird.

Das *Verschwinden von Fischarten* in unseren Fließgewässern läßt sich besonders gut an großen Edelfischen aufzeigen, die zum Laichen aus dem Meer in unsere Flüsse aufgestiegen sind, dabei gefangen wurden und entweder durch ihre Menge oder ihren Seltenheitswert die besondere Aufmerksamkeit amtlicher Schreiber oder von Chronisten erregt haben. Genauere Angaben liegen über die frühere Fischerei der Donau vor (Jäger 1986, 1). Der *Hausen* (Acipenser huso), der eine Länge bis 9 m und ein Gewicht bis 1,5 t erreicht und wegen seines Fleisches und Kaviars hoch geschätzt wird, ist durch Verfolgung und Gewässerverschmutzung selbst in seinen Rückzugsgebieten eine höchst selten gewordene, vom Aussterben bedrohte Art. Er steigt heute nicht mehr weit aus dem Schwarzen Meer in die Donau, wo allerdings der Hausen zumeist nur bis 4 m Länge und 300 kg Gewicht erreicht. Bis 1750 gelangte der Hausen noch gelegentlich bis Ulm, öfter bis Passau, und in größerer Zahl wurde er damals im Linzer Becken und stromabwärts gefangen; um 1850 ist er höchstens bis Preßburg aufgestiegen, und danach verkürzte sich seine Aufstiegsstrecke immer weiter bis zum heutigen Restbereich. Weitere Vertreter der Störfamilie, die vor den Regulierungen weit donauaufwärts gestiegen sind und heute allenfalls noch in den mittleren oder unteren Strombereichen auftreten, sind der bis 2 m lange Scherg (Acipenser stellatus) und der bis 1m lange Sterlet (Acipenser ruthenus), der früher ebenfalls bis Ulm, wenn auch selten, erbeutet wurde. Andere Donaufische mit ehemals erheblich stärkerer Verbreitung waren u. a. der Wels (Silurus glanis), der über 30 kg erreichte, und der Wilde Donaukarpfen (Cyprinus carpio). Im Steyregger Graben, einem schmalen Seitenarm der Donau bei Linz, hat sich allein von 1930 bis 1960 die Zahl der Fischarten um 21 % vermindert. Der *Stör* (Acipenser sturio) ist früher im Nordseegebiet häufig gewesen und steigt zum Laichen heute nur noch in die Unterläufe der größeren Flüsse auf, gelangte aber noch im Mittelalter und später bis in obere Abschnitte der Ströme und ihrer größeren Nebenflüsse. Wenn die Stadt Schweinfurt einen am 2. Sept. 1575 im Main vor ihren Toren gefangenen, 75 kg schweren und 3,60 m langen Stör dem Würzburger Fürstbischof verehrte und dieses Ereignis in einem Wandbild mit Gedicht festgehalten wurde, so kann ein solcher Fang dort als Zeichen einer großen Seltenheit angesehen werden. Wenn auch damals bis Würzburg, weil es rund 80 Flußkilometer unterhalb von Schweinfurt liegt, öfter Störe gelangt sind, waren es bereits im 18. Jh. Ausnahmen, und im Jahre 1853 war seit über 20 Jahren kein Stör mehr in Würzburg gefangen worden (Leiblein 1853, S. 126). Selbst aus unteren Laufabschnitten größerer Nordseezuflüsse, wie der Ems, wo der Stör im 16. Jh. noch bis Rheine gestiegen ist, hat sich dieser Fisch um 1900 zurückgezogen.

Dramatischer noch ist das Ausbleiben des *Lachses* oder *Salms* (Salmo salar), der in der frühgeschichtlichen Zeit, gebietlich bis ins 18. und frühe 19. Jh., in Mengen aus der Ostsee und Nordsee über die Hauptströme bis in die Oberläufe unserer Nebenflüsse, wie der Lahn, der Eder und des Mains aufgestiegen ist und von dort weiter in deren Nebenflüsse, wie Sinn und Fränkische Saale, und in größere Bäche eingedrungen war; über die Rednitz stieg der Lachs einst bis Bamberg. Bis ins 18. Jh. befanden sich in unseren Haupt- und Nebenflüssen Lachsfänge (s. S. 191). Ergiebiger war die mittelalterliche Lachsfängerei, die z. B. in der Weser durch die Klöster Korvey und Fulda ausgeübt wurde. Lachse sind im Stromgebiet der Weser sehr weit bis in entfernte Oberläufe und Nebenbäche aufgestiegen. Allerdings ist die Lachswanderung durch die dem Fischfang dienenden und schon durch ältere mittelalterliche Zeugnisse – z. B. Urkunden,Ortsnamen – nachweisbaren Vache (s. S. 189 ff.) beeinträchtigt worden. Ihre Dichte hat im Zusammenhang mit dem planmäßigen Ausbau des frühneuzeitlichen Territorial- und Domänenstaates nochmals in der frühen Neuzeit zugenommen. Auch in den Zuflüssen der Weser befanden sich zahlreiche Vache oder Fischwehre, so daß im Gegensatz zur ur- und frühgeschichtlichen Zeit erheblich weniger Lachse bis in die oberen Fließgewässer der Stromgebiete gelangten. So berichtet 1591 ein Fischer des Amts Altenburg a. d. Eder, 30 km oberhalb von Kassel, er habe auf Befehl des Jägermeisters ein Lachswehr aus Buchenpfählen und Buschwerk unterhalb von Fritzlar aufgerichtet, um die Salme am Aufsteigen in das oberhalb befindliche Fanggebiet der Domherren von Fritzlar zu hindern. Wenig später beschwerte sich der Landgraf Moritz beim Mainzer Kurfüsten über eine Erhöhung der Wehre bei Fritzlar, wodurch den Fischen, insbesondere den Salmen, die natürliche Bewegung verwehrt werde und die Nachbarn dadurch geschädigt würden.

Es gibt keine zusammenfassende Arbeit über die Geschichte des *Lachses* in den deutschen Gewässern und über seinen Fang. Nachrichten darüber sind in zahllosen regionalen und lokalen älteren Einzelarbeiten, oft nur als Informationen unter übergeordneten Themenbereichen, etwa der Landestopographie oder Ortsgeschichte, enthalten. Untersuchungen, wie das mehrfach zitierte und aus teilweise nicht mehr vorhandenen Quellen erarbeitete Werk über die Fischerei in Hessen von Landau, von dem ich auch im folgenden manche Angaben entnommen habe, sind selten. Die *Geschichte der Binnenfischerei von Mitteleuropa* (Koch 1925), die einzige überregionale und überarbeitungsbedürftige Zusammenfassung dieses Themas, enthält nur wenig Material über die frühere Verbreitung von Fischarten. Darstellungen der Fischerei von mittelgroßen Verwaltungsräumen, wie das vorbildliche Werk von Klupp (1985), sind ungewöhnlich und bieten neben einigen historischen Darlegungen vorwiegend Informationen über gegenwärtige Zustände und Probleme. Daher kann ich, wie in allen anderen Abschnitten meiner Darstellung, auch beim Lachs nur einen Einstieg in die Geschichte seiner ehemaligen Verbreitung geben. Sie näher zu erforschen wäre ein Beitrag zum Erschließen der natürlichen Verhältnisse unserer Altlandschaften. Eine systematische Durchsicht der weit verstreuten landeskundlichen Literatur und der Archivbestände würde viel Material bieten. Bei den folgenden topographischen und chronologischen Angaben ist zu bedenken, daß sie nicht aus systematischen Untersuchungen über die Verbreitung von Lachsen oder anderen Fischen hervorgegangen sind, da es solche von seltenen Ausnahmen abgesehen erst seit dem 19. Jh. gibt und bei weitem nicht für alle Naturräume, Landschaften oder administrative Gebietseinheiten. Bei der Masse der älteren, erst seit dem 11. Jh. reicher fließenden Daten handelt es sich um Belege über Fischabgaben an die Grundherren. Da das Trocknen oder Dörren von Fisch als besonders alte Form der Konservierung bekannt war, können die Lieferorte von Zins- oder Dienstfischen weiter ab von den Empfängerorten liegen. Es gibt keine Indizien, die dafür sprechen, daß einzelne Großhöfe, die zu Fischlieferungen verpflichtet waren, diese vorher gekauft hätten, zumal eine topographische Lageprüfung der von mir zitierten Orte stets eine Lage an einem Gewässer ergeben hat. Seit dem ausgehenden Mittelalter häufen sich die Zahlen über Lachsfänge. Diese sind nur deshalb zahlreich registriert, weil der Lachs vor allem ein Speisefisch des Hochadels, der hohen Geistlichkeit und der Patrizier gewesen ist. Nach den älteren mittelalterlichen und vorindustriezeitlichen Zeugnissen waren Lachse bis in die oberen Bereiche vieler Flußgebiete des Rheinsystems verbreitet. So wanderten nach den Werdener Urbaren (Kötzschke 1906ff.), deren aussagekräftige Teile bis um 1150 zurückreichen, Lachse bis in die kleineren Gewässer der Münsterschen Bucht, die zu den Regimen der Ems, Lippe und Ruhr gehören. Wenn um 1150 aus dem Nebenkloster Helmstedt jährlich 4 Lachse in das 370 km entfernte Mutterkloster Werden zu liefern waren, kann es sich nur um getrocknete Fische gehandelt haben. Bei den Abgaben entsprach ein grüner oder frischer Lachs von 35 Pfd. einem getrockneten von 26 Pfd. Ein Vergleich topographischer und ichthyologischer Werke des 19. Jhs. zeigt, daß der Lachs um 1800 und erst recht in den folgenden Jahrzehnten in den Gewässern des Einzugsgebietes der Ostsee ungleich seltener als in dem der Nordsee gewesen ist. Inwieweit diese Diskrepanz in die Vergangenheit zurückreicht und ob sie etwa im Prinzip für die ganze nacheiszeitliche Entwicklung gilt, läßt sich wegen geringer Belegzahl nicht entscheiden. Um 1400 gab es z. B. ein Lachswehr südöstlich von Königsberg bei Neudorf im Pregel (bis 1945 Alter Pregel). Da seine Betreiber jährlich an den Deutschen Orden (Thielen 1958, S. 178) so viel zinsten wie ein Dorf mit 40 Hufen, muß es sich um einen effektiven Lachsfang gehandelt haben, der sich erheblich auf die bis 180 km flußaufwärts folgenden Gewässerbereiche auswirken mußte. Zu den umfangreichen Vorräten, die nach dem großen Ämterbuch (Ziesemer 1921) ständig in den Ordensburgen vorhanden waren, zählten große Mengen getrockneter und in Fässern eingepökelter Fische, darunter Lachse, Kabeljau, Störe, Dorsche, Heringe und Hechte. Bei den binnenländischen Ordensburgen ist Import anstelle örtlichen Fangs in Rechnung zu stellen. Zu den wichtigsten Waren des Danziger Großhandels zählten Fische (Hirsch 1858). Aufschlußreich ist ein Vergleich der Großhandelspreise. Im Jahre 1408 entsprach ein Schock getrockneter Lachse etwa dem Wert von 12 Tonnen (wohl je 248 Pfd.) Schonischer Heringe. Die in dieser Relation zum Ausdruck kommende hohe Bewertung des Lachses läßt sich für das gesamte mittelalterliche und vorindustriezeitliche Deutschland verallgemeinern. Die sich in der Literatur öfter findenden Berichte, Dienstboten in Städten an Rhein, Weser und Elbe hätten sich bei Stellenantritt ausbedungen, nicht jeden Tag Lachs auf den Mittagstisch zu bekommen, dürfte angesichts der Lachspreise, die bereits im Mittelalter gezahlt wurden, eine Fabel sein. Bekräftigt wird dieser Befund, wenn um 1580 nach der Speiseordnung am Landgrafenhof zu Kassel die Lachse zum Fürstentisch zählten, während die meisten der adligen und bürgerlichen Höflinge an Fischen nur Heringe, Stockfisch (getrockneter Kabeljau), Karpfen und Platteisen erhielten. Als damals Landgraf Wilhelm IV. seinem Bruder zu Marburg einen Lachs schickte, dankte dieser für dieses stattliche, König und Kurfürsten gemäße Essen. Damals waren die niederhessischen Gewässser im Territorium von Wilhelm IV. noch reich an Salmen.

Wenn auch die zahlreichen Fache, namentlich beim Aufsteigen der Fische, zu erheblicher Reduzierung der Schwärme führten, gelangten dennoch manche Lachse, darunter einzelne erheblichen Gewichtes, bis in die oberen Abschnitte der Flußsysteme. Im Kasseler Bereich erfolgten trotz der Fache in der Weser noch stattliche Fänge. So hatte a. 1443 Landgraf Ludwig I. 398 Lachse an einem Tag gefangen (Landau

1842, S. 81). Solche reiche Ausbeute war freilich auch in der Saison – März bis Juli – nicht alltäglich, sondern die Fischer werden dem Landgrafen besonders gute Fangbedingungen gemeldet haben; auch die früheren Fürstenjagden erzielten ja nur ihre sehr hohen Wildstrecken, weil sie unter günstigsten Rahmenbedingungen stattgefunden haben. Diesen Umständen ist Rechnung zu tragen, wenn fürstliche Abschuß- oder Fangzahlen als Beleg für Fisch- oder Wilddichte zitiert werden (s. S. 165). Anno 1582 wurden trotz zahlreicher Wehre in unterer Eder, Fulda und Weser in der mittleren Eder bei Frankenberg 7 Salme von durchschnittlich 17 Pfd. gefangen und 30 km weiter oberhalb, bei Battenberg, 8 Salme, die durchschnittlich 8 Pfd. schwer waren. Aus dem obersten Flußabschnitt der Eder fehlen Angaben. Auch in Nebenbächen der Eder, wie in Itter und Berbach, wurden damals noch Lachse bis zu 14 Pfd. gefangen. Letztmals werden reiche Lachsfänge bei Kassel aus dem Jahre 1649 bezeugt, als Landgraf Wilhelm IV. in kurzer Zeit 239 Lachse gefangen und um die gleiche Zeit die Fischer eines Dorfes an der unteren Eder mehrmals in einem Jahr 300 Salme an die Hofküche liefern konnten. Seit Mitte des 17. Jhs. ging der Lachsfang in Fulda und Eder mit Nebengewässern erheblich zurück, weil in den niedersächsischen Territorien, darunter in Münden, die Wehre erneut erhöht wurden. Immerhin sind um 1850 in begünstigten Jahren bei Battenberg in der oberen Eder und ihren Nebenbächen noch um die 100 Lachse, darunter einzelne bis 30 Pfd., in einer Herbstsaison gefangen worden (Landau 1865, S. 87 ff.).

Wie im Fulda-Eder-Gebiet ist der Lachs auch über die Weser in die Diemel und weiter in deren Nebenbäche aufgestiegen, so u. a. um 1000 bis in die Gegend von Borgentreich. Die etwa 100 Jahre später vom Benediktinerkloster Helmarshausen nahe der Diemelmündung angelegten beiden Fischwehre (Pfaff 1910, S. 35) hatten hinfort den Aufstieg von Fischen eingeschränkt, wenn auch nicht gänzlich unterbunden. Eine spätere Beeinträchtigung der Diemelfischerei brachte, wie in vielen parallelen Fällen im merkantilen Zeitalter, eine Kanalisierung des Flusses, um ihn schiffbar zu machen. Sie erfolgte 1722–30, blieb jedoch stecken, so daß von den Arbeiten nur 20 km des Unterlaufs erfaßt wurden. Die 1822 einsetzenden Regulierungen der Diemel und anderer Flüsse und Bäche des Wesergebietes (STAM, B 180: 1680, 1683, 1690, 1698), die im 19. Jh. in ähnlichem Umfang und mit gleichartiger Wirkung sehr viele Flüsse Deutschlands betroffen haben, brachten eine weitere Verschlechterung der Umweltbedingungen für alle Fischarten, insbesondere jedoch den Lachs. Der bei Trendelburg 1839 gefangene ist wahrscheinlich der letzte seiner Art gewesen, der in der Diemel erbeutet wurde, und der Abschluß einer sich über rund 1000 Jahre erstreckenden, mit zunehmendem Zeitablauf immer intensiver gewordenen anthropogenen Einwirkung. Sie hatte mit regional wechselnder Intensität fast alle mitteleuropäischen Flüsse und viele Bäche erfaßt. Die um 1870 einsetzende Anlage von Lachstreppen und das Aussetzen von Lachsbrut und -setzlingen aus Fischzuchtanstalten mußten erfolglos bleiben, weil die für den Lachs entscheidenden Umweltbedingungen nicht verbessert wurden. So wurden in die Ems zwischen 1872 und 1905 jährlich rd. 140000 Setzlinge eingebracht, ohne daß es gelang, den Lachs wieder in der Ems einzubürgern. Bei anderen Tierarten würde ebenfalls eine Wiedereinbürgerung mißlingen, weil sich die Zerstörung ihrer Umweltbedingungen nicht mehr beheben läßt (s. S. 208 ff.).

Eine ähnliche anthropogene Verdrängung, wie sie der Lachs erfuhr, hatte bis ins 19. Jh. viele andere Fischarten der Flüsse und Seen betroffen. Zu denen, die sich lange in ursprünglichen Lebensräumen erhalten hatten, zählt die *Bachforelle* (Salmo trutta forma fario), da sie vor allem die sauerstoffreichen, kühlen Oberläufe der Bäche bevorzugte und damit in den Mittelgebirgen, wie im Rheinischen Schiefergebirge, im Thüringer Wald und im Steigerwald verbreitet war. Die höheren und niedrigeren Mittelgebirge zählen zur sogenannten *Forellenregion*. Zu ihrer Erhaltung in naturnahem Milieu hatte wesentlich beigetragen, daß diese Bäche, sofern keine Mittelgebirgsindustrie mit schädlichen Abwässern entstanden war, wie teilweise im Harz und im Sauerland, ihre ursprüngliche Gewässergüte bewahren konnten. Erst in den letzten Jahrzehnten ist auch dort durch die großenteils aus der Luft kommenden Schadstoffeintragungen eine die bisherigen Verhältnisse umstürzende Verschlechterung eingetreten. Neben der heimischen Bachforelle ist seit Ende des 19. Jhs. die aus Kalifornien eingeführte Regenbogenforelle (Salmo gairdnérii) verbreitet. Mit weiteren Fischarten Mitteleuropas, die eingeführt worden sind, befasse ich mich später (6.8).

Aus Tausenden von Regulierungsprojekten des Gewässerbaus, die fast alle von Nachteil für Fische und andere Wassertiere gewesen sind (s. S. 38 f.), seien wenige beschrieben. Die sogenannte, in großem Umfang im merkantilistischen 18. Jh. einsetzende und sich noch im frühen 19. Jh. verstärkende *Floßbarmachung* größerer Bäche und kleinerer Flüsse der Mittelgebirge, etwa des Spessarts und Thüringer Waldes, und des Stufenlandes, wie des oberen Mains, der Wiesent und Rednitz (STAB, K3FV[a] 1718), hatte eine erhebliche Ausweitung der Flößerei zur Folge mit entsprechender Schädigung der Fische (vgl. S. 90). Ebenso verheerend wirkten die sogenannten *Rektifizierungen* und *Korrektionen* (s. S. 39), wenn sie in großem Maßstab durchgeführt wurden, wie seit 1817 die Regulierung des Rheins im Oberrheintiefland. Dadurch verschlechterte sich nicht nur die Umwelt von Fischen, Muscheln, Krebsen und der meisten Kleinlebewesen des Wassers, sondern ebenfalls der meisten Wasservögel und aller Pflanzen, deren Gedeihen von feuchten Auen abhängt.

Bezeichnend für den vom Menschen veränderten Zustand der Gewässer gegen Ende des 19. Jhs. und seine Auswirkungen auf die Fische ist die Eingabe eines Fischereipächters im Jahre 1885 über den Zustand des vom Spessart herabkommenden und zwischen Hanau und Aschaffenburg in den Main mündenden wasserreichen Baches Kahl (STAW BA Alzenau 3505). Das Dokument ist dadurch besonders wertvoll, daß es einen Beobachtungszeitraum zurück bis 1862 umfaßt. Die Feststellungen gelten grundsätzlich für Tausende von Bächen und Flüssen, die vor allem seit Mitte des 19. Jhs. durch den sich rasch entfaltenden staatlichen Wasserbau in Deutschland *korrigiert* worden sind. Als Gegengewicht gegen die sich Ende des 19. Jhs. rasch verschlechternden Umweltverhältnisse für die Fische und ihren rapiden Rückgang wurde die Fischzucht in besonderen Anstalten entwickelt. Sie war 1854 in Hüningen (Oberelsaß) aufgenommen worden und hatte sich von dort in den folgenden Jahrzehnten in Hunderten von Anlagen in Deutschland und darüber hinaus etabliert, gefördert durch Fischereivereine auf Landes- und Bundesebene. Auch diese Entwicklung spiegelt sich andeutungsweise im folgenden Bericht über die Fischerei in der Kahl: *Ich habe in 23 Jahren, seit welchen ich die Fischerei in Michelbacher Gemarkung gepachtet habe* [11km oberhalb der Mündung in Main], *nur mit der Fließangel oder ausnahmsweise mit einem kleinen Hebgarn gefischt. Die Kahl war früher als fischreicher Bach bekannt, jetzt ist das Gegenteil zutreffend. Durch die Korrektion des Baches sind zahlreiche Krümmungen und Stümpel* [Winkel] *fast ganz verschwunden. Die Strömung ist rascher geworden und die Fische haben keinen Schutz oder Halt mehr und werden auch im Sommer durch das nach heftigen Regengüssen eintretende Hochwasser in den Main entführt. Ein Ersatz aus diesem Flusse ist wegen der vielen Mühlwehre nicht möglich, Wanderfische kommen deshalb dort nicht vor und der Nachwuchs muß durch autochthone Brut sichergestellt werden. Versuche mit eingesetzten, künstlich gezogenen Forellen sind nahezu gescheitert, da die kleinen Fische in dem rasch strömenden Wasser wegen ihrer Unbeholfenheit zugrunde gehen. Vor etwa 15 Jahren habe ich aus meinem Teich einige 100 Karpfensetzlinge in die Kahl an ruhigen Stellen eingesetzt. Nach einem Jahr waren sie durchs Hochwasser entführt. Weniger leicht ist der Umstand zu erklären, daß manche Fischarten, die früher in der Kahl häufig waren, nunmehr ganz verschwunden sind, namentlich der Barben, Hecht, Barsch, jetzt kommen nur noch die Forellen sporadisch vor (im oberen Kahlgrund* [d. i. im Spessartabschnitt] *soll sie häufiger sein), der Gemeine Weißfisch oder Nase und die Möne oder Dickkopf, letzterer Fisch dominiert in der Kahl.*

Auch dieser Bericht zeigt, daß das Einbringen von Setzlingen vergeblich bleiben muß, solange kein Rückbau der Umweltbedingungen zu naturnahem Milieu erfolgt. Auch ein ergänzender und gleichzeitig erstellter Bericht über die Umweltsituation der Kahl und des Mains im hessisch-bayerischen Bereich durch weitere Fischereisachverständige aus Steinheim, Seligenstadt und Aschaffenburg gilt im Prinzip für viele andere Gewässer. Danach schädigten auch die Enten, welche ihre Besitzer in die Gewässer einließen, die Entwicklung der Fische erheblich durchs Fressen und Vernichten von Fischlaich und Kleinfischen. Nachteilig für die Fische sei auch das winterliche Gewinnen von Eis zwischen den Buhnen im Main. Aus der Kahl sei inzwischen der Aal ganz verschwunden, während es in ihrem Oberlauf neben Forellen auch noch Krebse gebe. Auch die Reinigung der Mühlenbäche und der Gräben und deren Ablassen schädige die Fische. In Hessen fehle es an Schonvorschriften. In Bayern waren solche im damaligen Fischereigesetz enthalten. Ferner werden um die gleiche Zeit und in Denkschriften, die bis 1860 zurückgehen, als sehr schädlich für die Fische mehrere zusätzliche Faktoren angeführt, darunter die Vernichtung der Fischbrut durch die 1842 auf dem Main eingeführte und seit 1843 mit sechs Einheiten betriebene Dampfschiffahrt infolge ihres Wellenschlages. Sie erstreckte sich auf die Strecke von Bamberg/Rednitz bis Frankfurt. Allein die Stillwasserzonen zwischen den Buhnen böten dem Laich noch einen gewissen Schutz, falls er nicht auch dort durch das Gewinnen von Muscheln mit den Rechen zerstört werde. Besonders seit den 1950er Jahren sind im Main, vor allem als Folge der Kanalisierung, der Wasserverschmutzung, des Güter- und Freizeitverkehrs, weitere der vordem häufig gewesenen Fischarten ganz oder bis auf geringe Restbestände verschwunden, darunter Rutte (Lota lota), Nase (Chondrostoma nasus) und Barbe (Barbus barbus).

Die leichtfertige, vielfach aber aus mangelnder Sachkenntnis und fehlendem Urteilsvermögen oder aus Geldmangel erfolgende Verschmutzung der Gewässer ist in der alten Bundesrepublik Deutschland, von löblichen Ausnahmen abgesehen, bis in die 1960er und 70er Jahre fortgeführt worden. Damals ist durch ein in breite Kreise, darunter auch in die Politik, eingekehrtes Umweltbewußtsein ein Wandel eingetreten. Er kann freilich nur Schäden mindern, nicht jedoch völlig verhüten oder gar frühere Verhältnisse wiederherstellen. In vielen Teilen der Bundesrepublik sind damals Abwässerverbände gegründet oder, soweit sie bereits vorhanden waren, mit vielen Millionen DM ausgestattet worden, um durch Kläranlagen die Einleitung von Schadstoffen zu minimieren. Die damalige DDR konnte, wie auch andere sozialistische Staaten, weil ihre Wirtschaftsform eine entsprechende Kapitalbildung nicht zuließ, kaum Mittel dazu bereitstellen. Die Schäden waren dort um so gravierender, als auch Kapital für den Aufbau einer modernen, weniger Schadstoffe ausstoßenden Industrie fehlte, so daß 1990, im Jahr des Beitritts zur Bundesrepublik, viele Flüsse und Bäche biologisch tot gewesen sind.

Zu einer erheblichen Verschlechterung der Umweltbedingungen unserer Fische in Fließgewässern und Seen haben neben vielgestaltigen Maßnahmen des Wasserbaus, neben häuslichen und industriellen Abwässern und dem Schiffsverkehr vor allem seit den 1950er Jahren die Belastungen durch die Freizeitaktivitäten des Menschen beigetragen: Baden, Paddeln, Surfen, Segeln und Motorbootfahren. Überhaupt treten viele Arten des Tourismus und der modernen Freizeitaktivitäten in ihrer destruktiven Wirkung auf die Natur hinter ihren positiven Seiten für Lebensfreude und regionale Wertschöpfung zurück.

Bereits im Mittelalter wurde von der *wilden Fischerei* in rein natürlichen Gewässern die *Teichfischerei* unterschieden. Die Bewirtschaftung von Fischteichen, die bereits von den Römern unter Einbeziehung mariner Aquakulturen (z. B. Columella VIII) mit großem Erfolg ausgeübt wurde, ist als Teichwirtschaft an der Schwelle des Mittelalters von den Karolingern wiederaufgenommen worden und später von Klöstern, vor allem der Benediktiner und Zisterzienser, zu einer ersten Blüte geführt worden. Da in Mittelalter und früher Neuzeit in landschaftlichem Sprachgebrauch, etwa in Mainfranken, Teiche auch *Seen* genannt wurden, kann im Einzelfall für jene Zeit die Identifizierung schwierig sein. Das handschriftliche *Verzeichnis aller Seen* von 1581/1593 der Universitätsbibliothek Würzburg ist ein amtliches Register der 74 fürstbischöflichen Fischteiche mit organisatorischen Anweisungen zu ihrer Bewirtschaftung. In der Wirkung auf die Umwelt war zwischen Naturseen und Teichen im Falle gleicher Größe kaum ein Unterschied, so daß in einer naturbetonten Umweltgeschichte auch die Teiche zu erwähnen sind. Im Abschnitt über die Wasservögel (6.7.1.2) ist bereits auf die Funktion der Teiche als Biotope für Stand- und für Zugvögel hingewiesen worden. Die sehr große Zahl von Teichen des Mittelalters und der frühen Neuzeit war in den Landschaften, die arm an natürlichen Seen gewesen sind, ein Ersatz für die zahlreichen Feuchtökotope, die durch die damaligen Trockenlegungen verlorengegangen sind. Wichtigste Teichfische sind Karpfen, Forelle, Saibling und als Beifische Schleie, Hecht und die aus Amerika eingeführten Schwarz- und Forellenbarsche; die Ende des 19. Jhs. aus Amerika gekommene Regenbogenforelle hat sich zu einem Hauptfisch der Teichwirtschaft entwickelt. Da sich seit dem 16. Jh. die Zahl der Teiche rasch vermindert hat und gleichzeitig die anthropogene Austrocknung der Landschaften, nur unterbrochen durch den 30jährigen Krieg, fortgesetzt worden ist, war außerhalb der gewässerreichen Naturräume ein rapider Rückgang der Wasservogelpopulationen die Folge.

6.8 Einbürgerung wildlebender Säugetiere, Vögel und Fische

Die Domestikation hat die meisten unserer Haustierrassen durch eine auf den Menschen abgestimmte Zuchtwahl so sehr verändert, daß sie für ein Leben in freier Natur nicht mehr geeignet wären. Es ist das eine biologisch-entwicklungsgeschichtliche Parallele zu vielen Kulturpflanzen, die ebenfalls in der Wildnis ohne Fürsorge des Menschen eingingen (s. S. 127 ff.). Da der Begriff der Wiedereinbürgerung nicht genau definiert ist, bleibt es Ansichtssache, ob es sich beim Aussetzen von Tieren, die in Deutschland längst ausgestorben oder ausgerottet sind, um Einbürgerungen oder Wiedereinbürgerungen handelt. Der Einbürgerung steht in ihren Folgen die Einwanderung von ausgerotteten Arten ohne Hilfe des Menschen nahe, wie es z. B. neuerdings beim Wolf der Fall ist (s. S. 147). Bei fast allen unseren Haustieren bestehen noch Rassen, die den ursprünglich wildlebenden Ausgangsformen nahestehen und die sich in der freien Natur, sofern sie ihnen eine artgemäße Umwelt böte, langfristig erhalten würden.

Unser *Hausrind* (Bos primigenius f. taurus) ist Abkömmling des Ur- oder *Auerochsen*, der noch im germanischen Altertum in Mitteleuropa und weit darüber hinaus verbreitet war. Bereits um 800 ist er selten gewesen, da er schon damals in einigen Tiergärten gehalten wurde. Die letzten Tiere sind im 16. Jh. in Altpreußen und vor 300 Jahren in Masowien geschossen worden. Aufsehen erregten die Versuche der Brüder Heck in den 1930er Jahren, aus halbwilden Rinderrassen, wie dem spanischen Kampfrind, durch Verdrängen domestizierter Eigenschaften das Urrind sozusagen zurückzuzüchten. Der Versuch war weitgehend gelungen, auch wenn keine völlige, sondern nur annähernde Übereinstimmung mit der ausgestorbenen Tierart erreicht werden konnte. Die damals gezüchteten Tiere sind Opfer des letzten Krieges geworden.

Seitdem sind neue Rückzüchtungen erfolgt, namentlich im nordhessischen *Urwildpark* Sababurg im Reinhardswald. Dort werden vornehmlich Tierarten gehalten, die ehemals in Mitteleuropa die freie Wildbahn bevölkerten. Darunter befinden sich neben Rückzüchtungen im Bestand bedrohte, oft nur noch in Gattern gehaltene Arten – z. B. Wisente – oder in Nachbarländer abgedrängte Arten, wie der Wolf (Damm 1991; Picker 1986, 1991). Die Anfänge der Domestikation unseres Hausrindes gehen ins 7. vorchristliche Jahrtausend zurück und weisen auf Kleinasien. In Deutschland ist das Hausrind neben Schaf, Ziege und Schwein seit der Bandkeramik vertreten und damit in vielen altbesiedelten Räumen des Südens und der Mitte seit ca. 4000–4500 v. Chr. vorhanden. Die Bedeutung der bäuerlichen Tierhaltung für die Veränderung der Umwelt ist bereits in anderem Zusammenhang diskutiert worden (s. S. 78 ff.).

Vom *Wildpferd* (Equus przewalskii), das die Stammform unseres *Hauspferdes* (Equus przewalskii f. caballus) ist, leben in freier Landschaft nur noch wenige Exemplare in der Mongolei, jedoch mehr davon in Tiergärten. Die Domestikation unseres Hauspferdes geht im mittel- und osteuropäischen Bereich etwa in die Zeit um 2500 v. Chr. zurück. Neben den vor allem in Gestüten hochgezüchteten Tieren gibt es in Eurasien und Amerika mehrere Rassen von Halbwildpferden. So weidet auf den von Heiden und Grasland überzogenen Hochflächen von Dartmoor und Exmoor in Südwestengland ohne Eingatterung je eine Herde von Dartmoor- und Exmoor-Ponys (Equus britannicus). Sie sind nach Picker (1986) Nachfahren von Wildpferden, die während der letzten Eiszeit die europäischen Tundren bevölkerten und damit auch im Gebiet von Deutschland verbreitet waren. Nach der Lösung Britanniens vom Kontinent um 6000 v. Chr. hätten diese Tiere in Südwestengland ein Rückzugsgebiet gefunden. Ob die Vorfahren dieser Pferde nicht doch im Mittelalter in den Dienst des Menschen einbezogen waren, läßt sich nicht völlig ausschließen. Gewiß, heute ähnelt das Landschaftsgebiet der weiten und baumfreien Hochflächen von Exmoor einer ebenfalls aus Zwergstrauchheide bestehenden Tundra, doch ist dieser Landschaftszustand erst ein Ergebnis der Eingriffe des Menschen. In ur- und frühgeschichtlicher Zeit war Exmoor bis in Höhen von 450 m bewaldet und nur kleinere Gipfelbereiche befanden sich darüber. Ferner ist zu bedenken, daß sich im zentralen Dartmoor und Exmoor bronze- und eisenzeitliche Anlagen, die auf damalige Besiedlung und Landnutzung hinweisen, befinden. Gleichwohl stehen jene Ponys, um deren Erhaltung sich eine besondere Gesellschaft bemüht, den urgeschichtlichen Vorfahren unserer heutigen Zuchtpferde nahe. In den 1970er Jahren sind Exmoor-Ponys in den Urwildpark Sababurg gebracht worden, der sich als kontinentales Zentrum für die Zucht und Weiterverbreitung dieser Tiere entwickelt. Zu einer weiteren Rasse mit altertümlichen Merkmalen zählt das Island-Pony. Es wird vor allem als Reittier gehalten und ist in offenen Landschaften mit subarktischem Grasland beheimatet, die seit Ende der letzten Eiszeit ihren tundrenartigen Charakter erhalten haben. Bei anderen Rassen sogenannter Wildpferde, wozu u. a. die Dülmener gehören, steht fest, daß es sich um verwilderte Hauspferde handelt. Das gilt wohl auch für die vermeintlichen Wildpferde, die es nach verschiedenen Quellen in Altpreußen bis zu ihrer Ausrottung im 17. Jh. gegeben hat. Mager (1941, S. 100ff.) war in Kenntnis gegenteiliger Auffassungen eher geneigt, sie für echte Wildpferde anzusehen. Für Altpreußen läßt sich die Verwilderung von Hauspferden mit den weitflächigen Verheerungen von Siedlungsgebieten in den spätmittelalterlichen Kriegen in Zusammenhang bringen (Jäger 1990), wodurch leicht im Freien weidende Hauspferde freigesetzt werden konnten. Da es sich damals ohnehin um ältere Landrassen handelte, welche den Urwildpferden näherstanden, war es nur ein kleiner Schritt zur Verwilderung. Auch heutige Pferde von Landrassen, wie die Haflinger oder die Fjordpferde, stehen ebenfalls den wilden Vorfahren näher als unsere edlen Zuchttiere. In einigen zoologischen Gärten und Wildparks werden bis auf das vor 300 Jahren ausgestorbene Wildrind einzelne Stammformen oder ihnen verwandte Wildformen unserer wichtigsten Haustiere bewahrt und weiter fortgepflanzt.

Die Einbürgerung fremder Tierarten hat wesentlich zur Veränderung der ursprünglichen Landesnatur beigetragen, nicht allein durch die Anwesenheit von Tieren, die es ohne Zutun des Menschen nicht bei uns gäbe, sondern jede dieser Tierarten bringt besondere, bis dahin nicht dagewesene Ansprüche und Einwirkungen auf ihre Umwelt mit sich. So können eingebürgerte Tierarten einheimische verdrängen oder sich als große Schädlinge erweisen, wie die erst 1905 ausgesetzte, aus Nordamerika eingeführte *Bisamratte* (Ondatra zibethicus). Von unseren europäischen Säugern in freier Wildbahn waren im Jahre 1963 32 Arten eingebürgert oder wiedereingebürgert, wie Niethammer (1963) in dem einzigen deutschsprachigen Handbuch über die Einbürgerung von Säugetieren und Vögeln in Europa feststellt. Ihm verdanke ich manche der folgenden Angaben. Einbürgerungen schlechthin dienen der Hebung der Jagd, der Pelz- und Nahrungsgewinnung, der Schädlingsbekämpfung, dem Tourismus und wissenschaftlichen Versuchen. Bei der Wiedereinbürgerung geht es darum, ehemals in freier Natur lebende und in Europa, namentlich in Mitteleuropa, ausgerottete Tiere wieder heimisch zu machen. Der Einbürgerung verwandt ist die Einfuhr und das Aussetzen von Tieren zur genetischen Auffrischung einheimischer Bestände. Einbürgerungen gelingen bei den meisten Tierarten nur, wenn der Grundstock genügend Tiere umfaßt und geeignete Biotope gewählt werden, es sei denn es handelt sich um nahezu ubiquitäre Tiere oder solche mit sehr hoher Vermehrungsrate. Unerwünscht sind Bastardierungen mit Haustieren. So sind z. B. auf der Insel Rügen die dort ausgesetzten Mufflons wegen Vermischung mit Hausschafen schon in den 1940er Jahren wieder abgeschossen worden.

Ob und inwieweit erste Einbürgerungen von *Säugetieren* in die römische Besatzungszeit fallen, ist noch ungesichert. Auf jeden Fall erfolgten die ersten Einbürgerungen in Mittel- und Westeuropa bereits im Mittelalter, und zwar mit einer sehr lebenstüchtigen Art, dem *Wildkaninchen* (Oryctolagus cuniculus), das sich bis heute einen großen Lebensraum mit Bevorzugung trockener Ökotope unterhalb von 500 m Seehöhe erobert hat: dazu gehören Waldränder ebenso wie Heiden, wüstliegende, sandige und verbuschte Agrarflächen, Parkanlagen, Bahndämme, große Gärten u. ä. Die als Jungtiere leicht zähmbaren Wildkaninchen sind die Stammform unserer Hauskaninchen, von denen der Mensch inzwischen 50 eigenständige und sich teilweise erheblich voneinander unterscheidende Rassen gezüchtet hat. Die ursprünglich nur in Nordafrika und Spanien heimisch gewesenen Kaninchen sind bereits in domestizierter Form 1149 nach Deutschland gelangt, wo sie jedoch noch zu Anfang des 14. Jhs. so selten waren, daß ein Tier ebensoviel kostete wie ein zahmes Ferkel. Belege für wilde Kaninchen, die entweder als solche eingeführt worden waren oder sich aus kaum domestizierten Hauskaninchen wieder zu Wildtieren gewandelt hatten, tauchen in Deutschland erstmals 1423 auf. Ihre Ausbreitung erfolgte zunächst nur allmählich und unter Aussparung ganzer Territorien. So waren gegen Ende des 16. Jhs. wilde Kaninchen weder im Rheinland noch in Schlesien bekannt. Zur weiteren Ausbreitung haben Aussetzungen wilder und zahmer Kaninchen beigetragen, die bis ins 19. Jh. in größerem Umfang vorgenommen wurden. Die Aussetzung zahmer Kaninchen, die sich nach wenigen Generationen und damit in wenigen Jahren in Farbe und Verhalten bereits wieder den Wildkaninchen angeglichen hatten, erfolgte vor allem, um sie, wenigstens für einige Zeit, seßhafter zu machen. Seit dem 19. Jh. haben sich die Wildkaninchen über alle ihnen zusagenden Ökotope des gesamten Mitteleuropas und weit darüber hinaus ausgebreitet. Diese Expansion wäre ohne ihre große Fruchtbarkeit nicht möglich gewesen, kann doch ein Weibchen jährlich in mehreren Würfen bis zu 45 Junge setzen. Die seit einigen Jahrzehnten verbreitete und aus Frankreich gekommene Myxomatose hatte zwar den Bestand vorübergehend stark reduziert, doch haben sich unsere Wildkaninchen in den letzten Jahren dank Autoimmunisierung gegen die Seuche und großer Fruchtbarkeit wieder kräftig vermehrt. In manchen Großstädten, wo die Wildkaninchen keine Feinde haben, muß ihre Zahl öfter durch den Menschen vermindert werden, weil die Tiere andernfalls wegen Überpopulation in elende Umstände geraten würden.

Zu den am frühesten eingebürgerten Wildtieren zählt außerdem der *Damhirsch* (Cervus dama). Ob das wahrscheinlich unter den Römern westlich des Limes eingebürgerte Damwild dort das Ende ihres Reiches überlebt hat, ist noch ungeklärt. In Dänemark ist Damwild schon im 11./12. Jh. eingebürgert worden, in der Schweiz war es 1563 bereits Jagdwild. Die erste dokumentierte Einbürgerung in Deutschland erfolgte 1577 durch den hessischen Landgrafen Wilhelm IV., der aus Seeland vom dänischen König 30 Tiere erhalten sollte, von denen immerhin 26 Stück die dreieinhalbmonatige beschwerliche Reise überlebten. Sie wurden in dem großen, vom Landgrafen in Sababurg eingerichteten Tiergarten, der in den 1970er Jahren wieder rekonstruiert wurde (s. S. 209), ausgesetzt. Auch in anderen deutschen Territorien ist Damwild in der frühen Neuzeit eingeführt worden, wo die leicht zu haltenden Tiere zunächst in herrschaftlichen Tiergärten, Parks und in großen umgatterten Wildgehegen gehalten und zur Ergötzung von höfischen Gesellschaften gejagt wurden. Erst ab dem 17., gebietsweise erst im Verlaufe des 19. Jhs. wurde Damwild auch in die freie Wildbahn ausgesetzt und gejagt. Für das Jahr 1960 wurde der Bestand an Damwild in der Bundesrepublik auf 60000 Tiere geschätzt, die überwiegend in freier Wildbahn lebten. Eine ganz neue Entwicklung begann vor etwa 10 Jahren. Die gesteigerte Nachfrage nach Wildfleisch in Gaststätten und der Zwang nach Zusatzverdiensten in bäuerlichen Betrieben hat zu einer Ausbreitung der Haltung von Damwild geführt, so daß im Jahre 1993 für Deutschland 5000 Betriebe mit 80000 Tieren in umzäunten Weiden geschätzt werden, darunter allein in Bayern in 1700 Gehegen 37000 Tiere. Diese Massenausbreitung wäre nicht möglich gewesen, wenn nicht alle Landschaften Deutschlands mit Ausnahme der höheren Gebirge für Damwild geeignet wären. Freilich werden bei der gegenwärtigen agrarischen Damwildhaltung oft nicht die optimalen Ökotope geboten. Sie sind jedoch durchweg in den öffentlichen Parks vorhanden und bestehen aus Laubwald mit Strauchäsung, trockenen Bezirken und offenem Grasland. Voraussichtlich wird es in naher Zukunft zur Einbürgerung weiterer Tierarten, deren Fleisch sich zur Bereicherung einer gehobenen Speisekarte eignet, kommen.

Obwohl es den *Rothirsch* (Cervus elaphus) als größeren einheimischen Verwandten des Damhirschs noch in weiten Forsten fast aller deutschen Großräume gibt (s. S. 160 ff.), war er in manchen Waldgebieten vorübergehend ausgerottet oder so sehr entartet, daß seit Ende des 16. Jhs., mit zunehmender Häufigkeit seit dem 19. Jh., Rothirsche zur genetischen Auffrischung oder zur Wiederbestockung entleerter Reviere in Mitteleuropa hin und her versandt wurden (s. S. 167 f.). Ähnliche Verfrachtungen zur genetischen Auffrischung der Bestände hat es bei Rehen und anderen Wildarten gegeben, so daß kaum irgendwo die heutigen Tiere aus genetischer Sicht direkte und alleinige Nachkommen von frühneuzeitlichen oder gar frühgeschichtlichen Beständen sind.

Manche Einbürgerungen von Wildtieren erfolgten erst im 18. Jh., die meisten erst seit Mitte des 19. Jhs. unter dem Einfluß von sich entfaltender Wissenschaft, Technik und optimistischem Fortschrittsglauben. Die Einbürgerung des Wildschafs, *Mufflon* (Ovis ammon), zählt zu den erfolgreichsten, da es heute in zahlreichen Revieren Deutschlands ein sich selbst erhaltendes und bejagtes Standwild geworden ist. Da die Geschlechtsreife mit 1 1/2 Jahren eintritt und ein Schaf jährlich nur 1–2 Lämmer setzt, ist die Fortpflanzungsrate bescheiden. Vorzugsbiotope sind steinige Südhänge der Mittelgebirge und ihrer Vorberge. Hochgebirge und Flachland sind ungeeignet. Da sich das scheue Muffelwild allein in großen Waldgebieten halten läßt, konnten nur Angehörige des höheren Adels und ebenfalls der Forstfiskus, weil beide im Besitz großer, geschlossener Waldgebiete waren, Einbürgerungen vornehmen. Körperschaften und Gemeinden kamen wegen fehlenden Interesses an der Jagd auch dann nicht für eine Einbürgerung in Betracht, wenn geeigneter Waldbesitz vorlag. Bereits seit 1732 wurde Muffelwild im Tierpark Belvedere bei Wien gehalten und 1752 ins kaiserliche Jagdgebiet Lainz bei Wien gebracht. In Böhmen und der Slowakei, wo das Muffelwild um die Mitte des 19. Jhs. eingeführt worden war, erreichten die bejagten Bestände 1909 bereits über 600 Tiere. Zur Erhaltung und Auffrischung der damals und in den nächsten Jahrzehnten in Mitteleuropa begründeten Populationen wurden Wildtiere aus ihrem Ursprungsgebiet Korsika und Sardinien eingeführt, aber auch mit heimisch gewordenen Tieren aus bereits etablierten Jagdgebieten und sogar aus zoologischen Gärten vermischt. In Deutschland sind die ersten Mufflons 1902 im schlesischen Eulengebirge und 1903/04 im Staatsforst Göhrde (sö. Lüneburg) in die freie Wildbahn ausgesetzt worden. Den höchsten Mufflonbestand besaß 1954 mit 4500 Tieren die Tschechoslowakei, während es in der Bundesrepublik etwa 3000 Tiere gab. Reviere mit Mufflonbestand befanden sich damals vor allem im breiten Mittelgebirgsgürtel von der Eifel im Westen bis einschließlich des Harzes im Osten, darunter im Rothaargebirge, Hessischen Bergland und Weserbergland.

Die Geschichte der *Bisamratte* (Ondatra zibethicus), ein fast kaninchengroßes, meist nachtaktives Nagetier, dessen Lebensraum Binnengewässer mit ihren Ufern bilden, zeigt, welche Problematik sich mit der Einbürgerung von Tieren einstellen kann, die es früher nirgendwo in Europa gegeben hat. Da Bisamratten durch die Röhren ihrer Bauten erhebliche Schäden an Uferböschungen, Dämmen und Deichen anrichten und neben pflanzlicher Nahrung auch Krebse, Muscheln, Fischlaich, kleinere Fische, sogar Karpfen fressen, sind die Nager große Schädlinge. Trotz intensiver, schon früh behördlich geförderter Verfolgung konnte das Wühltier nicht ausgerottet werden, vielmehr hat es sich über einen großen Teil von Mittel-, von West- und Osteuropa ausgebreitet. Die ersten Tiere sind aus ihrer Heimat Nordamerika im Jahre 1905 bei Prag zu Jagdzwecken und zur Verwertung ihrer geschätzten Pelze ausgesetzt worden. Seitdem befindet sich der Schädling in ständiger Ausbreitung, wobei es öfter zu einer Verstärkung der Populationen durch Tiere gekommen ist, die aus Pelztierfarmen entwichen waren. Zur raschen Ausbreitung und zum Überleben trägt bei, daß ein Weibchen jährlich mehrere Würfe mit bis zu 9 Jungen erreicht und sich Tiere aus dem ersten Wurf noch im gleichen Sommer fortpflanzen können. Da die Bisamratte bereits bei ihrer anfänglichen Ausbreitung über die Grenze nach Deutschland die Aufmerksamkeit der Behörden und von Fischereiverbänden fand, läßt sich ihre Expansion durch Archivalien und fischereiwirtschaftliche Zeitschriften Jahr für Jahr verfolgen. Es hatten z.B. Bisamratten schon 9 Jahre nach ihrer Aussetzung die Grenzen nach Bayern und Sachsen überschritten, so daß in beiden Ländern sofort mit der wenig erfolgreichen Bekämpfung begonnen wurde (STAB K 31 III, 165).

Ein weiteres Tier, das aus Nordamerika stammt, ist der bis 15 kg schwere *Waschbär* (Procyon lotor). Er erreicht eine Kopf-Rumpf-Länge von 50–70 cm, wurde in Deutschland wegen seines Pelzes in den 1920er Jahren in mehreren Farmen gehalten, 1934 in Nordhessen ausgesetzt und ist auch aus Farmen mehrfach ins Freiland entwichen. Da er hier ähnliche Lebensbedingungen wie in seiner transatlantischen Heimat findet, hat er sich so vermehrt, daß gegenwärtig mit etwa 20000 Tieren in Deutschland zu rechnen ist; Jagdstrecken betragen bis zu 2000 Waschbären im Jahr. Sie sind außerhalb der Alpen und ihres Vorlandes in fast ganz Deutschland fest eingebürgert und bevorzugen, wie in Nordamerika, Laubwälder.

Erst seit wenigen Jahrzehnten gibt es Versuche, den im 19. Jh. ausgerotteten *Luchs* (Felis lynx) wieder einzubürgern (s. S. 150ff.). Von den 1938 im großen Waldgebiet der Rominter Heide, im damaligen Ostpreußen, ausgesetzten Luchsen leben Nachkommen im jetzt polnischen Gebiet. Da sie Vorposten des großen Verbreitungsgebietes von Rußland sind, dürften sie sich weiterhin halten, vielleicht sogar vermehren. In den letzten 20 Jahren sind weitere Luchse in der Schweiz (Alpen und Jura), Frankreich und Österreich durch Aussetzung oder Einwanderung heimisch geworden. In Deutschland wird die Wiedereinbürgerung der für den Menschen harmlosen, für die Erhaltung gesunder Wildtierbestände nützlichen Raubkatze erörtert. Es gibt bereits Luchse in eingegatterten Wildparks, so im Nationalpark Bayerischer Wald, im Springer Saupark und Urwildpark Sababurg.

Die Einbürgerung *wildlebender Vögel* ist wegen deren großer Beweglichkeit schwieriger als bei Säugetieren, da bei diesen der Übergang von der Gefangenschaft zur Freiheit, etwa durch naturähnliche Gatterhaltung, gleitender gestaltet werden kann. Außerdem sind Säugetiere durch ihre Bindung an ihnen zusagende Biotope standorttreuer, so daß ihr Zusammenbleiben, falls genügend Tiere ausgesetzt sind, die Vermehrung und damit den Aufbau einer Population begünstigt. Da manche Vögel, deren Einbürgerung versucht wurde, aus Voliere-Zuchten stammten oder von Haushühnern erbrütet waren, fehlte das von den Eltern unter naturnahen Bedingungen zu erlernende Schutzverhalten gegen Feinde. Ein Beispiel für eine durch solche Faktoren mißlungene Einbürgerung ist der um 1900 in mehreren Bezirken – Schlesien, Eifel, Westerwald, Oberrheinebene – unternommene Versuch, das Pampas-Steißhuhn (Rhynchotus rufescens) bei uns heimisch zu machen. Aus allen jenen Gründen sind die Einbürgerungserfolge von Vögeln weltweit geringer.

Wie in den anderen Kapiteln kann es auch im folgenden nicht um eine vollständige Erfassung aller Einbürgerungen gehen. Ähnlich wie im Falle mancher Säugetiere ist bei der Einbürgerung einzelner Vogelarten die Grenze zwischen bejagten Tieren in freier Wildbahn und mehr oder weniger zahmen Vögeln, die in Gattern, Parks oder ähnlichen Einrichtungen gehalten werden, und den Haustieren fließend. Die vielseitigen Aspekte, die mit Einbürgerungen verbunden sein können, lassen sich besonders gut beim *Fasan* aufzeigen. Seine Doppelfunktion in Mitteleuropa, seit Jahrhunderten sowohl Gehegetier wie freilebendes Wildtier zu sein, hat eine systematische Zucht mit Kreuzungen verschiedener Rassen sehr begünstigt, so daß die meisten unserer heutigen Fasane in ihrer Art nicht mehr mit denen identisch sind, die vor Jahrhunderten eingebürgert wurden. Denn in Mitteleuropa ist es vor allem in den letzten 250 Jahren zu vielfachen Kreuzungen gekommen, an denen vor allem sechs Rassen beteiligt sind (Niethammer 1963, S. 215). Der lateinische Name *phasianus*, der von der antiken Bezeichnung des in Grusinien vom Kaukasus ins Schwarze Meer mündenden Flusses Phasis (heute: Rioni) abgeleitet ist, bezeichnet das für Europa entscheidende Herkunftsgebiet, ebenso verrät jener Name die Zeit der Einbürgerung nach Europa, nämlich die Antike, wobei der Weg über Griechenland ins Römerreich verlief. Natürlich war damals der ursprüngliche Lebensraum des Fasans nicht auf das Gebiet des Flusses Phasis beschränkt, vielmehr lebte der *Edel-* oder *Jagdfasan* (Phasianus colchicus), einer der Stammväter unserer mitteleuropäischen Fasanen, in Buschdickicht-Biotopen eines großen, vom Schwarzen Meer bis nach Japan reichenden Verbreitungsraumes.

Bereits in der berühmten karolingischen Landgüterordnung aus dem frühen 9. Jh. wird den Amtmännern der königlichen Krongüter befohlen, einiges *Edelgeflügel* zu halten: Pfauen, Fasanen, Enten, Tauben, Rebhühner und Turteltauben. Während im hohen Mittelalter in Klöstern und an Fürstenhöfen die Fasanen vorwiegend zu Belebung und Schmuck von Gärten, Parks und dergleichen gehalten wurden und erst in zweiter Linie wegen ihres bekömmlichen und geschätzten Fleisches, geriet der Fasan in späterem Mittelalter und früher Neuzeit allmählich in die noch heute vorherrschende Rolle eines Jagdtieres.

Da Fasanen keine guten Flieger sind und sie durch ihr Verhalten leicht eine Beute von Raubwild, auch des Menschen, werden und sich ihr Lebensraum außerhalb von gehegten Einrichtungen auf halboffene, buschreiche Ökotope außerhalb dicht besiedelter Räume einengt, war ihre Existenz als freilebendes Wild durch die Jahrhunderte immer wieder bedroht. Gewiß zeigt sich in der mangelvollen Anpassung der Fasane an ihre Umwelt eine Problematik, die ebenfalls bei anderen der eingebürgerten Tierarten vorkommen kann. Ohne die häufigen, bis zur Gegenwart andauernden Auswilderungen aus Fasanerien gäbe es keine jagdbaren Fasanen in freier Wildbahn. Da die größten Fasanerien schon um 1900 bis zu 20000 Tiere aufgezogen haben, waren viele Fasane zur Auswilderung verfügbar. Vor allem dadurch, erst in zweiter Linie mit der Anpassung an die naturnahe Umwelt, ist die erfolgreiche Einbürgerung zu erklären. Um 1920 entstand in einer englischen Fasanerie der *Tenebrosus-Fasan*, eine dunkel-moosgrüne Mutante, die inzwischen auch in Festlandsstämme eingekreuzt wurde. Noch in den 1930er Jahren wurden in Deutschland jährlich bis zu einer Million Fasanen erlegt. Eine nachhaltige Verschlechterung der Fasanenumwelt begann mit den großflächigen Flurbereinigungen seit den 1950er Jahren. Sie waren gekennzeichnet durch Trockenlegungen und Meliorationen von Grünland, mit Vernichtung von buschreichen Stufenrainen, von Hecken und kleinen Feldgehölzen. Auch die Umwandlung der noch um 1950 in größerer Zahl vorhanden gewesenen lichten Niederwälder und Mittelwälder, die an Weiden und Wiesen angrenzten, und die seit 1960 erfolgte Ausweitung der Rebareale durch Rekultivierung verbuschter und vergraster Weinberge sowie die damals einsetzende Chemisierung und weitergehende Technisierung der Landwirtschaft erwiesen sich als nachteilig. Im gleichen Maße, wie sich die Fasanenumwelt verschlechterte, verbesserte sich aus ökonomisch-technischer Sicht die Umwelt für Landwirtschaft und Weinbau.

Erfolgreiche Einbürgerungen sind des weiteren mit Gänse- und Entenvögeln gelungen. Bei einem unserer bekanntesten Vertreter, dem *Höckerschwan* (Cygnus olor), fällt es im Falle flugfähiger Tiere oft schwer zu entscheiden, ob es sich um entflohene zahme, ausgesetzte oder um völlig wilde Tiere als Reste der ursprünglichen Populationen handelt. Solche kommen in Mitteleuropa nur noch in kleiner Zahl auf Seen in Norddeutschland und Polen vor. Alle andern der gegenwärtig in Deutschland auf Freilandgewässern verbreiteten Höckerschwäne stammen von halbwilden Vorfahren der Parks ab. Während des letzten Krieges war durch Abschüsse die Zahl der Höckerschwäne erheblich zurückgegangen; seitdem sind die Populationen wieder angewachsen und manche sind neu gegründet worden. Wiederum sind zahlreiche Parks von Höckerschwänen bevölkert. Sie werden teilweise flugunfähig gemacht, wie Schwäne auf Havel und Hamburger Alster. Von dortigen Tieren, die ihre Flugfähigkeit behielten und beringt wurden, sind manche entwichen und auf Gewässern bis zu Entfernungen von 250 km beobachtet worden (Niethammer 1963, S. 178). Auch die am Steinhuder Meer und am Dümmer freilebenden Schwäne sind Abkömmlinge von wiedereingebürgerten. Ein vom Menschen nicht beeinflußtes Kreuzen von wilden und halbwilden Tieren ist üblich geworden. Da der Höckerschwan wenig Scheu vor dem Menschen zeigt und kaum verfolgt wird, vermehrt er sich weiterhin. Wo es hingegen durch zu starke Vermehrung zu Störungen der übrigen Wasservögel und des Fischlaichs kommt oder zu gelegentlichen Schäden an Hochspannungsleitungen, erfolgt ein mäßiger Abschuß. Da die Schwäne keine Fische fressen, sondern nur pflanzliche Nahrung zu sich nehmen, richten sie sonst keine Schäden an. Eine lokale Überbevölkerung von Schwänen, die durch Flugunfähigmachen der Jungen herbeigeführt werden kann, schadet den erwachsenen Tieren durch ständige Kämpfe zur Verteidigung ihres Territoriums.

Wie aus eingebürgerten, halbzahmen Vögeln verwilderte und freibrütende Paare werden, zeigt die seit 1678 nach England und später nach Schweden eingeführte, aus Nordamerika stammende *Kanadagans* (Branta canadensis), die, aus Schweden und Dänemark einfliegend, seit 1950 als herbstlicher und winterlicher Gast in Ostfriesland und an der Ostseeküste nachgewiesen wird.

7. GEGENWÄRTIGE PROBLEME

Gegenwärtige und subrezente Probleme unserer Umwelt werden fast täglich im Fernsehen, in Schule, Hochschule und in zahlreichen Veröffentlichungen diskutiert, so daß eine Umweltgeschichte auch einen Abschnitt darüber enthalten sollte.

7.1 Umweltwirksamkeit von Industrie und Intensivierung der Landwirtschaft im 19. und 20. Jahrhundert

Beispiele für die Verschlechterung von Umweltqualitäten durch die Industrialisierung des 19. Jhs. enthalten verschiedene Einzelabschnitte (vgl. u. a. S. 204 ff.). Den ganzen Problemkreis zu erfassen hieße jedoch, dafür ein eigenes Werk vorzulegen. Der von Brüggemeier und Rommelspacher edierte Sammelband (1989) könnte, weil die meisten Naturwissenschaften fehlen, nur als Teilentwurf dazu dienen. Im 19. Jh. war der Umwelteinfluß der Fabriken, die vor allem seit den 1870er Jahren vielerorts, aber überwiegend in Städten, errichtet wurden, vor allem lokal, jedoch in den großen Bergbau- und Industriegebieten, namentlich an Ruhr, Saar und in Oberschlesien, schon flächenhaft. Inwieweit bereits die Fabrikemissionen des 19. Jhs. zu jenen Bodenfaktoren beigetragen haben, die gegenwärtig an den Waldschäden beteiligt sind, wird noch diskutiert, lokale Waldschäden durch Fabrikrauch werden schon in der zweiten Hälfte des 19. Jhs. beschrieben. Eine linienhafte bis bandförmige Beeinträchtigung der Natur wurde durch die Einleitung von Abwässern mit Schadstoffen herbeigeführt, die allerdings in sehr großem Umfang auch die Fäkalien der rasch wachsenden Städte enthielten (Brüggemeier und Rommelspacher 1989). Die Vermeidung der Einleitung schädlicher Abwässer in unsere Fließgewässer, Seen und das Meer ist bis heute hin ein Problem und soll hier nicht weiter diskutiert werden. Die Umweltwirksamkeit der Landwirtschaft ist bei Brüggemeier und Rommelspacher nur durch Schramm in einem Beitrag über den Boden vertreten, dessen Problematik „in ökologisch-historischer Sicht" bislang von der „Landwirtschafts-, Garten-, Forst- oder Stadtgeschichte" kaum dargestellt worden sei. Das ist richtig, doch haben alle Naturwissenschaften, die sich mit dem Boden befassen, namentlich die

Bodenkunde, seit rund 100 Jahren den Boden als dynamisches und damit in der Zeit veränderliches System in seiner abiotischen und biotischen Umwelt gesehen und dabei auch die positiven oder negativen Einwirkungen des Menschen untersucht, wie z.B. die knappen Einführungen von Scheffer und Meyer (1978) oder ausführlicher Bork (1988, 1) zeigen.

Die größte Schwierigkeit zum Erfassen der Umweltwirksamkeit der Land- und Forstwirtschaft besteht im Mangel an exakten Daten und Befunden für das 19. Jh. und regional sogar für das erste Drittel des 20. Jhs. (vgl. Hessisches Statistisches Landesamt 1960, S. 120). Für großflächige Untersuchungen, wie etwa den folgenreichen Einsatz von Handelsdünger, stehen für große Teile Deutschlands erst seit 1920 genaue Zahlen zur Verfügung, so daß für weiter zurückliegende Jahre nach einzelnen Angaben Hochrechnungen und damit Schätzungen erforderlich sind. Noch geringer sind die Befunde über das lokale, regionale oder landesweite Aussterben von Pflanzen und Tieren als Folge der agrarischen Produktionssteigerungen. Ein noch nicht beschrittener Weg läge im Vergleich der allerdings nur für wenige Gebiete aus der Zeit vor ca. 1870/80 vorliegenden Floren- und Faunenbücher mit späteren Aufnahmen des regionalen Pflanzen- und Tierbestandes. Ein solcher Vergleich kann im Falle des Nachweises von Artenschwund die termini a quo und ad quem, jedoch selten den genauen Zeitpunkt ermitteln.

Am ehesten lassen sich die Einflüsse der agrarischen Intensivierung deduktiv aus statistischen, darunter auch geschätzten Daten ermitteln, wobei jedoch nur allgemeinere Feststellungen möglich sind. Aussagekräftige Indizien für die Intensivierung der Landwirtschaft, die im ganzen gesehen von Nachteil für Flora und Fauna, wenn auch eine Lebensnotwendigkeit für die Agrargesellschaft gewesen ist, sind Einsatz von Handels- oder Kunstdünger, von neuen und stärkeren Maschinen, Erhöhung der Flächenerträge und der Milchleistung der Kühe sowie Gewichtszunahme der Haustiere. Auch der Rückgang von „Öd- und Unland“, die in der Statistik oft zusammen ausgewiesen werden, schließlich die Aufforstung von Huten sind weitere Anzeichen für Intensivierung. Wäre ganz im Gegensatz zur Agrar- und Gesellschaftspolitik des 19. und 20. Jhs. versucht worden, die Ernährung der sich rasch vermehrenden Bevölkerung durch Verstärkung von Importen sicherzustellen, hätte das aus globaler Sicht nur zu einer vermehrten Auswärtsverlagerung der Probleme geführt. Mit der biologischen Landwirtschaft allein hätten sich weder die Menschenmassen des ausgehenden 19. Jhs. ernähren lassen, noch wäre sie zur Lösung gegenwärtiger und zukünftiger Welternährungsprobleme geeignet.

7.2 Bedrohung, Vernichtung und Erhaltung der natürlichen und naturnahen Umwelten – Natur- und Landschaftsschutz

Wie die bisherige Darstellung gezeigt hat, ist die natürliche Umwelt seit rund 7000 Jahren durch den Menschen ständig verändert worden. Dabei haben sich entweder naturnahe Bereiche herausgebildet oder solche, in denen die Natur gegenüber den anthropogenen Gebilden, wie in den großen Verdichtungsräumen von Bevölkerung, Verkehr und Arbeitsstätten, nur noch eine untergeordnete Rolle zu spielen scheint. Weltweit ist das, was der Mensch von der natürlichen Umwelt übriggelassen hat, in seinem Fortbestand trotz Naturschutzgesetzgebung und Umweltrecht stark bedroht – und damit wird der Mensch selbst gefährdet. Im letzten halben Jahrhundert hat, hauptsächlich durch anthropogen in Luft, Wasser und Boden eingebrachte chemische Schadstoffe (u.a. Blei, Nickel, Cadmium, Quecksilber, Kupfer), die Bedrohung der natürlichen Umwelt ein globales Ausmaß erreicht. Daher werden auch alle Arten von geschützten Gebieten laufend durch Luftimmissionen und ihre Sedimente belastet, so daß sich auch dort die Qualität der Böden und Gewässer erheblich verschlechtert hat. Da die geschützten Gebiete großenteils Wasserzuflüsse von außen besitzen, gelangen damit zusätzliche Schadstoffe in ihre Gewässer. Wie wenig die Naturschutzgebiete von der allgemeinen Verschlechterung der Umweltbedingungen freibleiben, zeigt wohl am deutlichsten ihre Teilhabe an den Waldschäden, die ja bekanntlich durch die Interaktion mehrerer, großenteils von außen einwirkender Faktoren verursacht werden, ohne daß dieser Schadensprozeß bislang in alle Einzelheiten geklärt wäre. Die meisten Naturschutzgebiete Deutschlands sind in ihren Dimensionen viel zu klein, um ihrer Zielsetzung gerecht werden zu können. Allerdings gäbe es gegen Schadstoffe, die von außen durch Luft und Wasser eingebracht werden, selbst in sehr großen Naturschutzgebieten keinen Schutz, wie sich in Schweden zeigt, wo der neue, durch Schadstoffe in der Umwelt verursachte Typ von Waldschäden, wie in Deutschland, in allen Teilen des Landes, auch in den großen Nationalparks auftritt (Söderberg 1990). Manche Immissionen entwickeln eine ambivalente Wirkung; so wachsen z.B. als Folge von stark gestiegenen Eintragungen des Hauptnährstoffs Stickstoff die Waldbäume, namentlich Fichten, viel rascher als vor 50 und mehr Jahren und bilden schwächeres Holz aus. Dadurch erhöht sich bereits im Mittelgebirge, wie dem Thüringer Wald, ihre Anfälligkeit für Windwurf und Schneebruch. Die sich aus den Flächenstillegungen im agrarischen Bereich ergebenden Möglichkeiten der Schaffung großer Naturschutzgebiete, die eher als die jetzt bestehenden in der Lage wären, wenigstens einen großen Teil unserer Flora und Fauna zu erhalten, werden wahrscheinlich nicht ausreichend genutzt werden, da sich zu hohe Kosten für Staat oder Gebietskörperschaften ergäben. Denn die Eigentümer müßten entsprechend unserer Rechtsordnung voll entschädigt werden. Die Bemühungen unserer Landwirtschaftsministerien, den Anbau nachwachsender Rohstoffe zu fördern und auszudehnen, weisen in die entgegengesetzte Richtung. Es würde den Rahmen einer Umweltgeschichte überschreiten, näher auf alle aktuellen Umweltprobleme einzugehen, zumal sie großenteils in den Bereich der Verwaltung, des Rechts, von Umweltchemie, Umweltphysik und Biologie gehören. Außerdem liegen bei den Schadenserhebungen erst aus wenigen Jahren vergleichbare Meßreihen vor, deren Daten sich unter umweltgeschichtlichen Aspekten auswerten ließen. Deshalb kann angesichts der gegenwärtigen Situation auch die sich aufdrängende Frage, ob und inwieweit es überhaupt möglich sein wird, die in den Naturschutzgesetzen des Bundes und der Länder angestrebten Ziele zu verwirklichen, nicht beantwortet werden. Da Naturwissenschaften und Technik einen wesentlichen Beitrag zur Aufrechterhaltung unserer Zivilisation leisten, können repressive Maßnahmen nur bei sorgfältiger Abwägung zwischen Ökonomie und Ökologie erfolgen. Denn alle Maßnahmen zum Schutz der Umwelt kosten erhebliche Geldmittel, die ja durch die Volkswirtschaft und damit vor allem durch Industrie, Technik und Dienstleistungen zu erbringen sind.

Die wichtigste Maßnahme zur Erhaltung natürlicher und naturnaher Gebiete ist zunächst jedenfalls, sie nach den Kategorien des Naturschutzgesetzes des Bundes und der Länder unter Schutz zu stellen. Ein sich für die meisten Naturschutzgebiete stellendes Problem ergibt sich aus ihrer Herkunft. Gewöhnlich handelt es sich um Reste aus ehemaligen Landschaften, welche eine wegen Unrentabilität längst aufgegebene Form bäuerlicher Wirtschaft geprägt hatte. Insofern gehört zur Umweltgeschichte eine Diskussion des Naturschutzes und der durch ihn ausgewiesenen Gebiete zum Schutz der Natur. Es sind nach den Gebietskategorien des Bundesnaturschutzgesetzes größtenteils *historische Kulturlandschaften und -landschaftsteile von besonders charakteristischer Eigenart* (§ 2.13). Daß es sich bei vielen unserer Naturschutzgebiete um Reste historischer Kulturlandschaften handelt, zeigt sich dem Kundigen bereits bei einem Besuch, ohne daß zeitaufwendige Archivforschungen vorangegangen sind. So sind z. B. im Biosphärenreservat Hochrhön schmale Wölbäcker, die in der Form eines überdimensionierten Waschbretts die Rasenflächen überziehen (Jäger 1958, Abb. 5 u. 6), ferner Stufenraine (Lob 1971, Abb. 4ff.) untrügliche Zeichen für ehemaligen Ackerbau. Durch historische Zeugnisse läßt er sich teilweise ins Mittelalter oder in die frühe Neuzeit datieren. Ebenfalls im Naturschutzgebiet Wilseder Berg, ein Hauptanziehungspunkt des Naturschutzparks Lüneburger Heide, finden sich Stufenraine ehemaliger Äcker. Noch 1775 war der östliche Teil vom Wilseder Berg von Ackerland eingenommen (Ellenberg 1982, Abb. 403; Völksen 1984, Ktn. n. S. 35). In Teilen vom Neuenburger „Urwald" (w. Varel), um nur noch ein Beispiel aus einer Vielzahl von Belegen zu geben, ist die Bodenoberfläche durch ehemalige Wölbäcker gegliedert, die bis ins Mittelalter zurückreichen könnten. Die im Bundesnaturschutzgesetz geforderte Erhaltung historischer Kulturlandschaften, die in ähnlichen Formulierungen auch in den Ländergesetzen enthalten ist, bringt manche Schwierigkeiten. Will man nämlich den Zustand, der Anlaß für die geschützte Erhaltung war, bewahren, müßten die längst aufgegebenen Wirtschaftsformen wieder eingeführt werden. So wäre in „Urwäldern", die bis ins 19. Jh. Hutewälder gewesen sind und nur deshalb ihre scheinbar urwüchsigen Rieseneichen bewahrt haben, obwohl sie im natürlichen Buchenwaldgebiet liegen, die Viehhute mit Rindern und die Schweinemast erneut einzuführen (vgl. S. 78 ff.). Einen Ersatz böten bestandsgemäße Pflegemaßnahmen, die ebenso wie die Wiedereinführung längst aufgegebener Wirtschaftsformen erhebliche Finanzmittel erfordern. Wo beides fehlt, wird allmählich durch Ausbleiben des Nachwuchses an Jungeichen, der nur bei Wald-Weide- und Mast-Betrieb gedeihen konnte, der unter Schutz stehende Bestand der Rieseneichen durch nachwachsende Rotbuchen ersetzt. Einen anschaulichen Beleg liefert der Sababurger „Urwald", der bis ins 19. Jh. vom Vieh behütet wurde. Im Kapitel über die Heiden (6.6.2) und ihre Erhaltung durch Beweidung mit Schafen ist auf diese Problematik hingewiesen worden. Für einzelne Schutzgebiete zeichnen sich kostengünstige und gleichzeitig naturnahe Pflegemaßnahmen ab. Das gilt z. B. für die erhaltenswerten Halbtrockenrasengesellschaften der Muschelkalkhänge im südlichen Leinebergland, die geradezu ein landschaftsprägendes Element sind. Sie drohen nach Aufhören der früheren bäuerlichen Bewirtschaftung zuzuwachsen. Daher dringen nun Waldbäume und Büsche in das Terrain ein. Um dennoch die Halbtrockenrasen mit ihren Gebüschinseln und Hecken zu erhalten, werden neuerdings aus Südafrika eingeführte und von der landwirtschaftlichen Fakultät der Universität Göttingen fortgezüchtete Burenziegen mit Erfolg eingesetzt. Sie sind hervorragende Fleischtiere und werfen als solche noch einen Gewinn ab. Allerdings ließen sich die 4450 ha großen Flächen der Zwergstrauchheide im Naturschutzpark Lüneburger Heide nicht allein durch ca.

3500 Schafe vor der Invasion durch Birken freihalten. Denn die früher üblich gewesene und arbeitsaufwendige Plaggenentnahme fehlt (s. S. 113). Sie hatte zur Regeneration der Besenheide durch Freilegung des Mineralbodens beigetragen. Daher wurden 1972 nicht nur zahlreiche Birken auf der Heide gefällt, sondern auch Herbizide eingesetzt (Völksen 1984, S. 41). In diesen Maßnahmen, die zur Erhaltung der besonderen Eigenart des Naturparks erforderlich wurden, zeigt sich die ganze Problematik unserer Naturschutzgebiete. Eine andere Bedrohung teilt der Naturschutzpark Lüneburger Heide mit den anderen Naturparken: die Belastung durch Tourismus. Auch der heute propagierte sogenannte sanfte Tourismus bringt keine grundsätzliche Erleichterung. Sobald ein Gebiet als Natur- oder Nationalpark ausgewiesen wird, setzt seine Vermarktung für Tourismus, Nah- und Ferienerholung ein. Durch die Motorisierung sind daher Gebiete wie der Naturschutzpark Lüneburger Heide oder der Nationalpark Siebengebirge zu auswärts verlagerten Stadtparks der benachbarten Agglomerationen Hamburg bzw. Köln/Bonn geworden. Die gleiche Funktion zeichnet sich für das nur 30 km nördlich Berlin gelegene Biosphärenreservat Schorfheide mit Choriner Endmoränenbogen ab.

7.3 Umweltrecht – von mittelalterlichen Schutzbestimmungen bis zu den Naturschutzgesetzen des Bundes und der Länder

Das Umweltrecht ist als Begriff wie nach seiner umfassenden Zielsetzung erst drei Jahrzehnte alt (Burhenne 1962 ff.; Kimminich u. a. 1986/88). Gleichwohl reichen einzelne seiner Elemente weit in die Vergangenheit zurück, wie ich bereits in mehreren Abschnitten meiner Darstellung gezeigt habe (vgl. z. B. 4.2). Dazu seien unter dem Aspekt des Umweltrechts und des davon ausgehenden Umweltschutzes einige Ergänzungen gebracht.

Erstmals erhielten in der fränkischen Zeit, namentlich im 8. und 9. Jh., große Waldgebiete einen gesetzlichen Schutz durch die Einrichtung großer Bannforsten als Teil eines neuen Bodenrechts. Durch dieses Bodenregal bedurfte jede Okkupation und Rodung in den Forsten, auf die es sich erstreckte, der königlichen Genehmigung (u. a. Mantel 1980, S. 64 ff., S. 1043). Es ist daher nicht überraschend, daß sich manche der gegenwärtigen Naturparks und Nationalparks bis auf mittelalterliche Bannforsten zurückführen lassen. Ein großer Teil der königlichen und kaiserlichen Bannforsten gelangte durch Verleihung bereits im hohen Mittelalter an Fürsten und kirchliche Institutionen, welche fortan den

Schutz jener Waldgebiete fortsetzten, bis sie im 16. Jh., spätestens mit der Säkularisation des frühen 19. Jhs., von den damaligen Staaten als fiskalische Forsten übernommen wurden, aus denen sich schließlich die Staatsforsten der heutigen Länder der Bundesrepublik entwickelt haben. Von den gegenwärtigen Naturparks gehen, ohne Vollständigkeit in der Aufzählung, ganz oder in großen Teilen bis auf ursprünglich königliche Bannforsten des Mittelalters zurück: Harz, Solling-Vogler, Münden mit Reinhardswald, Meißner-Kaufunger Wald, Bayerische Rhön, Bayerischer Spessart, Haßberge, Steigerwald und Schönbuch. Eine ähnliche, wenn auch weniger lückenlose Entwicklungslinie läßt sich vom mittelalterlichen Regal über die großen Flüsse, namentlich den Verkehr darauf, bis zum heutigen Wasserrecht als Teil des Umweltrechts ziehen.

Wenn hoch- und spätmittelalterliche Gebote und Verbote, die zahlreich von weltlichen und geistlichen Herrschaften überliefert sind, eine übermäßige Nutzung des Waldes verhindern sollten und einzelne Baumarten oder bestimmte Zustandsformen des Waldes unter Schutz stellten, so waren dafür herrschaftliche Interessen maßgebend. Entweder galt es, der Landes- oder Grundherrschaft besondere Bäume zu sichern, wie etwa die für Bienenbeuten geeigneten Bäume im Herrschaftsbereich des Deutschen Ordens, oder die Grundherren hatten, um die Leistungskraft ihrer Bevölkerung zu sichern, ein Interesse an der Funktionsfähigkeit ihrer Bauernbetriebe und an der Versorgung ihrer Städte und Gewerbe durch dauernde Sicherung von deren Holzvorräten. Zu den aussagekräftigen Quellen gehören z. B. vier herrschaftliche Weistümer aus dem 14. Jh. über den großen mittelalterlichen Salzforst im Hochstift Würzburg. Sie regelten Forstaufsicht und Holznutzung für die Dörfer und Städte der Umgebung, schränkten die Jagd für den Hochadel stark ein und setzten hohe Strafen für Wilddieberei fest (s. S. 110 f.). Von diesen Rechtssatzungen, die zum Schutze des heute noch größtenteils bestehenden Forstes erlassen wurden und Wesentliches zu seiner Erhaltung beigetragen haben, läßt sich eine Entwicklungslinie über die frühneuzeitlichen Waldordnungen bis zum gegenwärtigen Forstrecht und dem Umweltrecht aufzeigen. So ist der schon im 14. Jh. unter besonderen Schutz der staatlichen Obrigkeit gestellte Salzforst heute ein Teil des Naturparks Bayerische Rhön. Er gehört nach dem Naturschutzgesetz des Bundes (§ 14) und entsprechender Rechtsverordnung des Freistaates Bayern (Art. 11) zu den geschützten Großräumen.

Soweit ich sehe, sind erstmals in Deutschland Landschaftsteile allein wegen ihrer Schönheit um die Mitte des 19. Jhs. unter gesetzlichen Schutz gestellt worden. 1836 wurde auf Betreiben von Naturfreunden durchs preußische Innenministerium einer Steinbruchgesellschaft jeder weitere Abbau der Burgruine Drachenfels und der darunter befindlichen Trachytkuppe verboten, das Gelände mit Hilfe von König Friedrich Wilhelm III. vom Staate erworben und damit bis heute erhalten. Die berühmte Teufelsmauer bei Thale im Harz, ein erdgeschichtliches Naturdenkmal hohen Ranges, wurde 1852 vor dem Abbau zu Bruchsteinen durch den zuständigen Landrat von Quedlinburg gerettet. Er stellte die Reihe hoher Sandsteinfelsen, die durch ihre Härte der Verwitterung widerstanden haben, als eine „seltene Naturmerkwürdigkeit" unter Schutz. Um die gleiche Zeit ist erstmals ein größerer Bezirk im Böhmerwald durch seinen Besitzer, Fürst Adolf von Schwarzenberg, in einer Größe von rund 1800 ha unter Schutz gestellt worden. Es handelte sich um den ebenfalls berühmt gewordenen „Urwald" von Kubany, der hinfort von jeder Nutzung verschont bleiben sollte, *um auch den Nachkommen noch einen Begriff von der Vollkommenheit zu verschaffen, welche ein günstig gelegener Wald bei vollkommenem Schutz und Pflege erlangen könne.* Indessen ist die zukunftsweisende Verfügung nur zum geringsten Teil eingehalten worden, da das sich selbst überlassene Gebiet auf nur 47 ha beschränkt wurde, eine Fläche, die zu klein dimensioniert war, um den ursprünglichen Zweck noch erfüllen zu können (Schoenichen 1950, S. 25 ff.). Ein wesentlicher Beitrag zur Entwicklung von Naturschutz, der ja weitgehend mit Bestrebungen zur Erhaltung der natürlichen und naturnahen Umwelt identisch ist, kam von Einzelpersonen, denen es gelang, auch andere für ihre Ideale zu gewinnen, so daß sich Gruppierungen bildeten, die wir heute Bürgerinitiativen nennen würden. Zu erwähnen sind vor allem der noch in romantischer Tradition stehende Musikprofessor Ernst Rudorff (1840–1916), der Begründer des „Heimatschutzes" im Sinne der Erhaltung der natürlichen und kulturellen Umwelt des Menschen. Er verwandte bereits die Begriffe Naturschutz und Landschaftspflege. Bahnbrechend war auch der Botaniker Hugo Conwentz (1855–1922). Er hatte bereits im Jahre 1900 durch ein forstbotanisches Werk über die Provinz Westpreußen die Aufmerksamkeit des Ministers für Landwirtschaft, Domänen und Forsten gewonnen, als er 1904 im Auftrag des damaligen Preußischen Kultusministers eine Denkschrift über *Die Gefährdung der Naturdenkmäler und Vorschläge zu ihrer Erhaltung* zu verfassen hatte. Die darin niedergelegten Gedanken und gleichzeitige Bemühungen im Parlament und in anderen Kreisen der Öffentlichkeit führten zu einem großen Erfolg im staatlich-institutionalisierten Bereich. Denn im Jahre 1906 wurde mit Conwentz als Leiter die „Staatliche Stelle für Naturdenkmalpflege in Preußen" geschaffen. Unter Naturdenkmalen wurden damals nicht nur singuläre Erscheinungen der Natur, wie ein Felsmeer oder eine Karstquelle, verstanden, sondern in umfassenderem Sinne auch Teillandschaften von besonderer Eigenart sowie seltene Tier- und Pflanzenarten. Mit der preußischen Stelle hatte der Naturschutz erstmals in Deutschland eine behördliche Institution und damit in seinen Zielsetzungen eine staatliche Anerkennung erhalten. In den meisten Ländern des damaligen Reichs wurden, angeregt durch das Vorbild Preußens, Institutionen zu Trägern des Naturschutzes vorgesehen, allerdings überwiegend in Form von Vereinen oder Ausschüssen. In diese Zeit gehen auch die Wurzeln der gegenwärtig sehr aktiven Naturschutzverbände zurück.

Zu den folgenreichsten und erfreulichsten Aktivitäten zählte die Gründung des Vereins Naturschutzpark zur Rettung der letzten Reste von Heidelandschaft in der Lüneburger Heide im Jahre 1910 und die auf ihn zurückgehende Errichtung des ersten deutschen Naturparks „Naturpark Lüneburger Heide“ im Jahre 1920. Danach erfolgte die Anerkennung des Naturschutzes und des Landschaftsschutzes als Staatsaufgabe. Denn in der Verfassung der Weimarer Republik wurde als staatsrechtliches Novum in Art. 150 verankert: *Die Denkmäler der Kunst, der Geschichte und der Natur sowie die Landschaft genießen den Schutz und die Pflege des Staates.* Die Wirkungen dieses Verfassungsauftrags auf die Natur blieben bescheiden, wie sich aus den einschlägigen Aktenbeständen dieser Zeit in den Archiven rasch erkennen läßt, da sie nur sehr klein sind. Um diese Situation zu verstehen, hat man sich die Rahmenbedingungen zu verdeutlichen. Die Verluste von 13% des Reichsgebietes durch den Versailler Vertrag, der Landhunger Tausender existenzloser Kriegsheimkehrer, die Knappheit an Devisen und andere zeitbedingte Faktoren führten zum Reichssiedlungsgesetz mit dem Ziel, bäuerliche Familien- und Kleinbetriebe zu schaffen, um dadurch den Bevölkerungsdruck aufs Land zu mildern und gleichzeitg die einheimische Produktion zu heben. Das dazu erforderliche Land ließ sich nicht allein durch Teilung und Aufsiedlung großer Gutsbetriebe östlich der Elbe bereitstellen, sondern durch zusätzliche Landgewinnung in den Marschen und Kultivierung von Mooren und Heiden. Zur Abrundung wurden auch manche sogenannten Ödländereien, die zumeist als extensive Weideflächen genutzt wurden und Standort selten gewordener Pflanzen und Tiere waren, einer intensiveren Agrarnutzung zugeführt. Alle diese Maßnahmen liefen auf ein weiteres Zurückdrängen naturnaher Landschaftsreste mit Refugienfunktion hinaus. Nach den zeitgenössischen Akten der Archive spielte damals in der Verwaltung der Naturschutz trotz seiner Verankerung in der Weimarer Verfassung eine völlig untergeordnete Rolle, wie überhaupt ein großer Unterschied sein kann zwischen dem, was in Verfassungen und Gesetzen steht und in der Wirklichkeit geschieht. Wie es in der Praxis zuging, beleuchten anschaulich die wegen zögerlicher Bürokratie vergeblichen Bemühungen in den 1920er und 1930er Jahren, ein durch selten gewordene Wiesenpflanzen hervorragendes Biotop im Leinebergland unter Schutz zu stellen (Schwier 1937); es wurde durch Intensivierung der Landwirtschaft vernichtet. Solche Zerstörungen haben sich zu Tausenden bis zur Gegenwart ereignet.

Gewiß, im Jahre 1935 wurde mit dem Reichsnaturschutzgesetz, das immerhin bis 1976 gültig war, der Naturschutz fester in der Legislative verankert, doch gingen die mit dem Reichssiedlungsgesetz verbundenen Maßnahmen der inneren Kolonisation weiter. Sie wurden unter dem Einfluß der Autarkiebestrebungen, der „Blut- und Boden-Ideologie" und der Devisenknappheit mit entsprechenden Nachteilen für die naturnahe Umwelt noch gesteigert. Die erheblichen Kräfte und Ressourcen, welche in der zweiten Hälfte der 1930er Jahre die Rüstung und dann der Zweite Weltkrieg verschlangen, ließen nur wenig Mittel für den Naturschutz übrig. Nach dem Zweiten Weltkrieg hatte sich die Situation von 1919 insofern wiederholt, als es 1945 wiederum zu erheblichen Gebietsverlusten gekommen war und Millionen von Flüchtlingen und Vertriebenen, darunter 750000 Landwirtsfamilien, einströmten. Diese Lage führte in Verbindung mit der bis 1948 bestehenden Hungerkrise zu erneutem Druck auf das agrarisch genutzte Land und damit auf die naturnahe Umwelt, auch wenn nur ein kleiner Teil der ehemaligen Bauern wieder seßhaft werden konnte. Die gewaltigen Anstrengungen des Wiederaufbaus führten dazu, daß bis in die 1960er Jahre der Naturschutz nur eine völlig untergeordnete und randliche Stellung eingenommen hatte. Der ihm sehr nahestehende Umweltschutz war den meisten, auch der Legislative, nicht einmal als Begriff bekannt. Die Intensivierung der Landwirtschaft, namentlich die rasch zunehmende Verwendung von Kunstdünger, von Pestiziden und von Herbiziden, Flurbereinigen und weitergehende Technisierung des Akkerbaus führten zu einer lokalen, regionalen oder landesweiten Verminderung, Bedrohung oder gar Ausrottung von Tier- und Pflanzenarten sowie zum Verschwinden wertvoller Biotope. Da diese Situation von breiten Kreisen der Bevölkerung wahrgenommen wurde, waren die Voraussetzungen für ein neues Naturschutzgesetz gegeben. Es wurde als „Gesetz über Naturschutz und Landschaftspflege" zumeist zitiert als Bundesnaturschutzgesetz, am 20. Dez. 1976 erlassen und ist seitdem mehrfach, zuletzt am 12. Febr. 1990, durch Änderungen an neue Entwicklungen und Einsichten angepaßt worden. Das Gesetz ist ein Kernstück des gegenwärtigen Umweltrechtes und ein Rahmen für die entsprechende Gesetzgebung der Länder. Es ist hier nicht der Ort, die Ziele, Probleme und das Recht des Natur- und Umweltschutzes darzulegen oder eine geographische Darstellung der nach den Landesgesetzen geschützten Gebiete zu geben. Gleichwohl gehörte zu einer Umweltgeschichte, unter ihren Aspekten die Gebietskategorien der Gesetzgebung vorzustellen, doch muß ich in dieser knappen Einführung auf Einzelheiten verzichten. Es sei nur darauf hingewiesen, daß es sich bei allen Naturparks, Landschaftsschutzgebieten, Nationalparks und ähnlichen Einrichtungen zum Schutz der Natur um Reste vorindustriezeitlicher Kulturlandschaften handelt. Sie können daher in ihrer Eigenart und Bedrohung nur aus umweltgeschichtlicher Sicht verstanden werden. Das gilt auch für die Biosphärenreservate, für welche die UNESCO allgemeine Kriterien entwickelt hat (Erdmann 1991, S. 11). Von den neun in Deutschland konstituierten oder vorgesehenen Biosphärenreservaten sind alle, ausgenommen das Schleswig-Holsteinische und Niedersächsische Wattenmeer, Kulturlandschaften älterer Prägung, teilweise mit jahrtausendealter Einwirkung des Menschen, wie am Beispiel der Rhön gezeigt wurde (u. a. S. 124). Auch andere sind in früheren Jahrhunderten, zumeist bis an die Schwelle der Gegenwart, als Forsten zur Holznutzung, mit Waldweide, durch Waldgewerbe oder durch Land- und Forstwirtschaft intensiv genutzt worden. Sogar das Wattenmeer ist durch den Menschen früherer Jahrhunderte, etwa durch Salztorfabbau, durch Schillgewinnung, indirekt durch Auswirkungen der Küstenbefestigungen, ferner durch Eindeichungen mit Landgewinnung vielfältig verändert worden.

8. AUSBLICK

In Deutschland und den Nachbarländern bestehen die erheblichen Einwirkungen des Menschen auf die natürliche und naturnahe Umwelt schon seit 7000 Jahren, doch haben sich in jenem langen Zeitraum die Qualität und Quantität der anthropogenen Einflüsse mehrfach grundlegend geändert. Die maßgebenden Faktoren dafür waren Vermehrung der Bevölkerung, Änderungen ihrer Einstellung zur Umwelt, Neuerungen im Bereich von Gesellschafts- und Staatsorganisation, von Technik und Wirtschaft. Dabei haben vor allem seit der frühen Neuzeit die Funktions- und Leistungseliten von Staat und Gesellschaft eine führende Rolle gespielt.

Auf die gegenwärtige Umwelt wirken nicht allein Faktoren und Mechanismen, wie sie schon vor Jahrhunderten herausgebildet worden sind, sondern mit jedem Wachstums- und Regressionsschub im Bereich von Bevölkerung, Technik und Wirtschaft haben sich Menge und Art der einwirkenden Kräfte verändert. Vor allem in den letzten Jahrzehnten ist die Zahl der bestimmenden Variablen unter dem Einfluß von Wissenschaft und Technik erheblich gewachsen. Es haben sich durch immer rascher aufeinanderfolgende, zugleich ausgreifende Innovationen die Zeitabläufe und die räumliche Reichweite der Prozesse, welche die Umwelt verändern, erheblich beschleunigt. Dadurch hat die Umweltgefährdung und -zerstörung in nationaler wie globaler Dimension rasch zugenommen, so daß sich ohne Gegensteuerung eine existentielle Bedrohung der Menschheit abzeichnet. Wenn manche Kreise als Lösung ein Ende des Wachstums fordern, die generelle Einführung sogenannter biologischer Landwirtschaft, eine Reduzierung der Technik und ähnliches, so können damit weder die gegenwärtigen Welternährungsprobleme noch die Schwierigkeiten der nationalen Gesellschaften, wie Arbeitslosigkeit, Armut und andere Aufgaben gelöst werden. Es bleibt nichts anderes übrig, als durch mehr, aber zugleich noch bessere Technik und durch mehr und weiter verbesserte Naturwissenschaften zur Lösung von Problemen unserer Umwelt beizutragen. In unserer gegenwärtigen Zivilisation setzt auch ein wirksamer Umweltschutz eine erhebliche Kapitalbildung voraus. In die Zukunft weisende Wege werden in internationalem Rahmen in verschiedenen Institutionen, die sich mit Umwelt, Planung, Wirtschaft und Entwicklung von Ländern und Regionen befassen, diskutiert. Dabei geht es um die Themen: Entwicklung mit Schonung, wenn nicht Erhaltung natürlicher Ressourcen, mit anderen Worten: um *sustained development*, ein Begriff, für den sich vor kurzem in Deutschland das mehrdeutige und wenig treffsichere Wort *Nachhaltigkeit* eingebürgert hat. Weitere einschlägige Aufgaben, wie sie unter anderem von der Akademie für Raumforschung und Landesplanung vertreten werden, sind Raumplanung als Ressourcensicherungsplanung, Einhaltung eines „mittleren Weges" zwischen Oberzielen wirtschaftlicher Struktur- und Wachstumspolitik und dem Konservierungsanliegen der Umweltpolitik.

QUELLEN UND SCHRIFTTUM

STAB Bayerisches Staatsarchiv Bamberg
STAM Hessisches Staatsarchiv Marburg
STAMei Thüringisches Staatsarchiv Meiningen
STAW Bayerisches Staatsarchiv Würzburg
STAWo Niedersächsisches Staatsarchiv Wolfenbüttel

- Die ausgewerteten Handschriften vorstehender Archive sind bereits im Text mit ihrer Archivsignatur zitiert und werden hier nicht nochmals angeführt.
- Edierte Quellen werden meist hinter dem Namen des Bearbeiters oder Herausgebers zitiert.

Abel, W. (1967): Geschichte der deutschen Landwirtschaft vom hohen Mittelalter bis zum 19. Jh., 2. Aufl. Stuttgart.

Aerni, K. (1986): Das „Inventar historischer Verkehrswege der Schweiz (IVS)". Siedlungsforschung, Bd. 4, S. 267–279.

Akademie für Raumforschung und Landesplanung (1991): Probleme von Raumordnung, Umwelt u. Wirtschaftsentwicklung in d. neuen Bundesländern. Hannover.

Apelt, W. (1946): Geschichte der Weimarer Verfassung. München.

Bach, A. (1953/54/56): Deutsche Namenkunde. II. Die deutschen Ortsnamen, 1,2; III. Sachweiser und Register. Heidelberg.

Bätzing, W. (1991): Geographie als integrale Umweltwissenschaft. Geographia Helvetica, S. 105–109.

Bantelmann, A. (1967): Die Landschaftsentwicklung an d. Schleswig-Holsteinischen Westküste. Neumünster (= Offa-Bücher, 21).

Beck, H./E. Behre/H. Jäger (1989): Esch. In: Beck/Jankuhn 1973 ff., Bd. 7, S. 551–559.

Beck, H./D. Denecke/H. Jankuhn (Hrsg., 1979/80): Unters. z. eisenzeitl. u. mittelalterl. Flur in Mitteleuropa u. ihrer Nutzung. Abhandl. d. Akad. d. Wissensch. in Göttingen, Phil.-hist. Kl. 3. F., Nr. 115 u. 116.

Beck, H./H. Jankuhn u. a. (Hrsg., 1973 ff.): Reallexikon der Germanischen Altertumskunde, Bd. 1 ff., gegenwärtig bis Bd. 8, Lief. 1–2, 1991. Berlin.

Becker, C. (1989): Die Nutzung von Tieren im Mittelalter zwischen Elbe und Oder. In: Herrmann (1989), S. 7–25.

Behre, K.-E. (1976): Pollenanalytische Unters. z. Vegetations- und Siedlungsgesch. bei Flögeln u. im Ahlenmoor (Elbe-Weser-Winkel). Probleme d. Küstenforsch. im südl. Nordseegeb. 11, S. 101–118.

Behre, K.-E. (1986): Meeresspiegelverhalten und Besiedlung während der Zeit um Christi Geburt in den Nordseemarschen. Offa Bd. 43, S. 45–53.

Behre, K.-E. (1987): Meeresspiegelbewegung und Siedlungsgeschichte in den Nordseemarschen. Vorträge d. Oldenburgischen Landschaft 17.

Behre, K.-E. (1988): Die Umwelt prähistorischer und mittelalterlicher Siedlungen. Rekonstruktion aus botanischen Untersuchungen an archäologischem Material. Siedlungsforschung 6, 1988, S. 57–80.

Behre, K.-E. (1989): Küstenlinien seit Chr. Geb. Geschichtl. Handatlas v. Niedersachsen (Bearb. G. Pischke), Kt. 49. Neumünster.

Bibikow, D. J. (1990): Der Wolf (Canis lupus). Wittenberg.

Böhme, H. W. (1991): Siedlungen u. Landesausbau z. Salierzeit. 1. Nördl. Landschaften d. Reichs, 2. Südl. Landschaften d. Reichs. Sigmaringen.

Boessneck, J. (1975): Osteoarchäologie. Ausgrabungen in Deutschland, T. 3, S. 174–182.

Bonnemann, A. (1984): Der Reinhardswald. Hann. Münden.

Borger, G. J. (1984): Die mittelalterliche u. frühneuzeitl. Marschen- u. Moorbesiedlung in d. Niederlanden. Siedlungsforschung 2, S. 101–110.

Bork, H.-R. (1988, 1): Bodenerosion und Umwelt. Landschaftsgenese und Landschaftsökologie 13.

Bork, H.-R. (1988, 2): Mittelalterliche Relief-, Sediment- und Bodenentwicklung im Bereich der Wüstung Drudewenshusen. Archäol. Korrespondenzbl. Jahrg. 18, S. 89–95.

Boucsein, H. (1955): Der Burgwald. Forstgeschichte. Marburg.

Bremer, H. (1991): Flußdynamik u. -ablagerungen. Sonderveröffentl. Geol. Inst. Univ. Köln 82, S. 89–97.

Brohmer, P./M. Schaefer (1984): Fauna von Deutschland. 16. Aufl. Heidelberg.

Brückner, A. (1926): Die Tierwelt des Coburger Landes. Coburger Heimatkunde und Heimatgeschichte, 1. T., H. 3.

Brückner, G. (1851/53): Landeskunde des Herzogtums Meiningen. I/II, Meiningen.

Brüggemeier, F.-J./Th. Rommelspacher (1989): Besiegte Natur. Geschichte der Umwelt im 19. u. 20. Jh. BsR 345. München.

Brüning, H. (1962): Jungholozäne Morphogenese im Bereich großer Ströme, Beisp. d. Elbvorlandes b. Magedeburg. Mitt. Geol. Staatsinst. Hamburg XXXI, S. 344–353.

Burhenne, W. E. u. a. (1962 ff.): Umweltrecht – Raum u. Natur-, Rechtsvorschriften d. Bundes u. d. Länder. Loseblattsammlung, Stand 1992: 7 Ordner. Berlin.

Butzeck, S. (1992): Wölfe wandern westwärts. Nationalpark, H. 4, S. 19–23.

Damm, M. (1991): Urrinder aus d. Tierpark Sababurg im niederländischen Naturreservat. Jahrb. Landkr. Kassel 1991, S. 111–112.

Degn, Ch./U. Muuß (^{3}1966): Top. Atlas Schleswig-Holstein. Neumünster.

Denecke, D. (1969): Method. Unters. z. hist.-geogr. Wegeforschung im Raum zwischen Solling u. Harz. Gött. Geogr. Abh., 54.

Denecke, D. (1978): Erzgewinnung u. Hüttenbetriebe d. Mittelalters im Oberharz. Archäol. Korrespondenzbl. 8, 1978, S. 77–85. Kt. 1 : 100000.

Denecke, D. (1979, 1): Methoden u. Ergebnisse der hist.-geogr. u. archäologi-

schen Untersuchung und Rekonstruktion mittelalterl. Verkehrswege. In: Jankuhn/Wenskus, Geschichtswissenschaft u. Archäologie. Vortr. u. Forsch. XXII. Sigmaringen, S. 433–483.
Denecke, D. (1979, 2): Zur Terminologie ur- u. frühgeschichtl. Flurparzellierungen u. -begrenzungen sowie im Gelände ausgeprägter Flurrelikte. In: Beck, H./D. Denecke/H. Jankuhn (Hrsg.) (1979), S. 410–440.
Denecke, D. (1992): Die Besiedlung des Westharzes – ein Bericht über jüngere Forsch. z. Bergbau. Siedlungsforsch. Bd. 10, S. 163–171.
Devrient, E. (1908): Die Hennebergische Wälderbeschreibung von 1587 (Auszug aus dem Archivale STAMn Sect III, 286). Eisenach.
Dirlmeier, U. (1987): Die Ernährung als mögliche Determinante der Bevölkerungsentwicklung. In: Herrmann/Sprandel (1987), S. 143–154.
Dobenecker, O. (Bearb.) (1896–1939): Regesta diplomatica necnon epistolaria Historiae Thuringiae, 4 Bde. Jena.
Driescher, E. (1974): Veränderungen an Gewässern in historischer Zeit. In Teilgebieten d. Bez. Potsdam, Frankfurt u. Neubrandenburg. Ms. Diss. nat. Humboldt Univ. Berlin.
Eckhardt, K. A. (1963): Die Gesetze des Merowingerreichs. I. Pactus Legis Salicae. Witzenhausen. II (1961). Leges Alamannorum.
Ellenberg, H. (1954): Steppenheide u. Waldweide. Erdkunde 8, S. 188–194.
Ellenberg, H. (1982): Vegetation Mitteleuropas mit den Alpen in ökologischer Sicht. Stuttgart. 3., verb. Aufl.
Ellenberg, H. (1990): Bauernhaus und Landschaft in ökologischer und historischer Sicht. Stuttgart.
Erdmann, K. H. (1991): Der Mensch und die Biosphäre, Umwelt und Natur. Nationalpark 70, S. 8–12.
Ermisch, H./R. Wuttke (Hrsg., 1910): Haushaltung in Vorwerken. Ein landwirtschaftl. Lehrbuch aus d. Zeit d. Kurfürsten August v. Sachsen. Leipzig.
Firbas, F. (1949/52): Spät- und nacheiszeitliche Waldgeschichte Mitteleuropas nördl. d. Alpen. 2 Bde. Jena.
Flohn, H. (1985): Das Problem d. Klimaänderung in Vergangenheit u. Zukunft. Erträge d. Forschung, 220. Darmstadt.
Florin, F. Ph. (1722): Allgemeiner Kluger und Rechtsverständiger Hausvatter. 9 Bücher in 2 T. Frankfurt/Leipzig.
Franz, G. (⁴1979): Der Dreißigjährige Krieg und das deutsche Volk. Stuttgart.
Franz, G. (1967): Quellen z. Gesch. d. deutschen Bauernstandes im Mittelalter (ausgew. Quellen z. Gesch. d. Mittelalt., 31). Darmstadt.
Frenzel, B. (Hrsg.) (1992): European climate reconstructed from documentary methods and results. Palaeoclimate Research 7. Stuttgart/Jena/New York.
Freysoldt, A. (1904): Die fränkischen Wälder im 16. und 17. Jahrhundert. Steinach/S.-M.
Friedmann, H. (1993): Untersuchungen z. Entwicklung der zentralen Wasserversorgung in Unterfranken. Würzburger Geogr. Arb. H. 89.
Frontius-Gesellschaft (Hrsg.) (1991): Die Wasserversorgung im Mittelalter. Gesch. d. Wasserversorgung. Bd. 4. Mainz.

Geldner, F. (Hrsg., 1952): Das älteste Urbar d. Zisterzienserklosters Langheim. Würzburg 1952.

Gerlach, R. (1990): Flußdynamik des Mains unter dem Einfluß des Menschen seit dem Spätmittelalter. Forsch. z. deutschen Landeskunde 234.

Glaser, R. (1991): Klimarekonstruktion f. Mainfranken, Bauland u. Odenwald anhand direkter und indirekter Witterungsdaten seit 1500. Paläoklimaforschung 5. Stuttgart/New York 1991.

Gottschalk, M. K. E. (1971–77): Stormvloeden en revieroverstromingen in Nederland. Bd. 1–3. Assen.

Gradmann, R. (1901): Das mitteleurop. Landschaftsbild nach seiner geschichtl. Entwicklung. Geogr. Zeitschr. 7, S. 361 ff.; 345 ff.

Gradmann, R. (1931): Süddeutschland. 2 Bde. Repr. Darmstadt 1984.

Gradmann, R. ([4]1950): Das Pflanzenleben der Schwäbischen Alb. 2 Bde. Stuttgart.

Gringmuth-Dallmer, E. (1983): Die Entwicklung der frühgeschichtl. Kulturlandschaft auf d. Territorium d. DDR unter bes. Berücksichtigung d. Siedlungsgebiete. Berlin. Schr. z. Ur- u. Frühgeschichte, 35.

Gringmuth-Dallmer, E. (1991): Untersuchungen zum Landesausbau d. 11./12. Jhs. im östl. Deutschland. In: H. W. Böhme (Hrsg.): Siedlungen u. Landesausbau zur Salierzeit. T. 1, S. 147–162.

Grote, K. (1988): Archäologie eines frühmittelalterl. Zentralortes: Bernshausen im Untereichsfeld. Führer z. archäologischen Denkmälern 17. Stuttgart, S. 62–84.

Günther, K. (1989): Territorialgeschichte d. Landschaft zw. Diemel u. Oberweser. Immenhausen 1989.

Gunzelmann, T. (1987): Die Erhaltung d. hist. Kulturlandschaft. Bamberger Wirtschaftsgeogr. Arb., H. 4.

Haarnagel, W./P. Schmid (1984): Siedlungen. In: Kossack/Behre/Schmid, S. 167–244.

Hahn, H.-U. (1992): Die morphogenetische Wirksamkeit historischer Niederschläge. Würzburger Geogr. Arb., H. 82.

Hantke, R. (1993): Flußgeschichte Mitteleuropas. Skizzen zu einer Erd-, Vegetations- und Klimageschichte der letzten 40 Millionen Jahre. Stuttgart.

Hasel, K. (1985): Forstgeschichte. Hamburg/Berlin.

Hayen, H. (1978): Bohlenweg. In: Beck/Jankuhn u. a. 1973 ff., Bd. 3, S. 175–183.

Helbig, H./L. Weinrich (1968): Urkdn. u. erzählende Quellen z. deutschen Ostsiedlung im Mittelalter. I. Mittel- u. Ostdeutschland, Ostseeküste. Darmstadt.

Helmold v. Bosau (Hrsg. H. Stoob, 1963): Slawenchronik. Darmstadt.

Hempel, L. (1954): Tilken u. Sieke. Ein Vergleich. Erdkunde VIII, S. 198–202.

Henze, O. (1943): Vogelschutz gegen Insektenschaden in der Forstwirtschaft. München.

Heresbach, K. (1570): Rusticae Libri Quatuor. Köln. Bd. I: De re rustica. Text m. Übers. von H. Dreitzel, Hrsg. W. Abel.

Herrmann, B. (Hrsg., 1989): Umwelt in der Geschichte. Kl. Vandenhoeck-R. 1544. Göttingen.

Herrmann, B./R. Sprandel (1987): Determinanten der Bevölkerungsentwicklung im Mittelalter. Weinheim.
Hessisches Statist. Landesamt (1960): Hessen im Wandel d. letzten 100 Jahre – 1860–1960. Wiesbaden.
Hillebrecht, M. L. (1982): Die Relikte der Holzkohlewirtschaft als Indikatoren für Waldnutzung u. Waldentwicklung. Göttinger Geogr. Abh. 79.
Hirsch, Th. (1858): Danzigs Handels- u. Gewerbegeschichte. Stuttgart.
Höfling, P. (1987): Die Chiemsee-Fischerei. Beitr. zu ihrer Geschichte. München 1987.
Hoffmann, H. (Hrsg., 1972/73): Das älteste Lehenbuch d. Hochstifts Würzburg 1303–45. 2 Bde. Quellen u. Forsch. z. Gesch. d. Bistums u. Hochstifts Würzburg, Bd. 25, 1 u. 2.
Hoffmann, H. (Hrsg., 1982): Das Lehenbuch d. Fürstbischofs Albrecht v. Hohenlohe 1345–1372. 2 Bde. Quellen u. Forsch. z. Gesch. d. Bistums u. Hochstifts Würzburg, Bd. 33, 1 u. 2.
Hohenberger, E. (1990): Trockengebiete. Heiden, Steppen, Kalk u. Karst. Ravensburg.
Immel, R. (1958): Schrifttum über Forstwesen, Holzwirtschaft u. Jagdwesen in Hessen. Mainz.
Jäckel, A. J. (1865): Die Tierwelt d. Fränkischen Gesamtgebietes. Bavaria 3, S. 126–144.
Jäger, H. (1951): Die Entwicklung d. Kulturlandschaft im Kreise Hofgeismar. Göttinger Geogr. Abh. 8. Repr. Immenhausen 1988.
Jäger, H. (1958): Entwicklungsperioden agrarer Siedlungsgebiete im mittleren Westdeutschland seit dem frühen 13. Jhdt. Würzburger Geogr. Arb. 6.
Jäger, H. (1963): Zur Erforschung d. mittelalterl. Landesnatur. Studi Medievali, 3a S. IV, S. 1–51.
Jäger, H. (1974): Kulturlandschaftswandel durch Wüstungsvorgänge. In: Die europäische Kulturlandschaft im Wandel (Hrsg. H. Grees). Kiel, S. 33–40.
Jäger, H. (1978): Der Beitrag d. Hist. Geographie z. mittelalterl. Archäologie. Zeitschr. f. Archäologie d. Mittelalters 6, S. 7–32.
Jäger, H. (1979, 1): Zur Größe mittelalterlicher Dörfer in Niedersachsen. Gedenkschr. f. Heinrich Wesche (Hrsg. W. Kramer u. a.), S. 79–98. Neumünster.
Jäger, H. (1979, 2): Zeitgleiche Quellen als Hilfsmittel d. genetischen Siedlungsforsch. In: W. Kreisel u. a.: Siedlungsgeogr. Stud., S. 91–120.
Jäger, H. (1986, 1): Donau, Geographisches. In: Beck/Jankuhn u. a. 1973 ff., Bd. 6, S. 7–14.
Jäger, H. (1986, 2): Düngung und Bodenmelioration. In: Beck/Jankuhn u. a. 1973 ff., Bd. 6, S. 252–260.
Jäger, H. (1987, 1): Determinanten mittelalterlicher Bevölkerungsentwicklung aus hist.-geogr. Sicht. In: Herrmann/Sprandel (1987), S. 91–108.
Jäger, H. (1987, 2): Entwicklungsprobleme europäischer Kulturlandschaften. Darmstadt.
Jäger, H. (1988): Frühe Umwelten in Mitteleuropa. Siedlungsforschung 6, S. 9–24.

Jäger, H. (1989): Elbe, Geographisches. In: Beck/Jankuhn u.a. 1973ff., Bd.7, S.94–100.

Jäger, H. (1990): *Wie man vor Augen sieht.* Mittelalterl. u. frühneuzeitl. Umweltwahrnehmung und -nutzung, vornehmlich nach Quellen aus Altpreußen. Berliner Geogr. Abh., H. 53 (Wöhlke-Festschrift), S.243–250.

Jäger, H. (1992, 1): Die Altlandschaft Fünens in siedlungsgeographischer Sicht mit bes. Beachtung der Völkerwanderungszeit. In: K. Hauck (Hrsg.), Der historische Horizont d. Götterbild-Amulette aus d. Übergangsepoche von d. Spätantike zum Frühmittelalter. Abhandl. d. Akademie d. Wissensch. in Göttingen, Phil.-Hist. Kl. 3. F., Nr. 200, S.267–298.

Jäger, H. (1992, 2): Mittelalterlich-frühneuzeitliche Umweltwahrnehmung, vornehmlich nach Quellen aus dem südlichen und mittleren Deutschland. In: Geographie und ihre Didaktik (Hrsg. P. Brogiato/H.-M. Cloß), Materialien zur Didaktik der Geographie 15, 1, S.167–182.

Jäger, H. (1992, 3): Die naturgeographischen Verhältnisse im Gebiet der Germania zur taciteischen Zeit. In: G. Neumann/H. Seemann (Hrsg.), Beitr. zum Verständnis d. Germania des Tacitus II. Abhandl. d. Akademie d. Wissenschaften in Göttingen, Phil.-Hist. Kl. 3. F., Nr. 195, S.124–152.

Jäger, H. (1992, 4): Die Agrarlandschaft. In: P. Kolb/E.-G. Krenig (Hrsg.), Unterfränkische Geschichte, Bd. 2, S.471–493.

Jäger, H. (1993): Wildtierpopulationen, Umweltveränderung und anthropogene Eingriffe. Würzburger Geogr. Arb.87 (Hagedorn-Festschrift), S.491–501.

Jäger, H./H. Jankuhn (1986): Dünen. In: Beck/Jankuhn u.a. 1973ff., Bd. 6, S.244–250.

Jäger, H./W. Scherzer (1984): Territorienbildung, Forsthoheit u. Wüstungebewegung im Waldgebiet westl. von Würzburg. Mainfr. Stud., 29. Würzburg.

Jankuhn, H. (1976): Archäologie und Geschichte Bd. 1. Berlin/New York.

Janssen, W. (1979): Altfluren am Mittel- u. Niederrhein. In: Beck, H./D. Denecke/H. Jankuhn (Hrsg., 1979), S.338–375.

Janssen, W. (1988): Methoden und Möglichkeiten der Erforschung früher Umwelten. Siedlungsforschung 6, S.25–38.

Kaiser, E. (1928): Südthüringen. Das obere Werra- und Itzgebiet und Grabfeld. Gotha.

Kaiser, E. (1961): Hildburghausen, Oberes Werraland und Grabfeld. Jena.

Keil, G. (1987): Medizin und Demographie im Mittelalter, in: Herrmann/ Sprandel (1987), S.173–180.

Kiefmann, H.-M. (1975): Hist.-Geogr. Unters. zur älteren Kulturlandschafts-Entwicklung in d. Gmk. Bosau, Ostholstein. Masch. Diss. Math.-Nat. Kiel.

Kimminich, O./H. Freiherr v. Lersner/P.-Chr. Storm (1986/88): Handwörterbuch d. Umweltrechts. 2 Bde. Berlin.

Kirsten, E./E.W. Buchholz/W. Köllmann (1966): Raum u. Bevölkerung in d. Weltgeschichte. 4 Bde., 3. Aufl., Würzburg.

Kisch, G. (1978): Das Fischereirecht im Deutschordensgebiet. Sigmaringen.

Klappauf, L. (1991): Zur Bedeutung des Harzes in der Reichsgeschichte. In: Böhme 1991, 1, S.211–232.

Klett, B. (1924): Die Geschichte der Jagd und Fischerei im Gebiet der ehemaligen Reichsstadt Mühlhausen. Mühlhausen.

Klupp, R. (Hrsg., 1985, 1): Fischerei in Oberfranken. Bayreuth.

Klupp, R. (1985, 2): Fischarten in den Fließgewässern Oberfrankens. In: Klupp 1985, 1, S. 180–197).

Klupp, R. (1985, 3): Krebse in Oberfranken. In: Klupp 1985, 1, S. 198–212.

Klupp, R. (1985, 4): Perlmuscheln in Oberfranken. In: Klupp 1985, 1, S. 213–226.

Kmiotek, B. (1900): Siedlung und Waldwirtschaft im Salzforst. Leipzig.

Knorre, D. v. u. a. (1986): Die Vogelwelt Thüringens. Wiesbaden.

Koch, W. (1925): Die Geschichte d. Binnenfischerei von Mitteleuropa. Lief. IV, 1 von Hdb. d. Binnenfischerei Mitteleuropas, Hrsg. H. H. Wundsch. Stuttgart.

Köppke, J. (1967): Hildesheim, Einbeck, Göttingen und ihre Stadtmark im Mittelalter. Unters. z. Problem von Stadt u. Umland. Schr. d. Stadtarchivs u. Stadtbibl. Hildesheim, 2.

Körber-Grohne, U. (1988): Nutzpflanzen in Deutschland. 2. Aufl. Stuttgart.

Kötzschke, R. (Hrsg., 1906/17): Die Urbare d. Abtei Werden a. d. Ruhr. A. Die Urbare vom 9.–13. Jh. B. Lagerbücher u. ä. 14.–17. Jh. Bonn.

Kokabi, M. (1990): Ergebnisse d. osteologischen Unters. an d. Knochenfunden von Hoornstaad im Vergleich zu anderen Feuchtbodenkomplexen Südwestdeutschlands. Ber. d. Röm.-German. Kommission 71, S. 145–160.

Kossack, G./K. Behre/P. Schmid (1984): Archäologische u. naturwissenschaftliche Untersuchungen an ländlichen u. frühstädtischen Siedlungen im deutschen Küstengebiet vom 5. Jh. v. Chr. bis z. 11. Jh. n. Chr. Bd. 1: Ländliche Siedlungen. Weinheim.

Krahe, H. (Begründer, u. W. P. Schmid, Hrsg.) (1962–1990): Hydronymia Germaniae, R. A., Lief. 1–16. Wiesbaden/Stuttgart.

Kroll, H. J. (1980): Vorgeschichtliche Plaggenböden auf den nordfriesischen Inseln. In: Beck, H. u. a. (Hrsg.): Unters. z. eisenzeitl. u. frühmittelalterl. Flur in Mitteleuropa u. ihrer Nutzung. Bd. 2, S. 22–29. Abhandl. d. Akad. d. Wiss. Göttingen, Phil.-hist. Kl. 3. F., 116.

Krüger, K. (1980): Finanzstaat Hessen 1500–1567. Marburg.

Kühlhorn, E. (Hrsg., 1970 ff.): Historisch-landeskundliche Exkursionskarte von Niedersachsen 1 : 50000. Bl. 2 Osterode 1970, 3 Göttingen 1972, 4 Moringen 1976, 5 (bearb. H. Gerke) Diepholz u. Rahden 1977, 6 (bearb. W. Tietze) Wolfsburg 1977, 7 (bearb. H. v. Lengen) Esens 1978, 8 (bearb. U. Reinhardt) Lüneburg 1982, 9 mit G. Streich (bearb. D. Brosius) Stadthagen 1985, 10 mit G. Streich (bearb. A. Salomon) Wangerland/Hooksiel-West, 11 mit G. Streich (bearb. H. Seedorf) Rotenburg (Wümme) 1989.

Kühnert, H. (1973): Urkundenbuch zur Thüringischen Glashüttengeschichte. Wiesbaden.

Küster, H. (1989): Mittelalterliche Eingriffe in Naturräume des Voralpenlandes. In: Herrmann (1989), S. 63–76.

Küther, W. (Hrsg., 1961): Urkundenbuch d. Klosters Frauensee 1202–1540. Mitteldeutsche Forsch. Bd. 20. Köln/Graz.

Kuhn, W. (1955/57): Geschite d. deutschen Ostsiedlung in d. Neuzeit. 2 Bde. u. Kartenbd. Köln/Graz.

Kurt, F. (1991): Das Reh in der Kulturlandschaft. Hamburg/Berlin.

Lachmann, H.-P. (1967): Untersuchungen z. Verfassungsgeschichte des Burgwaldes im Mittelalter. Schr. d. Hessischen Landesamts f. geschichtl. Landeskunde, 31. Marburg.

Landau, G. (1842): Beschreibung des Kurfürstentums Hessen. Kassel.

Landau, G. (1849): Beiträge zur Geschichte der Jagd und der Falknerei in Deutschland. Die Geschichte der Jagd und Falknerei in beiden Hessen. Kassel.

Landau, G. (1865): Beiträge z. Geschichte d. Fischerei in Deutschland. Die Geschichte d. Fischerei in beiden Hessen. Zeitschr. d. Vereins f. hess. Gesch. u. Landeskunde. Suppl. 10.

Lange, E. (1989): Aussagen botanischer Quellen z. mittelalterl. Landnutzung im Gebiet d. DDR. In: Herrmann (1989), S. 26–39.

Langheimer Urbar = Das älteste Urbar des Cisterzienserkloster Langheim (um 1390). Bearb. von F. Geldner. Veröffentl. d. Ges. f. Fränkische Gesch. X. Reihe, Nr. 3.

Lauer, W./P. Frankenberg (1986): Zur Rekonstruktion d. Klimas im Bereich d. Rheinpfalz seit Mitte d. 16. Jhs. mit Hilfe von Zeitreihen d. Weinquantität u. Weinqualität. Paläoklimaforschung 2. Stuttgart/New York.

Leiblein, V. (1853): Fische des Main-Gebietes. Korrespondenz-Bl. d. zoologisch-mineralogischen Vereins in Regensburg, Jg. 7, S. 97–127.

Lexikon des Mittelalters (1980 ff.). Zuletzt Bd. VI, 1993. München/Zürich.

Lindner, K. (Hrsg., 1959): Deutsche Jagdtraktate des 15. u. 16. Jhs., 2 T., Berlin.

Lindner, K. (1976): Bibliographie d. deutschen u. niederländischen Jagdliteratur. Berlin/New York.

Lob, R. (1971): Die Wüstungen d. Bayerischen Rhön u. d. nördl. Grabfeldes, Würzburg (Mainfränk. Studien 1).

Mager, F. (1930/1937): Entwicklungsgeschichte der Kulturlandschaft d. Herzogtums Schleswig in Historischer Zeit. Breslau/Kiel.

Mager, F. (1938): Die Landschaftsentwicklung der Kurischen Nehrung. Königsberg.

Mager, F. (1941): Wildbahn und Jagd Altpreußens im Wandel der geschichtlichen Jahrhunderte. Neudamm.

Mager, F. (1960): Der Wald in Altpreußen, I/II. Köln/Graz.

Mager, F. (1955): Geschichte d. Bauerntums u. d. Bodenkultur im Lande Mecklenburg. Berlin.

Mantel, K. (1967–72): Deutsche forstliche Bibliographie 1560–1965. 3 Teile. Freiburg.

Mantel, K. (1980): Forstgeschichte d. 16. Jahrhunderts. Hamburg/Berlin 1980.

Meier, D. (1991): Untersuchungen d. Arbeitsgruppe Küstenarchäologie am Forschungs- und Technologiezentrum Westküste in Büsum. Siedlungsforschung 9, S. 275–290.

Meier, P. J. (1926): Niedersächsischer Städteatlas I. Die Braunschweigischen Städte. Braunschweig.

Meyer, B. (1978): Bodenkunde und Siedlungsforschung. In: Beck/Jankuhn 1973ff., Bd. 3, S. 117–120.

Meyer, W. (1991): Die hochmittelalterliche Siedlungsentwicklung im zentralen Alpenraum. In: Böhme 1991, 2, S. 57–66.

Meynen, E./J. Schmithüsen (1953–62): Handbuch d. naturräumlichen Gliederung Deutschlands. Kt. 1 : 1 Mill. Remagen.

MGH = Monumenta Germaniae historica.

Mortensen, H. (1954/55): Die „quasinatürliche" Oberflächenformung als Forschungsproblem. Wiss. Zeitschr. d. Ernst-Moritz-Arndt-Universität.

Müller-Wille, M. u. a. (1989): Norderhever-Projekt. 1: Landschaftsentwicklung u. Siedlungsgeschichte im Einzugsgebiet d. Norderhever (Nordfriesland). Stud. z. Küstenarchäologie Schleswig-Holsteins, Ser. C, Bd. 1 (= Offa-Bücher 66). Neumünster.

Müller-Wille, W. (1956): Wirtschafts- und Siedlungsräume im westlichen Mitteleuropa um 500 n. Chr. Westfälische Forsch. 9, S. 5–25.

Niethammer, G. (1963): Die Einbürgerung von Säugetieren und Vögeln in Europa. Hamburg u. Berlin.

Nitz, H.-J. (1984): Die mittelalterl. u. frühneuzeitl. Besiedlung von Marsch u. Moor zw. Ems u. Weser. Siedlungsforsch. 2, S. 43–76.

Nitz, H.-J.: Mittelalterliche Moorsiedlungen. In: Herrmann (1989), S. 40–62.

Ö. St. = Der Ökonomische Staat Landgraf Wilhelms IV. (1934) Bd. 1–2 hrsg. v. L. Zimmermann. (1977) Bd. 3 hrsg. v. K. Krüger. Marburg.

Olschowy, G. (Hrsg., 1978): Natur- und Umweltschutz in der Bundesrep. Deutschland.

Osten, G. (1982): Die mittelalterlichen Wüstungen. In: E. Kühlhorn (Hrsg.), Hist.-landeskdl. Exkursionskarte v. Niedersachsen, Lüneburg. Hildesheim, S. 55–68.

Paffen, K. (1940): Heidevegetation u. Ödlandwirtschaft d. Eifel. Beitr. z. Landeskde. d. Eifel, H. 3.

Pertsch, R. (1970): Landschaftsentwicklung u. Bodenbildung auf d. Stader Geest. Forsch. z. deutschen Landeskde. 200.

Petrikovits, H. v. (1978): Urgeschichte und römische Epoche. In: Petri, F./G. Droege (Hrsg.): Rheinische Geschichte 1, 1, S. 1–369. Düsseldorf.

Pfaff, F. (1910/11): Die Abtei Helmarshausen (mit hist. Ortslexikon u. Urkunden). Zeitschr. d. Vereins f. hessische Geschichte u. Landeskde. Bd. 44, S. 188–286; Bd. 45., S. 1–80.

Picker, H. G. (1986): Sababurg – Lascaux. Wildpferde. Jahrb. Landkr. Kassel, S. 172–174.

Picker, H. G. (1991): Wölfe (im Tierpark Sababurg). Jahrb. Landkr. Kassel, S. 108–111.

Pischke, G. (Bearb.) (1989): Geschichtlicher Handatlas von Niedersachsen. Neumünster.

Pittioni, R. u. a. (1973): Alm(Alp)wirtschaft. In: Beck/Jankuhn u. a. Bd. 1, 1973, S. 181–189.

Pittioni, R. (1976): Bergbau. In: Beck/Jankuhn 1973ff. Bd. 2, S. 245–256.

Planck, D. (1979): Zivile und römische Besiedlung. Hist. Atlas v. Baden-Württemberg, Kt. 1:600000, m. Erl.
Planck, D. u.a. (1990): Siedlungsarchäologische Untersuchungen im Alpenvorland. Ber. d. Röm.-German. Kommission 71, S. 23–406.
Rauh, W. (⁴1967): Unsere Unkräuter. Heidelberg.
Regel, F. (1897): Thüringen. Jena.
Reichstein, H. (1969): Zur Frage der Herkunft d. Rothirschgeweihe von Haithabu. DFG Forschungsber. 15. Wiesbaden, S. 69–75.
Reichstein, H./M. Tiessen (1974): Untersuchungen an Tierknochenfunden. Neue Ausgrabungen in Haithabu 7. Neumünster.
Reischel, G. (1930): Wüstungskunde d. Kreise Jerochow I u. II. Magdeburg. Geschichtsquellen d. Provinz Sachsen u. d. Freistaates Anhalt N. R. Bd. 9.
Reisigl, H./R. Keller (1989): Lebensraum Bergwald. Stuttgart.
Renners, M. (1991): Geoökologische Raumgliederung der Bundesrep. Deutschland. Forsch. z. deutschen Landeskde., 235.
Reusch, L. (1959): Sinngrund u. Schondraland. Rhein-Main. Forsch., H. 47.
Rippel, J.-K. (1958): Die Entwicklung d. Kulturlandschaft am nordwestl. Harzrand. Hannover.
Rösch, M. (1990): Veränderung von Wirtschaft und Umwelt während Neolithikum und Bronzezeit am Bodensee. Ber. d. Röm.-German. Kommission 71, S. 161–186.
Royal Irish Academy (1993): Biology and Environment. Proceedings 93 B.
Ruhr-Stickstoff AG (¹¹1988): Faustzahlen f. Landwirtschaft u. Gartenbau. Bochum.
Salomon, A. (1986): siehe Kühlhorn 1970 ff., Nr. 10.
Salvesen, H. (1992): The climate as a factor of historical causation. In: Frenzel (Hrsg.) 1992, S. 219–233.
Schäfer, H.-P. (1976): Die Entwicklung d. Straßennetzes im Raum Schweinfurt bis zur Mitte d. 19. Jhs. Würzburger Geogr. Arb. 44.
Schallmayer, E. (1987): Neue Unters. beim Benefiziarier-Weihebezirk Osterburken. Archäol. Ausgrabungen in Baden-Württemberg, S. 103–109.
Scheffer, F./B. Meyer (1978): Boden in Mitteleuropa; Bodenkunde und Siedlungsforschung. In: Beck/Jankuhn u.a. 1973 ff., Bd. 3, S. 108–120.
Schenk, W. (1988): Mainfränkische Kulturlandschaft unter klösterlicher Herrschaft. Würzburger Geogr. Arb. 71.
Schenk, W. (1992): Waldnutzung, Waldzustand u. regionale Entwicklung in vorindustrieller Zeit im mittleren Westdeutschland. Masch.-Habilschr. Würzburg (umfangreiches Schrifttum). Künftig in: Erdkundliches Wissen.
Schenk, W. (1993): Strukturverbessernde Programme für die bayerische Rhön im 19. u. 20. Jh. – Zur Kontinuität von Planungsideen. In: Biosphärenreservat Rhön. Akademie f. Raumforschung u. Landesplanung, Arbeitsmaterial, S. 49–62.
Scherzer, W. (Hrsg., 1972): Das älteste Bamberger Bischofsurbar 1323–28. Ber. d. Hist. Ver. f. d. Pflege d. ehem. Fürstbistums Bamberg, S. 5–170; 5*–52*.
Scheuermann, U. (1980): Die sprachliche Erschließung d. Dorfflur mit Hilfe von

Flurnamen. Abh. d. Akad. d. Wiss. Göttingen, Phil.-hist. Kl., 3. F., 116, S. 323–353.

Schier, B. (1976): Bienen u. Bienenwirtschaft. In: Beck/Jankuhn u. a. 1973 ff., Bd. 2, S. 515–528.

Schlichtherle, H. (1990): Aspekte der siedlungsarchäologischen Erforschung von Neolithikum und Bronzezeit im südwestdeutschen Alpenvorland. Ber. d. Röm.-German. Kommission 71, S. 208–244.

Schlichtherle, H. (1993): Bedrohte Pfahlbauten am Bodensee. Archäologie in Deutschland, S. 38–39.

Schlichtherle, H./B. Wahlster (1986): Archäologie in Seen u. Mooren. Stuttgart.

Schlüter, O. (1952–58): Die Siedlungsräume Mitteleuropas in frühgeschichtlicher Zeit. 3 Bde. Forsch. z. dt. Landeskde., 63, 74, 110. Remagen.

Schlüter, O./O. August (1959–61): Atlas d. Saale u. mittl. Elbegebietes. Leipzig.

Schmid, P. (1991): Mittelalterliche Besiedlung, Deich- und Landesausbau im niedersächsischen Marschgebiet. In: Böhme 1991, 1, S. 9–36.

Schnelbögl, F. (1953): Siedlungsbewegung im Veldener Forst. Jahrb. f. fränk. Landesforsch. 11/12, 1953, S. 221–235.

Schnelbögl, F. (Hrsg., 1973): Das „Böhmische Salbüchlein" Kaiser Karls IV. über die nördl. Oberpfalz 1366/68. München/Wien.

Schönhals, E. (1974): Die Böden d. Rhein-Neckargebiets, ihre Veränderung durch Eingriffe d. Menschen u. ihre Erhaltung. Forsch.- u. Sitzungsber. 81, Akad. f. Raumforsch. u. Landesplanung, S. 127–185.

Schoenichen, W. (1950): Natur als Volksgut und Menschheitsgut. Einf. in d. Naturschutz. Stuttgart.

Schott, C. (1934): Kanadische Biberwiesen. Ztschr. Ges. f. Erdkde. Berlin, S. 370–74.

Schreiber, U./R. Schramedei (1990): Das Paläoumfeld einer end- u. jungneolithischen Siedlung b. Pestenacker, Landsberg am Lech. In: DFG-Akte (Br. 264/24–3) z. Schwerpunkt „Siedlungsarchäologische Unters. im Alpenvorland". Bonn.

Schröder, J./H. Biernatzki (1855/56): Topographie d. Herzogtümer Holstein u. Lauenburg, d. Fürstentums Lübeck u. des Gebiets d. Freien u. Hansestädte Hamburg u. Lübeck. 2 Bde. Oldenburg i. H. Repr. 1973.

Schröder-Lembke, G. (Hrsg., 1965): Martin Grosser, Anleitung zu der Landwirtschaft (1590). – Abraham von Thumbshirn, Oeconomia (1616).

Schubart, W. (1966): Die Entwicklung d. Laubwaldes als Wirtschaftswald zw. Elbe, Saale u. Weser. Aus d. Walde – Mitt. d. Niedersächsischen Landesforstverwaltung, H. 14. Hannover.

Schubart, W. (1978): Die Verbreitung d. Fichte im u. am Harz vom hohen Mittelalter bis in d. Neuzeit. Aus d. Walde – Mitt. d. Niedersächsischen Landesforstverwaltung, H. 28, Hannover.

Schubart, W. (1983): Die heimische Harzkiefer. Aus d. Walde – Mitt. d. Niedersächsischen Landesforstverwaltung, H. 37, Hannover, S. 45–85.

Schwab, J. (Hrsg., 1983): Das Prümer Urbar. Publ. d. Ges. f. Rhein. Geschichtskunde.

Schwenk, S. (1987): Jagd in Deutschland u. Österreich. Geschichtl. Entwicklung im Spiegel d. amtlichen Zahlen d. 19. u. 20.Jhs. Schr. d. Forstl. Fakultät d. Univ. Göttingen u. d. Forstl. Versuchsanstalt Nr. 89.

Schwerdtfeger, F. (1975): Ökologie d. Tiere. Bd. III, Synökologie. Hamburg u. Berlin.

Schwidetzky, I./R. Wenskus u. a. (1976): Bevölkerung. In: Beck/Jankuhn 1973–, Bd. 2, S. 331–61.

Schwier, H. (1937): Die Kuhwiese bei Meensen. Göttinger Blätter N. F., 3. Jg., S. 9–20.

Seligo, A. (1902): Die Fischgewässer der Provinz Westpreußen. Danzig.

Siedlungsforschung (1992): Schwerpunkt: die Besiedlung der höheren Mittelgebirge. Bonn.

Sigismund, B. (1862/1863): Landeskunde d. Fürstentums Schwarzburg-Rudolstadt. Rudolstadt.

Smit, J./A. van Wijngaarden (1981): Threatened Mammals in Europe. Wiesbaden.

Söderberg, U. (1990): The damage to the forests. In: N.-E. Nilsson: The forests. National Atlas of Sweden. Stockholm, S. 100–103.

Sombart, W. (1954): Die deutsche Volkswirtschaft im 19. Jahrhundert und im Anfang des 20. Jahrhunderts. 8. Aufl. Sonderbände 2/2.

Sprandel, R. (1987): Grundlinien einer mittelalterlichen Bevölkerungsentwicklung. In: Herrmann/Sprandel (1987), S. 25–35.

Stahl, D. (1979): Wild. Lebendige Umwelt. Probleme von Jagd, Tierschutz und Ökologie, geschichtlich dargestellt u. dokumentiert. Orbis Academicus.

Steinhausen, J. (1950/51): Die Waldbienenwirtschaft d. Rheinlande in ihrer historischen Entwicklung. Rheinische Vierteljahrsbl. 15/16, S. 226–257.

Stephan, H.-G. (1988): Mittelalterlich-ländliches Siedlungswesen im Raum Göttingen. Führer zu archäol. Denkmälern in Deutschland 17. Stadt und Landkr. Göttingen. Stuttgart, S. 43–54.

Steuer, H. (1987): Determinanten der Bevölkerungsentwicklung. In: Herrmann/Sprandel (1987), S. 181–192.

Steuer, H. (1991): Erzbergbau im Schwarzwald zur Salierzeit. In: Böhme 1991, 2, S. 67–96.

Steuer, H./U. Zimmermann (Hrsg., 1993): Alter Bergbau in Deutschland. Archäologie in Deutschland, Sonderheft. Stuttgart.

Stökl, G. (Hrsg., 1954): Reisebericht eines unbekannten Russen (1437–1470). Byzantinische Geschichtsschreiber II. Graz/Wien/Köln, S. 149–189.

Stoob, H. (1951): Die dithmarsischen Geschlechterverbände. Grundfragen d. Siedlungs- u. Rechtsgesch. in d. Nordseemarschen. Heide i. H.

Stoob, H. (Hrsg., 1973 ff.): Deutscher Städteatlas. Dortmund; Altenbeken.

Stoob, H. (Hrsg., 1975 ff.): Westfälischer Städteatlas. Dortmund; Altenbeken.

Strasser, R. (1989): Veränderungen d. Rheinlaufs zw. Wupper u. Düsselmündung seit d. Römerzeit. Geschichtl. Atlas d. Rheinlande I/6, Kt. 1 : 50 000, mit Beih.

Suchan, K. H. (1985): Hydrogeologie. In: Geol. Kt. von Nordrhein-Westfalen 1 : 25 000, Bl. 5405. Mechernich.

Theuws, F./A.-J. Bijsterveld (1991): Der Maas-Demer-Schelde-Raum in ottonischer und salischer Kaiserzeit. In: Böhme (Hrsg.) 1991, 1, S. 109–146.

Thielen, P. G. (Hrsg., 1958): Das Große Zinsbuch des Deutschen Ritterordens. 1414–38. Marburg.

Uexküll, J. v. (1921): Umwelt und Innenwelt der Tiere. 2., verm. u. verb. Aufl.

Vasold, M. (1993): Die deutschen Bevölkerungsverluste während des Dreißigjährigen Krieges. Zeitschr. f. Bayerische Landesgesch. 56, S. 147–160.

Völksen, G. (1984): Die Lüneburger Heide. Entstehung und Wandel einer Kulturlandschaft. Göttingen.

Wagner, H. (1992): Mellrichstadt. Hist. Atlas v. Bayern. Franken I, 29. München.

Waterbolk, H. T. (1991): Das mittelalterliche Siedlungswesen in Drenthe. In: Böhme (Hrsg.) 1991, 1, S. 47–108.

Wehler, H.-U. (1987): Deutsche Gesellschaftsgeschichte. 1. Bd., München 1987, S. 54.

Wenskus, R. (1964): Kleinverbände u. Kleinräume bei den Preußen d. Samlands. Wiederabdruck in: Wenskus, Ausgewählte Aufsätze. Sigmaringen 1986, S. 245–298.

Willerding, U. (1986): Zur Geschichte d. Unkräuter Mitteleuropas. Göttinger Schr. z. Vor- und Frühgeschichte 22.

Willerding, U. (1987): Paläoethnobotanische Befunde über die Umweltverhältnisse im Mittelalter. In: Herrmann/Sprandel (Hrsg.) 1987, S. 109–125.

Willerding, U. (1990): Zur Rekonstruktion d. Vegetation im Umkreis früherer Siedlungen. In: Andraschko, F. M./W.-R. Teegen (Hrsg.): Gedenkschrift f. Jürgen Driehaus. Mainz, S. 97–129, Taf. 17–20.

Willerding, U. (1992): Klima und Vegetation der Germania nach paläoethnobotanischen Quellen. In: G. Neumann u. H. Seemann, Beiträge zum Verständnis der Germania des Tacitus II. Abhandl. d. Akademie d. Wissenschaften in Göttingen, Phil.-Hist. Kl. 3. F., 195, S. 332–373.

Ziesemer, W. (Hrsg., 1921): Das Große Ämterbuch des Deutschen Ordens. Danzig.

Zimmermann, W. H. (1979): Untersuchungen zur Landwirtschaft während d. Römischen Kaiserzeit in d. Siedlungskammer Flögeln. In: Beck, H./D. Denecke/H. Jankuhn (Hrsg., 1979), S. 240–249.

Zwölfer, H. (1987): Grundlagen der Bevölkerungsentwicklung aus ökologischer Sicht. In: Herrmann/Sprandel 1987, S. 37–54.